산림조합법

이상복

박영사

머리말

　이 책은 산림조합법이 규율하는 산림조합 등에 관하여 다루었다. 이 책은 다음과 같이 구성되어 있다. 제1편에서는 산림조합법의 목적과 성격, 산림조합법 관련 법규, 산림조합 예탁금에 대한 과세특례 등을 다루었다. 제2편 조합에서는 설립, 신용사업 등 주요업무, 진입규제, 조합원, 출자, 지배구조, 사업, 건전성규제 등을 다루었다. 제3편 조합공동사업법인에서는 설립, 회원, 출자, 지배구조 등을 다루고, 제4편 중앙회에서는 설립, 회원, 출자, 지배구조, 사업, 건전성규제 등을 다루었다. 제5편에서는 감독, 검사 및 제재 등을 다루었다.

　이 책의 특징을 몇 가지 들면 다음과 같다.

　첫째, 이해의 편의를 위해 법조문 순서에 구애받지 않고 산림조합법뿐만 아니라, 동법 시행령, 동법 시행규칙, 상호금융업감독규정, 상호금융업감독업무 시행세칙상의 주요 내용을 반영하였다.

　둘째, 이론을 생동감 있게 하는 것이 법원의 판례임을 고려하여 대법원 판례뿐만 아니라 하급심 판례도 반영하였다.

　셋째, 실무에서 많이 이용되는 산림조합정관(예), 조합공동사업법인정관례, 산림조합중앙회정관, 산림조합 수신업무방법, 산림조합 여신업무방법, 중앙회의 회원조합 감사규정, 회원조합 징계변상 예규의 주요 내용을 반영하였다.

　이 책을 출간하면서 감사드릴 분들이 많다. 금융감독원 한홍규 국장님과 신협중앙회 이태영 변호사님에게 감사드린다. 한홍규 국장님은 신용협동조합법 등 상호금융업법 실무를 오랫동안 다룬 분으로 바쁜 일정 중에도 초고를 읽고 조언과 논평을 해주었고 교정작업도 도와주었다. 이태영 변호사님은 신협중앙회 사내변호사로 근무하면서 익힌 상호금융업법 관련 실무를 반영할 수 있도록 조언을 해주었고 교정작업도 도와주었다. 박영사의 김선민 이사가 제작 일정을 잡아 적시에 출간이 되도록 해주어 감사드린다. 출판계의 어려움에도 출판을 맡아 준 박영사 안종만 회장님과 안상준 대표님께 감사의 말씀을 드리며, 기획과 마케팅에 애쓰는 최동인 대리의 노고에 감사드린다.

2023년 6월

이 상 복

차 례

제1편 서 론

제1장 산림조합법의 목적과 성격

제2장 최대 봉사의 원칙 등

제3장 과세특례

제 2 편 조 합

제1장 설 립

제2장 조합원

제3장 출 자

제4장 지배구조

제5장 사 업

제6장 건전성규제

제7장 구조조정 관련 제도

제3편 조합공동사업법인

제1장 설 립

제2장 회 원

제4장 지배구조

제5장 회 계

제 4 편　중앙회

제1장 설　립

제2장 회 원

제4장 지배구조

제6장 건전성규제

제5편　감독, 검사 및 제재

제1장　감독 및 처분 등

제2장 감 사

제3장 징계변상

제
1
편

/

서 론

산림조합법의 목적과 성격

제1절 산림조합법의 목적

산림조합법("법")은 산림소유자와 임업인의 자주적인 협동조직을 통하여 지속 가능한 산림경영을 촉진하고 산림생산력을 증진시키며 그 구성원의 경제적·사회적·문화적 지위향상을 도모함으로써 국민경제의 균형 있는 발전에 이바지함을 목적으로 한다(법1).

산림조합과 그 중앙회는 산림소유자와 임업인의 자주적인 협동조직을 통해 지속 가능한 산림경영을 촉진하고 그 구성원의 지위 향상을 도모하고자 산림조합법에 따라 설립된 법인으로서, 산림조합법에 의하면 산림조합은 영리 또는 투기를 목적으로 하는 업무를 할 수 없고(법5③), 산림청장은 산림조합과 그 중앙회를 감독하고 감독상 필요한 명령과 조치를 할 수 있고, 금융위원회는 산림조합의 신용사업에 대하여 그 경영의 건전성 확보를 위한 감독 및 이에 필요한 명령을 할 수 있으며(법123), 산림청장은 산림조합 또는 중앙회의 업무와 회계가 법령이나 행정처분 또는 정관에 위반되는 경우 그 시정을 명하고 관련 임원에 대하여 개선, 직무의 정지, 직원에 대해서는 징계면직, 정직 또는 감봉 등의 조치를 요구

할 수 있고(법125) 일정한 요건하에 산림조합에 대하여 경영지도도 할 수 있다(법
126). 한편 국가와 공공단체는 산림조합의 사업에 적극적으로 협력할 의무가 있
으며 필요한 경비를 융자 또는 보조할 수 있다(법9). 이와 같이 산림조합은 국가
의 지도와 감독을 받는 비영리법인으로서 공익적 목적을 가진 조직이다.[1]

제2절 산림조합법의 성격

산림조합법은 민법에 대하여 특별법적 성격을 갖는다. 또한 산림조합법은
행정법적 성격을 갖는다. 즉 조합 및 중앙회에 대한 감독 및 처분에 관한 규정,
행정제재인 과태료에 관한 규정을 두고 있다. 그리고 산림조합법은 형사법적 성
격을 갖는다. 즉 조합 및 중앙회에 대하여 여러 가지 준수사항과 금지사항을 정
해 놓고, 이에 위반한 경우 형벌인 징역형과 벌금형의 제재를 가하는 규정을 두
고 있다.

산림조합법은 산림조합을 법인으로 하면서(법4), 공직선거에 관여해서는 아
니 되고(법7), 조합의 재산에 대하여 국가 및 지방자치단체의 조세 외의 부과금
이 면제되도록 규정하고 있어(법8) 이를 공법인으로 볼 여지가 있다. 그러나 산
림조합은 조합원의 경제적·사회적·문화적 지위의 향상을 목적으로 하는 산림소
유자와 임업인의 자주적 협동조직으로, 조합원 자격을 가진 30인 이상이 발기인
이 되어 설립하고(법14), 조합원의 출자로 자금을 조달하며(법20), 조합의 결성이
나 가입이 강제되지 아니하고, 조합원의 임의탈퇴 및 해산이 허용되며(법26), 조
합장은 조합원들이 직접 선출하거나 총회에서 선출하도록 하고 있어(법35), 기본
적으로 사법인적 성격을 지니고 있다.[2]

조합과 중앙회는 업무수행에 있어 조합원 또는 회원을 위하여 최대로 봉사
하는 협동조합이므로 스스로를 위해 이익을 추구하거나 이익의 분배를 목적으로
하지 못하는 비영리법인이다. 산림조합법은 조합과 중앙회는 영리 또는 투기를
목적으로 하는 업무를 수행하여서는 아니 된다고 하여 비영리성을 명문으로 규

---

1) 헌법재판소 2008. 7. 31. 선고 2006헌마400 전원재판부.
2) 헌법재판소 2012. 12. 27. 선고 2011헌마562, 2012헌마282(병합) 전원재판부.

정한다(법5③). 따라서 산림조합은 영리를 목적으로 하는 단체가 아니므로 상인이 될 수 없고, 그 결과 상법의 규정이 산림조합에 적용되지 않는 것이 원칙이다. 산림조합이 비영리단체가 되는 근거는 설령 조합이 사업을 행하여 이익을 얻는 경우가 있다 하더라도 그것은 산림조합 자체의 것이 되지 못하고 조합원에 귀속되는 것이기 때문이다. 즉 산림조합의 이익은 시간적으로 조합 내에 유보되어 있다 할지라도 곧 사업이용량에 따라 구성원에게 환급되어야 할 성질의 것으로 간주된다.

제3절 산림조합법과 다른 법률과의 관계 등

Ⅰ. 다른 법률과의 관계

1. 조합과 중앙회의 사업에 대한 적용 배제 규정

조합등과 중앙회의 사업에 대하여는 보험업법, 여객자동차 운수사업법 제4조(면허 등)·제8조(운임·요금의 신고 등)·제81조(자가용 자동차의 유상운송 금지) 및 화물자동차 운수사업법 제56조(유상운송의 금지) 및 공인중개사법 제9조(중개사무소의 개설등록)를 적용하지 아니한다(법11①).

2. 조합공동사업법인의 사업에 대한 적용 배제 규정

조합공동사업법인의 사업에 대하여는 화물자동차 운수사업법 제56조(유상운송의 금지)를 적용하지 아니한다(법11②).

3. 지역조합과 중앙회의 조경사업의 요건 및 범위

지역조합과 중앙회가 제46조(사업) 및 제108조(사업)에 따라 하는 조경사업은 건설산업기본법에 따른 건설업으로 한정하며, 그 업종과 갖추어야 할 요건 및 범위는 대통령령으로 정한다(법11③).

이에 따라 지역조합 또는 중앙회가 행하는 조경사업의 업종은 조경식재·시설물공사업(조경식재공사로 한정)으로 하되, 갖추어야 할 요건 및 범위는 [별표 1³)]과 같다(영3①).

4. 지역조합과 중앙회의 해당 건설업 등록 의제

지역조합과 중앙회가 앞의 제3항에 따른 업종에 해당하고 그 요건을 갖추어 특별시장·광역시장·특별자치시장·도지사·특별자치도지사("시·도지사")에게 신고한 경우에는 건설산업기본법에 따라 해당 건설업의 등록을 한 것으로 본다(법11④). 이에 따른 신고는 별지 서식의 조경식재·시설물공사업 신고서에 따른다(영3②).

5. 조합등과 중앙회의 보관사업에 대한 준용 규정

조합등과 중앙회의 보관사업에 대하여는 상법 제155조부터 제168조까지의 규정(창고업에 관한 규정)을 준용한다(법11⑤).

Ⅱ. 판로지원법과의 관계

조합등과 중앙회가 공공기관(판로지원법=중소기업제품 구매촉진 및 판로지원에 관한 법률 제2조 제2호에 따른 공공기관)에 직접 생산하는 물품을 공급하는 경우에는 조합등 및 중앙회를 판로지원법 제33조 제1항 각 호 외의 부분에 따른 국가와 수의계약의 방법으로 납품계약을 체결할 수 있는 자로 본다(법11의2).

---

3) [별표 1] 조경식재·시설물공사업의 요건 및 범위(제3조 제1항 관련)

요건	1. 산림경영지도원·종묘기술자·산림경영기술자 또는 조경기술자 중 3인 이상을 고용하고 있을 것 2. 자산평가액이 5천만원 이상일 것 3. 조합원의 소유포지를 포함한 포지를 3만제곱미터 이상 보유하고 있을 것. 이 경우 수종이 5종 이상으로서 5년생 이상의 수목이 총 1만주 이상이어야 한다.
범위	1. 산림 안에서 실행하는 사업 2. 국가 또는 지방자치단체가 발주하는 사업 3. 기타 공공단체가 발주하는 사업

제4절 산림조합법 및 관련 법규

Ⅰ. 산림조합법

산림조합법은 "산림소유자와 임업인의 자주적인 협동조직을 통하여 지속 가능한 산림경영을 촉진하고 산림생산력을 증진시키며 그 구성원의 경제적·사회적·문화적 지위향상을 도모함으로써 국민경제의 균형 있는 발전에 이바지함"(법 1)을 목적으로 하는 산림조합에 관한 기본법률이다. 산림조합법의 구조는 그 목적과 산림조합 및 산림조합중앙회 등에 대한 정의를 규정하고, 조합 및 중앙회에 관한 규정, 감독에 관한 규정, 벌칙 등에 관한 규정을 두고 있다.

Ⅱ. 관련 법규 및 판례

1. 법령 및 규정

(1) 법령

산림조합법 이외에 산림조합과 관련된 법률로는 신용협동조합법, 금융소비자보호법, 금융위원회법, 금융회사지배구조법, 금융실명법, 협동조합기본법 등이 있다. 또한 법률 이외에 시행령과 시행규칙이 있다.

(가) 신용협동조합법

1) 신용사업과 신용협동조합 의제

산림조합이 신용사업(신용협동조합법39①(1)) 및 국가 또는 공공단체가 위탁하거나 다른 법령에서 조합의 사업으로 정하는 사업(신용협동조합법39①(6))을 하는 경우에는 신용협동조합법에 따른 신용협동조합으로 본다(신용협동조합법95①(3)).

이 경우 산림조합중앙회의 사업은 산림조합중앙회가 수행한다(신용협동조합법95②).

2) 사업의 구분

산림조합 및 산림조합중앙회가 신용협동조합 사업을 하는 경우에는 다른 사업과 구분하여야 한다(신용협동조합법95③).

　　3) 조합 및 중앙회의 사업과 신용협동조합법 적용 규정

　　산림조합 및 산림조합중앙회의 사업에 관하여는 신용협동조합법 제6조(다른 법률과의 관계) 제3항·제4항, 제39조(사업의 종류 등) 제1항 제1호(신용사업)·제6호(국가 또는 공공단체가 위탁하거나 다른 법령에서 조합의 사업으로 정하는 사업), 제42조(동일인에 대한 대출등의 한도), 제43조(상환준비금), 제45조(부동산의 소유 제한), 제45조의3(금리인하 요구), 제78조(사업의 종류 등) 제1항 제3호(조합의 신용사업에 대한 검사·감독만 해당)·제5호(신용사업), 제78조(사업의 종류 등) 제6항, 제79조의2(금리인하 요구의 준용), 제83조(금융위원회의 감독 등), 제83조의2(경영공시), 제83조의3(경영건전성 기준), 제84조(임직원에 대한 행정처분), 제89조(중앙회의 지도·감독) 제3항,[4] 제96조(권한의 위탁), 제101조(과태료) 제1항 제1호의3[5] 및 같은 조 제3항[6]을 제외하고는 신용협동조합법을 적용하지 아니한다(신용협동조합법95④).

　　(나) 금융소비자보호법

　　산림조합은 금융소비자보호법상 금융회사에 해당하지 않으므로 금융소비자보호법의 적용을 받지 않는다(명문규정 없음).

　　(다) 금융위원회법

　　산림조합은 금융위원회법에 따라 금융감독원의 검사를 받는 기관이 아니므로 동법이 적용되지 않는다(금융위원회법 제38조 참조).

　　(라) 금융회사지배구조법

　　산림조합은 금융회사지배구조법상 금융회사가 아니므로 동법의 적용을 받지 않는다.

　　(마) 금융실명법

　　산림조합과 그 중앙회는 금융실명상의 금융회사에 해당(금융실명법2(1) 하목, 동법 시행령2(7))하기 때문에 실지명의(實地名義)에 의한 금융거래를 실시하고 그 비밀을 보장하여 금융거래의 정상화를 꾀함으로써 경제정의를 실현하고 국민경

---

4) ③ 중앙회장은 제1항에 따라 조합으로부터 제출받은 자료를 금융위원회가 정하는 바에 따라 분석·평가하여 그 결과를 조합으로 하여금 공시하도록 할 수 있다.

5) 1의3. 제45조의3 제2항(제79조의2에 따라 준용되는 경우를 포함)을 위반하여 금리인하를 요구할 수 있음을 알리지 아니한 경우

6) ③ 제1항 및 제2항에 따른 과태료는 대통령령으로 정하는 바에 따라 금융위원회가 부과·징수한다.

제의 건전한 발전을 도모함을 목적으로 하는 금융실명법의 적용을 받는다.

(바) 협동조합기본법

협동조합기본법은 "다른 법률에 따라 설립되었거나 설립되는 협동조합에 대하여는 협동조합기본법을 적용하지 아니한다"고 규정하고 있다(협동조합기본법13①). 따라서 산림조합법에 의하여 설립된 산림조합은 협동조합기본법의 적용을 받지 않는다. 다만, 협동조합의 설립 및 육성과 관련되는 다른 법령을 제정하거나 개정하는 경우에는 협동조합기본법의 목적과 원칙에 맞도록 하여야 한다(협동조합기본법13②).

(2) 규정

법령 이외에 구체적이고 기술적인 사항을 신속하게 규율하기 위하여 금융위원회 등이 제정한 규정이 적용된다.

(가) 상호금융업감독규정

상호금융업감독규정(금융위원회 고시 제2022-27호)은 협동조합의 건전성규제 등 감독과 관련된 세부사항을 정하고 있으며, 산림조합에도 적용된다(동 감독규정3②).

(나) 금융기관 검사 및 제재에 관한 규정

금융기관 검사 및 제재에 관한 규정(금융위원회고시 제2022-8호)은 금융감독원장이 검사를 실시하는 금융기관에 적용되며, 필요한 범위 내에서 금융위원회법 및 금융업관련법에 따라 금융위원회가 검사를 실시하는 금융기관에 준용한다. 또한 관계법령 등에 의하여 금융감독원장이 검사를 위탁받은 기관에 대한 검사 및 그 검사결과 등에 따른 제재조치에 대하여는 관계법령 및 검사를 위탁한 기관이 별도로 정하는 경우를 제외하고는 이 규정을 적용한다(동 규정 제2조).

산림조합법(동규정3(1) 더목)은 금융업관련법에 해당하므로, 동 규정이 준용된다.

(다) 자치법규

1) 의의

산림조합은 조합원들이 자신들의 이익을 옹호하기 위하여 자주적으로 결성한 임의단체로서 그 내부 운영에 있어서 조합 정관 및 다수결에 의한 자치가 보장된다.

조합의 자치법규는 정관, 규약, 규정, 세칙, 예규의 순으로 적용된다.

2) 정관

정관은 법인의 조직과 활동에 관하여 단체 내부에서 자율적으로 정한 자치규범으로서, 대내적으로만 효력을 가질 뿐 대외적으로 제3자를 구속하지는 않는 것이 원칙이고, 그 생성과정 및 효력발생요건에 있어 법규명령과 성질상 차이가 크다.[7]

조합 정관의 규정에 따라 조합이 자체적으로 마련한 임원선거규약은 일종의 자치적 법규범으로서 산림조합법 및 조합 정관과 더불어 법적 효력을 가진다.[8]

3) 정관례

정관례는 주무부처의 장관이 협동조합 관련법에 근거하여 작성·고시한 모범 정관안을 말한다. 정관례는 행정법규이며, 정관은 아니다. 협동조합은 정관례를 참고하여 조합의 정관(안)을 작성한 후 총회에서 의결하여 정관을 제개정하게 된다.

산림청장은 조합의 정관례를 정할 수 있다(법16 전단). 이 경우 신용사업부문에 관하여는 금융위원회와 합의하여야 한다(법16 후단).

2. 판례

판례는 미국과 같은 판례법주의 국가의 경우에는 중요한 법원이지만, 우리나라와 같은 대륙법계 국가에서는 사실상의 구속력만 인정되고 있을 뿐 법원은 아니다.

---

7) 헌법재판소 2010. 7. 29. 선고 2008헌바106 전원재판부.
8) 대법원 2003. 7. 22. 선고 2003도2297 판결.

최대 봉사의 원칙 등

제1절 최대 봉사의 원칙

Ⅰ. 최대 봉사 의무

조합과 중앙회는 그 업무에 있어서 조합원 또는 회원을 위하여 최대로 봉사하여야 한다(법5①).

Ⅱ. 업무의 공정성 유지

조합과 중앙회는 일부 조합원 또는 일부 회원의 이익에 편중되는 업무를 하여서는 아니 된다(법5②).

Ⅲ. 영리 또는 투기 목적의 업무 금지

조합과 중앙회는 영리 또는 투기를 목적으로 하는 업무를 하여서는 아니 된다(법5③).

제2절 중앙회의 책무

I. 건전한 발전 위한 노력 의무

중앙회는 그 회원의 건전한 발전을 도모하기 위하여 적극 노력하여야 한다(법6①).

II. 경합되는 사업수행 금지

중앙회는 회원의 사업과 직접 경합되는 사업을 함으로써 회원의 사업을 위축시켜서는 아니 된다(법6②).

제3절 공직선거 관여 금지

I. 조합 등 및 중앙회의 특정 정당 지지 등 금지

조합 및 조합공동사업법인("조합등")과 중앙회는 공직선거에서 특정정당을 지지하거나 특정인을 당선되게 하거나 당선되지 아니하도록 하는 행위를 하여서는 아니 된다(법7①).

II. 조합등과 중앙회 이용행위 금지

누구든지 조합등과 중앙회를 이용하여 제1항에 따른 행위를 하여서는 아니 된다(법7②).

Ⅲ. 위반시 제재

법 제7조 제2항을 위반한 자는 2년 이하의 징역 또는 2천만원 이하의 벌금에 처한다(법132①(1)).

제4절 부과금의 면제

Ⅰ. 내용

조합등과 중앙회의 업무 및 재산에 대하여는 국가 및 지방자치단체의 조세 및 장애인고용촉진 및 직업재활법 제33조(사업주의 부담금 납부 등)에 따른 장애인 고용부담금 외의 부과금을 면제한다(법8 본문). 다만, 그 재산이 조합등과 중앙회의 사업(제46조 제1항·제2항, 제86조의8, 제108조 제1항에 따른 사업에 한정) 외의 목적으로 사용되는 경우에는 그러하지 아니하다(법8 단서).

Ⅱ. 관련 판례

부과금 면제에 관한 특별법인 산림조합법 제8조는 임금채권보장법에 대한 관계에서도 특별법으로 우선 적용됨으로써 산림조합이나 산림조합중앙회의 업무 및 재산에 대하여는 부과금의 일종인 임금채권부담금을 징수할 수 없다. 나아가 산림조합법에 따른 산림조합중앙회의 목적과 사업 내용 및 임금채권부담금의 성격 등에 비추어 보면, 산림조합중앙회가 회원의 공동이익 증진과 건전한 발전을 도모하기 위하여 각종 사업을 수행하면서 직원을 고용하여 임금을 지급하는 등의 업무는 산림조합법 제8조에서 규정하는 "업무"에 해당하고, 그 업무와 관련하여 임금채권보장법에 따라 징수되는 임금채권부담금은 위 조항에서 말하는 "부과금"에 해당하므로, 부과금 면제대상인 산림조합중앙회의 업무 및 재산에 대하여 임금채권부담금을 신고·납부한 행위는 납부의무자가 아닌 자가 부담금을 납부한 것으로서 법규의 중요한 부분을 위반한 중대한 하자가 있다.[1]

제5절 국가 및 공공단체의 협력 등

Ⅰ. 자율성 존중

국가와 공공단체는 조합등과 중앙회의 자율성을 침해하여서는 아니 된다(법9①).

Ⅱ. 경비 보조 또는 융자 제공

국가와 공공단체는 조합등과 중앙회의 사업에 적극적으로 협력하여야 한다(법9② 전단). 이 경우 국가 또는 공공단체는 필요한 경비를 보조하거나 융자할 수 있다(법9② 후단).

Ⅲ. 중앙회 회장의 의견 제출 및 반영

중앙회의 회장은 조합등과 중앙회의 발전을 위하여 필요한 사항에 관하여 국가와 공공단체에 의견을 제출할 수 있다(법9③ 전단). 이 경우 국가와 공공단체는 그 의견이 반영되도록 최대한 노력하여야 한다(법9③ 후단).

제6절 다른 조합 등과의 협력

조합등과 중앙회는 다른 조합, 조합공동사업법인, 다른 법률에 따른 협동조합 및 외국의 협동조합과의 상호협력, 이해증진 및 공동사업개발 등을 위하여 노력하여야 한다(법10).

---

1) 대법원 2016. 10. 13. 선고 2015다233555 판결.

제
3
장
/

과세특례

제1절 서설

　우리나라는 특별법에 의해 설립된 협동조합에 대해서 각종 비과세·감면 등의 과세 혜택을 부여하여 그 설립목적을 달성하도록 지원하고 있다.[1]

　조세감면 규정의 취지는 산림조합법에 따라 설립된 비영리법인인 산림조합이 수행하는 업무에 대하여 취득세 등 감면 특혜를 통한 재정적 지원을 하여 산림조합 설립목적 달성을 용이하게 하고자 하는 것이다.

　산림조합은 특별법에 의해 설립된 조합으로서 그 고유목적사업(법46)의 원활한 수행을 지원하고 산림소유자와 임업인의 안정적인 활동을 지원하기 위하여 세제상 비과세·감면 혜택이 주어지고 있다. 이러한 비과세·감면 혜택은 국세의 감면 등 조세특례에 관한 사항을 규정한 조세특례제한법과 지방세의 감면 또는 중과 등 지방세특례에 관한 사항을 규정한 지방세특례제한법에서 법령으로 규정하고 있으며, 각각의 조문은 일몰조항을 두어 일정 기간마다 특례조항의 유지 여

---

[1] 박경환·정래용(2020), "협동조합 과세제도에 관한 연구: 과세특례 규정을 중심으로", 홍익법학 제21권 제2호(2020. 6), 516쪽.

부를 놓고 입법적 검토를 하고 있다.

제2절 조합법인 등에 대한 법인세 과세특례

Ⅰ. 관련 규정

산림조합(산림계 포함) 및 조합공동사업법인의 각 사업연도의 소득에 대한 법인세는 2025년 12월 31일 이전에 끝나는 사업연도까지 해당 법인의 결산재무제표상 당기순이익(법인세 등을 공제하지 아니한 당기순이익)에 기부금(해당 법인의 수익사업과 관련된 것만 해당)의 손금불산입액과 업무추진비(해당 법인의 수익사업과 관련된 것만 해당)의 손금불산입액 등 "대통령령으로 정하는 손금의 계산에 관한 규정을 적용하여 계산한 금액"을 합한 금액에 9%[해당금액이 20억원(2016년 12월 31일 이전에 조합법인간 합병하는 경우로서 합병에 따라 설립되거나 합병 후 존속하는 조합법인의 합병등기일이 속하는 사업연도와 그 다음 사업연도에 대하여는 40억원)을 초과하는 경우 그 초과분에 대해서는 12%]의 세율을 적용하여 과세("당기순이익과세")한다(조세특례제한법72①(6)). 다만, 해당 법인이 대통령령으로 정하는 바에 따라 당기순이익과세를 포기한 경우에는 그 이후의 사업연도에 대하여 당기순이익과세를 하지 아니한다(조세특례제한법72① 단서).

이는 경제 및 사회가 발전함에 따라 정부의 재정지출만으로는 공익사업의 수요를 충당하는 것이 매우 어렵기 때문에 공익사업을 수행하는 공익법인에 대해서는 낮은 세율로 과세하는 조세유인책을 사용하고 있는 것이다.[2]

Ⅱ. 당기순이익과세

조세특례제한법 기본통칙 72-0…1에 의하면 결산재무제표상 당기순이익이

---

2) 백주현(2021), "수산업협동조합 및 어업인 관련 조세특례 제도개선에 관한 연구", 건국대학교 행정대학원 석사학위논문(2021. 8), 19-22쪽.

라 함은 법인세법 시행령 제79조에 따른 기업회계기준 또는 관행에 의하여 작성한 결산재무제표상 법인세비용차감전순이익을 말하며, 이 경우 당해 법인이 수익사업과 비수익사업을 구분경리한 경우에는 각 사업의 당기순손익을 합산한 금액을 과세표준으로 하고 아울러, 3년 이상 고유목적사업에 직접 사용하던 고정자산 처분익을 과세표준에 포함하도록 한다. 또한 당해 조합법인 등이 법인세추가납부세액을 영업외비용으로 계상한 경우 이를 결산재무제표상 법인세비용차감전순이익에 가산하도록 한다.

Ⅲ. 조합법인의 세무조정사항

조세특례제한법 제72조 제1항 각 호 외의 부분 본문에서 "대통령령으로 정하는 손금의 계산에 관한 규정을 적용하여 계산한 금액"이란 법인세법 제19조의2 제2항, 제24조부터 제28조까지, 제33조 및 제34조 제2항에 따른 손금불산입액(해당 법인의 수익사업과 관련된 것만 해당)을 말한다(조세특례제한법 시행령69①).

따라서 당기순이익과세를 적용하는 조합법인은 결산재무제표상의 당기순이익에 해당 조합법인의 수익사업과 관련하여 발생된 ⅰ) 대손금의 손금불산입(법인세법19의2), ⅱ) 기부금의 손금불산입(법인세법24), ⅲ) 업무추진비의 손금불산입(법인세법25), ⅳ) 과다경비 등의 손금불산입(법인세법26), ⅴ) 업무와 관련없는 비용의 손금불산입(법인세법27), ⅵ) 업무용승용차 관련 비용의 손금불산입(법인세법27의2), ⅶ) 지급이자의 손금불산입(법인세법28), ⅷ) 퇴직급여충당금의 손금산입(법인세법33), ⅸ) 대손충당금의 손금산입(법인세법34②)을 가산한 금액을 합산한 금액을 과세표준으로 한다(조세특례제한법 시행령69①⑤).

Ⅳ. 당기순이익과세의 포기

당기순이익과세를 포기하고자 하는 조합법인은 당기순이익과세를 적용받지 않으려는 사업연도의 직전 사업연도 종료일(신설법인의 경우에는 사업자등록증 교부신청일)까지 당기순이익과세 포기신청서(별지 제53호 서식)를 납세지 관할세무서장에게 제출(국세정보통신망에 의한 제출을 포함)하여야 한다(조세특례제한법 시행령

69② 및 조세특례제한법 시행규칙61①(54)).3)

제3절 조합등 출자금 등에 대한 과세특례

Ⅰ. 관련 규정

　농민·어민 및 그 밖에 상호 유대를 가진 거주자를 조합원·회원 등으로 하는 금융기관에 대한 "대통령령으로 정하는 출자금"으로서 1명당 1천만원 이하의 출자금에 대한 배당소득과 그 조합원·회원 등이 그 금융기관으로부터 받는 사업이용 실적에 따른 배당소득("배당소득등") 중 2025년 12월 31일까지 받는 배당소득등에 대해서는 소득세를 부과하지 아니하며, 이후 받는 배당소득등에 대한 원천징수세율은 ⅰ) 2026년 1월 1일부터 2026년 12월 31일까지 받는 배당소득등: 5%(제1호), ⅱ) 2027년 1월 1일 이후 받는 배당소득등: 9%(제2호)의 구분에 따른 세율을 적용하고, 그 배당소득등은 종합소득과세표준에 합산하지 아니한다(조세특례제한법88의5).

　따라서 산림조합에 출자한 거주자인 조합원은 1명당 1천만원 이하의 출자금에서 발생하는 배당소득과 그 조합원 등이 산림조합으로부터 받는 사업이용실적에 따른 배당소득에 대하여 2025년 12월 31일까지 소득세를 과세하지 아니하며, 2026년에 발생하는 배당소득에 대하여는 5%를, 2027년 이후 발생하는 배당소득에 대하여는 9%의 세율로 소득세를 과세하되 소득세법에 따른 종합소득과세표준에 합산하지 아니한다.

　이는 산림소유자와 임업인으로 하여금 산림조합에 대한 출자를 장려함과 동시에 출자배당소득을 비과세함으로써 어업인에 대한 소득보전에 기여하기 위함이다.

---

3) 백주현(2021), 22-25쪽.

Ⅱ. 조합등 출자금의 비과세 요건 등

조세특례제한법 제88조의5에서 "대통령령으로 정하는 출자금"이란 ⅰ) 농업협동조합(제1호), ⅱ) 수산업협동조합(제2호), ⅲ) 산림조합(제3호), ⅳ) 신용협동조합(제4호), ⅴ) 새마을금고(제5호)에 해당하는 조합 등의 조합원·준조합원·계원·준계원 또는 회원의 출자금으로서 앞의 제1호부터 제5호까지의 조합 등에 출자한 금액의 1인당 합계액이 1천만원 이하인 출자금을 말한다(조세특례제한법 시행령82의5).

따라서 출자배당의 비과세 요건은 조합원 1인당 1천만원 이하의 출자금에서 발생하는 배당소득을 말하며, 이는 산림조합에 국한되는 것이 아닌 농협, 수협, 신용협동조합, 새마을금고의 상호금융기관 전체를 포괄하는 개념이다. 예를 들어 농업협동조합, 수산업협동조합, 산림조합, 신용협동조합, 새마을금고에 각각 1천만원씩 총 5천만원의 출자를 하였다 하더라도 각각의 상호금융기관으로부터 비과세를 받는 것은 아니다.

Ⅲ. 출자배당 비과세 적용례

조합등 출자금에 대한 과세특례 적용시 조합등에 출자한 금액이 1천만원을 초과하는 경우 1천만원 이하의 출자금 배당소득에 대하여는 소득세가 과세되지 아니하며(기획재정부 소득세제과-138, 2015. 3. 13), 1천만원 초과분에 대한 배당소득에 대하여만 소득세가 과세된다. 아울러, 지방세에 있어서도 1천만원 이하의 비과세되는 출자배당에 대해서는 소득세가 면제되므로 개인지방소득세가 면제되나, 1천만원 초과분에 대해서는 소득세의 10% 만큼은 개인지방소득세가 과세된다.

제4절 조합등 예탁금에 대한 저율과세 등

Ⅰ. 관련 규정

농민·어민 및 그 밖에 상호 유대를 가진 거주자를 조합원·회원 등으로 하는 조합 등에 대한 예탁금으로서 가입 당시 19세 이상인 거주자가 가입한 대통령령으로 정하는 예탁금(1명당 3천만원 이하의 예탁금만 해당하며, 이하 "조합등 예탁금")에서 2007년 1월 1일부터 2025년 12월 31일까지 발생하는 이자소득에 대해서는 비과세하고, 2026년 1월 1일부터 2026년 12월 31일까지 발생하는 이자소득에 대해서는 5%의 세율을 적용하며, 그 이자소득은 소득세법에 따른 종합소득과세표준에 합산하지 아니하며, 지방세법에 따른 개인지방소득세를 부과하지 아니한다(조세특례제한법89의3①).

2027년 1월 1일 이후 조합등 예탁금에서 발생하는 이자소득에 대해서는 9%의 세율을 적용하고, 종합소득과세표준에 합산하지 아니하며, 개인지방소득세를 부과하지 아니한다(조세특례제한법89의3②).

이는 산림조합에 예탁한 예탁금에 대하여 이자소득를 비과세함으로써 산림소유자와 임업인의 재산형성을 지원하기 위함으로 생각한다.[4]

Ⅱ. 조합등 예탁금 이자소득의 비과세 요건 등

조세특례제한법 제89조의3 제1항에서 "대통령령으로 정하는 예탁금"이란 농업협동조합, 수산업협동조합, 산림조합, 신용협동조합, 새마을금고 중 어느 하나에 해당하는 조합 등의 조합원·준조합원·계원·준계원 또는 회원의 예탁금으로서 농업협동조합, 수산업협동조합, 산림조합, 신용협동조합, 새마을금고에 예탁한 금액의 합계액이 1인당 3천만원 이하인 예탁금을 말한다(조세특례제한법 시행령83의3①).

예탁금에 대한 비과세 요건은 조합원은 물론이고 출자배당과 달리 준조합원

---

4) 백주현(2021), 22-25쪽.

에 대한 이자소득에 대해서도 비과세되며, 조합원·준조합원 1인당 3천만원 이하의 예탁금에서 발생하는 이자소득을 말한다. 이 역시 출자배당과 동일하게 산림조합뿐만 아니라 5개 상호금융기관 전체를 포괄하는 개념으로 1인당 합계액이 3천만원 이하인 예탁금이다.

Ⅲ. 이자소득 비과세 적용례

산림조합의 조합원 및 준조합원이 3천만원 이하의 비과세 예탁금에 가입한 후 저축계약기간 중 조합원 및 준조합원의 자격을 상실한 경우 당해 예탁금의 저축계약기간 만료일까지는 비과세가 적용될 수 있다.

또한 예탁금 이자소득 비과세의 적용시점은 가입당시 전기간에 걸쳐 비과세가 가능한 것이 아니며, 각 연도별로 발생한 이자소득에 대해서만 적용받는다. 예를 들어 2024년에 5년만기 예탁금을 가입하였다 하더라도 비과세 종료가 2025년이기 때문에 2025년까지 발생한 이자소득에 대해서만 비과세되고 2026년 발생분은 5%로, 2027년 이후 발생분 이자는 9%로 과세하게 된다. 다만, 2021년부터는 가입연령이 20세에서 19세로 낮아지게 되어 가입대상이 확대되는 반면 조세특례제한법 제129조의2가 신설되어 금융소득종합과세대상자에 해당될 경우에는 가입이 제한되도록 개정되었다.

제5절 산림조합 등의 농어업 관련 사업 등에 대한 감면

Ⅰ. 중앙회 등의 구매·판매 사업 등에 사용하기 위한 부동산 취득

산림조합중앙회가 구매·판매 사업 등에 직접 사용하기 위하여 취득하는 ⅰ) 구매·판매·보관·가공·무역 사업용 토지와 건축물(제1호), ⅱ) 생산 및 검사 사업용 토지와 건축물(제2호), ⅲ) 농어민 교육시설용 토지와 건축물(제3호)의 부동산(농수산물유통 및 가격안정에 관한 법률 제70조 제1항에 따른 유통자회사에 농수산물 유통시설로 사용하게 하는 부동산을 포함)에 대해서는 취득세의 25%를, 과세기준일 현재 그 사업에 직접 사용하는 부동산에 대해서는 재산세의 25%를 각각 2023년 12월 31일까지 경감한다(지방세특례제한법14①).

Ⅱ. 조합의 고유업무용 부동산 취득세 특례

1. 관련 규정

산림조합(산림계 및 조합공동사업법인 포함)이 고유업무에 직접 사용하기 위하여 취득하는 부동산(임대용 부동산은 제외)에 대해서는 취득세를, 과세기준일 현재 고유업무에 직접 사용하는 부동산에 대해서는 재산세를 각각 2023년 12월 31일까지 면제한다(지방세특례제한법14③). 산림조합중앙회에 대해서는 해당 감면 규정을 적용하지 아니한다(지방세특례제한법14⑤).

산림조합(산림계 및 조합공동사업법인 포함)이 고유업무에 직접 사용하기 위하여 취득하는 부동산(임대용 부동산 제외)에 대해서는 취득세를, 과세기준일(지방세법상 재산세 과세기준일은 매년 6월 1일) 현재 고유업무에 직접 사용하는 부동산에 대해서는 재산세를 각각 2023년 12월 31일까지 면제한다(지방세특례제한법14③).

2. 고유업무

고유업무란 법령에서 개별적으로 규정한 업무와 법인등기부에 목적사업으로 정하여진 업무를 말하며(지방세특례제한법2①(1)), 법령상의 목적사업이란 특수법인인 산림조합의 경우 산림조합법에서 규정하고 있는 업무내용이나 개별법령에서 규정하고 있는 목적사업들을 당해 법인이 법인등기부상의 목적사업에 이를 등기하지 아니한 경우라도 고유목적으로 인정되며, 법인등기부상의 목적사업이란 법인설립시 등기한 목적사업과 정관상의 목적사업을 변경하여 이를 등기한 경우의 변경된 목적사업을 말한다. 따라서 법인이 내부적인 정관변경절차를 이행한 경우라도 정관변경등기를 하지 않는 한 고유목적으로 인정받을 수 없다.[5]

3. 직접 사용

직접 사용이란 부동산·차량·건설기계·선박·항공기 등의 소유자(신탁법 제

---

[5] 백주현(2021), 28-32쪽.

2조에 따른 수탁자를 포함하며, 신탁등기를 하는 경우만 해당)가 해당 부동산·차량·
건설기계·선박·항공기 등을 사업 또는 업무의 목적이나 용도에 맞게 사용(이 법
에서 임대를 목적 사업 또는 업무로 규정한 경우 외에는 임대하여 사용하는 경우는 제외)
하는 것을 말한다(지방세특례제한법2①(8)).

제 2 편

조 합

설　립

제1절　설립목적

　　산림조합법 제1조에 따르면 "산림조합은 산림소유자와 임업인의 자주적인 협동조직을 통하여 지속 가능한 산림경영을 촉진하고 산림생산력을 증진시키며 그 구성원의 경제적·사회적·문화적 지위 향상을 도모함으로써 국민경제의 균형 있는 발전에 이바지함"을 목적으로 설립되었다(법1).

　　산림조합은 산림소유자와 임업인의 지위 향상과 임업의 경쟁력 강화를 위해 산림소유자와 임업인 스스로가 주체가 되어 만든 협동조합이다. 산림조합이 산림소유자와 임업인의 자주적인 조직이라고 해서 모든 산림소유자와 임업인의 이익을 보호하는 단체가 되는 것은 아니다. 왜냐하면 산림조합은 조합에 출자자로 참여하는 조합원과 준조합원의 이익을 보호하는 비공익법인으로 되어 있기 때문이다.

　　산림조합은 일정한 사업을 협동으로 영위함으로써 조합원의 권익을 향상하고 지역 사회에 공헌하고자 하는 사업조직인 협동조합(협동조합기본법2(1)[1])에 속

---

1) 1. "협동조합"이란 재화 또는 용역의 구매·생산·판매·제공 등을 협동으로 영위함으로써

하고, 신용협동조합, 농업협동조합(공제사업 제외), 수산업협동조합, 새마을금고와
마찬가지로 신용사업과 공제사업을 운영하는 상호금융기관에 속한다.

"조합"이란 지역조합과 전문조합을 말한다(법2(1)), "지역조합"이란 산림조
합법에 따라 설립된 지역산림조합을 말한다(법2(2)), "전문조합"이란 산림조합법
에 따라 설립된 품목별·업종별 산림조합을 말한다(법2(3)).

제2절 연혁

산림의 개발은 산림과 하천의 토지 사적 소유권이 확립되면서 더욱 촉진됐
다. 조선시대 "송계(松契)"는 마을 또는 친족의 산림을 보호하고 이용하기 위해
결성된 계(契)이다. 송계는 지방에 따라 금송계(禁松契,) 송금계(松禁契), 산림계(山
林契,) 애림계(愛林契) 등으로 불렸는데, 송계를 통해 보호한 산림은 훗날까지 비
교적 좋은 임상을 유지했다. 이처럼 다양한 계들은 시대에 따라 생성, 발전하고
소멸되는 과정을 거쳤다. 일제가 실시한 임적조사사업과 임야조사사업으로 임야
의 대부분이 국유림으로 편입된 뒤 송계는 많은 지역에서 점차 사라졌으나 산림
계로 이어지다가 오늘날 산림조합으로 발전했다. 일제강점기의 우리나라 산림조
합은 법에 의해 체계적으로 설립된 것이 아니라 지역에 따라 산발적으로 나타나
기 시작했다. 이러한 자치조직에 일제가 개입함으로써 그들의 행정구역과 결부
시켜 정치적으로 관리하게 됐고 고유의 송계나 식림계 등에 면 산림조합 또는
군 산림조합이라는 명칭이 주어졌다. 일제는 1913년 고유(告諭) 제1호로 산림보
호규약을 공포하고 평안남도에서 우리나라 최초의 산림조합을 조직했다. 이 조
합의 목적은 일정 면적의 산림을 공동림으로 설정하고 조합원이 상호협조해 식
수하거나 산림보호를 담당하는 데 있었다. 1921년 부락 단위 산림조합 수는
1,344개에 달했고 일제는 이들의 관리할 조직체가 필요해지자 1925년 경기도에
군(도) 산림조합을 회원으로 하는 도 산림조합연합회를 설치했다. 이러한 가운데
1928년에는 거의 전국에 걸쳐 산림조합이 조직되기도 했으나 1932년 주민의 부

조합원의 권익을 향상하고 지역 사회에 공헌하고자 하는 사업조직을 말한다.

담을 증가시킨다는 이유로 전면적으로 해산됐고 산림조합의 재산과 업무를 각 도와 조선산림회로 이관했다. 1921년 설립된 조선산림회는 일제의 식민지 산림 정책을 성공적으로 이끌기 위한 선전사업을 주 목적으로 하는 전형적인 관제단 체로서의 성격을 지니고 있었다.

광복 이후 한국전쟁으로 산림정책이나 사업은 일시에 모두 중단됐다가 1951년 9월 임시수도 부산에서 공포한 산림보호임시조치법이 시행되면서 재개됐 다. 이 법은 우리말로 제정된 최초의 산림관계 법률로 1961년 산림법이 제정될 때 까지 적용됐으며 전국에 산림계를 조직해 지역주민들이 마을 주변 산림을 보 호·관리하도록 했다.

1961년 12월 27일 산림법이 제정되고 1962년 1월 20일 시행되면서 비로소 산림의 보호 육성과 산림자원을 증식할 수 있는 전환기를 맞이했다. 산림법 제정 으로 우리 산림과 임업은 급속한 변화를 겪기 시작했다. 정부 수립 이후 새로운 산림법이 제정되지 못한 채 일제강점기에 제정된 삼림령(1911년)을 준용하고 있 었는데 1961년에 이르러 독립된 산림법에 대한 법적 체계를 세우고 산림정책의 체계를 갖춰나가기 시작했다. 특히, 산림법 제정으로 과거와 달리 영림계획의 도 입과 산림조합 계통조직의 공법적 조직화가 이뤄졌다. 1962년 5월 29일 대한산 림조합연합회가 공법인으로 정식 출범하면서 종전의 사단법인 대한산림연합회와 시·군 산림조합은 새로이 설립된 연합회와 조합이 인수, 청산하게 됐다. 1962년 발족 당시 전국에 걸쳐 159개 조합이 설립됐으나 정부의 부실조합 정비방침에 의해 산림 면적 또는 산림계원이 적은 시 조합과 운영상태가 부실한 조합을 인 근 군 조합에 단계적으로 통폐합했다. 이에 따라 1974년부터 1980년까지 18개 조합을 통폐합해 141개 조합이 됐다.

1980년 1월 4일 산림계·산림조합·산림조합중앙회의 기능을 산림경영의 민 간추진체로 향상하기 위하여 산림법에서 산림조합과 관련한 조항을 분리해 독립 적인 산림조합법을 제정했다. 1990년대 들어서는 우리나라 산림정책은 산지자원 화계획을 수행하며 가치 있는 산림자원 개발에 집중하고 새로운 산림행정 수요 가 급증함에 따라 산림조합도 산림정책 사업을 선도할 수 있는 협동조직체제로 의 전환이 요구 되었다. 그 결과 1993년 산림조합법이 임업협동조합법으로 개정 되면서 산림조합과 산림조합중앙회는 각각 임업협동조합과 임업협동조합중앙회 로 명칭이 변경되고 조직체계도 달라져 산림계·조합·중앙회 3단계에서 조합·

중앙회 2단계로 단순화됐다. 산림계는 자율적으로 해산되는 날까지 존속하도록 했다. 특히, 임업협동조합체제로 전환하면서 조합의 신용사업을 수행하기 위한 법적근거를 마련했고 1994년 11월 2개 조합에서 신용사업 업무를 최초로 개시했다. 1998년 IMF 경제위기가 본격화되자 정부의 대대적인 협동조합 개혁 속에 농협중앙회, 축협중앙회, 임삼협중앙회가 통폐합되고 임업협동조합의 명칭도 2000년 1월 21일 산림조합법 전부개정에 따라 다시 산림조합으로 변경되고 임업협동조합법은 지금의 산림조합법으로 개칭됐다.

한편, 조합원 및 임업인을 위한 금융지원 등 자주적인 협동조합체제를 목적으로 실시한 신용사업이 1997년 IMF 외환위기 이후 금융환경의 변화에 따라 대규모 부실 발생 등으로 위기에 처했고 이로 인해 자력으로 경영정상화가 어려운 조합들에 대한 구조개선이 대두됐다. 이에 중앙회는 2005년 144개 전체 조합에 대한 경영진단을 실시하는 한편 구조조정에 필요한 재원 조성과 효율적인 구조개선 제도의 도입을 위해 2007년 8월 산림조합의 구조개선에 관한 법률을 제정하여 부실(우려)조합에 대해 파산, 합병 또는 경영개선 자금지원 등을 통한 대규모 구조조정을 실시하였다, 그 결과 2022년 말 현재 신용사업 영위 지역조합 140개, 신용사업 비영위 지역조합 2개 등 총 142개 지역조합이 있다.[2]

제3절 주요업무

I. 서설

산림조합법은 산림조합의 설립목적을 달성하기 위하여 각종 사업을 규정하고 있다.

산림조합법은 조합이 목적 달성을 위해 수행할 수 있는 사업의 종류를 제한적으로 열거하고 있다(법46①②). 지역조합의 경우 대표적으로 신용사업이 규정되어 있으며, 지역조합이 영위할 수 있는 신용사업의 범위에 대해서도 구체적으로

---

2) 산림조합중앙회(2022), 산림조합 60년.

열거하고 있다(법46①(4)). 전문조합은 신용사업을 영위하지 않는다(법46② 참조).

조합은 그 목적을 달성하기 위하여 다음 사업의 전부 또는 일부를 수행한다(법46①②).

Ⅱ. 신용사업

1. 의의

신용사업은 수신과 여신을 수단으로 하여 조합원간 자금의 유통을 꾀하는 상호금융의 성격을 가진 업무이다. 조합원의 자금을 예탁받아 이를 조합원에게 융자하여 조합원간 원활한 자금 흐름을 꾀하는 것이 상호금융의 중요한 역할이다.

산림조합이 신용사업을 하는 경우에는 신용협동조합법에 따른 신용협동조합으로 본다(신용협동조합법95①(3)).

2. 신용사업의 내용

지역조합은 그 목적을 달성하기 위하여 조합원을 위한 신용사업의 전부 또는 일부를 한다(법46①(4)). 여기서 조합원을 위한 신용사업에는 ⅰ) 조합원의 예금과 적금의 수납(가목), ⅱ) 조합원에게 필요한 자금의 대출(나목), ⅲ) 내국환(다목), ⅳ) 조합원의 유가증권, 귀금속, 중요 물품의 보관 등 보호예수업무(라목), ⅴ) 국가, 지방자치단체 등의 공공단체와 금융회사 등의 업무대행(마목)이 포함된다.

3. 여수신업무방법

(1) 중앙회장의 제정

상호금융업감독규정("감독규정")에 의하면 조합의 신용사업과 관련한 예탁금·적금 또는 대출등의 업무방법("여수신업무방법")에 관한 사항은 중앙회장이 이를 정한다(감독규정4①). 이에 따라 중앙회는 조합 여수신업무방법서를 제정하여 운영하고 있다.

(2) 여수신업무방법의 필요적 포함사항

여수신업무방법에는 ⅰ) 예탁금·적금 및 대출등의 종류에 관한 사항(제1호), ⅱ) 예탁금·적금 및 대출등의 이율, 결산방법 및 기간에 관한 사항(제2호), ⅲ) 예탁금·적금 및 대출등의 원리금의 지급 및 회수방법에 관한 사항(제3호), ⅳ) 기타 여수신업무에 관한 중요사항(제4호)이 포함되어야 한다(감독규정4②).

(3) 여수신업무방법 제정 또는 변경의 금융감독원 신고

중앙회장이 여수신업무방법을 제정 또는 변경하고자 하는 경우에는 미리 금융감독원장("감독원장")에게 신고하여야 한다(감독규정4③).

(4) 여수신업무방법 변경 요구와 수용 의무

금융감독원장은 신고받은 여수신업무방법의 내용을 심사하고 조합 이용자 보호, 건전한 금융거래질서의 유지를 위하여 여수신업무방법 내용의 변경이 필요하다고 인정하는 경우 중앙회장에 대하여 당해 여수신업무방법의 변경을 요구할 수 있다(감독규정4④ 전단). 이 경우 중앙회장은 이에 응하여야 한다(감독규정4④ 후단).

4. 신용사업의 종류

(1) 조합원의 예금과 적금의 수납

신용사업에는 조합원의 예금과 적금의 수납이 포함된다(법46①(4) 가목).

(가) 예금의 의의

예금과 적금("예금")은 조합의 자금형성 수단이며, 조합원 및 조합원이 아닌 자("조합원등")의 여유자금에 대한 일시적인 보관, 출납, 재산증식 수단으로 예치받는 자금을 말한다. 예금은 "예금자가 은행 기타 수신을 업으로 하는 금융기관에게 금전의 보관을 위탁하되 금융기관에게 그 금전의 소유권을 이전하기로 하고, 금융기관은 예금자에게 같은 통화와 금액의 금전을 반환할 것을 약정하는 계약"이다. 지역조합은 예탁금 등의 명칭으로 수신업무를 하고 있다.

(나) 예금의 종류

예탁금(또는 "예금")은 그 분류의 기준을 어디에 두느냐에 따라 그 종류도 다르게 분류할 수 있으나, 예탁금의 성격에 따라 다음과 같이 분류할 수 있다.[3]

1) 입출금이 자유로운 예탁금

별단예탁금, 보통예탁금, 마이포켓통장, 자립예탁금, e-푸른자립예탁금, 푸른행복지킴이통장, 산림조합 국민연금안심(安心)통장, 큰나무자립예탁금, 자유저축예탁금, 푸르미＋통장, 기업자유예탁금, 귀산촌인우대통장, SJ푸른희망지킴이통장, FT자유예탁금 등이 있다.

2) 거치식예탁금

정기예탁금, 모아모아태산예탁금, 회전정기예탁금, SJ숲처럼예탁금, 산림조합원만세예탁금, 상부상조예탁금 등이 있다.

3) 적립식예탁금

정기적금, 장학적금, 자유적립적금, 비과세 재형저축, 실버플러스 적금, 꿈나무적금, 비과세장기주택마련저축, 가계장기저축, 비과세근로자우대저축, 농어가목돈마련저축, SJ힐링스마트적금, 상부상조적금 등이 있다.

(2) 조합원에게 필요한 자금의 대출

신용사업에는 조합원에게 필요한 자금의 대출이 포함된다(법46①(4) 나목).

(가) 대출의 의의

대출(loan)은 지역조합이 이자 수취를 목적으로 원리금의 반환을 약정하고 고객(＝차주, 채무자)에게 자금을 대여하는 행위를 말한다. 대출은 지역조합의 여신(＝신용공여)의 한 종류이다. 지역조합 이외에도 은행(은행법27), 보험회사(보험업법106), 여신전문금융회사(여신전문금융업법46), 상호저축은행(상호저축은행법11), 새마을금고(새마을금고법28), 대부업자(대부업법2(1)) 등도 각 관련 법률이 정한 범위 내에서 여신·대출 업무를 수행한다.

(나) 대출의 종류

1) 형식에 따른 분류

대출은 형식에 따라 다음과 같이 분류한다.[4]

가) 증서대출

증서대출은 채무자로부터 대출거래약정서(또는 여신거래약정서)를 받고 취급하는 대출을 말한다.

---

3) 산림조합 수신업무방법(2023. 2. 15), 1쪽.
4) 산림조합 여신업무방법(2023. 1. 1), 18쪽.

나) 어음대출

어음대출은 상거래 활동에 의하여 취득한 만기일이 도래하지 않은 어음을 매입하는 대출을 말한다.

2) 거래방식에 따른 분류

대출은 거래방식에 따라 다음과 같이 분류한다.

가) 개별거래 대출

개별거래 대출은 약정액 범위 내에서 일괄(또는 분할)하여 대출이 발생하고 상환한 금액을 재사용할 수 없는 방식의 대출을 말한다.

나) 한도거래 대출

한도거래 대출은 한도약정액 범위 내에서 동일과목의 대출을 회전사용하고 대출거래기간 만료일에 한도를 회수하는 대출을 말한다.

3) 기업자금대출의 분류

기업자금대출은 용도에 따라 다음과 같이 분류한다.

가) 운전자금대출

운전자금대출은 기업의 생산, 판매활동에 소요되는 자금에 대한 대출을 말한다.

나) 시설자금대출

시설자금대출은 기업설비의 취득, 신설, 확장, 복구 등 일체의 시설에 소요되는 자금에 대한 대출을 말한다.

4) 상환방법에 따른 분류

대출은 상환방법에 따라 다음과 같이 분류한다.

가) 일시상환대출

일시상환대출은 대출액을 기일에 전액 상환하는 대출을 말한다.

나) 원금균등분할상환대출

원금균등분할상환대출은 대출원금을 약정내용에 따라 정기적으로 균등하게 분할하여 상환하는 대출을 말한다.

다) 원금불균등분할상환대출

원금불균등분할상환대출은 대출원금을 약정내용에 따라 정기적으로 불균등하게 분할하여 상환하는 대출을 말한다.

라) 원리금균등분할상환대출

원리금균등분할상환대출은 원금과 이자의 합계금액을 균등하게 분할하여 매월 상환하는 대출을 말한다.

마) 부분균등분할상환대출

부분균등분할상환대출은 대출원금의 일정액을 정기적으로 균등하게 분할하여 상환하고 나머지는 대출만기일에 일시상환하는 대출을 말한다.

바) 수시상환대출

수시상환대출은 약정한도 범위 내에서 수시로 상환 및 취급이 가능한 대출을 말한다.

(다) 대출상품별 분류

여기서는 여신업무방법서의 주요 대출상품을 살펴본다.[5] 대출상품에는 일반대출금(보통대출), 적금대출,[6] 예탁금대출,[7] 저축금범위내대출,[8] 상호급부금,[9] 일일상환대출,[10] 임직원대출, 농어가부채경감대출,[11] 주택자금대출[12] (주택구입자금대출,[13] 주택신축자금대출,[14] 주택개량자금대출,[15] 목조주택자금대출,[16] 주택생활안정자금[17]), 인터넷대출,[18] 햇살론,[19] 전세협약보증대출,[20] 임업인 토지구입자금,[21]

---

5) 산림조합 여신업무방법(2023. 1. 1), 566쪽 이하 참조.
6) 대출대상자는 적금계약자로서 자산 또는 신용이 확실한 자로 한다.
7) 자립예탁금, 자유저축예탁금, 기업자유예탁금을 모계좌로하여 대출한도, 대출기한 범위에서 수시로 청구서에 의하여 대출과 상환하는 대출을 말한다.
8) "저축금범위내대출"이란 본조합에서 채무자 본인 명의의 예탁금 또는 정기적금(이하 "예탁금"이라 한다)을 담보로 하는 대출을 말한다.
9) 상호부금 계약자로서 자산 또는 신용이 확실한 자로 한다.
10) "일일상환대출"이란 일일소득이 있는 자에게 필요 자금을 단기간 대출하고, 매일 균등하게 원리금(이하 "일일할부금"이라한다.)을 상환하게 하는 대출금을 말한다.
11) "농어가부채경감대출금"이란 농어업인 부채경감에 관한 특별조치법에 따른 농림수산식품부의 시행지침에 따라 지원되는 대출금을 말한다.
12) "주택자금대출"이란 주택에 대한 구입·신축·개량(증축·개축포함) 및 주택을 담보로 생활안정에 필요한 소요자금을 대출하는 것을 의미한다.
13) 자기명의로 주택을 구입(경매 또는 공매주택의 매각허가 결정을 포함)하는 자로 한다.
14) 건축허가(신고) 등을 받아 자기명의의 대지에 주택을 신축하고자 하는 자로 한다.
15) 대출대상자는 자기명의 주택을 개량(증축수선 등)하기 위하여 건축허가(신고) 또는 공사계약을 체결한 자로 한다.
16) 중앙회 및 회원조합에서 시공하는 목조주택을 신축하고자 하는 자로 한다.
17) 주택(주거용 부동산)을 담보로 하여 대출을 받고자 하는 자로 한다.
18) "인터넷대출"이란 전자금융신청서를 제출하여 등록된 개인(개인사업자 포함. 이하 같음)이 인터넷상에서 본 조합에 예입된 본인명의 예·적금을 담보로 대출하는 것을 말한다.
19) "햇살론"이란 저신용·저소득 농림어업인, 자영업자 및 근로자에 대한 원활한 자금공급을

지방자치단체 협약대출,[22) MCI 보증보험증권대출,[23) 임업인 지원자금대출,[24)
태양광발전시설자금대출,[25) 공과금 자동이체 대출,[26) 개인사업자대박대출,[27) SJ
주택건축자금대출,[28) 농림업자우대대출[29) 등이 있다.

(3) 내국환

신용사업에는 내국환 업무가 포함된다(법46①(4) 다목). 내국환 업무는 금융
기관이 중개자가 되어 국내의 격지자 사이의 채권채무를 현금 수수에 의하지 아
니하고 결제하는 업무를 말한다. 일반적으로 환업무란 송금, 대금추심, 타행환
공동망업무, CD공동망 이용업무 등을 말한다.

통한 서민의 복지증진을 위하여 신용보증재단중앙회 또는 지역신용보증재단의 보증서를
발급받아 취급하는 보증부 서민대출을 말한다.
20) 신규 전세 입주 고객에게는 신규 전세자금을 지원하고 전세 거주 고객에게는 생활안정자
금을 지원하며 보증보험(서울보증보험)으로 고객의 신용위험을 담보하고 권리보험(KB손
해보험)으로 임대차 계약상의 위험을 제거한 대출상품이다.
21) 이 대출은 임업경영 또는 임산물 생산을 목적으로 자가사업장 마련에 필요한 토지구입
자금을 지원하여 경영기반 안정화를 도모하기 위한 대출상품이다.
22) "지방자치단체 협약대출"이란 지방자치단체, 공공기관 및 기타 단체 등("지방자치단체
등")과 협약에 의하여 지방자치단체 등이 직접 금리차를 보상하는 경우 조합에서 상호금
융자금을 저리로 지원하는 대출금을 말한다.
23) ① 「모기지신용보험(MCI: Mortgage Credit Insurance)」이란 부동산에 근저당권을 설정하
는 계약에 따른 대출을 실행하였을 경우 채무자가 채무를 이행하지 않음으로서 채권자가
입은 손해를 보험가입금액 범위에서 보상하는 보험을 말한다. ② 「MCI증권 담보대출」이
란 주택을 담보로 하는 대출을 취급하는 경우대출가능금액산정 시 공제해야 하는 소액임
차보증금 해당금액에 대하여 MCI보험에 가입하고 소액임차보증금 차감대상 금액 이내에
서 추가로 대출하는 것을 말한다. ③ 「MCI증권」이란 조합과 협약을 체결한 "보증보험"이
발급한 전자문서로 송신하는 형식의 전자식 증권을 말한다.
24) 이 대출은 임산물 생산 및 운영자금이 필요한 자에게 적기에 자금을 지원하여 경영기반
안정화를 도모하기 위한 대출상품이다.
25) 태양광발전시설 시공 자금지원을 목적으로 하는 시설자금 대출로 신규 공급계약을 체결한
태양광발전시설과 해당지역 토지 등을 담보로 대출 취급 후 태양광발전 판매대금(SMP,
REC)의 현금흐름(Cash Flow)으로 대출 원리금을 상환하는 대출상품이다.
26) 주거래 고객 확보와 요구불 예탁금 증대의 일환으로 공과금 자동이체 계좌에 한정하여 대
출한도, 대출기한 범위에서 수시로 대출과 상환하는 신용대출상품을 말한다.
27) 사업자등록증을 보유하고 영업을 하고 있는 개인사업자 및 창업을 준비 중인 예비 개인사
업자에 대하여 운영 및 시설자금을 지원해주는 상품을 말한다.
28) SJ주택건축자금대출이란 주택을 분양 또는 임대할 목적으로 건축부지의 매입 및 주택의
건축(신축, 재축, 개축 포함)에 소요되는 자금을 지원해 주는 상품을 말한다.
29) 농업·임업경영 또는 농산물·임산물 생산을 목적으로 사용되는 부동산의 구입 자금 및
운영에 필요한 자금을 적기에 지원하기 위한 대출상품을 말한다.

(4) 보호예수업무

신용사업에는 조합원의 유가증권, 귀금속, 중요 물품의 보관 등 보호예수업무가 포함된다(법46①(4) 라목).

(5) 국가, 지방자치단체 등의 공공단체와 금융회사 등의 업무대행

신용사업에는 국가, 지방자치단체 등의 공공단체와 금융회사 등의 업무대행이 포함된다(법46①(4) 마목). 여기서 업무 대리에는 신용사업을 주로 수행하는 조합의 성격상 국세·지방세의 수납, 전기요금, 전화요금 등의 수납업무가 포함될 것이다.

Ⅲ. 교육·지원 사업

지역조합은 그 목적을 달성하기 위하여 교육·지원 사업의 전부 또는 일부를 한다(법46①(1)). 여기서 교육·지원 사업에는 ⅰ) 임업생산 및 경영능력의 향상을 위한 상담 및 교육·훈련(가목), ⅱ) 임업생산 및 임산물 유통 관련 정보의 수집 및 제공(나목), ⅲ) 임업인·영림단(營林團) 등의 육성 및 지도(다목), ⅳ) 농촌·산촌 생활환경 개선과 문화향상을 위한 교육·지원(라목), ⅴ) 도시와의 교류 촉진을 위한 사업(마목), ⅵ) 그 밖에 산림사업의 수행과 관련한 교육 및 홍보(바목)가 포함된다.

Ⅳ. 경제사업

1. 지역조합

지역조합은 그 목적을 달성하기 위하여 경제사업의 전부 또는 일부를 한다(법46①(2)). 여기서 경제사업에는 ⅰ) 조합원의 사업과 생활에 필요한 물자의 구입·제조·가공·공급 등의 사업(가목), ⅱ) 조합원이 생산하는 임산물의 제조·가공·판매·알선·수출 등의 사업(나목), ⅲ) 조합원의 사업 또는 생활에 필요한 공동이용시설의 설치·운영, 기자재의 임대사업(다목), ⅳ) 조합원이 생산한 임산물의 유통조절 및 비축사업(라목), ⅴ) 조합원의 노동력 또는 농촌·산촌의 부존자

원을 활용한 가공사업·관광사업 등 산림 외 소득증대사업(마목), vi) 임산물을 이용한 사료 및 비료의 생산·판매·알선(바목), vii) 산림용 종묘(種苗) 등 임산물의 채취·보관·육성·판매·알선(사목), viii) 가로수 식재(植栽) 및 조경사업(아목), ix) 임목·임야의 매매·임대차·교환 등의 중개(자목), ⅹ) 임산물을 소재로 하는 건물이나 그 밖의 인공구조물의 건설 및 판매(차목), xi) 보관사업(카목), xii) 조수(鳥獸) 보호사업(타목)이 포함된다.

2. 전문조합

(1) 생산경영을 위한 기술지도

전문조합은 그 목적을 달성하기 위하여 생산경영을 위한 기술지도 사업의 전부 또는 일부를 한다(법46②(1)). 여기서 생산경영을 위한 기술지도에는 ⅰ) 생산력의 증진과 경영능력의 향상을 위한 상담 및 교육·훈련(가목), ⅱ) 조합원에게 필요한 정보의 수집 및 제공(나목), ⅲ) 신품종의 개발, 보급 및 기술확산 등을 위한 시범포(示範圃), 양묘장, 연구소의 운영(다목), ⅳ) 그 밖의 사업수행과 관련한 교육 및 홍보(라목)가 포함된다.

(2) 경제사업

전문조합은 그 목적을 달성하기 위하여 경제사업의 전부 또는 일부를 한다(법46②(2)). 여기서 경제사업에는 ⅰ) 조합원의 사업과 생활에 필요한 물자의 구입·제조·가공·공급 등의 사업(가목), ⅱ) 조합원이 생산하는 임산물의 제조·가공·판매·수출 등의 사업(나목), ⅲ) 조합원이 생산한 임산물의 유통조절 및 비축사업(다목), ⅳ) 조합원의 사업 또는 생활에 필요한 공동이용시설의 설치·운영 및 기자재의 임대사업(라목), ⅴ) 노동력의 알선 및 제공(마목), ⅵ) 보관사업(바목)이 포함된다.

Ⅴ. 산림경영사업

지역조합은 그 목적을 달성하기 위하여 산림경영사업의 전부 또는 일부를 한다(법46①(3)). 여기서 산림경영사업에는 ⅰ) 산림의 대리경영(가목), ⅱ) 산림경영계획의 작성과 양묘장조성, 조림, 숲가꾸기, 벌채 및 특수산림사업지구에서의

산림사업(나목), ⅲ) 임도의 시설 및 보수, 사방(砂防), 산지복구나 그 밖의 산림토
목공사의 시공 및 유지·관리(다목), ⅳ) 산림복지시설, 수목원, 생태숲, 도시림,
생활림, 학교숲, 숲속수련장, 산림박물관, 수렵장의 조성과 그 시설의 설치·관리
(라목), ⅴ) 산촌개발사업(마목), ⅵ) 산림시업(山林施業)의 공동화(共同化)와 임업
노동력의 알선 및 제공 등 효율화사업(바목), ⅶ) 산림병해충·산사태·산불 등
재해의 예방·방제 및 복구 등 산림보호사업(사목), ⅷ) 앞의 나목부터 마목까지
및 사목의 규정에 따른 사업의 설계·감리(아목)가 포함된다.

Ⅵ. 임업자금 등의 관리·운용과 자체자금 조성 및 운용

지역조합은 그 목적을 달성하기 위하여 임업자금 등의 관리·운용과 자체자
금 조성 및 운용 사업의 전부 또는 일부를 한다(법46①(5)).

Ⅶ. 공제사업

지역조합은 그 목적을 달성하기 위하여 공제사업의 전부 또는 일부를 한다
(법46①(6)).

1. 공제규정 인가

조합이 공제사업을 하려면 공제규정을 정하여 시·도지사의 인가를 받아야
한다(법48① 전단). 공제규정을 변경하려는 경우에도 또한 같다(법48① 후단).

2. 공제규정 기재사항

공제규정에는 공제사업 실시에 관한 사항, 공제계약 및 공제료에 관한 사항,
책임준비금이나 그 밖의 준비금 적립에 관한 사항 등이 포함되어야 한다(법48②).

(1) 공제규정 필요적 포함사항
공제규정에 포함되어야 하는 사항은 다음과 같다(시행규칙2의2①).
(가) 공제사업의 실시에 관한 사항
공제규정에는 공제사업의 실시에 관한 사항인 ⅰ) 공제사업의 종목(가목),

ii) 공제를 모집할 수 있는 자(나목), iii) 공제상품 안내 자료의 기재사항(다목),
iv) 통신수단을 이용한 모집 시의 준수사항(라목), ⅴ) 공제 모집 시의 금지행위
(마목), vi) 공제 모집 시의 불법행위로 인한 공제계약자 등에 대한 손해배상에
관한 사항(바목)이 포함되어야 한다(시행규칙2의2①(1)).

(나) 공제상품에 관한 사항

공제규정에는 공제상품에 관한 사항인 i) 공제상품 개발기준(가목), ii) 사
업방법서, 약관, 공제료 및 책임준비금 산출방법에 관한 사항(나목)이 포함되어야
한다(시행규칙2의2①(2)).

(다) 공제계약, 공제금 및 공제료에 관한 사항

공제규정에는 공제계약, 공제금 및 공제료에 관한 사항인 i) 공제계약자
및 피공제자(被共濟者)의 범위(가목), ii) 공제계약의 성립 및 책임 개시에 관한
사항(나목), iii) 공제계약의 체결 절차(다목), iv) 공제금의 지급 및 지급 사유에
관한 사항(라목), ⅴ) 공제계약의 무효에 관한 사항(마목), vi) 공제계약의 변경에
관한 사항(바목), vii) 공제료의 수납 및 환급에 관한 사항(사목), viii) 공제계약의
해지·부활·소멸에 관한 사항(아목), ix) 공제자의 의무 범위 및 그 의무 이행의
시기에 관한 사항(자목), ⅹ) 공제자의 면책사유에 관한 사항(차목)이 포함되어야
한다(시행규칙2의2①(3)).

(라) 공제자산의 운용 범위 및 방법에 관한 사항

공제규정에는 공제자산의 운용 범위 및 방법에 관한 사항이 포함되어야 한
다(시행규칙2의2①(4)).

(마) 공제회계에 관한 사항

공제규정에는 공제회계에 관한 사항인 i) 결산, 재무제표 작성, 사업비 집
행 등의 회계처리에 관한 사항(가목), ii) 책임준비금이나 그 밖의 준비금 적립
및 배당에 관한 사항(나목)이 포함되어야 한다(시행규칙2의2①(5)).

(바) 재무건전성 및 공시에 관한 사항

공제규정에는 재무건전성 및 공시에 관한 사항인 i) 지급여력(支給餘力)의
산출 기준 및 방법(가목), ii) 자산건전성 기준 및 위험관리에 관한 사항(나목),
iii) 경영공시 및 상품공시의 방법·절차 등에 관한 사항(다목)이 포함되어야 한다
(시행규칙2의2①(6)).

(사) 공제분쟁심의위원회의 설치 및 운영에 관한 사항

공제규정에는 공제분쟁심의위원회의 설치 및 운영에 관한 사항이 포함되어야 한다(시행규칙2의2①(7)).

(아) 조합의 재보험에 관한 사항

공제규정에는 조합의 재보험에 관한 사항이 포함되어야 한다(시행규칙2의2①(8)).

(자) 그 밖에 공제사업을 위하여 필요한 사항

공제규정에는 그 밖에 공제사업을 위하여 필요한 사항이 포함되어야 한다(시행규칙2의2①(9)).

(2) 기타 포함사항

공제규정에는 위의 포함사항 외에 공제상품의 표준사업방법서 및 표준약관이 공제규정 부속서로 포함되어야 한다(시행규칙2의2②).

Ⅷ. 복지후생사업

1. 지역조합

지역조합은 그 목적을 달성하기 위하여 복지후생사업의 전부 또는 일부를 한다(법46①(6)). 여기서 복지후생사업에는 ⅰ) 복지시설의 설치 및 관리(가목), ⅱ) 공원묘지·수목장림·봉안당(奉安堂)의 조성 및 관리, 사설묘지관리 등 장제사업(葬祭事業)(나목)이 포함된다.

2. 전문조합

전문조합은 그 목적을 달성하기 위하여 조합원을 위한 복지시설의 운영 사업의 전부 또는 일부를 한다(법46②(3)).

Ⅸ. 재생에너지 발전사업 중 산림분야와 관련된 사업

지역조합은 그 목적을 달성하기 위하여 신에너지 및 재생에너지 개발·이용·보급 촉진법("신재생에너지법) 제2조 제2호30)에 따른 재생에너지 발전사업 중 산림분야와 관련된 사업의 전부 또는 일부를 한다(법46①(7의2)).

X. 다른 경제단체·사회단체 및 문화단체와의 교류·협력 등

1. 다른 경제단체·사회단체 및 문화단체와의 교류·협력

지역조합 및 전문조합은 그 목적을 달성하기 위하여 다른 경제단체·사회단체 및 문화단체와의 교류·협력 사업의 전부 또는 일부를 한다(법46①(8), 법46②(4)).

2. 국가, 공공단체, 중앙회 또는 다른 조합에서 위탁하는 사업

지역조합 및 전문조합은 그 목적을 달성하기 위하여 국가, 공공단체, 중앙회 또는 다른 조합에서 위탁하는 사업의 전부 또는 일부를 한다(법46①(9), 법46②(5)).

조합은 사업의 위탁을 받으려면 해당 기관과 위탁계약을 체결하여야 한다(법46④).

3. 다른 법령에서 조합의 사업으로 규정하는 사업

지역조합 및 전문조합은 그 목적을 달성하기 위하여 다른 법령에서 지역조합 또는 전문조합의 사업으로 규정하는 사업의 전부 또는 일부를 한다(법46①(10), 법46②(6)).

---

30) 2. "재생에너지"란 햇빛·물·지열(地熱)·강수(降水)·생물유기체 등을 포함하는 재생 가능한 에너지를 변환시켜 이용하는 에너지로서 다음 어느 하나에 해당하는 것을 말한다.
    가. 태양에너지
    나. 풍력
    다. 수력
    라. 해양에너지
    마. 지열에너지
    바. 생물자원을 변환시켜 이용하는 바이오에너지로서 대통령령으로 정하는 기준 및 범위에 해당하는 에너지
    사. 폐기물에너지(비재생폐기물로부터 생산된 것은 제외)로서 대통령령으로 정하는 기준 및 범위에 해당하는 에너지
    아. 그 밖에 석유·석탄·원자력 또는 천연가스가 아닌 에너지로서 대통령령으로 정하는 에너지

4. 부대사업

지역조합 및 전문조합은 그 목적을 달성하기 위하여 지역조합의 경우는 제1
호부터 제7호까지, 제7호의2 및 제8호부터 제10호까지의 사업, 전문조합의 경우
는 제1호부터 제6호까지의 사업과 관련되는 부대사업의 전부 또는 일부를 한다
(법46①(11), 법46②(7)).

5. 그 밖에 시·도지사의 승인 사업

지역조합 및 전문조합은 그 목적을 달성하기 위하여 그 밖에 설립목적의 달
성에 필요한 사업으로서 시·도지사의 승인을 받은 사업의 전부 또는 일부를 한
다(법46①(12), 법46②(8)).

조합등 또는 중앙회의 조합장, 회장, 간부직원, 상임이사, 이사, 감사, 집행
간부, 일반간부직원, 파산관재인 또는 청산인이 감독기관의 승인을 받아야 할 사
항에 관하여 승인을 받지 아니하였을 때에는 3년 이하의 징역 또는 3천만원 이
하의 벌금에 처한다(법131(1)).

제4절 종류와 신용사업 영위 여부

Ⅰ. 종류

산림조합에는 지역조합과 전문조합이 있다(법2(1)). 조합이란 지역조합과 전
문조합을 말한다(법2(1)).

1. 지역조합

지역조합이란 산림조합법에 따라 설립된 지역산림조합을 말한다(법2(2)). 지
역조합은 지역명을 붙인 산림조합의 명칭을 사용하여야 한다(법3①).

2. 전문조합

전문조합이란 산림조합법에 따라 설립된 품목별·업종별 산림조합을 말한다 (법2(3)). 전문조합은 그 지역명과 품목명 또는 업종명을 붙인 산림조합의 명칭을 사용하여야 한다(법3①).

2022년 말 현재 전문조합은 없다.

Ⅲ. 신용사업 영위 여부

지역조합은 조합원을 위한 신용사업(법46①(4))을 영위할 수 있으며, 전문조 합은 신용사업을 영위할 수 없다(법46② 참조).

제5절 업무구역

Ⅰ. 지역조합

지역조합의 구역은 특별자치시·특별자치도·시·군·구(구는 자치구를 말하 며, 이하 "시·군·구"라 한다)의 구역으로 한다(법13① 본문). 다만, 시·군·구의 구 역으로 조직하는 것이 부적당한 경우에는 산림청장의 승인을 받아 따로 구역을 정할 수 있다(법13① 단서).

같은 구역에서는 지역조합을 2개 이상 설립할 수 없다(법13③). 지역조합은 그 구역에 주된 사무소를 두며, 정관으로 정하는 기준과 절차에 따라 지사무소를 둘 수 있다(법13④).

Ⅱ. 전문조합

전문조합의 구역은 경제권역 또는 주 생산단지를 중심으로 정관으로 정한다 (법13②).

같은 구역에서는 전문조합을 2개 이상 설립할 수 없다(법13③). 전문조합은 그 구역에 주된 사무소를 두며, 정관으로 정하는 기준과 절차에 따라 지사무소를 둘 수 있다(법13④).

제6절 진입규제

Ⅰ. 인가요건

조합을 설립하는 경우 조합원의 수, 출자금 등 인가에 필요한 기준은 다음과 같다(법14①, 영4).

1. 설립동의자의 수

(1) 지역조합

조합원의 자격이 있는 설립동의자(분할 또는 합병에 의한 설립의 경우에는 조합원)의 수가 1,000인 이상이어야 한다(영4(1) 가목 본문). 다만, 해당 조합의 구역으로 하는 지역이 특별시 또는 광역시(군은 제외)이거나 섬 발전 촉진법에 따른 섬지역인 경우에는 300인 이상으로 한다(영4(1) 가목 단서).

(2) 전문조합

조합원의 자격이 있는 설립동의자의 수가 200인 이상이어야 한다(영4(2) 가목).

2. 최저출자금 요건

(1) 지역조합

조합원의 자격이 있는 설립동의자의 출자금납입확약총액(분할 또는 합병에 의한 설립의 경우에는 출자금총액)이 1억원 이상이어야 한다(영4(1) 나목 본문). 다만, 해당 조합의 구역으로 하는 지역이 섬 발전 촉진법에 따른 섬지역인 경우에는 1천만원 이상으로 한다(영4(1) 나목 단서).

(2) 전문조합

조합원의 자격이 있는 설립동의자의 출자금납입확약총액이 1억원 이상이어야 한다(영4(2) 나목).

3. 발기인회 개최

조합을 설립하고자 하는 발기인은 명칭, 구역, 조합원의 자격, 조합원의 권리·의무, 기타 필요한 사항을 기재한 설립준비서를 작성한 후 발기인회를 개최하여야 한다(영5①).

발기인회는 정관안과 사업계획서안을 작성하고 설립동의서의 제출에 관한 사항과 창립총회의 일시 및 장소를 정한 후 설립동의자로부터 설립동의서를 받아야 한다(영5② 전단). 이 경우 설립동의서를 제출하는 설립동의자에 대하여는 창립총회에 관한 사항을 통지하여야 한다(영5② 후단).

4. 정관작성

조합의 정관에는 ⅰ) 목적·명칭 및 구역(제1호), ⅱ) 주된 사무소의 소재지(제2호), ⅲ) 조합원의 자격과 가입·탈퇴 및 제명에 관한 사항(제3호), ⅳ) 출자 1계좌의 금액과 조합원의 출자계좌 수 한도, 납입방법 및 지분계산에 관한 사항(제4호), ⅴ) 우선출자에 관한 사항(제5호), ⅵ) 총회와 그 밖의 의결기관과 임원의 정수·선출 및 해임에 관한 사항(제6호), ⅶ) 간부직원의 임면에 관한 사항(제7호), ⅷ) 사업의 종류와 그 집행에 관한 사항(제8호), ⅸ) 회계연도와 회계에 관한 사항(제9호), ⅹ) 적립금의 종류와 적립방법에 관한 사항(제10호), ⅺ) 잉여금의 처분과 손실금의 처리방법에 관한 사항(제11호), ⅻ) 경비 및 과태금의 부과·징수와 사용료·수수료에 관한 사항(제12호), ⅹⅲ) 공고의 방법에 관한 사항(제13호), ⅹⅳ) 존립시기 또는 해산의 사유를 정하였을 때에는 그 시기 또는 사유(제14호), ⅹⅴ) 설립 후 현물출자를 약정하였을 때에는 그 출자자산의 명칭·수량·가격, 출자자의 성명·주소와 현금출자로의 전환 및 환매특약조건(제15호), ⅹⅵ) 설립 후 양수를 약정한 재산이 있는 경우에는 그 재산의 명칭·수량·가격과 양도인의 성명·주소(제16호), ⅹⅶ) 그 밖에 필요한 사항(제17호)이 포함되어야 한다(법15①).

조합의 정관을 변경하려면 시·도지사의 인가를 받아야 한다(법15② 본문). 다만, 제16조에 따른 정관례에 따라 변경하는 경우에는 시·도지사의 인가를 받은 것으로 본다(법15② 단서).

5. 창립총회 의결

정관, 사업계획서 및 수지예산서, 임원의 선출, 기타 설립에 필요한 사항은 창립총회의 의결을 얻어야 한다(영5③).

Ⅱ. 인가절차

1. 시·도지사의 인가

조합을 설립하려면 해당 구역의 30인 이상의 조합원 자격을 가진 자가 발기인이 되어 정관을 작성하고 창립총회의 의결을 받은 후 시·도지사(전문조합의 경우에는 주된 사무소 소재지의 시·도지사)의 인가를 받아야 한다(법14① 전단). 산림조합의 경우 중앙회장 경유 절차가 없다.

창립총회의 의사는 개의 전까지 발기인에게 설립동의서를 제출한 자 과반수의 찬성으로 의결한다(법14②).

2. 인가신청서 제출

(1) 인가신청서 기재사항

조합의 설립인가를 받고자 하는 자는 설립인가신청서에 ⅰ) 정관(제1호), ⅱ) 창립총회의사록(제2호), ⅲ) 사업계획서(제3호), ⅳ) 임원명부(제4호), ⅴ) 조합원자격과 설립인가기준에 적합함을 증명할 수 있는 서류(제5호), ⅵ) 분할 또는 합병을 의결한 총회의사록 또는 조합원투표록(분할 또는 합병에 의한 설립의 경우에 한하며, 신설되는 조합이 승계하여야 할 권리·의무의 범위가 의결사항으로 기재되어 있어야 한다)(제6호)을 첨부하여 특별시장·광역시장·특별자치시장·도지사 및 특별자치도지사("시·도지사")에게 신청하여야 한다(영6).

(2) 신청 거부자의 사유서 첨부

발기인 중 설립인가의 신청을 거부하는 자가 있을 때에는 나머지 발기인이 신청서에 그 사유서를 첨부하여 신청할 수 있다(법14③).

3. 인가신청서 심사

(1) 인가 제한 사유

시·도지사는 조합의 설립인가 신청을 받았을 때에는 ⅰ) 설립인가기준에 미치지 못하였을 때(제1호), ⅱ) 설립절차, 정관 및 사업계획서의 내용이 법령을 위반하였을 때(제2호), ⅲ) 설립인가에 필요한 구비서류를 갖추지 못하였을 때(제3호)를 제외하고는 인가하여야 한다(법14④).

(2) 심사기간과 인가 여부 통지

시·도지사는 조합 설립인가의 신청을 받은 날부터 60일 이내에 인가 여부를 신청인에게 통지하여야 한다(법14⑤).

(3) 인가 의제

시·도지사는 60일 이내에 인가 여부 또는 민원 처리 관련 법령에 따른 처리기간의 연장을 신청인에게 통지하지 아니하면 그 기간(민원 처리 관련 법령에 따라 처리기간이 연장 또는 재연장된 경우에는 해당 처리기간)이 끝난 날의 다음 날에 인가를 한 것으로 본다(법14⑥).

4. 설립등기

조합은 주된 사무소의 소재지에서 설립등기를 함으로써 성립한다(법17①). 조합의 설립무효에 관하여는 상법 제328조(설립무효의 소)를 준용한다(법17②).

Ⅲ. 인가취소

1. 취소사유

산림청장 또는 시·도지사는 조합등이 ⅰ) 설립인가일부터 90일이 지나도 설립등기를 하지 아니한 때(제1호), ⅱ) 정당한 사유 없이 1년 이상 사업을 실시하지 아니한 때(제2호), ⅲ) 두 차례 이상 위법행위에 대한 행정처분(법125)을 받고도 시정하지 아니하였을 때(제3호), ⅳ) 조합등의 설립인가 기준에 미치지 못하게 되었을 때(제4호), ⅴ) 조합등에 대한 감사 또는 경영평가 결과 경영이 부실하여 자본을 잠식한 조합등으로서 제117조 제2항, 제121조 또는 제126조의 조치에 따르지 아니하여 조합원(제86조의3에 따른 조합공동사업법인의 경우에는 회원) 및 제3자에게 중대한 손실을 끼칠 우려가 있을 때(제5호)에 해당하게 되었을 때에는 회장의 의견을 들어 그 설립인가를 취소하거나 합병을 명할 수 있다(법127①).

2. 인가취소와 청문

산림청장 또는 시·도지사는 설립인가를 취소하려면 청문을 하여야 한다(법 128).

3. 인가취소의 공고

산림청장 또는 시·도지사는 조합등의 설립인가를 취소하였을 때에는 즉시 그 사실을 공고하여야 한다(법127②).

4. 인가취소와 해산

조합은 설립인가의 취소 사유가 있을 때에는 해산한다(법67(4)). 시·도지사는 설립인가의 취소로 인한 해산등기를 촉탁하여야 한다(법81④).

Ⅳ. 위반시 제재

조합등 또는 중앙회의 조합장, 회장, 간부직원, 상임이사, 이사, 감사, 집행간부, 일반간부직원, 파산관재인 또는 청산인이 감독기관의 인가 또는 승인을 받아야 할 사항에 관하여 인가를 받지 아니하였을 때(제1호), 또는, 총회 또는 이사회의 의결이 필요한 사항에 대하여 의결을 받지 아니하고 집행하였을 때(제4호)에는 3년 이하의 징역 또는 3천만원 이하의 벌금에 처한다(법131(1)(4)).

제 2 장 /

조합원

제1절 서설

    조합원은 법률적 개념으로는 조합의 구성원이며, 경제적 개념으로는 사업과 경영의 주체로서 소유자이고 이용자인 동시에 운영자이다. 즉 조합원은 조합의 소유자·이용자·운영자의 지위를 동시에 가진다. 이것은 산림조합이 주식회사와 구별되는 가장 큰 특징이다. 산림조합은 조합원의 인적 결합체로서 조합원에 의해 소유되고 운영된다. 조합원은 소유자이며 운영자로서 산림조합 소유지배구조에 있어서 가장 기본적인 구성요소이다. 조합원은 소유자로서 조합의 자본조달에 대한 책임을 진다. 또한 임원선거에서 조합의 경영자와 감독자를 선임하는 중요한 역할을 한다.[1]

---

1) 김규호(2016), "신용협동조합 지배구조의 문제점과 개선방안", 한밭대학교 창업경영대학원 석사학위논문(2016. 2), 52쪽.

제2절 자격 등

Ⅰ. 자격

1. 지역조합

지역조합은 ⅰ) 해당 구역에 주소 또는 산림이 있는 산림소유자(제1호), ⅱ) 해당 구역에 주소 또는 사업장이 있는 임업인(제2호)을 조합원으로 한다(법18① 본문).

(1) 산림소유자

산림소유자란 정당한 권원에 의하여 산림을 소유하는 자를 말한다(법2(7)). 조합원이 될 수 있는 산림소유자의 최소 산림면적에 대해서는 300제곱미터부터 1천제곱미터까지의 범위에서 정관으로 정한다(법18③).

여기서 "산림"이란 산림자원법 제2조 제1호에 따른 산림을 말한다(법2(5)). 산림자원법 제2조 제1호에 따른 산림이란 ⅰ) 집단적으로 자라고 있는 입목·대나무와 그 토지(가목), ⅱ) 집단적으로 자라고 있던 입목·대나무가 일시적으로 없어지게 된 토지(나목), ⅲ) 입목·대나무를 집단적으로 키우는 데에 사용하게 된 토지(다목), ⅳ) 산림의 경영 및 관리를 위하여 설치한 도로["임도(林道)"라 한다 (라목), ⅴ) 가목부터 다목까지의 토지에 있는 암석지(巖石地)와 소택지(沼澤地: 늪과 연못으로 둘러싸인 습한 땅)(마목)의 어느 하나에 해당하는 것을 말한다(산림자원법2(1) 본문). 다만, 농지, 초지(草地), 주택지, 도로, 과수원, 차밭, 꺾꽂이순 또는 접순의 채취원(採取園), 입목(立木)·대나무가 생육하고 있는 건물 담장 안의 토지, 입목·대나무가 생육하고 있는 논두렁·밭두렁, 입목·대나무가 생육하고 있는 하천·제방·도랑 또는 연못에 있는 입목(立木)·대나무와 그 토지는 제외한다(산림자원법2(1) 단서, 동법 시행령2①).

(2) 임업인

임업인이란 임업에 종사하는 자로서 ⅰ) 3헥타르 이상의 산림에서 임업을 경영하는 자(제1호), ii) 1년 중 90일 이상 임업에 종사하는 자(제2호), iii) 임업 경영을 통한 임산물의 연간 판매액이 120만원 이상인 자(제3호), iv) 산림자원법 제16조 제1항 및 같은 법 시행령 제12조 제1항 제1호에 따라 등록된 산림용 종 묘생산업자(제4호), v) 3백제곱미터 이상의 포지(圃地: 묘목을 생산 및 관리하여 배 출하는 곳)를 확보하고 조경수 또는 분재소재를 생산하거나 산채 등 산림부산물 을 재배하는 자(제5호), vi) 대추나무 1천제곱미터 이상을 재배하는 자(제6호), vii) 호두나무 1천제곱미터 이상을 재배하는 자(제7호), viii) 밤나무 5천제곱미터 이상을 재배하는 자(제8호), ix) 잣나무 1만제곱미터 이상을 재배하는 자(제9호), x) 연간 표고자목 20세제곱미터 이상을 재배하는 자(제10호)를 말한다(법2(10), 영2).

　　여기서 "임업"이란 임업진흥법 제2조 제1호[2])에 따른 임업과 산림용 종자·묘목 또는 균류(버섯종균을 포함)의 생산업을 말한다(법2(9)).

(3) 2개 이상 지역조합 가입 제한

조합원은 2개 이상의 지역조합의 조합원이 될 수 없다(법18① 단서).

2. 전문조합

전문조합은 그 구역에 주소나 사업장이 있는 임업인으로서 정관으로 정하는 자격을 갖춘 자를 조합원으로 한다(법18② 본문).

(1) 구역 안에 주소가 사업장이 있는 임업인

본조합의 조합원은 본조합의 구역 안에 주소 또는 사업장이 있는 다음의 재배(경영)기준 이상을 재배(경영)하는 자로 한다(산림조합정관(예)13①, 이하 "정관예"). 즉 i) 종묘 생산업: 산림자원법 제16조 제1항[3]) 및 같은 법 시행령 제12조

---

2) 1. "임업"이란 영림업(산림문화·휴양에 관한 법률과 수목원·정원의 조성 및 진흥에 관한 법률에 따른 자연휴양림, 수목원 및 정원의 조성 또는 관리·운영을 포함한다), 임산물생 산업, 임산물유통·가공업, 야생조수사육업과 이에 딸린 업으로서 농림축산식품부령으로 정하는 업을 말한다.

3) ① 산림청장이 정하여 고시하는 산림용 종자와 산림용 묘목을 판매할 목적으로 생산하려 는 자는 대통령령으로 정하는 기준을 갖추어 특별자치시장·특별자치도지사·시장·군수·구청장에게 등록하여야 한다. 등록한 사항 중 대통령령으로 정하는 중요 사항을 변경하려는 경우에도 또한 같다.

제1항 제1호4)에 따라 등록된 산림용 종묘생산업자(제1호), ⅱ) 조경목 생산업: 1
천제곱미터 이상의 포지를 확보하고 조경수 또는 분재소재를 1년 이상 재배한
경력이 있거나, 분재 점포 1백제곱미터 이상을 확보하고 1년 이상 분재를 생산
및 판매한 경력이 있는 자(제2호), ⅲ) 밤 생산업: 밤나무 식재면적 1만제곱미터
이상을 재배하는 자(제3호), ⅳ) 대추 생산업: 대추나무 식재면적 3천제곱미터 이
상을 재배하는 자(제4호), ⅴ) 호도 생산업: 호두나무 식재면적 3천제곱미터 이상
을 재배하는 자(제5호), ⅵ) 잣생산업: 잣나무 식재면적 3만제곱미터 이상을 재배
하는 자(제6호), ⅶ) 표고 생산업: 연간 표고자목 50세제곱미터 이상을 재배하는
자(제7호), ⅷ) 감 생산업: 감나무 식재면적 3천제곱미터 이상을 재배하는 자(제8
호)이다.

(2) 2개 이상 전문조합 가입 제한

조합원은 같은 품목 또는 업종을 대상으로 하는 2개 이상의 전문조합에 가
입할 수 없다(법18② 단서).

Ⅱ. 가입

1. 가입신청서 제출

조합원의 자격이 있는 자는 누구든지 자유로이 조합에 가입할 수 있다(법26
① 전단).

본조합에 조합원으로 가입하고자 하는 자는 ⅰ) 주소·성명·주민등록번호
(법인인 경우에는 소재지·명칭·법인등록번호와 대표자의 주소·성명·주민등록번호)(제1

---

4) 1. 산림용 종묘생산업자: 다음의 어느 하나에 해당하는 자일 것
　　가. 국가기술자격법에 따른 임업종묘기능사 이상의 자격을 가진 사람
　　나. 임업직렬 또는 녹지직렬 공무원으로서 임업 또는 조경분야에서 4년 이상 근무하고
　　　　종묘기술 관계 분야에서 1년 이상 종사한 사람
　　다. 고등교육법 제2조 각 호에 따른 학교의 임업, 원예 또는 조경 분야 학과를 졸업(법
　　　　령에 따라 이와 같은 수준의 학력이 있다고 인정되는 경우를 포함)한 후 종묘기술
　　　　관계 분야에서 1년 이상 종사한 사람
　　라. 초·중등교육법 시행령 제91조에 따른 농업 분야의 특성화고등학교에서 임업 또는
　　　　조경 분야 학과를 졸업한 후 종묘기술 관계 분야에서 2년 이상 종사한 사람
　　마. 가목부터 라목까지의 규정 중 어느 하나에 해당하는 사람을 상시 고용하고 있는 개
　　　　인 또는 법인

호), ⅱ) 산림소유명세 또는 조합원이 될 자격에 해당하는 사항(제2호), ⅲ) 인수하고자 하는 출자계좌 수(제3호), ⅳ) 다른 조합에의 가입 유무(제4호), ⅴ) 법 제20조 제7항의 사업성실이용 준수 서약(제5호)의 사항을 적은 가입신청서를 본조합에 제출하여야 한다(법26③, 정관예15①).

2. 자격심사와 승낙

본조합은 가입신청서를 접수하였을 때에는 이사회에 부의하여 조합원자격 유무를 심사하고, 가입을 승낙할 때에는 가입신청자에게 서면으로 통지하여 출자납입을 하게 한 후 조합원명부에 적어야 한다(법26③, 정관예15②).

3. 신규 조합원의 출자

가입신청자는 출자를 납입함으로써 조합원이 된다(법26③, 정관예15③).

4. 가입 거절 또는 불리한 가입 조건 금지

본조합은 정당한 이유없이 조합원이 될 자격을 가진 자에 대하여 가입을 거절하거나 다른 조합원보다 불리한 가입조건을 붙일 수 없다(법26① 후단, 정관예15④).

5. 조합원수 제한 금지

본조합은 조합원수를 제한할 수 없다(법26③, 정관예15⑤).

6. 상속에 의한 가입

(1) 상속 증명서류 첨부와 신고

상속에 의한 가입을 하고자 할 때에는 상속인이 상속시작일부터 90일 이내에 상속을 증명하는 서류를 첨부하여 본조합에 신고함으로써 그 상속시작일부터 조합원이 된다(법26③, 정관예16①).

(2) 공동상속인의 대표신고와 피상속인의 출자 승계

조합원의 사망으로 인한 상속의 경우에 공동상속인 중 1명이 다른 공동상속인을 대표하여 신고를 함으로써 피상속인의 출자를 승계한다(법26③, 정관예16②).

(3) 상속인이 조합원의 자격이 없는 경우의 처리

상속인이 조합원의 자격이 없는 경우에는 탈퇴의 예에 따라 처리한다(법26
③, 정관예16③).

Ⅲ. 탈퇴

1. 임의탈퇴

조합원의 자격이 있는 자는 누구든지 자유로이 조합에서 탈퇴할 수 있다(법
26① 전단). 조합원은 본조합에 탈퇴의사를 통지하고 탈퇴할 수 있다(법26③, 정관
예18①).

2. 당연탈퇴

조합원은 ⅰ) 조합원의 자격이 없을 때(제1호), ⅱ) 사망하였을 때(제2호),
ⅲ) 파산하였을 때(제3호), ⅳ) 피성년후견인이 되었을 때(제4호), ⅴ) 제명되었을
때(제5호), ⅵ) 조합원인 법인이 해산하였을 때(제6호)의 어느 하나에 해당될 때에
는 당연히 탈퇴된다(법26②, 법26③, 정관예18②).

당연탈퇴 사유 중 조합원의 자격이 없을 때의 자격유무는 이사회의 의결에
따른다(법26③, 정관예18③).

3. 이사회의 당연탈퇴 사유 확인의무

본조합의 이사회는 매년 1회 이상 조합원의 전부 또는 일부를 대상으로 당
연탈퇴 사유에 해당하는지를 확인하여야 한다(법26③, 정관예18④).

Ⅳ. 제명

1. 제명 사유

본조합의 조합원이 ⅰ) 1년 이상 조합의 사업을 이용하지 아니한 조합원(제1
호), ⅱ) 출자 및 경비의 납입이나 그 밖에 본조합에 대한 의무를 이행하지 아니
한 조합원(제2호), ⅲ) 본조합의 사업을 방해한 조합원(제3호), ⅳ) 법령이나 법령

에 따른 감독관청의 처분 또는 정관과 제규정에 위반하거나 고의 또는 중대한 과실로 인하여 조합의 명예 또는 신용을 손상한 조합원(제4호)의 어느 하나에 해당할 때에는 총회의 의결을 받아 제명할 수 있다(법27①, 정관예19① 본문).

2. 제명 사유의 통지 및 의견진술 기회 부여

조합은 총회가 열리기 10일 전에 그 조합원에게 제명의 사유를 알리고 총회에서 의견을 진술할 기회를 주어야 한다(법27②, 정관예19① 단서).

3. 제명 조합원에 대한 통지

제명된 조합원에 대하여 이를 서면으로 통지하여야 한다(정관예19②).

4. 제명 조합원의 재가입 제한

제명된 조합원은 제명된 날부터 6월이 경과한 후가 아니면 본조합에 다시 가입할 수 없다(정관예19③).

V. 의결취소의 청구 등

1. 의결 취소 또는 무효확인의 사유

조합원은 총회(창립총회를 포함)의 소집절차, 의결방법, 의결내용 또는 임원선거가 법령, 법령에 따른 행정처분 또는 정관을 위반하였다는 것을 사유로 하여 그 의결이나 선거에 따른 당선의 취소 또는 무효 확인을 산림청장에게 청구하거나 이를 청구하는 소를 제기할 수 있다(법30①).

2. 청구 기간 등

시·도지사에게 청구할 때에는 의결일 또는 선거일부터 1개월 이내에 조합원 300인 또는 5% 이상의 동의를 받아 청구하여야 한다(법30② 전단). 이 경우 시·도지사는 그 청구서를 받은 날부터 3개월 이내에 이에 대한 조치결과를 청구인에게 알려야 한다(법30② 후단).

3. 상법의 준용

소에 관하여는 상법 제376조(결의취소의 소), 제377조(제소주주의 담보제공의무), 제378조(결의취소의 등기), 제379조(법원의 재량에 의한 청구기각), 제380조(결의무효 및 부존재확인의 소), 제381조(부당결의의 취소, 변경의 소)를 준용한다(법30③).

제3절 책임과 의무

Ⅰ. 조합원의 책임

1. 출자액 한도

조합원의 책임은 그 출자액을 한도로 한다(법20⑥).

2. 운영과정 참여 의무

조합원은 조합의 운영과정에 성실히 참여하여야 하며, 생산한 임산물을 조합을 통하여 출하하는 등 조합의 사업을 성실히 이용하여야 한다(법20⑦).

Ⅱ. 경비와 과태금

1. 경비부담

(1) 경비 부과

본조합은 교육·지원사업에 필요한 경비의 충당을 위하여 조합원에게 경비를 부과할 수 있다(법23①, 정관예36①). 이에 따른 경비의 부과금액, 부과방법, 징수시기와 징수방법은 이사회에서 정한다(법23①, 정관예36②).

(2) 기부과금액의 변경 금지

본조합은 부과금에 있어서 조합원에 대한 부과금액의 산정기준이 된 사항에 변경이 있는 경우에도 이미 부과한 금액은 변경하지 못한다(법23①, 정관예36③).

(3) 상계 금지

조합원은 경비납입에 있어서 본조합에 대한 채권과 상계할 수 없다(법23①, 정관예36④).

2. 사용료 및 수수료

(1) 사용료 또는 수수료 징수

본조합은 조합의 사업을 이용하는 자에 대하여 사용료 또는 수수료를 징수할 수 있다(법15①, 정관예37①).

조합원은 사용료 또는 수수료 납입에 있어서 본조합에 대한 채권과 상계할 수 없다(정관예37④, 정관예36④).

(2) 실비 및 수수료 징수

본조합은 조합원 또는 타인으로부터 사업을 위탁받거나 알선을 할 때에는 실비 및 수수료를 징수할 수 있다(법15①, 정관예37②).

조합원은 실비 및 수수료 납입에 있어서 본조합에 대한 채권과 상계할 수 없다(정관예37④, 정관예36④).

(3) 사용료 및 수수료의 요율과 실비의 계산기준

사용료 및 수수료의 요율과 실비의 계산기준은 중앙회장이 정하는 바에 따른다(법15①, 정관예37③).

3. 과태금

(1) 과태금 부과

본조합은 조합원이 출자금의 납입 또는 부과금납입의 의무를 그 기한까지 이행하지 아니할 때에는 납입기한 다음날부터 납입완료일까지 납입할 금액에 대하여 1일에 1천분의 0.4의 율로써 과태금을 징수할 수 있다(법23①, 정관예38①).

(2) 상계 금지

조합원은 과태금 납입에 있어서 본조합에 대한 채권과 상계할 수 없다(법23 ①, 정관예38②, 정관예36④).

Ⅲ. 조합원의 신고의무

본조합의 조합원은 제출한 가입신청서의 기재사항에 변경이 있을 때 또는 조합원의 자격을 잃었을 때에는 지체 없이 본조합에 신고하여야 한다(정관예17).

제4절 의결권 및 선거권

Ⅰ. 평등한 의결권과 선거권 보유

조합원은 출자액의 다소에 관계없이 평등한 의결권 및 선거권을 가진다(법 24 전단).

Ⅱ. 선거권 제한

선거권은 임원 또는 대의원의 임기만료일(보궐선거 등의 경우에는 그 선거의 실시 사유가 확정된 날) 전 180일까지 해당 조합의 조합원으로 가입한 자만 행사할 수 있다(법24 후단).

Ⅲ. 의결권의 대리

1. 의결권의 대리 행사

조합원은 대리인으로 하여금 의결권을 행사하게 할 수 있다(법25① 전단). 이 경우 그 조합원은 출석한 것으로 본다(법25① 후단).

2. 대리인의 자격

대리인은 조합원 또는 본인과 동거하는 가족(법인의 경우에는 사원 등 그 구성원)이어야 하며, 대리인이 대리할 수 있는 조합원의 수는 1명으로 한정한다(법25②).

3. 대리권의 증명

대리인은 대리권을 증명하는 서면을 조합에 제출하여야 한다(법25③).

제5절 준조합원

Ⅰ. 의의

준조합원이란 산림조합에 준조합원으로 가입하여 사업이용에 있어서 조합원에 준하는 권리·의무를 갖는 자를 말한다.

준조합원 제도는 도시화에 따른 임업인구의 축소와 임업에 종사하지 않는 사람에게도 조합을 이용할 필요성이 증가함에 따라 도입된 것이다. 이것은 개방된 협동조합을 구축한다는 점에서 조합의 조직상 큰 진전이라고 할 수 있다. 준조합원은 자익권에 해당하는 조합 사업을 이용할 권리만이 인정되고 공익권에 해당하는 조합 임원을 선거하는 권리나 조합운영과 관련되는 여러 가지 안건을 의결할 수 있는 권리는 인정되지 않는다.

준조합원은 정식구성원인 조합원이 아니므로 출자금을 납입하는 대신에 가입비를 납부하고 또한 총회에서의 의결권이나 선거권과 같은 공익권이 없는 점에서 조합원(회원)과 차이가 있으나 사업이용 측면에서는 거의 유사한 지위를 갖고 있다.

Ⅱ. 준조합원의 자격

본조합은 본조합의 사업을 이용함이 적당하다고 인정되는 자를 준조합원으로 할 수 있다(법19①, 정관예14①). 산림조합은 준조합원의 자격요건에 주소 또는 거소 요건이 없다.

1. 가입

(1) 가입신청서 제출

본조합에 준조합원으로 가입하고자 하는 자는 ⅰ) 성명·생년월일·주소(법인인 경우에는 명칭·법인등록번호·소재지와 대표자의 성명·생년월일·주소)(제1호), ⅱ) 납입하고자 하는 가입금(제2호)을 적은 가입신청서를 본 조합에 제출하여야 한다(법19①, 정관예22①).

(2) 자격심사와 승낙

조합장은 가입신청서를 접수하였을 때에는 준조합원의 자격유무를 심사하고 가입승낙 여부를 결정하여야 한다(법19①, 정관예22②).

(3) 준조합원 자격 취득

가입신청자는 가입금을 납입함으로써 준조합원이 된다(법19①, 정관예22③).

(4) 가입 거절 또는 불리한 가입 조건 금지

본조합은 정당한 이유 없이 준조합원이 될 자격을 가진 자에 대하여 가입을 거절하거나 다른 준조합원보다 불리한 가입조건을 붙일 수 없다(법19①, 정관예22④).

(5) 준조합원수 제한 금지

본조합은 준조합원수를 제한할 수 없다(법19①, 정관예22⑤).

2. 탈퇴

정관예 제18조(탈퇴) 규정은 준조합원의 경우에 이를 준용한다(정관예22⑥).

(1) 가입금의 환급

본조합은 탈퇴한 준조합원의 청구에 따라 가입금을 환급할 수 있으며, 이 경우에 정관예 제20조 제3항 및 제4항을 준용한다(정관예22⑦).

(2) 환급청구권의 행사 기간

가입금 환급의 청구권은 2년간 행사하지 아니하면 소멸된다(정관예22⑦, 정관예20③).

(3) 환급 정지

본조합은 탈퇴조합원이 본조합에 대한 채무를 완제할 때까지는 가입금 환급을 정지할 수 있다(정관예22⑦, 정관예20④).

3. 제명

정관예 제19조(제명) 규정은 준조합원의 경우에 이를 준용한다(정관예22⑥).

Ⅲ. 준조합원의 권리

준조합원은 사업이용권, 이용고배당청구권 및 가입금환급청구권을 가진다(법19③, 정관예14③). 준조합원의 사업이용은 조합원의 이용으로 본다(법19③, 정관예14④).

Ⅳ. 준조합원의 의무

1. 가입금, 경비 및 과태금 납부

준조합원은 출자를 하지 아니하되, 본 조합이 정하는 바에 따라 가입금, 경비 및 과태금을 납입하여야 하며, 그 밖에 사업수행과 관련된 사항은 조합의 결정에 따라야 한다(법19②, 정관예14②).

2. 신고의무

정관예 제17조(조합원의 신고의무) 규정은 준조합원의 경우에 이를 준용한다 (정관예22⑥).

출 자

제1절 종류 및 내용

Ⅰ. 출자금

1. 20계좌 이상 출자

조합원은 정관으로 정하는 계좌 수 이상을 출자하여야 한다(법20①). 이에 따라 조합원은 20계좌 이상의 출자를 하여야 한다(정관예23② 본문). 다만, 법인조합원은 100계좌 이상을 출자하여야 한다(정관예23② 단서).

2. 출자 1계좌의 금액

출자 1계좌의 금액은 균일하게 정하여야 한다(법20②). 출자 1계좌의 금액은 정관으로 정한다(법20③). 이에 따라 출자 1계좌의 금액은 5천원으로 한다(정관예23①).

3. 조합원 1인당 출자한도

조합원 1명의 출자는 1만계좌를 초과하지 못한다(정관예23③ 본문). 다만, 조합 총출자계좌 수의 10% 이내에서는 그러하지 아니하다(정관예23③ 단서).

4. 질권설정 금지

조합원의 출자액은 질권의 목적이 될 수 없다(법20④).

5. 상계 금지

조합원은 출자액의 납입에 있어서 조합에 대한 채권과 상계할 수 없다(법20⑤).

6. 출자금 납입방법

출자금은 일시에 전액 납입하여야 한다(정관예24①). 조합원이 현물로써 출자를 납입할 경우에는 조합 이사회에서 정하는 평가방법에 따라 계산한다(정관예24②).

7. 출자증권의 발급

본조합은 조합원이 출자금을 납입한 때에는 지체 없이 출자증권을 발급하여야 한다(정관예25①). 출자증권에는 ⅰ) 조합의 명칭(제1호), ⅱ) 출자증권 발행년월일과 출자금 납입년월일(제2호), ⅲ) 출자금액과 출자계좌 수(제3호), ⅳ) 출자 1계좌의 금액(제4호), ⅴ) 출자자(제5호), ⅵ) 출자증권양도 제한에 관한 사항(제6호)을 기재한 후 조합장이 이에 서명날인하여야 한다(정관예25②).

Ⅱ. 회전출자

1. 사업이용배당금의 재출자

(1) 원칙

조합은 출자 외에 정관으로 정하는 바에 따라 그 사업의 이용실적에 따라 조합원에게 배당할 금액의 전부 또는 일부를 해당 조합원으로 하여금 출자하게할 수 있다(법21①). 이에 따라 조합원은 배당되는 매회계연도의 잉여금의 전액을회전출자하여야 한다(정관예26① 본문).

(2) 예외

출자계좌 수의 최고한도를 초과하는 경우의 그 초과분과 총회에서 회전출자외의 방법으로 배당하도록 의결하는 경우에는 그러하지 아니하다(정관예26① 단서).

2. 상계 금지

조합원은 회전출자금의 납입에 있어서 조합에 대한 채권과 상계할 수 없다(법21②, 법20⑤).

3. 회전출자금의 납입출자금 적립

1계좌 이상의 회전출자금은 납입출자금으로 적립한다(정관예26③).

Ⅲ. 우선출자

1. 서설

(1) 의의

우선출자란 우선적 배당을 받을 목적으로 하는 출자로서 조합원보다 우선적으로 배당을 받는 출자를 말한다.

(2) 제도적 취지

우선출자제도의 도입은 자본조달 능력이 취약한 조합의 현실을 고려하여 자본금의 확충으로 조합의 경영안정과 사업 활성화를 도모하기 위함이다.

2. 우선출자 발행 등

(1) 우선출자 발행

조합은 자기자본의 확충을 통한 경영의 건전성을 도모하기 위하여 정관으로 정하는 바에 따라 조합원 외의 자를 대상으로 잉여금 배당에서 우선적 지위를 가지는 우선출자를 하게 할 수 있다(법60의2①).

(2) 우선출자 1좌의 금액 및 우선출자의 총액

우선출자 1계좌의 금액은 출자 1계좌의 금액과 동일하여야 하며, 우선출자의 총액은 자기자본의 2분의 1을 초과할 수 없다(법60의2②). 정관예에 따르면 우선출자 1계좌의 금액은 5,000원으로 한다(정관예26의2②).

(3) 의결권과 선거권 불인정

우선출자자는 의결권 및 선거권을 가지지 아니한다(법60의2③).

(4) 우선출자에 대한 배당률

우선출자에 대한 배당은 조합원에 대한 배당보다 우선하여 실시하되, 그 배당률은 정관으로 정하는 최저배당률과 최고배당률 사이에서 정기총회에서 정한다(법60의2④).

정관예에 따르면 우선출자에 대한 배당률은 액면금액의 5% 이상 15% 이내에서 정기총회에서 정한다(정관예26의2④ 본문). 다만, 해당 회계연도에 잔여이익잉여금이 최저배당률에 미치지 못할 때에는 달리 정할 수 있다(정관예26의2④ 단서).

(5) 우선출자 발행사항의 공고

조합이 우선출자를 하게 하는 때에는 우선출자의 납입기일 2주 전까지 우선출자의 내용·계좌 수·발행가액·납입기일 및 모집방법을 공고하고 출자자 및 우선출자자에게 통지해야 한다(법60의6, 영11의2).

3. 우선출자의 청약 등

(1) 우선출자의 청약

우선출자의 청약을 하려는 자는 우선출자청약서에 인수하려는 우선출자의 계좌 수 및 인수가액과 주소를 기재하고 기명날인해야 한다(법60의6, 영11의3①).

우선출자청약서의 서식은 조합에서 정하되, ⅰ) 조합의 명칭(제1호), ⅱ) 출자 1계좌의 금액 및 총 계좌 수(제2호), iii) 우선출자 총 계좌 수의 최고한도(제3호), iv) 이미 발행한 우선출자의 종류 및 종류별 계좌 수(제4호), v) 우선출자를 발행하는 날이 속하는 연도의 전년도말 현재의 자기자본(제5호), vi) 발행하려는 우선출자의 액면금액·내용 및 계좌 수(제6호), vii) 발행하고자 하는 우선출자의 발행가액 및 납입기일(제7호), viii) 우선출자의 매입소각이 행해지는 경우에는 그에 관한 사항(제8호), ix) 우선출자 인수금액의 납입을 취급하는 금융회사 등(제9호)이 포함되어야 한다(법60의6, 영11의3②).

(2) 우선출자 금액의 납입 등

우선출자의 청약을 한 자는 조합에서 배정한 우선출자의 계좌 수에 대하여 우선출자를 인수할 수 있다(법60의6, 영11의4①). 이에 따라 우선출자를 인수하려는 자는 납입기일까지 우선출자 발행가액의 전액을 납입해야 한다(법60의6, 영11의4②).

우선출자를 인수한 자는 우선출자 발행가액의 납입기일의 다음 날부터 우선출자자가 된다(법60의6, 영11의4③).

(3) 우선출자증권의 발행

조합은 우선출자의 납입기일 후 지체 없이 우선출자증권을 발행하여야 한다(법60의3).

(4) 우선출자의 매입소각

조합은 이사회의 의결을 거쳐 우선출자를 매입하여 이를 소각할 수 있다(법60의6, 영11의9).

4. 우선출자자의 책임

우선출자자의 책임은 그가 가진 우선출자의 인수가액을 한도로 한다(법60의2⑤).

5. 우선출자의 양도

(1) 양도와 그 효력

우선출자는 양도할 수 있다(법60의4① 본문). 다만, 우선출자증권 발행 전의 양도는 조합에 대하여 효력이 없다(법60의4① 단서).

(2) 양도방법

우선출자를 양도할 때에는 우선출자증권을 내주어야 한다(법60의4②).

(3) 점유자의 소지인 추정

우선출자증권의 점유자는 적법한 소지인으로 추정한다(법60의4③).

(4) 증권 명의변경의 대항력

우선출자증권의 명의 변경은 취득자의 성명 및 주소를 우선출자자 명부에 등록하고 그 성명을 증권에 적지 아니하면 조합과 그 밖의 제3자에게 대항하지 못한다(법60의4④).

(5) 등록질권의 대항력

우선출자증권을 질권의 목적으로 할 때에는 질권자의 성명 및 주소를 우선출자자 명부에 등록하지 아니하면 조합과 그 밖의 제3자에게 대항하지 못한다(법 60의4⑤).

6. 우선출자자 총회

(1) 정관변경

조합은 정관의 변경에 의하여 우선출자자에게 손해를 미치게 될 때에는 우선출자자총회의 의결을 받아야 한다(법60의5①).

(2) 의결정족수

우선출자자총회의 의결은 발행한 우선출자 총 계좌 수의 과반수 출석과 출석한 출자계좌 수의 3분의 2 이상의 찬성이 있어야 한다(법60의5②).

(3) 운영사항

우선출자자총회의 운영 등에 필요한 사항은 정관으로 정한다(법60의5③).

7. 통지와 최고

우선출자신청인 또는 우선출자자에 대한 통지나 최고는 따로 그 주소를 조합에 통지한 때를 제외하고는 우선출자청약서 또는 우선출자자명부에 기재된 주소로 한다(법60의6, 영11의10).

제2절 환급

Ⅰ. 지분환급청구권과 환급정지

1. 탈퇴 조합원의 환급청구

(1) 탈퇴 조합원에 대한 지분의 합계액 환급

본조합은 탈퇴한 조합원의 청구에 따라 탈퇴한 회계연도 말의 본조합 재산에 대하여 제33조(지분계산) 제1호부터 제3호까지에 따라 산출된 지분의 합계액을 환급한다(법28①, 정관예20① 본문).

(가) 납입출자금

납입출자금에 대하여는 납입한 출자액에 따라 매회계연도마다 이를 계산한다(정관예33(1) 본문). 다만, 그 재산이 납입출자액의 총액보다 감소되었을 때에는 각 조합원의 출자액의 비율에 따라 감액하여 계산한다(정관예33(1) 단서).

(나) 회전출자금

회전출자금에 상당하는 재산에 대하여는 각 조합원이 납입한 회전출자액의 비율에 따라 매회계연도마다 이를 계산하여 가산한다(정관예33(2) 본문). 다만, 회전출자금이 감소되었을 때에는 각 조합원의 출자액의 비율에 따라 감액하여 계산한다(정관예33(2) 단서).

(다) 사업준비금

정관예 제31조 제1항의 사업준비금에 대해서는 매회계연도마다 제78조(잉여금의 배당) 제1항의 방법에 따라 계산하여 더한다(정관예33(3) 본문). 다만, 사업준비금이 감소되었을 때에는 각 조합원의 지분액에 따라 감액하여 계산한다(정관예33(3) 단서).

(2) 제명으로 탈퇴한 조합원에 대한 지분액 한정

제명으로 인하여 탈퇴한 조합원에 대하여는 위의 제33조 제1호 및 제2호에 따라 산출된 지분액으로 한정한다(법28①, 정관예20① 단서).

2. 지분환급청구권 행사시기

탈퇴조합원은 탈퇴 당시 회계연도의 다음 회계연도부터 정관으로 정하는 바에 따라 그 지분의 환급을 청구할 수 있다(법28①).

3. 지분환급청구권 행사기간

청구권은 2년간 행사하지 아니하면 소멸된다(법28②).

4. 환급정지

조합은 탈퇴조합원이 조합에 대한 채무를 완전 변제할 때까지는 환급을 정지할 수 있다(법28③).

Ⅱ. 탈퇴 조합원의 손실액 부담

1. 손실액 납입청구

환급분을 계산하는 경우에 조합이 그 재산으로 조합의 채무를 완전 변제할 수 없을 때에는 조합은 정관으로 정하는 바에 따라 탈퇴 조합원이 부담하여야 할 손실액의 납입을 청구할 수 있다(법29①).

2. 환급청구권 행사시기

탈퇴 조합원은 탈퇴 당시 회계연도의 다음 회계연도부터 정관으로 정하는 바에 따라 그 손실액의 환급을 청구할 수 있다(법29②, 법28①).

3. 손실액 납입청구권의 행사기간

청구권은 2년간 행사하지 아니하면 소멸된다(법29②, 법28②).

제3절 지분의 양도

Ⅰ. 지분양도 금지

조합원은 조합의 승인 없이 그 지분을 양도할 수 없다(법22①).

Ⅱ. 비조합원의 지분 양수 조건

조합원이 아닌 자가 지분을 양수하려면 가입신청, 자격심사 등 가입의 예에 따른다(법22②).

Ⅲ. 양수인의 권리의무 승계

지분양수인은 그 지분에 관하여 양도인의 권리·의무를 승계한다(법22③).

Ⅳ. 지분공유 금지

조합원의 지분은 공유할 수 없다(법22④).

지배구조

제1절 서설

I. 의의

산림조합법은 조합의 지배구조에 대하여 지역조합과 전문조합을 포함한 조합과 산림조합중앙회를 구분하여 별도로 규정하고 있다. 조합은 조합원이 출자하여 설립한 1차 조합이고, 산림조합중앙회는 1차 조합들이 출자하여 설립한 2차 조합이므로 협동조합이라는 본질에서는 동일하다. 그러나 양자는 조합의 규모와 역할이나 사업의 전개 방식 등에서 비교할 수 없는 차이가 있기 때문에 지배구조의 내용에 있어서도 상당한 차이가 있다.

지배구조는 조합과 중앙회로 구분하여 설명할 수 있다. 조합(중앙회)은 의사결정기관으로 총회(대의원회), 업무집행기관으로 이사회, 조합장(회장) 및 상임이사(대표이사), 그리고 감독기관으로 감사(감사위원회)를 두고 있다. 조합의 자산 등 사업규모에 따라 전문성 강화 등을 위하여 조합장의 비상임, 상임이사, 조합원이 아닌 이사를 두도록 하고 있다. 중앙회도 이사회 운영의 전문성과 효율성을 도모하기 위하여 인사추천위원회를 두고 있다.

조합의 기관은 다른 법인들과 유사하게 의사결정기관인 총회와 대의원회, 집행기관인 이사회, 감독기관인 감사로 구성된다. 산림조합법은 조합의 기관구성과 관련하여 조합의 의사를 결정하는 총회(법31①) 또는 총회에 갈음하여 조합의 의사를 결정하는 대의원회(법32), 조합의 업무집행에 관한 의사결정기관인 이사회(법33)와 조합의 대표기관인 조합장(상임이사)(법35), 조합의 재산과 업무집행상황을 감사하는 감사(법35)에 대하여 규정하고 있다. 조합의 총회는 조합의 의사를 결정하는 의사결정기관이며 조합에 반드시 있어야 하는 필요적 법정기관이다.

II. 구성

1. 총회와 대의원회

조합의 총회는 조합장을 포함한 조합원 전원으로 구성되고 임원의 선출이나 정관의 변경 등과 같은 중요한 사항을 의결하는 최고의사결정기관이다(법35). 조합은 정관으로 정하는 바에 따라 일정한 사항을 제외하고 총회의 의결에 관하여 총회를 갈음하는 대의원회를 둘 수 있다(법32①). 조합원은 출자액의 많고 적음에 관계없이 조합의 결의와 선거에 있어서 평등한 선거권 및 의결권을 갖는다(법24). 이는 협동조합의 기본원칙에 따른 것으로서 주식회사에서 주식수에 따라 의결권을 부여하는 것과는 구별된다. 1인 1표제는 조합이 인적 결합체라는 특성을 반영한 것으로서 조합의 민주성을 실현하는 내용이다.

조합은 조합원의 인적결합체로서 사업활동이나 운영이 전체 구성원의 통합된 의사에 따라 이루어져야 한다. 총회는 개별 조합원의 의사를 조합 전체의 의사로 묶어 내는 장치로서 전체 조합원으로 구성되고 총회 의결로 조합의 조직·운영에 관한 기본적인 사항을 결정하는 조합의 최고의사결정기관이 법정기관이다.

총회는 필요적 기관으로 반드시 조합에 두어야 하고 정관변경, 합병·해산·분할 등 조합의 존립에 관한 기본적인 사항의 결정과 총회에서 결정하는 정관으로 다른 기관에 위임하지 않은 것은 총회의 의결에 의해서만 가능하다. 이러한 의미에서 총회는 조합의 최고의사결정기관이다. 다만 권한배분에 관한 규정에 의해 부여된 조합의 각 기관의 권한을 침해할 수는 없다. 이는 각 기관의 독립적

기능을 확보하기 위한 것이다.

조합은 정관에 의하여 일정한 사항 이외의 사항에 대하여 총회에 갈음하는 대의원회를 둘 수 있으며 대의원회의 행위는 총회와 동일한 법적 효력이 있다. 대의원회는 구성원의 수가 많고 구역이 광범위할 경우 비능률을 피하기 위하여 채택한 방식이다. 대의원회는 조합장과 대의원으로 구성되며 대의원은 조합원이어야 하며 대리할 수 없으며, 대의원의 정수, 임기, 선출방법을 정관에 정하도록 하고 있다.

2. 이사회와 조합장

(1) 이사회

이사회는 조합의 업무집행에 관한 주요사항의 의사결정과 이사회의 의결사항에 대한 조합장(상임이사)의 업무집행상황을 감독하는 회의체기관이자 필요적 기관이다(법33). 조합에서 이사회를 둔 취지는 총회소집의 번잡함을 피함과 동시에 조합장의 독단을 방지하고 업무집행에 신중을 기하여 합리적인 운영을 도모하려는 것이다.

(2) 조합장

조합장은 조합을 대표하며 업무를 집행하는 대표기관이자 업무집행기관이다. 다만 조합장이 상임인 경우로서 상임이사를 두는 경우에는 조합장은 정관으로 정하는 바에 따라 업무의 일부를 상임이사에게 위임·전결을 처리하도록 하여야 하며, 조합장이 비상임인 경우에는 상임이사가 업무를 집행한다. 이 경우에는 상임이사가 조합장을 대신하여 업무의 전부 또는 일부를 집행하는 기관이 된다. 조합은 정관의 정함에 따라 조합장을 포함한 이사 중 2명 이내를 상임으로 할 수 있다(법35②). 다만, 자산 등 조합의 사업규모가 최근 결산보고서상 자산총액이 1,000억원 미만인 경우에는 조합장을 상임으로 하며, 2,500억원 이상인 경우에는 비상임으로 한다(법35②단서,③, 영7①②).

조합장은 조합을 대표하며 조합원 중에서 정관으로 정하는 바에 따라서 조합원이 총회 또는 총회 외에서 투표로 직접 선출, 대의원회가 선출, 이사회가 이사 중에서 선출할 수 있다. 조합장 이외의 이사는 총회에서 선출하며 상임이사는 인사추천위원회에서 추천된 자를 총회에서 선출한다.

3. 감사

조합의 감사는 조합의 재산과 업무집행상황을 감사하는 감사기관으로 상임 또는 비상임으로 한다. 감사는 반드시 두어야 하는 필요적 법정기관이며, 독임기관이고 상설기관이다. 조합의 감사는 2명이나 1명을 상임으로 할 수 있고 2명 모두를 비상임으로 할 수 있으나 자산 등 사업규모가 대통령령으로 정하는 기준 이상에 해당하는 조합에는 조합원이 아닌 상임감사 1명을 두어야 한다. 상임감사는 인사추천위원회의 추천을 거쳐 총회에서 선출하며 감사의 임기는 3년이다.

감사는 재산 상황이나 업무집행에 부정한 사실이 있는 것을 발견하면 총회에 보고하여야 하고, 그 내용을 총회에 신속히 보고하여야 할 필요가 있으면 정관으로 정하는 바에 따라 조합장에게 총회의 소집을 요구하거나 총회를 소집할 수 있다. 또한 감사는 산림조합의 재산과 업무집행상황을 감사하며, 전문적인 회계감사가 필요하다고 인정되면 중앙회에 회계감사를 의뢰할 수 있다.

제2절 총회와 대의원회

조합에 총회를 두며(법31①), 총회는 조합원으로 구성하며 정관으로 정하는 바에 따라 조합장이 소집한다(법31③). 조합장은 총회의 의장이 되며(정관예39③), 의장은 총회의 의결에 참가한다(정관예39④).

Ⅰ. 정기총회와 임시총회

1. 정기총회 소집

정기총회는 매년 1회 회계연도 종료 후 60일 이내에 조합장이 소집한다(법31②, 정관예40①).

2. 임시총회 소집

임시총회는 i) 조합장이 필요하다고 인정한 때(제1호), ii) 이사회가 필요하다고 인정하여 소집을 요구한 때(제2호), iii) 조합원 300명 또는 10% 이상의 동의를 받아 소집의 목적과 사유를 적어 서면으로 제출하여 조합장에게 청구한 때(제3호), iv) 감사 또는 중앙회장이 조합의 재산의 상황 또는 업무의 집행에 관하여 부정한 사실을 발견하여 그 내용을 총회에 신속히 보고할 필요가 있어 조합장에게 소집을 요구한 때(제4호)에 조합장이 소집한다(법31②, 정관예40②).

위 ii) 및 iii)의 청구를 받으면 정당한 사유가 없는 한 조합장은 그 청구가 있는 날부터 2주 이내에 총회를 소집하여야 한다(정관예40③).

Ⅱ. 총회 의결사항 등

1. 총회 의결사항

다음의 사항, 즉 i) 정관의 변경(제1호), ii) 해산 또는 분할(제2호), iii) 합병(제3호), iv) 조합원의 제명(제4호), v) 임원의 선출 및 해임(제5호), vi) 사업계획 및 수지예산(제6호), vii) 중앙회의 설립발기인이 되거나 중앙회에 가입 또는 탈퇴(제7호), viii) 임원의 보수 및 실비변상(제8호), ix) 사업보고서 · 재무상태표 · 손익계산서 · 잉여금처분안 및 손실금처리안(제9호), x) 그 밖에 조합장 또는 이사회가 필요하다고 인정하는 사항(제10호)은 총회의 의결을 거쳐야 한다(법31⑤).

2. 총회 의결의 특례

(1) 조합원의 투표로 총회 결의 갈음

다음의 사항, 즉 i) 해산 또는 분할(제1호), ii) 합병(제2호), iii) 총회 외에서의 조합장 선출(제3호)에 대하여는 조합원투표로써 총회의 의결을 갈음할 수 있다(법31의2① 전단). 이 경우 조합원투표의 통지 · 방법과 그 밖에 투표에 필요한 사항은 정관으로 정한다(법31의2① 후단).

(2) 조합원 투표와 결의 정족수

다음의 사항에 대한 의결 또는 선출은 다음의 방법에 따른다(법31의2②). 즉

ⅰ) 해산 또는 분할(법31의2①(1))은 조합원 과반수의 투표와 투표조합원 3분의 2 이상의 찬성으로 의결하고(제1호), ⅱ) 합병(법31의2①(2))은 조합원 과반수의 투표와 투표조합원 과반수의 찬성으로 의결하며(제2호), ⅲ) 총회 외에서의 조합장 선출(법31의2①(3))은 유효투표의 최다득표자를 선출한다(제3호 본문). 다만, 최다득표자가 2명 이상인 경우에는 연장자를 당선인으로 결정한다(제3호 단서).

Ⅲ. 총회의 개의와 의결

1. 총회의 보통결의

총회는 산림조합법에 다른 규정이 있는 경우를 제외하고는 조합원 과반수의 출석으로 개의하고, 출석조합원 과반수의 찬성으로 의결한다(법31④ 본문).

2. 총회의 특별결의

ⅰ) 정관의 변경(법31⑤(1)), ⅱ) 해산 또는 분할(법31⑤(2)), ⅲ) 조합원의 제명(법31⑤(4))은 조합원 과반수의 출석과 출석조합원 3분의 2 이상의 찬성으로 의결한다(법31④ 단서).

Ⅳ. 총회소집

1. 조합원의 소집청구

조합원은 조합원 300인 또는 10% 이상의 동의를 받아 소집의 목적과 이유를 적은 서면을 제출하여 조합장에게 총회의 소집을 청구할 수 있다(법31의3①). 조합장은 청구를 받으면 2주 이내에 총회를 소집하여야 한다(법31의3②).

2. 감사의 총회소집

감사는 ⅰ) 총회를 소집할 자가 없을 때(제1호), ⅱ) 이사회가 필요하다고 인정하여 소집을 요구한 때 및 조합원 300명 또는 10% 이상의 동의를 받아 소집의 목적과 사유를 적어 서면으로 제출하여 조합장에게 청구한 때에 청구가 있는 날부터 2주 이내에 정당한 사유 없이 조합장이 총회를 소집하지 아니할 때(제2호),

iii) 감사 또는 중앙회장이 조합의 재산의 상황 또는 업무의 집행에 관하여 부정한 사실을 발견하여 그 내용을 총회에 신속히 보고할 필요가 있어 조합장에게 소집을 요구한 때에 청구가 있는 날부터 7일 이내에 조합장이 총회를 소집하지 아니할 때(제3호)의 어느 하나에 해당하는 경우에는 임시총회를 소집하여야 한다(법31의3③, 정관예41①).

이 경우 감사는 5일 이내에 총회소집의 절차를 밟아야 한다(법31의3③, 정관예41②). 이 경우 감사가 의장의 직무를 수행한다(법31의3③ 후단).

3. 조합원 대표의 총회소집

감사가 총회를 소집하여야 하는 5일 이내(법31의3③)의 기간에 총회를 소집하지 아니하면 소집을 청구한 조합원의 대표가 소집한다(법31의3④ 전단). 이 경우 조합원의 대표가 의장의 직무를 수행한다(법31의3④ 후단).

Ⅴ. 총회소집의 통지

1. 통지와 최고

조합이 조합원에게 통지 또는 최고를 할 때에는 조합원 명부에 적힌 조합원의 주소 또는 거소로 하여야 한다(법31의4①).

2. 통지 기간

총회소집의 통지는 총회 개회 7일 전까지 회의목적 등을 적은 총회소집통지서의 발송에 의한다(법31의4② 본문). 다만, 같은 목적으로 총회를 다시 소집하려는 경우에는 개회 전날까지 통지한다(법31의4② 단서).

Ⅵ. 의결권의 제한 등

1. 의결권 제한 사항

총회에서는 통지한 사항만 의결할 수 있다(법31의5① 본문). 다만, 총회 의결사항 중 ⅰ) 정관의 변경(법31⑤(1)), ⅱ) 해산 또는 분할(법31⑤(2)), ⅲ) 합병(법31

⑤(3)), iv) 조합원의 제명(법31⑤(4)), ⅴ) 임원의 선출 및 해임(법31⑤(5))을 제외한 긴급한 사항으로서 조합원 과반수의 출석과 출석조합원 3분의 2 이상의 찬성이 있을 때에는 그러하지 아니하다(법31의5① 단서).

2. 이해상충과 결의 배제

조합과 조합원의 이해가 상반되는 의사에 관하여 해당 조합원은 그 의결에 참여할 수 없다(법31의5②).

3. 조합원제안

조합원은 조합원 100인 또는 3% 이상의 동의를 받아 총회 개최 30일 전까지 조합장에 대하여 서면으로 일정한 사항을 총회의 목적사항으로 할 것을 제안("조합원제안")할 수 있다(법31의5③ 전단).

이 경우 조합원제안의 내용이 법령 또는 정관을 위반하는 경우를 제외하고는 총회의 목적사항으로 하여야 하고, 조합원제안을 한 자의 청구가 있을 때에는 총회에서 그 제안을 설명할 기회를 주어야 한다(법31의5③ 후단).

Ⅶ. 총회 의사록

1. 총회 의사록 작성

총회의 의사에 관하여는 의사록을 작성하여야 한다(법31의6①).

2. 총회 의사록 기재사항과 기명날인 또는 서명

총회 의사록에는 의사의 진행상황 및 그 결과를 적고 의장과 총회에서 선출한 3인 이상의 조합원이 기명날인하여야 한다(법31의6②).

3. 총회 의사록의 비치

조합장은 의사록을 주사무소에 비치하여야 한다(정관예50③).

Ⅷ. 대의원회

1. 설치와 구성

조합에는 정관으로 정하는 바에 따라 총회를 갈음하는 대의원회를 둘 수 있다(법32①). 다만, 조합장 선거를 조합원총회 또는 총회 외에서 직접 투표로 선출하는 경우에는 조합장 선출방식에 대한 정관의 변경은 대의원회로 갈음할 수 없다(정관예51① 단서).[1]

대의원회는 조합장과 대의원으로 구성한다(법32②).

2. 대의원 자격

대의원은 조합원(법인인 경우에는 그 대표자)이어야 하며 대의원의 정수와 선출에 관하여는 정관으로 정한다(법32③).

3. 대의원의 정수

(1) 여성대의원 포함

본 조합의 대의원 정수는 ○○○명(여성대의원 ○명을 포함)으로 한다(법32③, 정관예52①).

여기서 대의원의 정수는 100명 이상으로 조합이 자율적으로 정한다. 다만, 조합원수 1천명 이하인 조합과 조합장을 총회 또는 총회 외에서 조합원이 직접 투표로 선출하는 조합은 30명 이상으로 결정할 수 있다(정관예52① 별표).

---

1) 조합의 주된 의사결정이 원활히 이루어질 수 있도록 대의원제를 채택하는 취지는 이해한다. 그러나 1주당 1표의 원칙이 지배하고, 주주의 숫자도 훨씬 많은 상장법인의 경우에도 주주총회 참여 독려 및 내실 있는 의결권 행사를 위한 전자투표 편의성 제고 등 각종 방안이 제시되고 있는 상황에서 대의원제를 통해 집단행동의 문제를 해소하겠다는 방안은 다소 안일하다. 현행 대의원제가 회원의 의사를 보다 합리적으로 반영하도록 개선하는 방안도 제시되고 있지만, 굳이 중간적 기구를 두어 이사장의 대리문제를 방조하도록 하는 것보다는 총회를 활성화하고 이사회의 감시·견제 기능을 회복하도록 하는 방안도 장기적으로 고민해야 할 것이다. 최근 브라질, 아일랜드 등에서는 협동조합형 금융기관들이 전자투표 제도나 위임장 권유 제도를 활성화하는 방안을 모색하기 시작했다는 점도 참고할 필요가 있다(김정연(2019), "새마을금고의 법적성격과 지배구조", 선진상사법률연구 통권 제87호(2019. 7), 41쪽).

(2) 대의원의 선출구역 확정 및 단위구역별 대의원수

대의원의 선출구역 확정 및 단위구역별 대의원수는 조합원수, 산주조합원, 조합원소유 산림면적 등을 감안하여 이사회에서 정한다(법32③, 정관예52② 전단). 이 경우 여성대의원수는 전체 조합원수 중에서 여성조합원수가 차지하는 비율을 감안하여 정한다(법32③, 정관예52② 후단).

조합원수 확정기준일은 대의원선거일전 180일로 한다(법32③, 정관예52③).

4. 대의원의 선출

(1) 조합원 중에서 선출

본조합의 대의원은 규정이 정하는 바에 따라 조합원(법인인 경우에는 그 대표자) 중에서 선출한다(법32③, 정관예53①).

(2) 보궐선거

대의원 중 결원이 생긴 때에는 보궐선거를 실시하여야 한다(법32③, 정관예53③ 본문). 다만, 결원 대의원수가 정수의 5분의 1 이하인 때에는 보궐선거를 실시하지 아니할 수 있다(법32③, 정관예53③ 단서).

5. 대의원의 결격사유

대의원의 결격사유에 관해서는 제64조 제1항을 준용한다(법32③, 정관예53⑤). 따라서 다음의 어느 하나에 해당하는 사람, 즉 ⅰ) 대한민국 국민이 아닌 사람(제1호), ⅱ) 미성년자·피성년후견인 또는 피한정후견인(제2호), ⅲ) 파산선고를 받고 복권되지 아니한 사람(제3호), ⅳ) 법원의 판결 또는 다른 법률에 따라 자격이 상실되거나 정지된 사람(제4호), ⅴ) 금고 이상의 실형의 선고를 받고 그 집행이 끝나거나(집행이 끝난 것으로 보는 경우를 포함) 집행이 면제된 날부터 3년이 지나지 아니한 사람(제5호), ⅵ) 형법 제303조(업무상위력등에 의한 간음) 또는 성폭력처벌법 제10조(업무상 위력 등에 의한 추행)에 규정된 죄를 저지른 사람으로서 300만원 이상의 벌금형을 선고받고 그 형이 확정된 후 2년이 지나지 아니한 사람(제5의2호), ⅶ) 법 제125조(위법행위에 대한 행정처분) 제1항 또는 신용협동조합법 제84조(임직원에 대한 행정처분) 제1항에 따른 개선 또는 징계면직의 처분을 받은 날부터 5년이 지나지 아니한 사람(제6호), ⅷ) 금고 이상의 형의 집행유예선고를 받고 그 유예기간 중에 있는 사람(제7호),[2] ix) 법 제132조(벌칙) 또는 위탁선거법 제58조(매수 및 이해유도죄)·제59조(기부행위의 금지·제한 등 위반죄)·제61조(허위사실 공표죄)부터 제66조(각종 제한규정 위반죄)까지에 규정된 죄를 저질러 벌금 100만원 이상의 형을 선고받고 4년이 지나지 아니한 사람(제9호), x) 임원선거에서 당선되었으나 법 제133조(선거범죄로 인한 당선무효 등) 제1항 제1호 또는 위탁선거법 제70조(위탁선거범죄로 인한 당선무효) 제1호에 해당하게 되어 당선이 무효로 된 사람으로서 그 무효가 확정된 날부터 5년이 지나지 아니한 사람(제10호), xi) 선거일공고일 현재 본조합에 대하여 50계좌(조합장의 경우에는 200계좌)이상의 납입출자("기준출자")를 2년 이상 계속 보유하고 있지 아니한 사람(다만, 설립 또는 합병후 2년이 지나지 아니한 경우에는 그러하지 아니하다)(제11호)은 대의원이 될 수 없다(법32③, 정관예53⑤, 정관예64①).

6. 대의원의 임기

대의원의 임기는 2년으로 하되, 보궐선거로 선출된 대의원의 임기는 전임자 임기의 남은 기간으로 한다(법32④ 본문). 다만, 임기가 만료하는 연도의 결산기 마지막 달 이후 그 결산기에 관한 정기총회 전에 임기가 만료될 때에는 그 정기총회가 끝나는 날까지 임기가 연장된다(법32④ 단서).

7. 대의원의 임직원 겸직금지

대의원은 해당 조합의 조합장을 제외한 임직원과 다른 조합(다른 법률에 따른 협동조합을 포함)의 임직원을 겸직하여서는 아니 된다(법32⑤).

8. 대의원의 의무 및 자격상실

(1) 대의원의 의무

본조합의 대의원은 성실히 대의원회에 출석하고 그 의결에 참가하여야 한다(정관예54①).

---

2) 제8호 삭제 <2020.7.16.>

(2) 대의원의 자격상실

대의원회는 대의원이 ⅰ) 대의원회 소집통지서를 받고 정당한 사유 없이 계속하여 3회 이상 출석하지 아니한 때(제1호), ⅱ) 부정한 방법으로 대의원회의 의사를 방해한 때(제2호), ⅲ) 조합의 사업 또는 업무에 방해가 되는 행위를 하거나, 조합의 명예 또는 신용을 잃게 하는 행위를 한 때(제3호)의 어느 하나에 해당하는 행위를 한 때에는 그 의결로서 대의원의 자격을 상실하게 할 수 있다(정관예54② 전단).

그 의결에 관하여는 제65조 제1항을 준용한다(정관예54② 후단). 따라서 대의원회는 대의원 과반수의 출석과 출석대의원 3분의 2 이상의 찬성으로 의결한다(정관예65①).

9. 총회 규정 준용과 의결권 대리행사 금지

대의원회에는 총회에 관한 규정을 준용하되, 그 의결권은 대리인으로 하여금 행사하게 할 수 없다(법32⑥). 또한 조합장직무대행자는 의결권을 행사할 수 없다(정관예51③ 단서).

제3절 이사회

Ⅰ. 서설

산림조합법과 정관예는 이사회의 경영자 지원과 경영자 통제에 대하여 함께 규정하고 있다. 이사회는 총회의 권한으로 규정된 사항 이외의 모든 업무집행에 관한 의사결정권을 가지고 있으며, 이사회에서 결정된 업무집행 사항은 조합장, 상임이사 그리고 간부직원이 집행하게 된다. 반면 이사회는 이사회에서 결의된 사항에 대하여 조합장, 상임이사 그리고 간부직원의 업무집행을 감독하고, 필요한 사항을 보고하도록 요구할 수 있다. 즉 이사회는 경영진의 업무집행에 대한 적법성, 타당성, 효율성 여부에 대한 포괄적인 감독권한을 갖는다.

Ⅱ. 이사회의 설치 및 구성

1. 이사회의 설치

조합에 이사회를 둔다(법33①).

2. 이사회의 구성

이사회는 조합장과 이사로 구성하며, 조합장이 소집한다(법33②).

Ⅲ. 이사회의 소집 등

1. 이사회의 소집

조합장은 이사 3분의 1 이상 또는 감사로부터 회의소집의 요구가 있을 때에는 지체 없이 이를 소집하여야 한다(정관예55⑥). 소집요구는 회의목적 및 부의안건과 소집이유를 적어 서면으로 하여야 한다(정관예55⑦).

특별한 사정에 따라 이사회소집이 곤란할 때에는 서면결의, 전자회의, 화상회의 등으로 이사회 의결에 갈음할 수 있다(정관예55⑨ 전단). 서면결의의 경우에는 구성원 3분의 2 이상의 찬성을 받아야 한다(정관예55⑨ 후단).

2. 이사회의 소집통지 기간

조합장은 회의사항을 서면으로 개최일 3일 전까지 구성원에게 통지하여야 한다(정관예55⑤ 본문). 다만, 긴급을 요할 경우에는 그러하지 아니하다(정관예55⑤ 단서).

Ⅳ. 이사회의 결의사항 등

1. 이사회의 결의사항

이사회는 ⅰ) 조합원의 자격 심사 및 가입 승낙(제1호), ⅱ) 간부직원의 임면(제2호), ⅲ) 업무규정의 제정·변경 또는 폐지(제3호), ⅳ) 법정적립금의 사용(제4호), ⅴ) 차입금의 최고한도(제5호), ⅵ) 기본재산의 취득과 처분(제6호), ⅶ) 법령 또는 정관에 규정된 사항(제7호), viii) 총회에서 위임한 사항 및 총회에 부칠 사항 (제8호), ix) 그 밖에 조합장 또는 이사 3분의 1 이상이 필요하다고 인정하는 사항(제9호)을 의결한다(법33③).

2. 이사회의 개의와 결의

이사회는 구성원 과반수의 출석으로 개의하고 출석구성원 과반수의 찬성으로 의결한다(법33⑤, 정관예55⑧).

3. 이사회 소집의 대체

특별한 사정에 따라 이사회소집이 곤란할 때에는 서면결의, 전자회의, 화상회의 등으로 이사회 의결에 갈음할 수 있다(정관예55⑨ 전단). 서면결의의 경우에는 제8항에도 불구하고 구성원 3분의 2 이상의 찬성을 받아야 한다(정관예55⑨ 후단).

V. 이사회의 업무집행 감독 등

1. 업무집행 감독

이사회는 이사회 의결사항에 대하여 조합장 또는 상임이사의 업무집행상황을 감독한다(법33④).

2. 감사 및 간부직원의 의견 진술

감사와 간부직원은 이사회에 출석하여 의견을 진술할 수 있다(정관예55③).

VI. 운영평가자문회의의 구성 · 운영

1. 구성

조합은 조합의 건전한 발전을 도모하기 위하여 조합원 및 외부전문가 15명 이내로 운영평가자문회의를 구성·운영할 수 있다(법34①).

2. 업무

운영평가자문회의는 조합의 운영상황을 평가하고 그 개선사항을 조합장에게 건의할 수 있다(법34②).

3. 조합장의 이사회 및 총회 보고

조합장은 운영평가자문회의의 건의사항을 이사회 및 총회에 보고하여야 한다(법34③ 전단).

4. 조합장의 평가결과 반영

조합장은 운영평가자문회의의 건의사항을 조합 운영에 적극 반영하여야 한다(법34③ 후단).

제4절 임원

I. 임원의 정수와 상임 여부

1. 임원의 정수

조합에 임원으로서 조합장 1명을 포함한 7명 이상 15명 이하의 이사와 2명의 감사를 두되, 그 정수는 정관으로 정한다(법35① 전단). 이 경우 이사 중 2분의 1 이상은 조합원이어야 한다(법35① 후단).

상임인 임원을 제외한 조합의 임원은 명예직으로 한다(법35⑥).

2. 이사의 상임 여부

(1) 상임이사 선출 여부: 임의

조합은 정관으로 정하는 바에 따라 조합장을 포함한 이사 중 2명 이내를 상임(常任)으로 할 수 있다(법35② 본문).

(2) 상임이사를 두어야 하는 조합: 의무

조합장을 비상임으로 운영하는 조합의 경우에는 상임이사를 두어야 한다(법
35② 단서).

3. 조합장의 상임 및 비상임 기준

(1) 조합장의 상임 기준: 상임 의무

조합장 임기 개시일 이전에 정기총회의 승인을 받은 조합의 최근 결산보고
서에 적힌 자산총액이 1천억원 미만인 경우에는 조합장을 상임으로 한다(법35②
단서, 영7①).

(2) 조합장의 비상임 기준: 비상임 의무

조합장 임기 개시일 이전에 정기총회의 승인을 받은 조합의 최근 결산보고
서에 적힌 자산총액이 2천 500억원 이상인 경우에는 조합장을 비상임으로 한다
(법35③, 영7②).

4. 조합장의 상임 여부와 이사의 정수

(1) 조합장을 상임으로 운영하는 경우

본조합에 임원으로서 조합장 1명을 포함한 이사 ○명과 감사 2명을 두며 조
합장은 상임으로 한다(정관예59①). 본조합의 임원(조합원이 아닌 이사를 제외)은 조
합원이어야 한다(정관예59②).

이사의 수는 조합의 실정에 따라 조합장 1명을 포함하여 7명 이상 15명 이
하(상임임원은 2명 이내)로 정하되, 이사 중 2분의 1 이상은 조합원이어야 한다. 다
만, 여성조합원을 이사로 선출하는 조합은 이사회에서 여성 이사의 수를 정한다.

(2) 조합장을 비상임으로 운영하는 경우

본조합에 임원으로서 조합장 1명을 포함한 이사 ○명과 감사 2명을 두며,
조합장은 비상임으로 하고 이사 중 ○명은 상임으로 한다(정관예59①). 본조합의
임원(상임이사 및 조합원이 아닌 이사를 제외)은 조합원이어야 한다(정관예59②).

이 경우에는 상임이사 1명은 반드시 두어야 하며, 이사의 수는 조합의 실정
에 따라 조합장 1명을 포함하여 7명 이상 15명 이하(상임임원은 2명 이내)로 정하

되 이사 중 2분의 1 이상은 조합원이어야 한다. 다만, 여성조합원을 이사로 선출하는 조합은 이사회에서 여성 이사의 수를 정한다.

Ⅱ. 임원의 선출

1. 조합장의 선출

조합장은 조합원 중에서 정관으로 정하는 바에 따라 ⅰ) 조합원이 총회 또는 총회 외에서 직접투표로 선출(제1호), ⅱ) 대의원회에서 선출(제2호)한다(법35④).

(1) 조합장을 상임으로 운영하는 경우

ⅰ) 조합장을 조합원 총회에서 직접투표로 선출하는 경우: 조합장은 조합원 중에서 조합원이 총회에서 직접투표로 선출한다. ⅱ) 조합장을 총회 외에서 직접투표로 선출하는 경우: 조합장은 조합원 중에서 조합원이 총회 외에서 직접투표로 선출한다. ⅲ) 조합장을 대의원회에서 선출하는 경우: 조합장은 조합원 중에서 대의원회에서 선출한다(정관예62①).

이에 따라 조합은 조합원이 (총회)·(총회 외)에서 투표로 직접 선출하는 조합장선거의 관리에 대하여는 그 주된 사무소의 소재지를 관할하는 선거관리위원회법에 따른 ○○(구)·(시)·(군)선거관리위원회에 위탁하여야 한다(정관예62③). 조합이 정하는 선출방법에 따라 총회 또는 총회 외 중 택일한다.

(2) 조합장을 비상임으로 운영하는 경우

ⅰ) 조합장을 조합원 총회에서 직접투표로 선출하는 경우: 조합장은 조합원 중에서 조합원이 총회에서 직접투표로 선출한다. ⅱ) 조합장을 총회 외에서 직접투표로 선출하는 경우: 조합장은 조합원 중에서 조합원이 총회 외에서 직접투표로 선출한다. ⅲ) 조합장을 대의원회에서 선출하는 경우: 조합장은 조합원 중에서 대의원회에서 선출한다(정관예62①).

이에 따라 조합은 조합원이 (총회)·(총회 외)에서 투표로 직접 선출하는 조합장선거의 관리에 대하여는 그 주된 사무소의 소재지를 관할하는 선거관리위원회법에 따른 ○○(구)·(시)·(군)선거관리위원회에 위탁하여야 한다(정관예62③).
조합이 정하는 선출방법에 따라 총회 또는 총회외 중 택일한다

2. 조합장 외의 임원 선출(상임이사의 자격요건)

조합장 외의 임원은 총회에서 선출한다(법35⑤ 본문). 다만, 상임이사는 조합
업무에 대한 전문지식과 경험이 풍부한 사람으로서 ⅰ) 조합 또는 중앙회에서
상시근무직으로 5년 이상 종사한 경력이 있는 사람(제1호), ⅱ) 농림업(축산업 포
함)과 관련된 국가기관, 지방자치단체, 공공기관운영법 제4조에 따른 공공기관
("공공기관"), 또는 금융위원회법 제38조에 따른 검사대상기관(이에 상응하는 외국
금융기관을 포함)에서 상시근무직으로 5년 이상 종사한 경력이 있는 사람(제2호),
ⅲ) 농림업과 관련된 연구기관·교육기관 또는 회사에서 종사한 경력이 있는 사
람으로서 제1호 또는 제2호의 사람과 같은 수준 이상의 자격이 있다고 조합의
정관에서 정하는 요건에 해당되는 사람(제3호) 중에서 조합장이 이사회의 동의를
받아 추천한 사람을 총회에서 선출한다(법35⑤ 단서, 영8).

(1) 조합장을 상임으로 운영하는 경우

조합장 외 임원(조합원인 임원과 조합원이 아닌 임원)은 ○○○에서 선출한다
(정관예62②). 조합실정에 따라 총회 또는 대의원회 중 택일한다.

(2) 조합장을 비상임으로 운영하는 경우

조합장 외 임원(조합원인 임원과 조합원이 아닌 임원)은 ○○○에서 선출한다
(정관예62② 전단). 다만, 상임이사는 조합업무에 대한 전문지식과 경험이 풍부한
자로서 법 제35조 제5항 단서에서 규정한 요건에 적합한 자 중 조합장이 이사회
의 동의를 얻어 추천한 자를 ○○○에서 선출한다(정관예62② 후단). 조합실정에
따라 총회 또는 대의원회 중 택일한다

3. 조합장 보궐선거의 입후보 자격 제한

조합장 선거에 입후보하기 위하여 임기 중 그 직(職)을 그만둔 조합의 이사
및 감사는 그 사직으로 인하여 공석이 된 이사 또는 감사의 보궐선거의 후보자
가 될 수 없다(법35⑦).

4. 여성조합원 중 이사 선출의무

지역조합은 이사 중 1명 이상을 여성조합원 중에서 선출하도록 노력하여야 한다(법35⑧ 본문). 다만, 여성조합원이 전체 조합원의 30% 이상인 지역조합은 이사 중 1명 이상을 여성조합원 중에서 선출하여야 한다(법35⑧ 단서).

5. 부속서임원선거규약

임원의 선출 및 추천에 관하여 산림조합법에서 정한 사항 외에 필요한 사항은 정관으로 정한다(법35⑨). 임원의 선출 및 추천에 관하여 필요한 사항은 부속서임원선거규약이 정하는 바에 따른다(정관예62⑥).

Ⅲ. 임원의 직무

1. 조합장의 직무

(1) 조합장 및 상임이사의 대표권과 업무집행권

조합장은 조합을 대표하며 업무를 집행한다(법36① 본문). 다만, 조합장이 비상임인 경우에는 상임이사가 업무를 집행하고 그 업무에 관하여 조합을 대표한다(법36① 단서).

(가) 조합장을 상임으로 운영하는 경우

조합장은 조합을 대표하고, 이사회가 의결하는 바에 따라 조합의 업무를 집행한다(정관예60①).

(나) 조합장을 비상임으로 운영하는 경우

조합장은 조합을 대표한다(정관예60① 본문). 다만, 업무에 관하여는 상임이사가 집행하고 그 업무에 관하여 조합을 대표한다(정관예60① 단서).

(2) 조합장의 총회·대의원회 및 이사회의 의장

조합장은 총회·대의원회 및 이사회의 의장이 된다(법36②).

(3) 조합장 또는 상임이사의 직무대행

이사(조합원이 아닌 이사 제외)는 조합장 또는 상임이사(조합장이 비상임인 조합만 해당)가 궐위·구금되거나 의료법에 따른 의료기관에 60일 이상 계속하여 입원한 경우 등의 사유로 그 직무를 수행할 수 없을 때에는 이사회가 정하는 순서에 따라 그 직무를 대행한다(법36③).

(4) 조합장의 입후보와 직무대행

조합장이 그 직을 가지고 조합장 선거에 입후보하면 후보자등록마감일의 다음 날부터 선거일까지 이사회가 정하는 순서에 따른 이사가 그 조합장의 직무를 대행한다(정관예60④ 본문). 다만, 「조합정관부속서임원선거규약」 제42조 제2항에 따라 투표를 실시하지 아니하는 때에는 그러하지 아니하다(정관예60④ 단서).

2. 감사의 직무

(1) 재산과 업무집행상황 감사권 등

감사는 조합의 재산과 업무집행상황을 감사하며, 전문적인 회계감사가 필요하다고 인정하는 경우에는 중앙회에 회계감사를 의뢰할 수 있다(법36④).

(2) 부정 사실의 총회 보고와 총회 소집

감사는 조합의 재산상황 또는 업무집행에 관하여 부정한 사실이 있는 것을 발견하였을 때에는 총회에 보고하여야 하며, 그 내용을 총회에 신속히 보고하여야 할 필요가 있는 경우에는 정관으로 정하는 바에 따라 조합장에게 총회의 소집을 요구하거나 총회를 소집할 수 있다(법36⑤).

(3) 총회·대의원회 및 이사회 출석·의견진술권

감사는 총회·대의원회 및 이사회에 출석하여 그 의견을 진술할 수 있다(법36⑥).

(4) 상법의 준용

감사의 직무에 관하여는 상법 제412조의5(자회사의 조사권), 제413조(조사·보고의 의무) 및 제413조의2(감사록의 작성)를 준용한다(법36⑦). 여기서는 준용되는 상법 규정을 살펴본다.

(가) 자회사의 조사권

1) 보고요구권

감사는 그 직무를 수행하기 위하여 필요한 때에는 조합에 대하여 영업의 보고를 요구할 수 있다(상법412의5①).

2) 조사권

감사는 조합이 지체없이 보고를 하지 아니할 때 또는 그 보고의 내용을 확인할 필요가 있는 때에는 조합의 업무와 재산상태를 조사할 수 있다(상법412의5②).

3) 조합의 수인의무

조합은 정당한 이유가 없는 한 이상의 보고 또는 조사를 거부하지 못한다(상법412의5③).

(나) 조합원 총회에서의 의견진술

감사는 이사가 조합원총회에 제출할 의안 및 서류를 조사하여 법령 또는 정관에 위반하거나 현저하게 부당한 사항이 있는지의 여부에 관하여 조합원총회에 그 의견을 진술하여야 한다(상법413).

(다) 감사록의 작성

감사는 감사에 관하여 감사록을 작성하여야 한다(상법413의2①). 감사록에는 감사의 실시요령과 그 결과를 기재하고 감사를 실시한 감사가 기명날인 또는 서명하여야 한다(상법413의2②).

(5) 감사의 대표권

조합이 조합장 또는 이사와 계약을 할 때에는 감사가 조합을 대표한다(법37①). 조합과 조합장 또는 이사 간의 소송에 관하여는 감사가 조합을 대표한다(법37②).

Ⅳ. 임원의 임기

1. 조합장의 임기

조합장의 임기는 4년이며, 비상임 조합장은 연임에 제한이 없고 상임인 조합장은 2회까지만 연임할 수 있다(법38①(1)).

2. 조합원인 이사의 임기

조합원인 이사의 임기는 4년이다(법38①(1)).

3. 상임이사 및 조합원이 아닌 이사의 임기

상임이사 및 조합원이 아닌 이사의 임기는 2년이다(법38①(2)).

이사회의 활성화와 전문성을 강화하기 위하여 지역조합의 이사회 구성에서 조합원이 아닌 이사, 즉 사외이사를 도입하고 있다(법38①). 사외이사제도는 전문성이 부족한 조합원 출신의 이사를 보완하는 것으로서 이사회의 전문성을 높이고 투명성을 확보하기 위한 것이다.

4. 감사의 임기

감사의 임기는 3년으로 한다(법38①).

5. 설립 당시의 조합장·이사 및 감사의 임기

설립 당시의 조합장·이사 및 감사의 임기는 정관으로 정하되, 2년을 초과할 수 없다(법38① 단서).

6. 임원 임기의 연장

임기가 만료하는 연도의 결산기 마지막 달 이후 그 결산기에 관한 정기총회 전에 임기가 만료될 때에는 그 정기총회가 끝나는 날까지 임기가 연장된다(법38②, 법32④ 단서).

7. 임원 임기의 기산

임원의 임기는 전임자의 임기만료일의 다음날부터 기산한다(정관예63② 본문). 다만, 임기개시전에 현 조합장과 이사가 사망·사퇴 등으로 궐위된 때에는 사유발생일 다음 날부터 기산한다(정관예63② 단서).

8. 보궐선거 및 재선거에 따른 임원의 임기

보궐선거 및 재선거에 따른 임원의 임기는 전임자의 남은 기간으로 한다(정관예63③ 본문). 다만, 이사 또는 감사 전원의 결원에 따라 실시하는 보궐선거에서 당선되는 이사 또는 감사의 임기는 당선이 결정된 때부터 새로이 기산한다(정관예63③ 단서).

9. 퇴임 임원의 권리의무

임원의 수가 그 정수를 결한 경우에는 임기의 만료 또는 사임으로 말미암아 퇴임하는 임원은 새로 선임된 임원이 취임할 때까지 그 권리의무를 가진다(정관예63⑤).

Ⅴ. 임원의 결격사유

1. 임원의 자격 제한

다음의 어느 하나에 해당하는 사람, 즉 ⅰ) 대한민국 국민이 아닌 사람(제1호), ⅱ) 미성년자·피성년후견인 또는 피한정후견인(제2호), ⅲ) 파산선고를 받고 복권되지 아니한 사람(제3호), ⅳ) 법원의 판결 또는 다른 법률에 따라 자격이 상실되거나 정지된 사람(제4호), ⅴ) 금고 이상의 실형을 선고받고 그 집행이 끝나거나(집행이 끝난 것으로 보는 경우를 포함) 집행이 면제된 날부터 3년이 지나지 아니한 사람(제5호), ⅵ) 형법 제303조(업무상위력등에 의한 간음) 또는 성폭력처벌법 제10조(업무상 위력 등에 의한 추행)에 규정된 죄를 저지른 사람으로서 300만원 이상의 벌금형을 선고받고 그 형이 확정된 후 2년이 지나지 아니한 사람(제5호의2), ⅶ) 법 제125조(위법행위에 대한 행정처분) 제1항 또는 신용협동조합법 제84조(임직원에 대한 행정처분) 제1항에 따른 개선 또는 징계면직의 처분을 받은 날부터 5년이 지나지 아니한 사람(제6호), ⅷ) 금고 이상의 형의 집행유예를 선고받고 그 유예기간 중에 있는 사람(제7호.),3) ⅸ) 법 제132조(벌칙) 또는 위탁선거법 제58조(매수 및 이해유도죄)·제59조(기부행위의 금지·제한 등 위반죄)·제61조(허위사실 공

---

3) 제8호 삭제 [2020.3.24.]

표죄)부터 제66조(각종 제한규정 위반죄)까지에 규정된 죄를 저질러 벌금 100만원 이상의 형을 선고받고 4년이 지나지 아니한 사람(제9호), x) 산림조합법에 따른 임원선거에서 당선되었으나 제133조 제1항 제1호4) 또는 위탁선거법 제70조(위탁 선거범죄로 인한 당선무효) 제1호5)에 해당하게 되어 당선이 무효로 된 사람으로서 그 무효가 확정된 날부터 5년이 지나지 아니한 사람(제10호), xi) 선거일 공고일 현재 해당 조합의 정관으로 정하는 출자계좌 수 이상의 납입출자를 2년 이상 계 속 보유하고 있지 아니한 사람(다만, 설립 또는 합병 후 2년이 지나지 아니한 조합의 경우에는 그러하지 아니하다)(제11호). xii) 선거일 공고일 현재 해당 조합, 중앙회 또는 ㉠ 은행, ㉡ 한국산업은행, ㉢ 중소기업은행, ㉣ 그 밖에 대통령령으로 정하 는 금융기관6)에 대하여 정관으로 정하는 금액과 기간을 초과하여 채무상환을 연 체하고 있는 사람(제12호), xiii) 선거일 공고일 현재 해당 조합의 정관으로 정하 는 일정 규모 이상의 사업 이용 실적이 없는 사람(제13호)은 조합의 임원이 될 수 없다(법39① 본문). 다만, 제11호와 제13호는 조합원인 임원에게만 적용한다(법39 ① 단서).

2. 임원 결격사유의 발생과 퇴직

임원 결격사유가 발생하였을 때에는 해당 임원은 당연히 퇴직된다(법39②).

---

4) ① 조합 또는 중앙회의 임원 선거와 관련하여 다음 각 호의 어느 하나에 해당하는 경우에
   는 해당 선거의 당선을 무효로 한다.
   1. 당선인이 해당 선거에서 제132조에 해당하는 죄를 저질러 징역형 또는 100만원 이상의
      벌금형을 선고받았을 때
5) 다음 각 호의 어느 하나에 해당하는 경우에는 그 당선은 무효로 한다.
   1. 당선인이 해당 위탁선거에서 이 법에 규정된 죄를 범하여 징역형 또는 100만원 이상의
      벌금형을 선고받은 때
6) "대통령령으로 정하는 금융기관"이란 다음의 어느 하나에 해당하는 금융기관을 말한다(영
   8의2).
   1. 조합, 2. 기술보증기금, 3. 농림수산업자 신용보증기금, 4. 농업협동조합, 중앙회 및 농
      협은행, 5. 보험회사, 6. 상호저축은행 및 상호저축은행중앙회, 7. 새마을금고 및 중앙
      회, 8. 수산업협동조합, 중앙회 및 수협은행, 9. 신용보증기금, 10. 신용협동조합 및 신
      용협동조합중앙회, 11. 여신전문금융회사, 12. 벤처투자 촉진에 관한 법률 제2조 제10
      호 및 제11호에 따른 중소기업창업투자회사 및 벤처투자조합, 13. 중소기업협동조합법
      에 따른 중소기업협동조합, 14. 지역신용보증재단법에 따른 신용보증재단 및 신용보증
      재단중앙회, 15. 한국수출입은행, 16. 한국주택금융공사

3. 퇴직 전 행위의 효력 유지

퇴직한 임원이 퇴직 전에 관여한 행위는 그 효력을 상실하지 아니한다(법39③).

VI. 형의 분리 선고

형법 제38조(경합범과 처벌례)에도 불구하고 ⅰ) 제39조 제1항 제5호의2[7] 및 같은 항 제9호[8]에 규정된 죄와 다른 죄의 경합범에 대하여 형을 선고하는 경우 (제1호), ⅱ) 당선인의 직계존속·비속이나 배우자에게 제132조 제1항 제2호[9] 또는 같은 항 제3호[10]에 규정된 죄와 다른 죄의 경합범으로 형을 선고하는 경우(제2호)에는 형을 분리하여 선고하여야 한다(법39의2).

VII. 임원의 선거운동

1. 위탁선거법

(1) 위탁선거법의 우선 적용

공공단체등 위탁선거에 관한 법률("위탁선거법")은 "공공단체등"의 위탁선거에 관하여 다른 법률에 우선하여 적용한다(위탁선거법5). 농업협동조합법, 수산업협동조합법 및 산림조합법에 따른 조합과 중앙회, 새마을금고법에 따른 금고와 중앙회는 "공공단체등"에 해당하므로(위탁선거법3(1) 가목 및 나목) 농업협동조합법, 수산업협동조합법, 산림조합법, 새마을금고법에 우선하여 적용된다.

산림조합법에 따른 조합장(법40의3②) 및 중앙회장(법104⑦)만이 의무위탁 대상이다. 이에 따라 의무위탁 대상이 아닌 조합장 및 중앙회장 외 임원들의 경우에는 위탁선거법이 적용되지 않고 산림조합법이 적용된다.

---

7) 5의2. 형법 제303조 또는 성폭력처벌법 제10조에 규정된 죄를 저지른 사람으로서 300만원 이상의 벌금형을 선고받고 그 형이 확정된 후 2년이 지나지 아니한 사람

8) 9. 제132조(벌칙) 또는 위탁선거법 제58조(매수 및 이해유도죄)·제59조(기부행위의 금지·제한 등 위반죄)·제61조(허위사실 공표죄)부터 제66조(각종 제한규정 위반죄)까지에 규정된 죄를 저질러 벌금 100만원 이상의 형을 선고받고 4년이 지나지 아니한 사람

9) 2. 제40조 제1항(제122조에 따라 준용되는 경우를 포함)을 위반한 사람

10) 3. 제40조의2(제122조에 따라 준용되는 경우를 포함)를 위반한 자

(2) 개념의 정리

"위탁단체"란 임원 등의 선출을 위한 선거의 관리를 선거관리위원회에 위탁하는 공공단체등을 말한다(위탁선거법3(2)). "관할위원회"란 위탁단체의 주된 사무소 소재지를 관할하는 선거관리위원회법에 따른 구·시·군선거관리위원회(세종특별자치시선거관리위원회를 포함)를 말한다(위탁선거법3(3) 본문). 다만, 법령에서 관할위원회를 지정하는 경우에는 해당 선거관리위원회를 말한다(위탁선거법3(3) 단서). "위탁선거"란 관할위원회가 공공단체등으로부터 선거의 관리를 위탁받은 선거를 말한다(위탁선거법3(4)).

"선거인"이란 해당 위탁선거의 선거권이 있는 자로서 선거인명부에 올라 있는 자를 말한다(위탁선거법3(5)). "동시조합장선거"란 농업협동조합법, 수산업협동조합법 및 산림조합법에 따라 관할위원회에 위탁하여 동시에 실시하는 임기만료에 따른 조합장선거를 말한다(위탁선거법3(6)).

"정관등"이란 위탁단체의 정관, 규약, 규정, 준칙, 그 밖에 위탁단체의 조직 및 활동 등을 규율하는 자치규범을 말한다(위탁선거법3(7)).

(3) 선거기간

선거별 선거기간 ⅰ) 농업협동조합법, 수산업협동조합법 및 산림조합법에 따른 조합장선거("조합장선거"): 14일(제1호), ⅰ) 조합장선거 외의 위탁선거: 관할위원회가 해당 위탁단체와 협의하여 정하는 기간(제2호)이다(위탁선거법13①).

"선거기간"이란 후보자등록마감일의 다음 날부터 선거일까지를 말한다(위탁선거법13②).

(4) 선거운동

농업협동조합법에 따른 농업협동조합과 중앙회, 수산업협동조합법에 따른 조합과 중앙회 및 산림조합법에 따른 조합과 중앙회가 위탁하는 선거에만 아래 사항이 적용된다(위탁선거법22 전단).

(가) 선거운동의 정의

"선거운동"이란 당선되거나 되게 하거나 되지 못하게 하기 위한 행위를 말한다(법23 본문). 다만, ⅰ) 선거에 관한 단순한 의견개진 및 의사표시(제1호), ⅱ) 입후보와 선거운동을 위한 준비행위(제2호)는 선거운동으로 보지 아니한다(위탁선거법23 단서).

(나) 선거운동의 주체·기간·방법

1) 주체와 방법

후보자는 선거공보(위탁선거법25), 선거벽보(위탁선거법26), 어깨띠·윗옷·소품(위탁선거법27), 전화를 이용한 선거운동(위탁선거법28), 정보통신망을 이용한 선거운동(위탁선거법29), 명함을 이용한 선거운동(위탁선거법30), 선거일 후보자 소개 및 소견발표(위탁선거법30의2)의 방법으로 선거운동을 하는 경우를 제외하고는 누구든지 어떠한 방법으로도 선거운동을 할 수 없다(위탁선거법24①).

2) 기간

선거운동은 후보자등록마감일의 다음 날부터 선거일 전일까지에 한정하여 할 수 있다(위탁선거법24② 본문). 다만, ⅰ) 농업협동조합법, 수산업협동조합법에 따른 중앙회장선거(법24③(3))의 후보자가 선거일 또는 결선투표일에 문자메시지를 전송하는 방법(위탁선거법28(2))으로 선거운동을 하는 경우(제1호), ⅱ) 후보자가 선거일 또는 결선투표일에 자신의 소견을 발표(위탁선거법30의2)하는 경우에는 그러하지 아니하다(위탁선거법24② 단서)

3) 선거별 선거운동방법

선거별 선거운동방법은 다음과 같다(위탁선거법24③). 즉 ⅰ) 농협 조합장의 경우 조합원이 총회 외에서 투표로 직접 선출하는 조합장 선거, 수협 조합장의 경우 총회 외에서 투표로 직접 선출하는 조합장 선거, 그리고 산림조합 조합장의 경우 총회 외에서 직접투표로 선출하는 조합장 선거: 선거공보(위탁선거법25), 선거벽보(위탁선거법26), 어깨띠·윗옷·소품(위탁선거법27), 전화를 이용한 선거운동(위탁선거법28), 정보통신망을 이용한 선거운동(위탁선거법29), 명함을 이용한 선거운동(위탁선거법30)의 방법(제1호), ⅱ) 농협 조합장의 경우 조합원이 총회에서 선출하는 조합장 선거, 수협 조합장의 경우 총회에서 선출하는 조합장 선거, 그리고 산림조합 조합장의 경우 총회에서 선출하는 조합장 선거: 선거공보(위탁선거법25), 선거벽보(위탁선거법26), 어깨띠·윗옷·소품(위탁선거법27), 전화를 이용한 선거운동(위탁선거법28), 정보통신망을 이용한 선거운동(위탁선거법29), 명함을 이용한 선거운동(위탁선거법30), 선거일 후보자 소개 및 소견발표(위탁선거법30의2)의 방법(제2호), ⅲ) 농협 중앙회장 선거, 수협 중앙회장 선거 및 산림조합 중앙회장 선거, 농협 조합장의 경우 대의원회에서 선출하는 조합장선거, 수협 조합장의 경우 대의원회에서 선출하는 조합장선거 및 산림조합 조합장의 경우 대의원회에서 선출하는 조합장 선거: 선거공보(위탁선거법25), 전화를 이용한 선거운동(위탁선거법28), 정보통신망을 이용한 선거운동(위탁선거법29), 명함을 이용한 선거운동(위탁선거법30), 선거일 후보자 소개 및 소견발표(위탁선거법30의2)의 방법(제30조에 따른 방법은 중앙회장선거에 한정)(제3호)으로 선거운동을 할 수 있다(위탁선거법24③).

(다) 선거공보

1) 선거공보 1종 작성과 제출

후보자는 선거운동을 위하여 선거공보 1종을 작성할 수 있다(위탁선거법25① 전단). 이 경우 후보자는 선거인명부확정일 전일까지 관할위원회에 선거공보를 제출하여야 한다(위탁선거법25① 후단).

2) 선거공보의 발송

관할위원회는 제출된 선거공보를 선거인명부확정일 후 2일까지 투표안내문과 동봉하여 선거인에게 발송하여야 한다(위탁선거법25②).

3) 선거공보 미제출의 효과

후보자가 선거인명부확정일 전일까지 선거공보를 제출하지 아니하거나 규격을 넘는 선거공보를 제출한 때에는 그 선거공보는 발송하지 아니한다(위탁선거법25③).

4) 제출된 선거공보의 정정 또는 철회 제한

제출된 선거공보는 정정 또는 철회할 수 없다(위탁선거법25④ 본문). 다만, 오기나 위탁선거법에 위반되는 내용이 게재되었을 경우에는 제출마감일까지 해당 후보자가 정정할 수 있다(위탁선거법25④ 단서).

5) 선거인의 이의제기 등

선거인은 선거공보의 내용 중 경력·학력·학위·상벌에 관하여 거짓으로 게재되어 있음을 이유로 이의제기를 하는 때에는 관할위원회에 서면으로 하여야 하고, 이의제기를 받은 관할위원회는 후보자와 이의제기자에게 그 증명서류의 제출을 요구할 수 있으며, 그 증명서류의 제출이 없거나 거짓 사실임이 판명된 때에는 그 사실을 공고하여야 한다(위탁선거법25⑤).

관할위원회는 허위게재사실을 공고한 때에는 그 공고문 사본 1매를 선거일에 투표소의 입구에 첨부하여야 한다(위탁선거법25⑥).

6) 중앙선거관리위원회규칙

선거공보의 작성수량·규격·면수·제출, 그 밖에 필요한 사항은 중앙선거관리위원회규칙으로 정한다(위탁선거법25⑦).

(라) 선거벽보

1) 선거벽보 1종 작성과 제출

후보자는 선거운동을 위하여 선거벽보 1종을 작성할 수 있다(위탁선거법26① 전단). 이 경우 후보자는 선거인명부확정일 전일까지 관할위원회에 선거벽보를 제출하여야 한다(위탁선거법26① 후단).

2) 선거벽보의 첩부

관할위원회는 제출된 선거벽보를 제출마감일 후 2일까지 해당 위탁단체의 주된 사무소와 지사무소의 건물 또는 게시판에 첩부하여야 한다(위탁선거법26②).

3) 선거공보 규정의 준용

법 제25조 제3항부터 제6항까지의 규정은 선거벽보에 이를 준용한다(위탁선거법26③ 전단). 이 경우 "선거공보"는 "선거벽보"로, "발송"은 "첩부"로, "규격을 넘는"은 "규격을 넘거나 미달하는"으로 본다(위탁선거법26③ 후단).

4) 중앙선거관리위원회규칙

선거벽보의 작성수량·첩부수량·규격·제출, 그 밖에 필요한 사항은 중앙선거관리위원회규칙으로 정한다(위탁선거법26④).

(마) 어깨띠·윗옷·소품

후보자는 선거운동기간 중 어깨띠나 윗옷(上衣)을 착용하거나 소품을 이용하여 선거운동을 할 수 있다(위탁선거법27).

(바) 전화를 이용한 선거운동

후보자는 선거운동기간 중 ⅰ) 전화를 이용하여 송화자·수화자 간 직접 통화하는 방법(제1호), ⅱ) 문자(문자 외의 음성·화상·동영상 등은 제외)메시지를 전송하는 방법(제2호)으로 선거운동을 할 수 있다(위탁선거법28 본문). 다만, 오후 10시부터 다음 날 오전 7시까지는 그러하지 아니하다(위탁선거법28 단서).

(사) 정보통신망을 이용한 선거운동

1) 선거운동 방법

후보자는 선거운동기간 중 ⅰ) 해당 위탁단체가 개설·운영하는 인터넷 홈페이지의 게시판·대화방 등에 글이나 동영상 등을 게시하는 방법(제1호), ⅱ) 전자우편(컴퓨터 이용자끼리 네트워크를 통하여 문자·음성·화상 또는 동영상 등의 정보를 주고받는 통신시스템)을 전송하는 방법(제2호)으로 선거운동을 할 수 있다(위탁선거법29①).

2) 정보통신서비스 제공자에 대한 정보 삭제 요청

관할위원회는 위탁선거법에 위반되는 정보가 인터넷 홈페이지의 게시판·대화방 등에 게시된 때에는 그 인터넷 홈페이지의 관리자·운영자 또는 정보통신망법 제1항 제3호에 따른 정보통신서비스 제공자("정보통신서비스 제공자")에게 해당 정보의 삭제를 요청할 수 있다(위탁선거법29② 전단). 이 경우 그 요청을 받은 인터넷 홈페이지의 관리자·운영자 또는 정보통신서비스 제공자는 지체 없이 이에 따라야 한다(위탁선거법29② 후단).

3) 정보 삭제와 이의신청

정보가 삭제된 경우 해당 정보를 게시한 사람은 그 정보가 삭제된 날부터 3일 이내에 관할위원회에 서면으로 이의신청을 할 수 있다(위탁선거법29③).

4) 중앙선거관리위원회규칙

위법한 정보의 게시에 대한 삭제 요청, 이의신청, 그 밖에 필요한 사항은 중앙선거관리위원회규칙으로 정한다(위탁선거법29④).

(아) 명함을 이용한 선거운동

후보자는 선거운동기간 중 다수인이 왕래하거나 집합하는 공개된 장소에서 길이 9센티미터 너비 5센티미터 이내의 선거운동을 위한 명함을 선거인에게 직접 주거나 지지를 호소하는 방법으로 선거운동을 할 수 있다(위탁선거법30 본문).

다만, 중앙선거관리위원회규칙으로 정하는 장소에서는 그러하지 아니하다(위탁선거법30 단서). 여기서 "중앙선거관리위원회규칙으로 정하는 장소"란 ⅰ) 병원·종교시설·극장의 안(제1호), ⅱ) 위탁단체의 주된 사무소나 지사무소의 건물의 안(제2호)을 말한다(공공단체등 위탁선거에 관한 규칙15).

(자) 선거일 후보자 소개 및 소견발표

1) 기호순에 따른 소개와 소견발표 시간

조합장선거 또는 중앙회장선거에서 투표관리관 또는 투표관리관이 지정하는 사람("투표관리관등")은 선거일 또는 결선투표일(중앙회장선거에 한정)에 투표를 개시하기 전에 투표소 또는 총회나 대의원회가 개최되는 장소("투표소등")에서 선거인에게 기호순에 따라 각 후보자를 소개하고 후보자로 하여금 조합운영에 대한 자신의 소견을 발표하게 하여야 한다(위탁선거법30의2① 전단). 이 경우 발표시 간은 후보자마다 10분의 범위에서 동일하게 배정하여야 한다(위탁선거법30의2① 후단).

2) 소견발표 포기 의제

후보자가 자신의 소견발표 순서가 될 때까지 투표소등에 도착하지 아니한 때에는 소견발표를 포기한 것으로 본다(위탁선거법30의2②).

3) 후보자의 허위사실 공표 또는 후보자 비방에 대한 조치

투표관리관등은 후보자가 제61조(허위사실 공표죄) 또는 제62조(후보자 등 비 방죄)에 위반되는 발언을 하는 때에는 이의 중지를 명하여야 하고 후보자가 이에 따르지 아니하는 때에는 소견발표를 중지시키는 등 필요한 조치를 취하여야 한 다(위탁선거법30의2③).

4) 소견발표 방해자에 대한 제지와 퇴장

투표관리관등은 투표소등에서 후보자가 소견을 발표하는 것을 방해하거나 질서를 문란하게 하는 사람이 있는 때에는 이를 제지하고, 그 명령에 불응하는 때에는 투표소등 밖으로 퇴장시킬 수 있다(위탁선거법30의2④).

5) 중앙선거관리위원회규칙

후보자 소개 및 소견발표 진행, 그 밖에 필요한 사항은 중앙선거관리위원회 규칙으로 정한다(위탁선거법30의2④).

(차) 지위를 이용한 선거운동금지 등

위탁단체의 임직원은 ⅰ) 지위를 이용하여 선거운동을 하는 행위(제1호), ⅱ) 지위를 이용하여 선거운동의 기획에 참여하거나 그 기획의 실시에 관여하는 행위(제2호), ⅲ) 후보자(후보자가 되려는 사람을 포함)에 대한 선거권자의 지지도를 조사하거나 이를 발표하는 행위(제3호)를 할 수 없다(위탁선거법31).

(5) 기부행위

(가) 기부행위의 정의

위탁선거법에서 "기부행위"란 ⅰ) 선거인(선거인명부를 작성하기 전에는 그 선 거인명부에 오를 자격이 있는 자를 포함)이나 그 가족(선거인의 배우자, 선거인 또는 그 배우자의 직계존비속과 형제자매, 선거인의 직계존비속 및 형제자매의 배우자)(제1호), ⅱ) 선거인이나 그 가족이 설립·운영하고 있는 기관·단체·시설(제2호)을 대상 으로 금전·물품 또는 그 밖의 재산상 이익을 제공하거나 그 이익제공의 의사를

표시하거나 그 제공을 약속하는 행위를 말한다(위탁선거법32).

(나) 기부행위로 보지 아니하는 행위

다음의 어느 하나에 해당하는 행위는 기부행위로 보지 아니한다(위탁선거법 33①).

1) 직무상의 행위

직무상의 행위인 ⅰ) 기관·단체·시설(나목에 따른 위탁단체를 제외)이 자체사업계획과 예산에 따라 의례적인 금전·물품을 그 기관·단체·시설의 명의로 제공하는 행위(포상을 포함하되, 화환·화분을 제공하는 행위는 제외한다. 이하 나목에서 같다)(가목), ⅱ) 위탁단체가 해당 법령이나 정관등에 따른 사업계획 및 수지예산에 따라 집행하는 금전·물품을 그 위탁단체의 명의로 제공하는 행위(나목), ⅲ) 물품구매·공사·역무의 제공 등에 대한 대가의 제공 또는 부담금의 납부 등 채무를 이행하는 행위(다목), ⅳ) 가목부터 다목까지의 규정에 따른 행위 외에 법령에 근거하여 물품 등을 찬조·출연 또는 제공하는 행위(라목)는 기부행위로 보지 않는다(위탁선거법33①(1)).

2) 의례적 행위

의례적 행위는 ⅰ) 민법 제777조(친족의 범위)에 따른 친족("친족")의 관혼상제의식이나 그 밖의 경조사에 축의·부의금품을 제공하는 행위(가목), ⅱ) 친족 외의 사람의 관혼상제의식에 통상적인 범위[축의·부의금품: 5만원 이내＝공공단체등 위탁선거에 관한 규칙16(1)]에서 축의·부의금품(화환·화분을 제외)을 제공하거나 주례를 서는 행위(나목), ⅲ) 관혼상제의식이나 그 밖의 경조사에 참석한 하객이나 조객 등에게 통상적인 범위[음식물: 3만원 이내, 답례품: 1만원 이내＝공공단체등 위탁선거에 관한 규칙16(2)(3)]에서 음식물 또는 답례품을 제공하는 행위(다목), ⅳ) 소속 기관·단체·시설(위탁단체는 제외)의 유급 사무직원이나 친족에게 연말·설 또는 추석에 의례적인 선물[선물: 3만원 이내공공단체등 위탁선거에 관한 규칙16(4)]을 제공하는 행위(라목), ⅴ) 친목회·향우회·종친회·동창회 등 각종 사교·친목단체 및 사회단체의 구성원으로서 그 단체의 정관 등 또는 운영관례상의 의무에 기하여 종전의 범위에서 회비를 납부하는 행위(마목), ⅵ) 평소 자신이 다니는 교회·성당·사찰 등에 통상의 예에 따라 헌금(물품의 제공을 포함)하는 행위(바목)는 기부행위로 보지 않는다(위탁선거법33①(2)).

3) 구호적·자선적 행위

공직선거법 제112조 제2항 제3호에 따른 구호적·자선적 행위에 준하는 행위는 기부행위로 보지 않는다(위탁선거법33①(3)). 즉 공직선거법 제112조 제2항 제3호의 구호적·자선적 행위를 살펴보면 ⅰ) 법령에 의하여 설치된 사회보호시설중 수용보호시설에 의연금품을 제공하는 행위(가목), ⅱ) 재해구호법의 규정에 의한 구호기관(전국재해구호협회를 포함) 및 대한적십자사 조직법에 의한 대한적십자사에 천재·지변으로 인한 재해의 구호를 위하여 금품을 제공하는 행위(나목), ⅲ) 장애인복지법 제58조에 따른 장애인복지시설(유료복지시설을 제외)에 의연금품·구호금품을 제공하는 행위(다목), ⅳ) 국민기초생활 보장법에 의한 수급권자인 중증장애인에게 자선·구호금품을 제공하는 행위(라목), ⅴ) 자선사업을 주관·시행하는 국가·지방자치단체·언론기관·사회단체 또는 종교단체 그 밖에 국가기관이나 지방자치단체의 허가를 받아 설립된 법인 또는 단체에 의연금품·구호금품을 제공하는 행위(다만, 광범위한 선거구민을 대상으로 하는 경우 제공하는 개별 물품 또는 그 포장지에 직명·성명 또는 그 소속 정당의 명칭을 표시하여 제공하는 행위는 제외)(마목), ⅵ) 자선·구호사업을 주관·시행하는 국가·지방자치단체, 그 밖의 공공기관·법인을 통하여 소년·소녀가장과 후원인으로 결연을 맺고 정기적으로 제공하여 온 자선·구호금품을 제공하는 행위(바목), ⅶ) 국가기관·지방자치단체 또는 구호·자선단체가 개최하는 소년·소녀가장, 장애인, 국가유공자, 무의탁노인, 결식자, 이재민, 국민기초생활 보장법에 따른 수급자 등을 돕기 위한 후원회 등의 행사에 금품을 제공하는 행위(다만, 개별 물품 또는 그 포장지에 직명·성명 또는 그 소속 정당의 명칭을 표시하여 제공하는 행위는 제외)(사목), ⅷ) 근로청소년을 대상으로 무료학교(야학을 포함)를 운영하거나 그 학교에서 학생들을 가르치는 행위(아목)는 기부행위로 보지 않는다(위탁선거법33①(3)).

** 관련 판례: 대법원 2022. 2. 24. 선고 2020도17430 판결

위탁선거법 제33조 제1항 제1호 (나)목의 "직무상의 행위"에 해당하기 위한 요건 및 그중 위탁단체가 금품을 위탁단체의 명의로 제공하는 것에 해당하는지 판단하는 방법: 위탁선거법 제33조 제1항 제1호 (나)목이 규정한 "직무상의 행위"에 해당하는 경우 조합장의 재임 중 기부행위금지 위반을 처벌하는 같은 법 제59조 위반죄의 구성요건해당성이 없게 되는바, 위 "직무상의 행위"에 해당하기

위해서는 위탁선거법 제33조 제1항 제1호 (나)목이 규정한 바와 같이 위탁단체가 금품을 그 위탁단체의 명의로 제공하여야 할 뿐만 아니라 금품의 제공은 위탁단체의 사업계획 및 수지예산에 따라 집행되어야 하고, 이러한 사업계획 및 수지예산은 법령이나 정관 등에 근거한 것이어야 한다.

여기서 위탁단체가 금품을 그 위탁단체의 명의로 제공하는 것에 해당하는지 여부는 대상자 선정과 그 집행과정에서 사전계획·내부결재나 사후보고 등 위탁단체 내부의 공식적 절차를 거쳤는지, 금품 제공이 위탁단체의 사업수행과 관련성이 있는지, 금품 제공 당시 제공의 주체가 위탁단체임을 밝혔는지, 수령자가 금품 제공의 주체를 위탁단체로 인식했는지, 금품의 제공 여부는 물론 제공된 금품의 종류와 가액·제공 방식 등에 관해 기존에 동일하거나 유사한 관행이 있었는지, 그 밖에 금품 제공에 이른 동기와 경위 등을 종합적으로 고려하여 판단하여야 한다.

단순히 제공된 금품이 위탁단체의 사업계획 및 수지예산에 따라 집행되었다는 사정만으로는 위와 같은 "직무상의 행위"에 해당한다고 할 수 없고, 특히 직무행위의 외관을 빌렸으나 실질적으로는 금품 제공의 효과를 위탁단체의 대표자 개인에게 돌리려는 의도가 드러나는 경우에는 "직무상의 행위"로 볼 수 없다.

(다) 기부행위제한기간

기부행위를 할 수 없는 기간("기부행위제한기간")은 ⅰ) 임기만료에 따른 선거: 임기만료일 전 180일부터 선거일까지(제1호), ⅱ) 해당 법령이나 정관등에 따른 재선거, 보궐선거, 위탁단체의 설립·분할 또는 합병으로 인한 선거: 그 선거의 실시 사유가 발생한 날부터 선거일까지(제2호)이다(위탁선거법34).

(라) 기부행위 제한

1) 후보자 등의 기부행위 제한

후보자(후보자가 되려는 사람을 포함), 후보자의 배우자, 후보자가 속한 기관·단체·시설은 기부행위제한기간 중 기부행위를 할 수 없다(위탁선거법35①).

2) 기부행위 의제

누구든지 기부행위제한기간 중 해당 위탁선거에 관하여 후보자를 위하여 기부행위를 하거나 하게 할 수 없다(위탁선거법35② 전단). 이 경우 후보자의 명의를 밝혀 기부행위를 하거나 후보자가 기부하는 것으로 추정할 수 있는 방법으로 기부행위를 하는 것은 해당 위탁선거에 관하여 후보자를 위한 기부행위로 본다(위탁선거법35② 후단).

　3) 기부의 의사표시 승낙 등 제한

　누구든지 기부행위제한기간 중 해당 위탁선거에 관하여 제1항 또는 제2항에 규정된 자로부터 기부를 받거나 기부의 의사표시를 승낙할 수 없다(위탁선거법35③).

　4) 기부행위의 지시 · 권유 · 알선 또는 요구 제한

　누구든지 제1항부터 제3항까지 규정된 행위에 관하여 지시 · 권유 · 알선 또는 요구할 수 없다(위탁선거법35④).

　5) 조합장의 재임 중 기부행위 제한

　농업협동조합법, 수산업협동조합법 및 산림조합법에 따른 조합장 · 중앙회장은 재임 중에 기부행위를 할 수 없다(위탁선거법35⑤).

　** 관련 판례: 대법원 2022. 2. 24. 선고 2020도17430 판결

　위탁선거법 제59조, 제35조 제5항이 농업협동조합 조합장으로 하여금 재임중 일체의 기부행위를 할 수 없도록 규정한 취지: 농업협동조합("농협")은 농업협동조합법이 정하는 국가적 목적을 위하여 설립되는 공공성이 강한 법인으로, 위탁선거법 제59조, 제35조 제5항이 농협의 조합장으로 하여금 선거 관련 여부를 불문하고 재임 중 일체의 기부행위를 할 수 없도록 규정한 취지는 기부행위라는 명목으로 매표행위를 하는 것을 방지함으로써 조합장 선거의 공정성을 확보하기 위한 것이다. 즉, 위와 같은 기부행위가 조합장의 지지기반을 조성하는 데에 기여하거나 조합원에 대한 매수행위와 결부될 가능성이 높아 이를 허용할 경우 조합장 선거 자체가 후보자의 인물 · 식견 및 정책 등을 평가받는 기회가 되기보다는 후보자의 자금력을 겨루는 과정으로 타락할 위험성이 있어 이를 방지하기 위한 것이다. 특히 농협 조합장은 조합원 중에서 정관이 정하는 바에 따라 조합원이 총회 또는 총회 외에서 투표로 직접 선출하거나, 대의원회가 선출하거나, 이사회가 이사 중에서 선출하므로(농업협동조합법 제45조 제5항), 조합장 선거는 투표자들이 비교적 소수로서 서로를 잘 알고 있고 인정과 의리를 중시하는 특정집단 내에서 이루어지며, 적은 표 차이로 당락이 결정되고 그 선거운동방법은 후보자와 선거인의 직접적인 접촉이 주를 이루게 되며, 이에 따라 후보자의 행위가

선거의 당락에 직접적으로 영향을 미친다는 특징이 있다. 뿐만 아니라 조합장 선거의 당선인은 지역농협을 대표하고 총회와 이사회의 의장이 되며, 지역농협의 직원을 임면하는 등(농업협동조합법 제46조 제1항, 제3항, 제56조 제1항) 지역농협의 존속·발전에 상당한 영향력을 미칠 수 있기 때문에 선거인의 입장에서 누가 조합장으로 당선되는지가 중요하고, 조합장 선거에 관심이 높을 수밖에 없다. 위와 같은 특성으로 인하여 조합장 선거는 자칫 과열·혼탁으로 빠질 위험이 높아 선거의 공정성 담보가 보다 높게 요구된다고 할 것인바, 조합장으로 하여금 재임 중 일체의 기부행위를 금지하는 것은 위탁선거가 가지는 고유한 특성을 고려하여 위탁선거의 과열과 혼탁을 방지하고 나아가 선거의 공정성 담보를 도모하기 위함이다(대법원 2021. 4. 29. 선고 2019도14338 판결; 헌법재판소 2018. 2. 22. 선고 2016헌바370 전원재판부 결정 등 참조).

(6) 조합장 등의 축의·부의금품 제공제한

농업협동조합법, 수산업협동조합법 및 산림조합법에 따른 조합·중앙회("조합등")의 경비로 관혼상제의식이나 그 밖의 경조사에 축의·부의금품을 제공하는 경우에는 해당 조합등의 경비임을 명기하여 해당 조합등의 명의로 하여야 하며, 해당 조합등의 대표자의 직명 또는 성명을 밝히거나 그가 하는 것으로 추정할 수 있는 방법으로 하는 행위는 기부행위로 본다(위탁선거법36).

(7) 선거일 후 답례금지

후보자, 후보자의 배우자, 후보자가 속한 기관·단체·시설은 선거일 후 당선되거나 되지 아니한 데 대하여 선거인에게 축하·위로나 그 밖의 답례를 하기 위하여 i) 금전·물품 또는 향응을 제공하는 행위(제1호), ii) 선거인을 모이게 하여 당선축하회 또는 낙선에 대한 위로회를 개최하는 행위(제2호)를 할 수 없다(위탁선거법37).

(8) 호별방문 등의 제한

누구든지 선거운동을 위하여 선거인(선거인명부작성 전에는 선거인명부에 오를 자격이 있는 자를 포함)을 호별로 방문하거나 특정 장소에 모이게 할 수 없다(위탁선거법38).

(9) 위반시 제재

(가) 형사제재

농업협동조합법, 수산업협동조합법 및 산림조합법에 따른 조합·중앙회가 위탁하는 선거에는 아래에서 살펴보는 벌칙 규정이 적용된다(위탁선거법57① 본문).

1) 매수 및 이해유도죄

선거운동을 목적으로 ⅰ) 선거인(선거인명부를 작성하기 전에는 그 선거인명부에 오를 자격이 있는 자를 포함)이나 그 가족 또는 선거인이나 그 가족이 설립·운영하고 있는 기관·단체·시설에 대하여 금전·물품·향응이나 그 밖의 재산상 이익이나 공사(公私)의 직을 제공하거나 그 제공의 의사를 표시하거나 그 제공을 약속한 자(제1호), ⅱ) 후보자가 되지 아니하도록 하거나 후보자가 된 것을 사퇴하게 할 목적으로 후보자가 되려는 사람이나 후보자에게 제1호에 규정된 행위를 한 자(제2호), ⅲ) 제1호 또는 제2호에 규정된 이익이나 직을 제공받거나 그 제공의 의사표시를 승낙한 자(제3호), ⅳ) 제1호부터 제3호까지에 규정된 행위에 관하여 지시·권유·알선하거나 요구한 자(제4호), ⅴ) 후보자등록개시일부터 선거일까지 포장된 선물 또는 돈봉투 등 다수의 선거인(선거인의 가족 또는 선거인이나 그 가족이 설립·운영하고 있는 기관·단체·시설을 포함)에게 배부하도록 구분된 형태로 되어있는 금품을 운반한 자(제5호)는 3년 이하의 징역 또는 3천만원 이하의 벌금에 처한다(위탁선거법58).

법 제58조의 죄를 범한 자가 받은 이익은 몰수한다(위탁선거법60 본문). 다만, 그 전부 또는 일부를 몰수할 수 없는 때에는 그 가액을 추징한다(위탁선거법60 단서).

2) 기부행위의 금지·제한 등 위반죄

법 제35조(기부행위제한)를 위반한 자[제68조(과태료의 부과) 제3항에 해당하는 자 제외]는 3년 이하의 징역 또는 3천만원 이하의 벌금에 처한다(위탁선거법59). 법 제59조의 죄를 범한 자가 받은 이익은 몰수한다(위탁선거법60 본문). 다만, 그 전부 또는 일부를 몰수할 수 없는 때에는 그 가액을 추징한다(위탁선거법60 단서).

** 관련 판례: 대법원 2022. 2. 24. 선고 2020도17430 판결

[1] 위탁선거법 제32조에 해당하는 금전·물품 등의 제공행위는 같은 법 제33조에서 허용되는 것으로 열거된 행위에 해당하지 않는 이상, 조합장 등의 재임

중 기부행위금지 위반을 처벌하는 같은 법 제59조의 구성요건해당성이 인정되는 지 여부(적극): 위탁선거법 제35조 제5항은 "농업협동조합법에 따른 조합장 등은 재임 중에 기부행위를 할 수 없다."고 규정하고 제59조는 이를 위반한 자를 처벌 하도록 규정하고 있으며, 제32조는 위와 같이 금지되는 기부행위의 정의를 "선거 인(선거인명부를 작성하기 전에는 그 선거인명부에 오를 자격이 있는 자를 포함)이나 그 가족(선거인의 배우자, 선거인 또는 그 배우자의 직계존비속과 형제자매, 선거인의 직계 존비속 및 형제자매의 배우자), 선거인이나 그 가족이 설립·운영하고 있는 기관· 단체·시설을 대상으로 금전·물품 또는 그 밖의 재산상 이익을 제공하거나 그 이익제공의 의사를 표시하거나 그 제공을 약속하는 행위"로 규정한 후, 제33조에 서 기부행위로 보지 않는 행위로서 직무상의 행위, 의례적 행위 등을 열거하면서 같은 조 제1항 제1호 (나)목에서 직무상의 행위 중 하나로서 "위탁단체가 해당 법령이나 정관 등에 따른 사업계획 및 수지예산에 따라 집행하는 금전·물품("금 품")을 그 위탁단체의 명의로 제공하는 행위"를 규정하고 있다. 이러한 위탁선거 법의 규정방식에 비추어, 위탁선거법 제32조에 해당하는 금품 등의 제공행위는 같은 법 제33조에서 허용되는 것으로 열거된 행위에 해당하지 아니하는 이상, 조 합장 등의 재임 중 기부행위금지 위반을 처벌하는 같은 법 제59조의 구성요건해 당성이 인정된다(위탁선거법과 유사한 규정을 둔 농업협동조합법 위반 사건에 관한 대 법원 2007. 10. 26. 선고 2007도5858 판결 등 참조).

　　[2] 출연자와 기부행위자가 외형상 일치하지 않는 경우, 실질적 기부행위자 를 특정하는 방법 / 위탁선거법상 금지되는 기부행위의 구성요건에 해당하는 행 위에 위법성 조각사유가 인정되는지 판단하는 방법: 기부행위는 그 출연자가 기 부행위자가 되는 것이 통례이지만, 그 기부행위를 한 것으로 평가되는 주체인 기 부행위자는 항상 그 금품 또는 재산상 이익 등의 사실상 출연자에 한정되는 것 은 아니며, 출연자와 기부행위자가 외형상 일치하지 않는 경우에는 그 금품이나 재산상 이익 등이 출연된 동기 또는 목적, 출연행위와 기부행위의 실행경위, 기 부자와 출연자 그리고 기부받는 자와의 관계 등 모든 사정을 종합하여 실질적 기부행위자를 특정하여야 한다(위탁선거법과 유사한 규정을 둔 농업협동조합법 위반 에 관한 대법원 2007. 10. 26. 선고 2007도5858 판결 등 참조).

　　다만 위탁선거법상 금지되는 기부행위의 구성요건에 해당하는 행위라고 하 더라도, 그것이 지극히 정상적인 생활형태의 하나로서 역사적으로 생성된 사회

질서의 범위 안에 있는 것이라고 볼 수 있는 경우에는 일종의 의례적 행위나 직무상의 행위로서 사회상규에 위배되지 아니하여 위법성이 조각되는 경우가 있을 수 있지만, 이러한 위법성조각사유의 인정은 신중하게 하여야 하고(대법원 2017. 3. 9. 선고 2016도21295 판결 등 참조), 그 판단에 있어서는 기부대상자의 범위와 지위 및 선정 경위, 기부행위에 제공된 금품 등의 종류와 가액, 기부행위 시점, 기부행위와 관련한 기존의 관행, 기부행위자와 기부대상자와의 관계 등 제반 사정을 종합적으로 고려하여야 한다.

3) 허위사실 공표죄

당선되거나 되게 할 목적으로 선거공보나 그 밖의 방법으로 후보자(후보자가 되려는 사람을 포함)에게 유리하도록 후보자, 그의 배우자 또는 직계존비속이나 형제자매에 관하여 허위의 사실을 공표한 자는 3년 이하의 징역 또는 3천만원 이하의 벌금에 처한다(위탁선거법61①).

당선되지 못하게 할 목적으로 선거공보나 그 밖의 방법으로 후보자에게 불리하도록 후보자, 그의 배우자 또는 직계존비속이나 형제자매에 관하여 허위의 사실을 공표한 자는 5년 이하의 징역 또는 500만원 이상 5천만원 이하의 벌금에 처한다(위탁선거법61②).

4) 후보자 등 비방죄

선거운동을 목적으로 선거공보나 그 밖의 방법으로 공연히 사실을 적시하여 후보자(후보자가 되려는 사람을 포함한다), 그의 배우자 또는 직계존비속이나 형제자매를 비방한 자는 2년 이하의 징역 또는 2천만원 이하의 벌금에 처한다(위탁선거법62 본문). 다만, 진실한 사실로서 공공의 이익에 관한 때에는 처벌하지 아니한다(위탁선거법62 단서).

5) 사위등재죄

거짓의 방법으로 선거인명부에 오르게 한 자는 1년 이하의 징역 또는 1천만원 이하의 벌금에 처한다(위탁선거법63①).

선거인명부작성에 관계 있는 자가 선거인명부에 고의로 선거권자를 기재하지 아니하거나 거짓 사실을 기재하거나 하게 한 때에는 3년 이하의 징역 또는 3천만원 이하의 벌금에 처한다(위탁선거법63②).

** 관련 판례: 대법원 2017. 4. 26. 선고 2016도14861 판결(위탁선거법위반)

[1] 위탁선거법 제15조 제1항은 "임원 등의 선출을 위한 선거의 관리를 선거관리위원회에 위탁하는 위탁단체는 관할위원회와 협의하여 선거인명부 작성기간과 선거인명부 확정일을 정하고, 선거인명부를 작성 및 확정하여야 한다."고 정하고 있다. 같은 법 제63조 제1항은 "거짓의 방법으로 선거인명부에 오르게 한 자"를 처벌하고, 같은 조 제2항은 "선거인명부 작성에 관계 있는 자가 선거인명부에 고의로 선거권자를 기재하지 아니하거나 거짓 사실을 기재하거나 하게 한 때"에 이를 처벌하고 있다.

한편 수산업협동조합법 제31조 제3항은 "지구별수협은 조합원의 전부 또는 일부를 대상으로 제2항 각호(1호: 조합원의 자격이 없는 경우, 2호: 사망한 경우, 3호: 파산한 경우, 4호: 금치산선고를 받은 경우, 5호: 조합원인 법인이 해산한 경우)의 어느 하나에 해당하는지를 확인하여야 한다. 이 경우 제2항 제1호에 해당하는지는 이사회 의결로 결정한다."고 정하고 있다. ○○군수산업협동조합("이 사건 조합")의 정관 제25조 제2항과 제4항에도 위와 같은 내용을 정하고 있다.

위탁선거법 제63조 제2항은 공공단체 등의 위탁선거에서 선거인명부 작성에 관계 있는 자의 작위 또는 부작위로 인한 선거인명부의 불실기재행위를 처벌하기 위한 규정이다. 수산업협동조합법 제31조 제3항에 따르면, 수산업협동조합의 경우에는 조합원 자격이 있는지 여부를 지구별수협의 이사회 의결로써 결정해야 한다. 따라서 선거인명부의 작성 업무를 담당하는 조합장 등이 조합원명부에 자격이 없는 조합원이 형식적으로 기재되어 있다는 것을 알고 있으면 조합원의 자격 상실 등 조합 탈퇴 사유의 발생 여부를 확인하고 이사회 의결을 거쳐 조합원명부를 정리하는 절차를 이행하여야 한다. 만일 조합장 등이 위와 같은 조치를 취하지 않은 채 그와 같은 조합원이 선거인명부에 선거권자로 기재되도록 하였다면, 이는 위탁선거법 제63조 제2항에서 말하는 "거짓 사실을 기재하거나 하게 한 때"에 해당한다.

[2] 원심은 다음과 같은 이유로 이 사건 공소사실을 유죄로 판단하였다.

① 이 사건 조합의 조합장인 피고인은 수산업협동조합법과 이 사건 정관의 관련 규정에 따라 조합원명부에 등재된 사람의 자격 유무에 관한 실태조사를 실시하여 이사회 의결을 거쳐 조합원 자격 유무를 결정하고 그 결정에 따라 정리된 조합원명부에 근거하여 선거인명부를 작성한 다음 선거관리위원회에 송부하

여야 할 의무가 있다.

② 피고인은 이 사건 조합장 선거가 실시되기 전 ○○군선거관리위원회와
수산업협동조합중앙회로부터 여러 차례에 걸쳐 무자격조합원의 정비를 실시하라
는 공문을 받아 이를 확인한 후 결재하였고, 제1심판결 별지 범죄일람표 기재 76
명이 실제로는 어업에 종사하지 않거나 ○○도 밖에 거주하는 사람으로서 조합
원 자격이 없다는 사실을 미필적으로나마 알고 있었다.

③ 피고인은 무자격조합원의 자격 유무에 관한 실태조사를 실시한 후 그 의
무를 이행하기 위해 이사회를 소집할 의무가 있는데도 그러한 이사회를 한 번도
소집하지 않았고, 실태조사 없이 어촌계장의 진술에만 의존하여 조합원명부를
형식적으로 정리하였다. 피고인은 이와 같이 의무를 제대로 이행하지 않은 채 조
합원 자격이 없는 사람들이 포함된 선거인명부를 ○○군선거관리위원회에 송부
하고 선거인명부가 그대로 확정되도록 하였다.

④ 비록 조합원 자격이 없는 사람이 이사회의 의결을 거치지 않아 형식적으
로 조합원명부에 등재되어 있다고 하더라도 그와 같은 조합원이 선거인명부에
선거권자로 기재되도록 하는 행위는 위탁선거법 제63조 제2항에서 정한 선거인
명부에 거짓 사실을 기재하는 행위에 해당한다.

[3] 원심판결 이유를 원심과 제1심이 적법하게 채택한 증거들에 비추어 살
펴보면, 원심의 판단은 위와 같은 법리에 비추어 정당하다. 원심의 판단에 상고
이유 주장과 같이 논리와 경험의 법칙에 반하여 자유심증주의의 한계를 벗어나
거나 위탁선거법 제63조 제2항 위반죄의 성립과 고의에 관한 법리를 오해한 잘
못이 없다.

6) 사위투표죄

성명을 사칭하거나 신분증명서를 위조 또는 변조하여 사용하거나 그 밖에
거짓의 방법으로 투표하거나 하게 하거나 또는 투표를 하려고 한 자는 1년 이하
의 징역 또는 1천만원 이하의 벌금에 처한다(위탁선거법64①).

선거관리위원회의 위원·직원·투표관리관 또는 투표사무원이 제1항에 규정
된 행위를 하거나 하게 한 때에는 3년 이하의 징역에 처한다(위탁선거법64②).

7) 선거사무관계자나 시설 등에 대한 폭행·교란죄

다음의 어느 하나에 해당하는 자, 즉 ⅰ) 위탁선거와 관련하여 선거관리위

원회의 위원·직원, 공정선거지원단원, 그 밖에 위탁선거 사무에 종사하는 사람을 폭행·협박·유인 또는 불법으로 체포·감금한 자(제1호), ⅱ) 폭행하거나 협박하여 투표소·개표소 또는 선거관리위원회 사무소를 소요·교란한 자(제2호), ⅲ) 투표용지·투표지·투표보조용구·전산조직 등 선거관리 및 단속사무와 관련한 시설·설비·장비·서류·인장 또는 선거인명부를 은닉·파손·훼손 또는 탈취한 자(제3호)는 1년 이상 7년 이하의 징역 또는 1천만원 이상 7천만원 이하의 벌금에 처한다(위탁선거법65).

8) 각종 제한규정 위반죄

다음의 어느 하나에 해당하는 자, 즉 ⅰ) 법 제24조를 위반하여 후보자가 아닌 자가 선거운동을 하거나 제25조부터 제30조의2까지의 규정에 따른 선거운동방법 외의 방법으로 선거운동을 하거나 선거운동기간이 아닌 때에 선거운동을 한 자(다만, 제24조의2 제7항에 따라 선거운동을 한 예비후보자는 제외)(제1호), ⅱ) 법 제24조의2 제7항을 위반하여 선거운동을 한 자(제1호의2), ⅲ) 법 제25조에 따른 선거공보의 종수·수량·면수 또는 배부방법을 위반하여 선거운동을 한 자(제2호), ⅳ) 법 제26조에 따른 선거벽보의 종수·수량 또는 첩부방법을 위반하여 선거운동을 한 자(제3호), ⅴ) 법 제27조를 위반하여 선거운동을 한 자(제4호), ⅵ) 법 제28조에 따른 통화방법 또는 시간대를 위반하여 선거운동을 한 자(제5호), ⅶ) 법 제29조를 위반하여 해당 위탁단체가 아닌 자가 개설·운영하는 인터넷 홈페이지를 이용하여 선거운동을 한 자(제6호), ⅷ) 법 제30조에 따른 명함의 규격 또는 배부방법을 위반하여 선거운동을 한 자(제7호), ⅸ) 법 제30조의2 제4항을 위반하여 투표관리관등의 제지명령에 불응한 자(제7호의2), ⅹ) 법 제31조를 위반한 자(제8호), ⅺ) 법 제36조를 위반하여 축의·부의금품을 제공한 자(제9호), ⅻ) 법 제37조를 위반한 자(제10호), ⅹⅲ) 법 제38조를 위반한 자(제11호), ⅹⅳ) 법 제73조(위반행위에 대한 조사 등) 제3항을 위반하여 출입을 방해하거나 자료제출의 요구에 응하지 아니한 자 또는 허위자료를 제출한 자(제12호), ⅹⅴ) 법 제75조(위탁선거범죄신고자 등의 보호) 제2항을 위반한 자(제13호)는 2년 이하의 징역 또는 2천만원 이하의 벌금에 처한다(위탁선거법66).

9) 공소시효

위탁선거법에 규정한 죄의 공소시효는 해당 선거일 후 6개월(선거일 후 행하여진 범죄는 그 행위가 있는 날부터 6개월)이 지남으로써 완성한다(위탁선거법71 본문). 다만, 범인이 도피한 때나 범인이 공범 또는 범죄의 증명에 필요한 참고인을 도피시킨 때에는 그 기간은 3년으로 한다(위탁선거법71 단서).

(나) 과태료

법 제29조(정보통신망을 이용한 선거운동) 제2항에 따른 관할위원회의 요청을 이행하지 아니한 자에게는 100만원 이하의 과태료를 부과한다(위탁선거법68②).

법 제35조(기부행위제한) 제3항을 위반하여 금전·물품이나 그 밖의 재산상 이익을 제공받은 자(그 제공받은 금액 또는 물품의 가액이 100만원을 초과한 자는 제외)에게는 그 제공받은 금액이나 가액의 10배 이상 50배 이하에 상당하는 금액의 과태료를 부과하되, 그 상한액은 3천만원으로 한다(위탁선거법68③ 본문). 다만, 제공받은 금액 또는 음식물·물품(제공받은 것을 반환할 수 없는 경우에는 그 가액에 상당하는 금액) 등을 선거관리위원회에 반환하고 자수한 경우에는 그 과태료를 감경 또는 면제할 수 있다(위탁선거법68③ 단서).

2. 임원의 선거운동 제한

(1) 금지행위

누구든지 자기 또는 특정인을 조합의 임원 또는 대의원으로 당선되거나 당선되게 하거나 당선되지 못하게 할 목적으로 ⅰ) 선거인(선거인 명부 작성 전에는 그 선거인 명부에 오를 자격이 있는 사람으로서 이미 조합에 가입한 사람 또는 조합에 가입신청을 한 사람을 포함)이나 그 가족(선거인의 배우자, 선거인 또는 그 배우자의 직계 존속·비속과 형제자매, 선거인의 직계 존속·비속 및 형제자매의 배우자) 또는 선거인이나 그 가족이 설립·운영하고 있는 기관·단체·시설에 금전·물품·향응, 그 밖의 재산상 이익 또는 공사(公私)의 직의 제공, 제공의 의사표시 또는 그 제공을 약속하는 행위(제1호), ⅱ) 후보자가 되지 아니하도록 하거나 후보자가 된 사람을 사퇴하게 할 목적으로 후보자가 되려는 사람이나 후보자에게 제1호에 규정된 행위를 하는 행위(제2호), ⅲ) 제1호 또는 제2호에 규정된 이익이나 직을 제공받거나 그 제공의 의사표시를 승낙하는 행위(제3호), ⅳ) 제1호 또는 제2호에 규정된 이익이나 직의 제공을 요구하거나 알선하는 행위(제4호)를 할 수 없다(법40①).

** 관련 판례: 대법원 2006. 4. 14. 선고 2006도1087 판결

구 산림조합법(2004. 12. 31. 법률 제7278호로 개정되기 전의 것, 이하 '법'이라 한

다) 제40조 제1항 제1호는 "누구든지 자기 또는 특정인을 조합의 임원 또는 대의원으로 당선되거나 당선되도록 또는 당선되지 아니하도록 할 목적으로 선거인에게 금전·물품·향응 기타 재산상의 이익이나 공사의 직을 제공, 제공의 의사표시 또는 그 제공을 약속하는 행위를 할 수 없다."고 규정하고, 법 제132조 제1항은 그 위반행위를 처벌하도록 규정하고 있는바, 산림조합은 조합원들이 자신들의 이익을 옹호하기 위하여 자주적으로 결성한 임의단체로서 그 내부 운영에 있어서 조합 정관 및 다수결에 의한 자치가 보장되므로, 조합정관의 규정에 따라 조합이 자체적으로 마련한 임원선거규약은 일종의 자치적 법규범으로서 위 법률 및 조합 정관과 더불어 법적 효력을 가진다고 할 것이고, 따라서 위 법률에서 선거인의 정의에 관한 규정을 두고 있지 않더라도 임원선거규약에서 그에 대한 규정들을 두고 있는 경우 법 제40조 제1항 제1호, 제132조 제1항을 해석함에 있어서는 임원선거규약의 내용도 기초로 삼아야 할 것이므로, 산림조합의 경우 법 제40조 제1항 제1호의 "선거인"인지의 여부가 임원선거규약의 규정에 따라 선거일 공고일에 이르러 비로소 확정된다면 법 제132조 제1항, 제40조 제1항 제1호 위반죄는 선거일 공고일 이후의 금품제공 등의 경우에만 성립하고, 그 전의 행위는 유추해석을 금지하는 죄형법정주의의 원칙상 선거인에 대한 금품제공이라고 볼 수가 없어 위 죄가 성립될 수 없다고 할 것이다(대법원 1999. 3. 23. 선고 98도2147 판결; 대법원 2000. 11. 24. 선고 2000도3569 판결; 대법원 2002. 11. 8. 선고 2002도5060 판결; 대법원 2003. 7. 22. 선고 2003도2297 판결 등 참조).

(2) 선거인 호별 방문 금지 등

임원 또는 대의원이 되려는 사람은 선거운동을 위하여 선거일 공고일부터 선거일까지 선거인을 호별로 방문하거나 특정 장소에 모이게 할 수 없다(법40②).

법 제40조 제2항 소정의 호별방문죄는 연속적으로 두 집 이상을 방문함으로써 성립하는 것이고,[11] 이 경우 각 집의 방문이 연속적인 것으로 인정되기 위해서는 반드시 집집을 중단 없이 방문하여야 하거나 동일한 일시 및 기회에 각 집을 방문하여야 하는 것은 아니고, 각 방문행위 사이에는 어느 정도의 시간적 근접성이 있으면 충분하다.[12]

---

11) 대법원 2000. 2. 25. 선고 99도4330 판결; 대법원 2002. 6. 14. 선고 2002도937 판결.
12) 대법원 2007. 3. 15. 선고 2006도9042 판결 참조.

** 관련 판례: 대법원 2008. 4. 24. 선고 2007도5647 판결

법 제40조 제1항 내지 제3항은 조합 내의 선거부정과 혼탁선거를 방지하기 위하여 부정한 행위들을 특정하여 이를 금지하고 있는 규정이라 할 것이고, 같은 조 제4항(현행 제8항)은 선거의 과열방지 및 공정성을 확보하기 위하여 선거운동 방법을 한정하고, 정관에서 정한 것 이외의 선전벽보 등의 부착·배포 및 합동연설회 또는 공개토론회의 개최, 전화·컴퓨터통신을 이용한 지지호소나 이와 유사한 형태의 선거운동을 금지하고 있는 규정이라 할 것이며, 그 처벌규정도 각각 달리하고 있으므로, 법 제40조 제4항(현행 제8항)을 같은 조 제1항 내지 제3항에 대하여 보충적으로 적용되는 규정으로 볼 수는 없다고 할 것이다. 따라서 선거일 공고일 이전의 호별방문행위를 법 제132조 제2항, 제40조 제2항 위반죄로 처벌할 수 없다고 하여, 이와 같은 행위를 법 제132조 제2항, 제40조 제4항(현행 제8항)에 위반되는 것으로 해석하는 것은 확대해석과 유추해석을 금지하는 죄형법정주의원칙에 위배되어 허용될 수 없다(대법원 2004. 7. 22. 선고 2004도2290 판결 등).

(3) 거짓의 사실 공표 금지 등

누구든지 조합의 임원 또는 대의원 선거와 관련하여 연설·벽보 또는 그 밖의 방법으로 거짓의 사실을 공표하거나 공연히 사실을 적시(摘示)하여 후보자를 비방할 수 없다(법40③).

(4) 선거인명부 허위 등재 금지

누구든지 특정 임원의 선거에 투표할 목적으로 거짓된 방법으로 선거인 명부에 오르게 할 수 없다(법40④).

(5) 선거운동 기간의 제한

누구든지 해당 후보자의 등록이 끝난 때부터 선거일 전일까지 외에 선거운동을 할 수 없다(법40⑤).

(6) 선거기간 중 선물 또는 금품 운반 금지

누구든지 자기 또는 특정인을 당선되게 하거나 당선되지 못하게 할 목적으로 선거기간 중 포장된 선물 또는 돈 봉투 등 다수의 조합원(조합의 가족 또는

조합원이나 그 가족이 설립·운영하고 있는 기관·단체 또는 시설을 포함)에게 배부하도록 구분된 형태로 되어 있는 금품을 운반하여서는 아니 된다(법40⑥).

(7) 선거관리 방해 금지 등

누구든지 조합선거관리위원회의 위원·직원, 그 밖에 선거사무에 종사하는 사람을 폭행·협박·유인 또는 체포·감금하거나 폭행이나 협박을 가하여 투표소 또는 선거관리위원회 사무소를 소요·교란하거나, 투표용지·투표지·투표보조용구·전산조직 등 선거관리 및 단속사무와 관련한 시설·설비·장비·서류·인장 또는 선거인 명부를 은닉·파손·훼손 또는 탈취하여서는 아니 된다(법40⑦).

(8) 선거운동의 방법 제한

누구든지 임원선거와 관련하여 ⅰ) 선전벽보의 부착(제1호), ⅱ) 선거공보의 배부(제2호), ⅲ) 도로·시장 등 농림축산식품부령으로 정하는 곳으로서 많은 사람이 왕래하거나 모이는 공개된 장소[13]에서의 지지 호소 및 명함 배부(제3호), ⅳ) 합동연설회 또는 공개토론회의 개최(제4호), ⅴ) 전화(문자메시지 포함), 컴퓨터통신(전자우편 포함)을 이용한 지지 호소(제5호) 외의 선거운동을 할 수 없다(법40⑧).

** 관련 판례: 대법원 2008. 4. 24. 선고 2007도5647 판결

법 제40조 제2항은 "임원 또는 대의원이 되고자 하는 자는 선거운동을 위하여 선거일 공고일부터 선거일까지 선거인을 호별방문하거나 특정장소에 모이게 할 수 없다."라고 규정하여 그 행위의 금지기간을 명시적으로 두고 있다. 반면에 법 제40조 제4항(현행 제8항)은 전화·컴퓨터통신을 이용한 지지호소 등 허용되는 선거운동방법을 규정하고 있으나, 그러한 선거운동의 금지기간에 관하여는 별도의 규정을 두지 않고 있다. 위 규정들을 종합해 보면, 법 제40조 제2항의 행위와

---

13) "도로·시장 등 농림축산식품부령으로 정하는 곳으로서 많은 사람이 왕래하거나 모이는 공개된 장소"란 도로·도로변·광장·공터·주민회관·시장·점포·공원·운동장·주차장·경로당 등 누구나 오갈 수 있는 공개된 장소를 말한다(시행규칙2 본문). 다만, 다음 각 호의 어느 하나에 해당하는 장소는 제외한다(시행규칙2 단서).
   1. 선박·여객자동차·열차·전동차·항공기의 안과 그 터미널 구내 및 지하철역 구내
   2. 병원·종교시설·극장·조합 사무소 및 사업장의 안(담장이 있는 경우에는 담장의 안을 포함)

는 달리 법 제40조 제4항(현행 제8항)의 정관이 정하는 허용되는 선거운동행위는 기간제한 없이 행할 수 있는 것이라고 해석하여야 할 것이다. 따라서 정관 및 부속서 임원선거규약에서 법 제40조 제4항(현행 제8항)의 선거운동은 후보자 등록이 끝난 때로부터 선거일 전일까지에 한하여 할 수 있다고 함으로써 선거운동의 기간에 관한 제한을 별도로 규정하고 있다고 하더라도, 그 제한기간 전에 행하여진 법 제40조 제4항(현행 제8항)의 선거운동행위를 법 제40조 제4항(현행 제8항) 위반죄로 처벌하는 것은 확장해석이나 유추해석을 금지하는 죄형법정주의의 원칙상 허용되지 아니한다고 할 것이다(대법원 2007. 9. 20. 선고 2007도1475 판결 참조). 원심이 같은 취지에서, 피고인에 대한 공소사실 중 피고인이 후보자 등록일인 2005. 10. 7. 이전에 대의원 K 등에게 전화하여 지지를 호소한 행위는 법 제40조 제4항(현행 제8항)에서 금지하고 있는 선거운동에 해당하지 아니한다고 판단하여 이 부분 공소사실에 대하여 모두 무죄를 선고한 조치는 정당한 것으로 수긍이 되고, 거기에 상고이유에서 주장하는 바와 같이 산림조합법에 관한 법리를 오해한 위법이 없다.

(9) 임직원의 금지행위

조합의 임직원은 ⅰ) 지위를 이용하여 선거운동을 하는 행위(제1호), ⅱ) 선거운동의 기획에 참여하거나 그 기획의 실시에 관여하는 행위(제2호), ⅲ) 후보자(후보자가 되려는 사람 포함)에 대한 조합원의 지지도를 조사하거나 발표하는 행위(제3호)를 할 수 없다(법40⑨).

(10) 정관 규정

선거운동의 방법과 기준 등 그 밖에 필요한 사항은 정관으로 정한다(법40⑩).

(11) 위반시 제재

법 제40조 제1항(제122조에 따라 준용되는 경우를 포함)을 위반한 사람, 또는 법 제40조 제9항(제122조에 따라 준용되는 경우를 포함)을 위반한 사람은 2년 이하의 징역 또는 2천만원 이하의 벌금에 처한다(법132①(2)(2의2)).

법 제40조 제2항 및 제4항부터 제8항까지(제122조에 따라 준용되는 경우를 포함)의 규정을 위반한 자는 1년 이하의 징역 또는 1천만원 이하의 벌금에 처한다(법132②(1)).

법 제40조제3항(제122조에 따라 준용되는 경우를 포함)을 위반한 자는 500만원 이상 3천만원 이하의 벌금에 처한다(법132③).

위에 규정된 죄의 공소시효는 해당 선거일 후 6개월(선거일 후에 행하여진 범죄는 그 행위가 있는 날부터 6개월)이 지남으로써 완성된다(법132④ 본문). 다만, 범인이 도피하였거나 범인이 공범 또는 범죄의 증명에 필요한 참고인을 도피시켰을 때에는 그 기간을 3년으로 한다(법132④ 단서).

3. 기부행위의 제한

(1) 기부행위의 의의와 유형

조합의 임원선거의 후보자, 그 배우자 및 후보자가 속한 기관·단체·시설은 임원의 임기만료일 전 180일(보궐선거 등의 경우에는 그 선거의 실시 사유가 확정된 날)부터 그 선거일까지 선거인이나 그 가족 또는 선거인이나 그 가족이 설립·운영하고 있는 기관·단체·시설에 대하여 금전·물품 또는 그 밖의 재산상 이익의 제공, 이익 제공의 의사표시 또는 그 제공을 약속하는 행위("기부행위")를 할 수 없다(법40의2①).

(2) 기부행위로 보지 않는 행위

다음의 어느 하나에 해당하는 행위, 즉 ⅰ) 직무상의 행위, ⅱ) 의례적 행위, ⅲ) 구호적·자선적 행위에 준하는 행위, ⅳ) 정관으로 정하는 행위는 기부행위로 보지 아니한다(법40의2②).

(가) 직무상의 행위

다음의 직무상의 행위, 즉 ⅰ) 후보자가 소속된 기관·단체·시설(나목에 따른 조합은 제외)의 자체사업계획과 예산으로 하는 의례적인 금전·물품을 그 기관·단체·시설의 명의로 제공하는 행위(포상 및 화환·화분 제공 행위를 포함)(가목), ⅱ) 법령과 정관에 따른 조합의 사업계획 및 수지예산에 따라 집행하는 금전·물품을 그 기관·단체·시설의 명의로 제공하는 행위(포상 및 화환·화분 제공 행위를 포함)(나목), ⅲ) 물품구매·공사·역무(役務)의 제공 등에 대한 대가 제공 또는 부담금의 납부 등 채무를 이행하는 행위(다목), ⅳ) 가목부터 다목까지의 행위 외에 법령에 따라 물품 등을 찬조·출연 또는 제공하는 행위(라목)는 기부행위로 보지 아니한다(법40의2②(1)).

(나) 의례적 행위

다음의 의례적 행위, 즉 ⅰ) 민법 제777조(친족의 범위)[14]에 따른 친족의 관혼상제의식이나 그 밖의 경조사에 축의·부의금품을 제공하는 행위(가목), ⅱ) 후보자가 민법 제777조(친족의 범위)에 따른 친족 외의 사람의 관혼상제의식에 일반적인 범위에서 축의·부의금품(화환·화분 포함)을 제공하거나 주례를 서는 행위(나목), ⅲ) 후보자의 관혼상제의식이나 그 밖의 경조사에 참석한 하객이나 조객 등에게 일반적인 범위에서 음식물 또는 답례품을 제공하는 행위(다목), ⅳ) 후보자가 그 소속 기관·단체·시설(후보자가 임원이 되려는 해당 조합 제외)의 유급사무직원 또는 민법 제777조에 따른 친족에게 연말·설 또는 추석에 의례적인 선물을 제공하는 행위(라목), ⅴ) 친목회·향우회·종친회·동창회 등 각종 사교·친목단체 및 사회단체의 구성원으로서 해당 단체의 정관·규약 또는 운영관례상의 의무에 따라 종전의 범위에서 회비를 납부하는 행위(마목), ⅵ) 후보자가 평소 자신이 다니는 교회·성당·사찰 등에 일반적인 예에 따라 헌금(물품의 제공을 포함)하는 행위(바목)는 기부행위로 보지 아니한다(법40의2②(2)).

(다) 구호적·자선적 행위에 준하는 행위

공직선거법 제112조 제2항 제3호에 따른 구호적·자선적 행위에 준하는 행위는 기부행위로 보지 아니한다(법40의2②(3)). 여기서 공직선거법 제112조 제2항 제3호에 따른 구호적·자선적 행위는 ⅰ) 법령에 의하여 설치된 사회보호시설 중 수용보호시설에 의연금품을 제공하는 행위(가목), ⅱ) 재해구호법의 규정에 의한 구호기관(전국재해구호협회 포함) 및 대한적십자사 조직법에 의한 대한적십자사에 천재·지변으로 인한 재해의 구호를 위하여 금품을 제공하는 행위(나목), ⅲ) 장애인복지법 제58조에 따른 장애인복지시설(유료복지시설 제외)에 의연금품·구호금품을 제공하는 행위(다목), ⅳ) 국민기초생활 보장법에 의한 수급권자인 중증장애인에게 자선·구호금품을 제공하는 행위(라목), ⅴ) 자선사업을 주관·시행하

---

14) 제777조(친족의 범위) 친족관계로 인한 법률상 효력은 이 법 또는 다른 법률에 특별한 규정이 없는 한 다음 각호에 해당하는 자에 미친다.
   1. 8촌이내의 혈족
   2. 4촌이내의 인척
   3. 배우자

는 국가·지방자치단체·언론기관·사회단체 또는 종교단체 그 밖에 국가기관이나 지방자치단체의 허가를 받아 설립된 법인 또는 단체에 의연금품·구호금품을 제공하는 행위(다만, 광범위한 선거구민을 대상으로 하는 경우 제공하는 개별 물품 또는 그 포장지에 직명·성명 또는 그 소속 정당의 명칭을 표시하여 제공하는 행위는 제외)(마목). vi) 자선·구호사업을 주관·시행하는 국가·지방자치단체, 그 밖의 공공기관·법인을 통하여 소년·소녀가장과 후원인으로 결연을 맺고 정기적으로 제공하여 온 자선·구호금품을 제공하는 행위(바목), vii) 국가기관·지방자치단체 또는 구호·자선단체가 개최하는 소년·소녀가장, 장애인, 국가유공자, 무의탁노인, 결식자, 이재민, 국민기초생활 보장법에 따른 수급자 등을 돕기 위한 후원회 등의 행사에 금품을 제공하는 행위(다만, 개별 물품 또는 그 포장지에 직명·성명 또는 그 소속 정당의 명칭을 표시하여 제공하는 행위는 제외(사목). viii) 근로청소년을 대상으로 무료학교(야학 포함)를 운영하거나 그 학교에서 학생들을 가르치는 행위(아목)를 말한다.

(3) 축의·부의금품 등의 금액 범위

일반적인 범위에서 1명에게 제공할 수 있는 축의·부의금품, 음식물, 답례품 및 의례적인 선물의 금액 범위는 [별표]15)와 같다(법40의2③).

(4) 제3자의 기부행위 등의 금지

누구든지 기부행위를 약속·지시·권유·알선 또는 요구할 수 없으며, 누구

---

15) [별표] 일반적인 범위에서 제공할 수 있는 축의·부의금품 등의 금액 범위(제40조의2 제3항관련)

관련 조항	구분	일반적인 범위	의례적인 선물의 범위
제40조의2 제2항 제2호 나목	○ 관혼상제의식에 제공하는 축의·부의금품	○ 5만원 이내	
제40조의2 제2항 제2호 다목	○ 관혼상제의식, 그 밖의 경조사 참석 하객·조객 등에 대한 음식물 제공	○ 3만원 이내	
	○ 관혼상제의식, 그 밖의 경조사 참석 하객·조객 등에 대한 답례품 제공	○ 1만원 이내	
제40조의2 제2항 제2호 라목	○ 연말·설 또는 추석에 제공하는 의례적인 선물		○ 3만원 이내

든지 해당 선거에 관하여 후보자를 위하여 기부행위를 하거나 하게 할 수 없다(법40의2④⑤).

4. 조합선거관리위원회의 구성 · 운영 등

(1) 구성 · 운영

조합은 임원선거를 공정하게 관리하기 위하여 대통령령으로 정하는 바에 따라 조합선거관리위원회를 구성 · 운영한다(법40의3①).

조합선거관리위원회는 조합의 이사회가 선거에 관한 경험이 풍부한 조합원(임 · 직원을 제외)과 공직선거 등의 선거관리전문가 중에서 위촉하는 5명 이상의 위원으로 구성한다(영8의3①).

조합선거관리위원회의 운영 등에 관하여 필요한 사항은 정관으로 정한다(영8의3②).

(2) 조합장 선거 관리의 구 · 시 · 군선거관리위원회 의무위탁

조합은 조합원이 총회 또는 총회 외에서 직접투표로 선출(법35④(1)) 및 대의원회에서 선출(법35④(2))에 따라 선출하는 조합장선거의 관리에 대하여는 정관으로 정하는 바에 따라 그 주된 사무소의 소재지를 관할하는 선거관리위원회법에 따른 구 · 시 · 군선거관리위원회("구 · 시 · 군선거관리위원회")에 위탁하여야 한다(법40의3②).

VIII. 임직원의 겸직 금지 등

1. 조합장과 이사의 감사 겸직 금지

조합장과 이사는 그 조합의 감사를 겸직할 수 없다(법41①).

2. 임원과 직원의 겸직 금지

조합의 임원은 그 조합의 직원을 겸직할 수 없다(법41②).

3. 임원의 다른 조합 임직원 겸직 금지

조합의 임원은 다른 조합의 임원 또는 직원을 겸직할 수 없다(법41③).

4. 임직원 및 대의원의 자격 제한

조합의 사업과 실질적인 경쟁관계에 있는 사업을 경영하거나 이에 종사하는 사람은 조합의 임직원 및 대의원이 될 수 없다(법41④). 여기서 실질적인 경쟁관계에 있는 사업의 범위는 [별표 2]16)와 같다(법41⑤, 영8의4① 본문). 다만, 실질적인 경쟁관계에 있는 사업은 해당 조합이 수행하고 있는 사업에 해당하는 경우로 한정한다(영8의4① 단서). 그러나 해당 조합이 사업을 위하여 출자한 법인이 수행하고 있는 사업은 실질적인 경쟁관계에 있는 사업으로 보지 아니한다(영8의4②).

5. 조합장과 이사의 자기거래 제한

조합장 및 이사는 이사회의 승인을 받지 아니하고는 자기 또는 제3자의 계산으로 해당 조합과 정관으로 정하는 규모 이상의 거래를 할 수 없다(법41⑥).

---

16) [별표 2] 실질적인 경쟁관계에 있는 사업의 범위(제8조의4 제1항 관련)
　　1. 금융위원회법에 따른 검사 대상 기관이 수행하는 사업
　　2. 농업협동조합법에 따른 조합, 조합공동사업법인 및 중앙회가 수행하는 사업
　　3. 수산업협동조합법에 따른 조합, 조합공동사업법인 및 중앙회가 수행하는 사업
　　4. 새마을금고법에 따른 금고 및 중앙회가 수행하는 사업
　　5. 우체국예금·보험에 관한 법률에 따른 체신관서가 수행하는 사업
　　6. 보험업법에 따른 보험회사·보험대리점·보험중개사 및 보험설계사가 수행하는 사업
　　7. 대부업 등의 등록 및 금융이용자 보호에 관한 법률에 따른 대부업, 대부중개업과 대부업 및 대부중개업 협회가 수행하는 사업
　　8. 산림자원의 조성 및 관리에 관한 법률에 따른 산림사업법인이 수행하는 사업
　　9. 건설산업기본법 및 같은 법 시행령에 따른 조경공사업과 조경식재·시설물공사업
　　10. 목재의 지속가능한 이용에 관한 법률에 따른 목재생산업
　　11. 엔지니어링산업 진흥법에 따른 엔지니어링사업자가 수행하는 산림분야 사업
　　12. 기술사법에 따른 기술사사무소가 수행하는 산림분야 사업
　　13. 조세특례제한법에 따라 부가가치세 영(零)세율이 적용되는 임업용 기자재를 임업인에게 직접 공급하는 자가 수행하는 사업
　　14. 장사 등에 관한 법률에 따른 장례식장영업
　　15. 그 밖에 이사회가 조합, 조합공동사업법인 및 중앙회가 수행하는 사업과 실질적인 경쟁관계에 있다고 인정한 자가 수행하는 사업

Ⅸ. 임원의 의무와 책임

1. 충실의무

조합의 임원은 산림조법과 산림조합법에 따른 명령 및 정관의 규정을 준수하여 충실히 그 직무를 수행하여야 한다(법42①).

2. 조합에 대한 손해배상책임

임원이 그 직무를 수행할 때 법령 또는 정관을 위반한 행위를 하거나 그 임무를 게을리하여 조합에 끼친 손해에 대하여는 연대하여 손해배상의 책임을 진다(법42②).

3. 제3자에 대한 손해배상책임

임원이 그 직무를 수행할 때 고의 또는 중대한 과실로 제3자에게 끼친 손해에 대하여는 연대하여 손해배상의 책임을 진다(법42③).

4. 찬성 이사의 손해배상책임

위의 조합공동사업법인 및 제3자에 대한 행위가 이사회의 의결에 따른 것일 때에는 그 의결에 찬성한 이사도 연대하여 손해배상의 책임을 진다(법42④ 전단). 이 경우 의결에 참가한 이사 중 이의를 제기한 사실이 의사록에 적혀 있지 아니한 사람은 그 의결에 찬성한 것으로 추정한다(법42④ 후단).

5. 거짓 결산보고 등: 조합 또는 제3자에 대한 손해배상책임

임원이 거짓의 결산보고·등기 또는 공고를 하여 조합 또는 제3자에게 끼친 손해에 대하여도 연대하여 손해배상의 책임을 진다(법42⑤).

Ⅹ. 임원의 해임

1. 조합원의 임원 해임요구

조합원은 조합원 5분의 1 이상의 동의로 총회에 임원의 해임을 요구할 수 있다(법43① 전단). 이 경우 총회는 조합원 과반수의 출석과 출석조합원 3분의 2 이상의 찬성으로 의결한다(법43① 후단).

2. 대의원회에서 선출된 임원의 해임의결

대의원회에서 선출된 임원은 대의원 3분의 1 이상의 요구로 대의원 과반수의 출석과 출석대의원 3분의 2 이상의 찬성으로 해임의결할 수 있다(법43②).

3. 총회 외에서 직접 선출된 조합장의 해임의결

총회 외에서 직접 선출된 조합장은 대의원 3분의 1 이상의 요구로 대의원회의 의결을 거쳐 조합원 투표로 해임의결할 수 있다(법43③ 전단). 이 경우 대의원회의 의결은 대의원 과반수의 출석과 출석대의원 3분의 2 이상의 찬성으로 하며, 조합원투표에 의한 해임결정은 조합원 과반수의 투표와 투표조합원 과반수의 찬성으로 한다(법43③ 후단).

4. 해임 사유의 통지와 의견진술 기회 부여

해임의 의결을 하려는 경우에는 해당 임원에게 해임 사유를 통지하고 총회 또는 대의원회에서 의견을 진술할 기회를 주어야 한다(법43④).

XI. 민법·상법의 준용

조합의 임원에 관하여는 민법 제35조(법인의 불법행위능력), 제63조(임시이사의 선임)와 상법 제382조(이사의 선임, 회사와의 관계 및 사외이사) 제2항, 제385조(해임) 제2항·제3항, 제386조(결원의 경우) 제1항, 제402조부터 제408조까지의 규정을 준용한다(법44). 여기서는 준용규정을 살펴본다.

1. 조합의 불법행위능력

조합은 임원 기타 대표자가 그 직무에 관하여 타인에게 가한 손해를 배상할 책임이 있다(민법35① 본문). 임원 기타 대표자는 이로 인하여 자기의 손해배상책임을 면하지 못한다(민법35① 단서).

법인의 목적범위 외의 행위로 인하여 타인에게 손해를 가한 때에는 그 사항의 의결에 찬성하거나 그 의결을 집행한 조합원, 임원 및 기타 대표자가 연대하여 배상하여야 한다(민법35②).

2. 임시이사의 선임

이사가 없거나 결원이 있는 경우에 이로 인하여 손해가 생길 염려 있는 때에는 법원은 이해관계인이나 검사의 청구에 의하여 임시이사를 선임하여야 한다(민법63).

3. 조합과 임원의 관계

조합과 임원의 관계는 민법의 위임에 관한 규정(민법 제682조 이하)을 준용한다(상법382②).

4. 조합원의 법원에 대한 이사 해임청구

이사가 그 직무에 관하여 부정행위 또는 법령이나 정관에 위반한 중대한 사실이 있음에도 불구하고 총회에서 그 해임을 부결한 때에는 조합원 300인 또는 5% 이상의 동의를 받은 조합원은 총회의 결의가 있은 날부터 1월 내에 그 이사의 해임을 법원에 청구할 수 있다(상법385②). 이사의 해임청구의 소는 본점소재지의 지방법원의 관할에 전속한다(상법385③).

5. 이사의 결원: 퇴임임원의 지위 유지

법률 또는 정관에 정한 임원의 원수를 결한 경우에는 임기의 만료 또는 사임으로 인하여 퇴임한 이사는 새로 선임된 임원이 취임할 때까지 이사의 권리의무가 있다(상법386①).

6. 유지청구권

이사가 법령 또는 정관에 위반한 행위를 하여 이로 인하여 회사에 회복할 수 없는 손해가 생길 염려가 있는 경우에는 감사 또는 조합원 300인 또는 5% 이상의 동의를 받은 조합원은 회사를 위하여 이사에 대하여 그 행위를 유지할 것을 청구할 수 있다(상법402).

7. 조합원의 대표소송 등

상법 제403조부터 제408조까지의 규정을 준용한다(법55 전단). 따라서 상법 제403조(주주의 대표소송), 제404조(대표소송과 소송참가, 소송고지), 제405조(제소주주의 권리의무), 제406조(대표소송과 재심의 소), 제406조의2(다중대표소송), 제407조(직무집행정지, 직무대행자선임), 제408조(직무대행자의 권한)가 준용된다.

XII. 직원의 임면 등

1. 직원의 임면

조합의 직원은 정관으로 정하는 바에 따라 조합장이 임면한다(법45① 본문). 다만, 상임이사를 두는 조합의 경우에는 상임이사의 제청으로 조합장이 임면한다(법45① 단서).

(1) 상임이사를 두지 아니하는 경우
본조합의 직원은 조합장이 임면한다(정관예68①).

(2) 상임이사를 두는 경우
본조합의 직원은 상임이사의 제청으로 조합장이 임면한다(정관예68①).

** 관련 판례: 서울행정법원 2004. 6. 15. 선고 2003구합38310 판결

중앙회 및 그 산하 각 조합은 서로 별개의 독립된 법인이기는 하나, 한편, 산림조합법이나 인사규정에 의하면, 중앙회나 각 조합은 모두 산림조합법에 근거하여 설립된 법인들로서, 지역조합과 전문조합을 회원으로 하여 설립된 중앙회는 그 공동이익의 증진과 건전한 발전을 도모함을 목적으로 하여, 회원을 지도하고 이에 필요한 규정 또는 지침 등을 정할 수 있고(산림조합법 제89조 제1항, 제87조, 제117조), 위 목적을 달성하기 위하여 회원의 조직 및 경영의 지도, 회원의 조합원과 직원에 관한 교육·훈련 및 정보의 제공 등의 사업을 하며(산림조합법 제108조), 간부직원은 중앙회장이 실시하는 전형시험에 합격한 자 중에서 중앙회

장이 배치하는 자를 조합장이 이사회의 의결을 얻어 임면하고(인사규정 제5조 제1항), 중앙회 또는 다른 조합의 직원으로 근무하는 자를 조합간의 인사교류를 위하여 조합의 직원으로 임용할 때에는 전보와 전직에 준하는데(인사규정 제5조 제2항), '전직'이라 함은 직렬을 달리하는 임명을 말하고(인사규정 제3조 제3호의2), '전보'라 함은 동일한 직급 내에서의 보직 변경을 말하며(인사규정 제3조 제3호의3), 조합장은 중앙회장의 조정에 따라 직원의 조합간 인사교류를 행하는데, 인사침체의 방지와 업무능력 향상을 도모키 위하여 장기근속자를 우선하여 인사교류한다(인사규정 제5조 제3항)고 각 규정하고 있고, 앞서 본 사실관계에 의하면, 위와 같은 인사교류를 하는 경우 그 때마다 근로자들의 동의를 따로 구하지는 아니하였으며, 근로자들도 이에 이의를 제기한 바가 없었던 점을 알 수 있는바, 위와 같은 규정의 취지와 중앙회와 조합간의 관계, 조합간의 인사교류 관행, 이를 뒷받침하는 인사규정 등에 비추어 볼 때, 각 지역조합은 중앙회를 정점으로 하여 그 구성이나 활동 등에 있어서 밀접한 관련성을 갖고 일정한 사회적 활동을 하여 온 일단의 법인체로서, 각 지역조합 사이에 있어서는 직원의 동의가 없더라도 중앙회의 조정이 있으면 소속 직원을 다른 조합의 직원으로 인사교류시키는 관행이 있고, 그러한 관행을 그 직원 등이 일반적으로 아무런 이의를 제기하지 아니한 채 당연한 것으로 받아들여 사실상의 제도로 확립되어 근로계약의 내용을 이루고 있었다고 봄이 상당하므로, 참가인 조합이 중앙회 산하 도지회와의 협의를 거쳐 한 이 사건 전적이 원고의 동의가 없었다는 사유만으로 무효라 할 수는 없다 할 것이다.

2. 간부직원의 자격과 임면

조합에는 정관으로 정하는 바에 따라 간부직원을 두어야 하며, 간부직원은 회장이 실시하는 전형시험에 합격한 사람 중에서 회장이 배치하는 사람을 조합장이 이사회의 의결을 얻어 임면한다(법45②).

(1) 상임이사를 두지 아니하는 경우
(가) 간부직원의 설치

본조합은 간부직원으로 전무 1명과 상무 2명 이내를 둘 수 있다(정관예68② 본문). 다만, 지사무소에서는 필요에 따라 상무 1명을 둘 수 있다(정관예68② 단서).

(나) 간부직원의 임면

간부직원은 중앙회장이 실시하는 전형시험에 합격한 사람 중에서 중앙회장이 배치하는 사람을 조합장이 이사회의 의결을 받아 임면한다(정관예68③).

(다) 간부직원의 면직

조합장이 간부직원을 면직하고자 할 때에는 이사회의 의결을 받아야 한다(정관예68④).

(라) 간부직원의 직무

전무는 조합장의 명을 받아 조합의 업무를 처리하며, 상무는 전무를 보좌하여 조합의 업무를 분장하고 전무가 궐위·구금되거나 30일 이상 장기입원 등의 사유로 그 직무를 수행할 수 없는 때에는 조합장이 정하는 상무가 그 직무를 대행한다(정관예69).

(2) 상임이사를 두는 경우

(가) 간부직원의 설치

본조합은 간부직원으로 2명 이내의 상무를 둘 수 있다(정관예68② 본문). 다만, 지사무소에는 필요에 따라 상무 1명을 둘 수 있다(정관예68② 단서).

(나) 간부직원의 임면

간부직원은 중앙회장이 실시하는 전형시험에 합격한 사람 중에서 중앙회장이 배치하는 사람을 상임이사의 제청으로 이사회의 의결을 받아 조합장이 임면한다(정관예68③).

(다) 간부직원의 면직

조합장이 간부직원을 면직하고자 할 때에는 상임이사의 제청을 받아 이사회의 의결을 받아야 한다(정관예68④).

(라) 간부직원의 직무

상무는 상임이사를 보좌하여 조합의 업무를 분장한다(정관예69).

3. 간부직원의 총회 및 이사회 의견진술

간부직원은 총회 및 이사회에 참석하여 의견을 진술할 수 있다(법45③).

4. 간부직원에 대한 준용 규정

간부직원에 관하여는 상법 제11조(지배인의 대리권) 제1항·제3항, 제12조(공동지배인), 제13조 (지배인의 등기) 및 제17조(상업사용인의 의무)와 상업등기법 제23조(등기신청인) 제1항, 제50조(등기사항 등) 및 제51조(회사 등의 지배인등기)를 준용한다(법45④). 여기서는 준용규정을 살펴본다.

(1) 간부직원의 대리권

간부직원은 조합에 갈음하여 그 영업에 관한 재판상 또는 재판외의 모든 행위를 할 수 있다(상법11①). 간부직원의 대리권에 대한 제한은 선의의 제3자에게 대항하지 못한다(상법11③).

(2) 공동대리

조합은 수인의 간부직원에게 공동으로 대리권을 행사하게 할 수 있다(상법12①). 이 경우 간부직원 1인에 대한 의사표시는 조합에 대하여 그 효력이 있다(상법12②).

(3) 간부직원의 등기

조합은 간부직원의 선임과 그 대리권의 소멸에 관하여 그 간부직원을 둔 본점 또는 지점소재지에서 등기하여야 한다(상법13 전단). 공동 대리권에 관한 사항과 그 변경도 같다(상법13 후단).

(4) 간부직원의 의무

간부직원은 조합의 허락없이 자기 또는 제3자의 계산으로 조합의 영업부류에 속한 거래를 하거나 회사의 무한책임사원, 이사 또는 다른 조합의 사용인이 되지 못한다(상법17①).

간부직원이 전항의 규정에 위반하여 거래를 한 경우에 그 거래가 자기의 계산으로 한 것인 때에는 조합은 이를 조합의 계산으로 한 것으로 볼 수 있고 제3자의 계산으로 한 것인 때에는 조합은 간부직원에 대하여 이로 인한 이득의 양도를 청구할 수 있다(상법17②).

전항의 규정은 조합으로부터 간부직원에 대한 계약의 해지 또는 손해배상의 청구에 영향을 미치지 아니한다(상법17③).

제2항에 규정한 권리는 조합이 그 거래를 안 날로부터 2주간을 경과하거나 그 거래가 있은 날로부터 1년을 경과하면 소멸한다(상법17④).

(5) 등기신청인

조합의 등기는 법률에 다른 규정이 없는 경우에는 그 대표자가 신청한다(상업등기법23①).

(6) 등기사항 등

간부직원의 등기를 할 때에는 ⅰ) 전무 또는 상무의 성명·주민등록번호 및 주소, ⅱ) 조합의 성명·주민등록번호 및 주소, ⅲ) 조합이 2개 이상의 상호로 2개 이상 종류의 영업을 하는 경우에는 간부직원이 대리할 영업과 그 사용할 상호, ⅳ) 전무 또는 상무를 둔 장소, ⅴ) 2명 이상의 간부직원이 공동으로 대리권을 행사할 것을 정한 경우에는 그에 관한 규정을 등기하여야 한다(상업등기법50①).

위의 등기사항에 변경이 생긴 때에는 제31조(영업소의 이전등기)와 제32조(변경등기 등)를 준용한다(상업등기법50②).

(7) 조합 등의 간부직원 등기

조합의 간부직원 등기는 조합의 등기부에 한다(상업등기법51①). 등기를 할 때에는 위의 등기사항 중 ⅱ) 및 ⅲ)의 사항을 등기하지 아니한다(상업등기법51②).

조합의 간부직원을 둔 본점 또는 지점이 이전·변경 또는 폐지된 경우에 본점 또는 지점의 이전·변경 또는 폐지의 등기신청과 간부직원을 둔 장소의 이전·변경 또는 폐지의 등기신청은 동시에 하여야 한다(상업등기법51③).

사 업

제1절 사업손실보전자금 및 대손보전자금의 조성·운용

조합은 조합의 사업을 수행하기 위하여 정관으로 정하는 바에 따라 사업손실보전자금 및 대손보전자금을 조성·운용할 수 있다(법46③). 이에 따라 본조합은 사업을 수행하기 위하여 판매 등 사업손실보전자금, 대손보전자금과 법 제47조에 따른 유통지원자금을 조성·운영할 수 있으며 자금의 보전·지원요령, 출연요령, 회계처리요령, 전담관리 및 심의기구 등 자금의 조성·운용에 관하여는 각각 규정으로 정한다(정관예5②).

본조합은 중앙회가 회원조합의 균형있는 발전을 위하여 판매 등 사업손실보전자금, 대손보전자금, 유통지원자금, 조합상호지원자금, 조합합병지원자금 및 상호금융예금자보호기금을 설치한 경우에는 중앙회장이 정하는 바에 따라 자금을 출연한다(정관예5③).

제2절 유통지원자금의 조성 · 운용

I. 임산물 및 그 가공품 등의 유통지원

조합은 조합원이 생산한 임산물 및 그 가공품 등의 유통을 지원하기 위하여 유통지원자금을 조성·운용할 수 있다(법47①).

II. 유통지원자금의 운용

유통지원자금은 ⅰ) 임산물의 계약재배사업(제1호), ⅱ) 임산물 및 그 가공품의 출하조절사업(제2호), ⅲ) 임산물의 공동규격 출하촉진사업(제3호), ⅳ) 조합원이 생산한 임산물 등을 조합이 일괄 구매하여 직접 판매하는 사업(제4호), ⅴ) 그 밖에 조합이 필요하다고 인정하는 유통 관련 사업(제5호)에 운용한다(법47②).

III. 국가 등의 유통지원자금의 조성 지원

국가·지방자치단체 및 중앙회는 예산의 범위에서 유통지원자금의 조성을 지원할 수 있다(법47③).

제3절 수익분배계약

I. 산림소유자와 계약기간 등 협의

조합은 산림소유자와 수익을 분배할 것을 조건으로 산림의 보호·개발과 그 밖에 이와 관련되는 사업을 할 때에는 계약을 체결하여야 한다(법50①). 이에 따라 조합이 수익분배계약을 체결하는 경우에는 계약기간·수익분배비율 및 사업 실행방법 등에 관하여 산림소유자와 협의하여 이를 정하여야 한다(영10).

Ⅱ. 지상권 설정 의제

계약이 체결된 산림의 경우에는 그 소유자가 조합에 대하여 지상권을 설정한 것으로 본다(법50②).

제4절 비조합원 등의 사업 이용

Ⅰ. 비조합원의 사업 이용

조합은 조합원의 이용에 지장이 없는 범위에서 조합원이 아닌 자에게 정관으로 정하는 바에 따라 사업을 이용하게 할 수 있다(법51①).

비조합원에게 조합의 이용을 허용한 것은 개방된 조합을 추구한다는 협동조합의 기본정신에도 부합하고, 또 지역주민의 편의와 조합의 수익에 도움이 되기 때문이다.

Ⅱ. 간주조합원의 사업 이용

조합원과 동일한 세대에 속하는 사람, 다른 조합 또는 다른 조합의 조합원이 조합의 사업을 이용하는 경우에는 이를 해당 조합의 조합원이 이용한 것으로 본다(법51②).

Ⅲ. 비조합원의 대출 한도

1회계연도에 있어서 비조합원의 사업이용량은 각 사업별로 해당 회계연도 사업량의 3분의 1을 초과할 수 없다(정관예72② 본문). 따라서 비조합원의 대출은 조합이 당해 사업연도에 새로이 취급하는 총액의 3분의 1을 초과할 수 없다. 다만, 조합장이 필요하다고 인정하는 사업 및 그에 부대하는 업무에 있어서는 그 이용량을 제한하지 아니한다(정관예72② 단서).

비조합원 대출은 조합원(준조합원 포함) 대출과 구분하여 관리하고, 그 대출한도는 해당 회계연도 사업량의 3분의 1 이내로 한다(여신업무방법 제1편 제1장 제1절 6).

제5절 부동산의 소유 제한

산림조합이 신용사업을 하는 경우에는 신용협동조합법에 따른 신용협동조합으로 본다(신용협동조합법95①(3)).

산림조합의 사업에 관하여는 신용협동조합법 제45조(부동산의 소유 제한)를 적용한다(신용협동조합법95④).

Ⅰ. 서설

1. 의의

조합은 업무상 필요하거나 채무를 변제받기 위하여 부득이한 경우를 제외하고는 부동산을 소유할 수 없다(신용협동조합법45).

2. 제도적 취지

조합에 부동산을 원칙적으로 소유할 수 없도록 한 이유는 조합의 본래 기능이 조합원이 필요로 하는 자금을 공급하는 것이므로, 과다한 부동산 소유보다는 가급적 많은 조합원에게 필요한 자금을 공급하기 위한 것이고, 또 부동산은 대체로 그 가액이 고가일 뿐만 아니라 환가방법 또한 신속·용이하지 않기 때문에, 조합이 그 운용 자산의 상당 부분을 부동산으로 보유하면, 자금이 장기 고정화로 자금의 유동성을 약화시켜 경영 효율을 크게 저하시킬 우려를 사전에 예방하기 위한 것이다.[1]

---

1) 신협중앙연수원(2021), 208쪽.

Ⅱ. 업무용 부동산의 의의와 범위

1. 업무용 부동산의 의의

업무용부동산이라 함은 업무용 토지·건물과 건설 중인 자산을 말하며 그 가액은 장부상 가액을 말한다(산림조합 재무기준2(3)).

2. 업무용 부동산의 범위

조합 또는 중앙회가 취득할 수 있는 업무용 부동산의 범위는 ⅰ) 영업장(건물 연면적의 10% 이상을 업무에 직접 사용하는 경우에 한한다)(제1호), ⅱ) 사택·기숙사·연수원 등의 용도로 직접 사용하는 부동산(제2호), ⅲ) 복지사업에 직접 사용하는 부동산(제3호)과 같다(신용협동조합법 시행령18①).

3. 영업장의 일부 임대

조합 또는 중앙회는 조합원 또는 회원의 이용에 지장이 없는 범위 안에서 영업장의 일부를 타인에게 임대할 수 있다(신용협동조합법 시행령18②).

4. 업무용 부동산의 취득한도

조합이 취득할 수 있는 업무용부동산은 취득 당시 조합의 자기자본 범위를 초과할 수 없다(산림조합 재무기준3①).

5. 업무용 부동산의 취득한도의 예외

조합이 업무상 부득이한 사유로 위 제1항의 기준을 초과하여 업무용부동산을 취득하고자 할 때에는 산림조합 재무기준 제5조의 자금운용기준 이내로 한다(산림조합 재무기준3②).

Ⅲ. 비업무용 부동산의 처분

채무를 변제받기 위하여 부동산을 소유한 조합은 금융위원회가 정하여 고시하는 방법 및 절차에 따라 그 부동산을 처분하여야 한다(신용협동조합법 시행령18③).

1. 매각 위탁 또는 공개경쟁입찰

조합이 채무를 변제받기 위하여 부득이하게 취득한 비업무용부동산은 한국
자산관리공사에 매각을 위탁하거나 1년 이내에 공개경쟁입찰 방법에 의하여 매
각하여야 한다(상호금융업감독규정10①).

2. 수의계약

공개경쟁입찰을 1회 이상 실시하여도 매각되지 아니하거나 이해관계자가
매각을 요구하는 경우에는 중앙회장이 정한 절차에 따라 수의계약으로 매각할
수 있다(상호금융업감독규정10②).

3. 매각기간의 연장

공개경쟁입찰이 유찰 또는 보류되거나 수의계약 방식으로 1년 이내에 매각
할 수 없는 경우에는 조합은 매각기한을 1년에 한하여 연장할 수 있다(상호금융업
감독규정10③ 전단). 이 경우 조합은 최초 1년의 매각기한이 종료되기 전에 중앙
회장에게 매각연기에 관한 사항을 보고하여야 한다(상호금융업 감독규정10③ 후단).

제6절 금리인하 요구

산림조합이 신용사업을 하는 경우에는 신용협동조합법에 따른 신용협동조
합으로 본다(신용협동조합법95①(3)).

산림조합의 사업에 관하여는 신용협동조합법 제45조의3(금리인하 요구)을 적
용한다(신용협동조합법95④). 따라서 금리인하 요구에 관한 신용협동조합의 내용
은 산림조합에 적용된다.

Ⅰ. 의의

금리인하요구권이란 여신약정 당시와 비교하여 신용상태에 현저한 변동이

있다고 인정되는 채무자가 금리인하를 요청할 수 있는 권리를 말한다.

조합과 대출등(대출 및 어음할인)의 계약을 체결한 자는 재산 증가나 신용등급 또는 개인신용평점 상승 등 신용상태 개선이 나타났다고 인정되는 경우 조합에 금리인하를 요구할 수 있다(신용협동조합법45의3①).

Ⅱ. 금리인하 요구의 요건

조합과 대출등의 계약을 체결한 자는 ⅰ) 개인이 대출등의 계약을 체결한 경우: 취업, 승진, 재산 증가 또는 개인신용평점 상승 등 신용상태의 개선이 나타났을 것(제1호), ⅱ) 개인이 아닌 자(개인사업자를 포함)가 대출등의 계약을 체결한 경우: 재무상태 개선, 신용등급 또는 개인신용평점 상승 등 신용상태의 개선이 나타났을 것(제2호)의 구분에 따른 요건을 갖췄다고 인정되는 경우 조합에 금리인하를 요구할 수 있다(신용협동조합법45의3③, 동법 시행령18의3①).

Ⅲ. 금리인하 요구의 절차

1. 금리인하 요구권의 통지

조합은 대출등의 계약을 체결하려는 자에게 금리인하를 요구할 수 있음을 알려야 한다(신용협동조합법45의3②).

2. 요구의 수용 여부 판단시 고려사항

금리인하 요구를 받은 조합은 그 요구의 수용 여부를 판단할 때 신용상태의 개선이 금리 산정에 영향을 미치는지 여부 등 금융위원회가 정하여 고시하는 사항을 고려할 수 있다(신용협동조합법45의3③, 동법 시행령18의3②).

이에 따라 금리인하 요구를 받은 조합은 해당 요구가 ⅰ) 대출 등의 계약을 체결할 때, 계약을 체결한 자의 신용상태가 금리 산정에 영향을 미치지 아니한 경우(제1호), ⅱ) 신용상태의 개선이 경미하여 금리 재산정에 영향을 미치지 아니하는 경우(제2호)의 어느 하나에 해당하는지를 고려하여 수용 여부를 판단할 수 있다(상호금융업감독규정10의2①).

3. 요구의 수용 여부 및 사유의 통지 방법

조합은 금리인하 요구를 받은 날부터 10영업일 이내(자료의 보완을 요구하는 경우에는 그 요구하는 날부터 자료가 제출되는 날까지의 기간은 포함하지 않는다)에 금리인하를 요구한 자에게 그 요구의 수용 여부 및 그 사유를 전화, 서면, 문자메시지, 전자우편, 팩스 또는 그 밖에 이와 유사한 방법으로 알려야 한다(신용협동조합법45의3③, 동법 시행령18의3③).

4. 자료제출 요구

조합은 대출 등의 계약을 체결한 자가 금리인하를 요구하는 때에는 신용상태 개선을 확인하는 데 필요한 자료 제출을 요구할 수 있다(신용협동조합법45의3③, 동법 시행령18의3④, 상호금융업감독규정10의2②).

5. 인정요건 및 절차 등의 안내

조합은 금리인하 요구 인정요건 및 절차 등을 인터넷 홈페이지 등을 이용하여 안내하여야 한다(신용협동조합법45의3③, 동법 시행령18의3④, 상호금융업감독규정10의2③).

6. 관련 기록의 보관·관리

조합은 금리인하를 요구받은 경우 접수, 심사결과 등 관련 기록을 보관·관리하여야 한다(신용협동조합법45의3③, 동합법 시행령18의3④, 상호금융업감독규정10의2④).

Ⅳ. 위반시 제재

조합 또는 중앙회가 신용협동조합법 제45조의3 제2항(제79조의2에 따라 준용되는 경우를 포함)을 위반하여 금리인하를 요구할 수 있음을 알리지 아니한 경우에는 2천만원 이하의 과태료를 부과한다(신용협동조합법101①(1의3)).

건전성규제

제1절 자금차입

I. 제도적 취지

조합원 등으로부터 예금 및 출자금을 통해 자금을 조달하기보다 무분별한 차입자금에 의존하는 방법으로 인하여 경영의 위험성 증가를 방지하고 궁극적으로 산림소유자와 임업인의 자주적인 협동조직인 산림조합의 재정 건전성을 확보하기 위하여 자금차입 대상기관 한도 규제를 실시하고 있다.

II. 차입대상 기관

조합은 사업을 하기 위하여 국가, 공공단체 또는 중앙회로부터 필요한 자금을 차입할 수 있다(법49①).

Ⅲ. 자금의 차입한도

1. 신용사업

조합이 신용사업을 위해 중앙회로부터 차입할 수 있는 자금의 한도는 자기자본의 범위로 한다(영9① 본문).

2. 신용사업 외의 사업

조합이 신용사업 외의 사업을 위해 중앙회로부터 차입할 수 있는 자금의 한도는 자기자본의 7배 이내로 한다(영9② 본문).

Ⅳ. 자금차입 한도의 예외(초과차입)

1. 임업정책의 수행이나 예금인출 등 불가피한 사유

조합이 임업정책의 수행이나 예금인출 등 불가피한 사유로 자금을 차입하려는 경우로서 중앙회의 사업대표이사의 승인을 받은 경우에는 자기자본의 범위를 초과하여 중앙회로부터 자금을 차입할 수 있다(영9① 단서).

2. 신용사업 외의 사업

사업대표이사의 승인을 받아 차입하는 경우에는 자기자본의 7배를 초과하여 자금을 차입할 수 있다(영9② 단서).

Ⅴ. 신용사업자금의 압류 금지

지역조합이 중앙회로부터 차입한 자금 중 신용사업자금은 압류의 대상으로 할 수 없다(법49②).

제2절 다른 법인에의 출자

I. 다른 법인에 대한 출자 한도

조합은 사업목적을 달성하기 위하여 필요할 때에는 자기자본의 범위(자기자본의 100%)에서 다른 법인에 출자할 수 있다(법52 전단).

II. 동일 법인에 대한 출자 한도

중앙회를 제외한 동일 법인에 대한 출자 한도는 자기자본의 20%를 초과할 수 없다(법52 후단).

III. 이사회 의결

다른 법인에 출자하고자 할 때에는 출자의 목적, 출자대상기업의 실태조서, 본조합 사업과의 관련성, 출자조건, 자기자본의 현황에 관한 서류를 첨부하여 이사회의 의결을 받아야 한다(정관예6②).

제3절 여유자금의 운용

I. 제도적 취지

여유자금이란 조합원의 자금 수요를 충족시키고 남는 자금을 말한다. 산림조합법은 여유자금의 운용을 엄격하게 제한하고 있다. 이것은 산림조합의 설립목적에 위반되는 자산운용을 금지하고, 이러한 자금을 계통조직에 집결시켜 계통금융의 장점을 살리면서 안전하고 확실한 운용으로 수익성도 보장하려는 것이다.

II. 여유자금의 운용방법

조합의 업무상 여유자금은 ⅰ) 중앙회 또는 대통령령으로 정하는 금융회사 등에의 예치(제1호), ⅱ) 국채·공채 또는 대통령령으로 정하는 유가증권의 매입(제2호)의 방법으로 운용하여야 한다(법56①).

1. 중앙회 예치

조합의 업무상 여유자금은 중앙회에의 예치의 방법으로 운용하여야 한다(법56①(1)). 이에 따라 예치하는 경우 그 최저비율 또는 금액은 여유자금의 건전한 운용을 저해하지 아니하는 범위에서 중앙회의 이사회가 정한다(법56②).

2. 금융기관 예치

조합의 업무상 여유자금은 ⅰ) 은행(제1호), ⅱ) 투자매매업자·투자중개업자·집합투자업자·신탁업자 및 종합금융회사(제2호),[1] ⅲ) 한국산업은행(제6호), ⅳ) 중소기업은행(제7호), ⅴ) 체신관서(제8호), ⅵ) 지역조합(제9호)에의 예치의 방법으로 운용하여야 한다(법56①(1), 영11①).

이에 따라 예치하는 경우 그 최저비율 또는 금액은 여유자금의 건전한 운용을 저해하지 아니하는 범위에서 중앙회의 이사회가 정한다(법56②).

3. 유가증권의 매입

조합의 업무상 여유자금은 국채·공채 또는 대통령령으로 정하는 유가증권의 매입의 방법으로 운용하여야 한다(법56①(2)).

(1) 대통령령으로 정하는 유가증권

여기서 "대통령령으로 정하는 유가증권"이란 ⅰ) 한국산업은행, 중소기업은행, 농업협동조합중앙회, 농협은행, 수산업협동조합중앙회 및 수협은행이 발행한 채권(제1호), ⅱ) 회사채(제2호), ⅲ) 신탁업자가 발행하는 수익증권(제3호), ⅳ) 집합투자업자가 발행하는 수익증권 또는 투자회사가 발행하는 주식(제4호), ⅴ) 종

---

1) 제3호, 제4호, 제5호 삭제 [2008.7.29]

합금융회사가 발행하는 수익증권(제5호)을 말한다(영11② 본문). 다만, 제2호부터 제5호까지의 규정에 따른 회사채, 수익증권 및 주식은 조합의 여유자금 운용의 안정성을 저해할 우려가 없는 범위에서 산림청장이 금융위원회와 협의·결정하여 고시한 것에 한정한다(영11② 단서).

(2) 산림청 고시(산림조합 여유자금 운용대상 중 유가증권의 범위)

산림조합 여유자금 운용대상 중 유가증권의 범위(산림청 고시 제2017-21호)는 다음과 같다.

1. 회사채

   산림조합법 시행령 제11조 제1항 제1호부터 제7호(제2호의 투자매매업자, 투자중개업자, 집합투자업자, 신탁업자는 제외하되, 증권 및 장외파생상품에 대한 투자매매업을 경영하는 경우는 포함)까지의 금융기관 및 보험회사, 신용보증기금, 기술보증기금이 보증하거나 신용정보법 제4조부터 제6조까지의 규정에 따라 신용평가업무의 허가를 받은 자 중에서 2(신용평가기관의 업무정지등 부득이한 사유가 있는 경우에는 1) 이상의 자로부터 투자적격등급(평가등급 A- 이상의 평가를 받은 것에 한한다)의 평가를 받은 회사채

2. 수익증권 및 집합투자증권

   가. 신탁업자 및 종합금융회사가 발행하는 수익증권: 수탁재산 중 주식편입비율이 30% 이하인 수익증권

   나. 집합투자증권: 증권집합투자기구(주식편입비율이 30% 이하인 경우에 한한다)와 단기금융집합투자ㅎ361

   기구의 집합투자증권

Ⅲ. 위반시 제재

조합등 또는 중앙회의 조합장, 회장, 간부직원, 상임이사, 이사, 감사, 집행간부, 일반간부직원, 파산관재인 또는 청산인이 법 제56조를 위반하는 경우에는 3년 이하의 징역 또는 3천만원 이하의 벌금에 처한다(법131(5)).

제4절 동일인 대출한도

산림조합이 신용사업을 하는 경우에는 신용협동조합법에 따른 신용협동조합으로 본다(신용협동조합법95①(3)).

산림조합의 사업에 관하여는 신용협동조합법 제42조(동일인에 대한 대출등의 한도)를 적용한다(신용협동조합법95④). 따라서 산림조합에 대하여는 위의 신용협동조합의 동일인 대출한도의 내용이 적용된다.

Ⅰ. 서설

1. 동일인 대출의 의의

동일인 대출이라 함은 채무자가 본인의 계산(사용 목적)으로 동일인으로 간주되는 자 등의 명의로 분산 대출하여 채무자 본인이 직접 사용하는 대출을 말한다. 다만, 동일인으로 간주되는 자 등의 명의로 대출이 분산하여 실행되었다 하더라도 명의차주별로 각자의 사용목적에 의하여 각자에게 사용되어지는 경우에는 동일인 대출로 보지 아니한다.

신용협동조합법 제42조의 규정에 의하여 동일인으로 간주되는 자는 해당 채무자와 ⅰ) 동일세대원, ⅱ) 배우자 및 직계 존비속, ⅲ) 동업자 및 그 해당 법인 직원, ⅳ) 채무자가 법인인 경우 해당 법인의 임·직원, ⅴ) 채무자가 임원인 경우 해당 법인의 관계에 있는 자를 포함한다.[2]

2. 제도적 취지

법에서 동일인에 대한 대출한도를 정하고 이를 초과하여 대출한 임·직원을 처벌하는 규정을 둔 취지는 특정 소수 대출채무자에게 과도하게 편중 대출하는 것을 규제하여 조합원들에게 골고루 대출이 이루어질 수 있도록 함으로써 조합원 대다수에게 대출 혜택을 부여함과 아울러 동일인에 대하여 통상의 대출한도를 미리 정함으로써 그의 변제능력 상실로 대출금의 회수가 곤란해지더라도 그

---

[2] 신협중앙회(2021), 「2021 연수교재 신협법」(2021. 1), 16쪽.

로 인해 산림조합의 재정이 부실화될 가능성을 방지하여 신용협동조합의 자산 건전성을 확보·유지하고자 하는 데에 있다.[3]

Ⅱ. 동일인 대출한도의 기준

1. 의의

조합은 동일인에 대하여 금융위원회가 정하는 기준에 따라 중앙회장의 승인을 받은 경우를 제외하고는 조합의 직전 사업연도말 자기자본의 20%와 자산총액의 1% 중 큰 금액을 초과하는 대출등(대출·어음할인)을 할 수 없다(신용협동조합법42 전단, 동법 시행령16의4① 전단).

2. 최고한도의 설정

금융위원회는 자기자본의 20%에 해당하는 금액과 자산총액의 1%에 해당하는 금액에 대하여 각각 최고한도를 설정할 수 있다(신용협동조합법 시행령16의4① 후단).

(1) 자산총액 1%의 최고한도

금융위원회가 자산총액의 1%에 해당하는 금액에 대하여 설정하는 최고한도는 7억원으로 한다(상호금융업감독규정6⑥).

(2) 자기자본 20%의 최고한도

자기자본의 20%에 해당하는 금액에 대하여 설정하는 최고한도는 50억원으로 한다(상호금융업감독규정6⑦ 본문). 다만, 직전 사업연도 말 자기자본이 500억원 이상인 조합이 법인인 조합원 또는 법인인 준조합원(해당 조합의 구역에 주소나 거소를 둔 자로서 조합의 사업을 이용함이 적당하다고 인정되는 자)에 대한 대출을 하는 경우에는 최고한도를 100억원으로 한다(부동산·건설업은 제외)(상호금융업감독규정6⑦ 단서).

---

3) 대법원 2008. 8. 21. 선고 2006도7741 판결.

3. 본인 계산과 타인 명의 대출등의 판단기준

본인의 계산으로 다른 사람의 명의에 의하여 하는 대출등은 그 본인의 대출등으로 본다(신용협동조합법42 후단). 동일인에 대한 대출한도 초과 여부의 판단기준은 대출금의 실질적 귀속자이다.[4]

4. 동일인에 대한 신용대출한도

동일인에 대하여 보증서 등 담보를 확보하지 아니하고 대출할 수 있는 한도는 1억원 이내에서 별도로 정한 자격기준에 따라 이사회 의결로 차등 결정한다. 다만, 여신업무방법에서 여신상품별 취급기준을 별도로 정한 경우에는 예외 적용할 수 있다(산림조합 상호금융취급예규21).

5. 관련 판례

① 대법원 2014. 4. 10. 선고 2012다43331(반소) 판결

대출자 명의를 달리하는 복수의 대출이 그 실질은 동일인에 대한 대출한도 초과대출에 해당함을 이유로 위 대출에 관여한 금융기관의 임직원에게 손해배상책임을 묻기 위하여는, 그 대출의 실질이 동일인 대출한도 초과대출이라는 점 외에 대출 당시 채무자의 재무상태, 다른 금융기관으로부터의 차입금 기타 채무를 포함한 전반적인 금융거래상황, 사업현황 및 전망과 대출금의 용도, 소요기간 등에 비추어 볼 때 채무상환능력이 부족하거나 제공된 담보의 경제적 가치가 부실하여 대출채권의 회수에 문제가 있음에도 이루어진 대출이라는 점과, 위 대출에 관여한 금융기관의 임직원이 그 대출이 동일인 대출한도 초과대출로서 채무상환능력이 부족하거나 충분한 담보가 확보되지 아니한 상태에서 이루어진다는 사정을 알았거나 알 수 있었음에도 그 대출을 실행하였다는 점에 대한 증명이 있어야 할 것이다(대법원 2004. 6. 11. 선고 2004다5846 판결; 대법원 2012. 4. 12. 선고 2010다75945 판결 등 참조).

원심은 채택 증거에 의하여 그 판시와 같은 사실을 인정한 다음 판시 사실로부터 인정되는 다음과 같은 사정, 즉 ① 원심판결 별지 표 2 기재 대출의 실질

---

4) 대법원 2006. 5. 11. 선고 2002도6289 판결.

적 채무자는 주식회사 감로산업("감로산업")이라고 판단되는 점, ② 위 대출이 이루어진 경위 등 여러 제반 정황을 감안할 때 반소피고들은 위 대출이 동일인에 대한 대출한도 제한을 피하기 위하여 L 등 14인 명의로 실행되었다는 사정을 알았거나 알 수 있었다고 보이는 점, ③ 위 대출의 담보물로 제공된 이 사건 용당유통프라자 건물들은 당시 미분양 상태로 남아 있는 등 실수요가 거의 없었던 것으로 보임에도 반소피고들은 실제 분양계약이 체결된 내용이 기재된 계약서가 아니라 감로산업이 작성한 분양계약서 용지에 기재된 분양가액을 근거로 가액을 산정한 뒤 대출기준에 따라 그 산정가액의 70% 상당액을 대출해 준 점, ④ 위 대출원금이 K농업협동조합의 감정평가액과 차이가 별로 없고 대출이자 내지 지연손해금까지 감안할 때 위 대출금이 제때에 변제되지 아니할 경우 이 사건 용당유통프라자 건물들만으로 위 대출금채무가 충분히 담보된다고 보기 어려운 점 등에 비추어 볼 때, 반소피고들은 반소원고의 임원 및 직원으로서 위 대출 당시 필요한 주의의무 내지 성실의무를 다하지 못하였으므로, 이로 인하여 반소원고가 입은 미회수 대출원리금 상당의 손해를 배상할 책임이 있다고 판단하였다. 앞서 본 법리와 기록에 비추어 살펴보면, 원심의 위와 같은 사실인정과 판단은 정당한 것으로 수긍할 수 있다.

② 대법원 2006. 5. 11. 선고 2002도6289 판결

[1] 구 신용협동조합법상 동일인에 대한 대출한도 초과 여부의 판단 기준(= 대출금의 실질적 귀속자): 대출인 명의를 다른 조합원 등 명의로 함으로써 각각의 대출명의인을 기준으로 한 대출금은 동일인에 대한 대출한도를 초과하지 않는다고 하더라도, 대출금이 실질적으로 귀속되는 자를 기준으로 할 경우 대출한도를 초과하는 이상 그 대출행위는 구 신용협동조합법(1998. 1. 13. 법률 제5506호로 전문 개정되어 1998. 4. 1.부터 시행되기 전의 것, 이하 같다) 제32조(현행 제42조)에 위배된다(대법원 1999. 11. 12. 선고 99도1280 판결; 2001. 11. 13. 선고 2001도3531 판결 등 참조).

[2] 동일인 대출한도를 초과하여 대출한 행위를 구 신용협동조합법 위반죄로, 물적담보를 제대로 확보하지 아니하고 대출한 행위를 업무상배임죄로 각각 별도로 기소한 사안에서, 설사 한도초과 대출행위가 구 신용협동조합법 위반죄를 구성하는 외에 그 자체만으로 업무상배임죄를 구성한다고 하더라도, 공소장

변경 없이 위 행위로 인한 업무상배임죄를 유죄로 인정하는 것은 허용될 수 없다고 한 사례: 검사는 이 사건에서 피고인이 공소외 6, 7, 8 에게 각 대출을 하면서 "동일인 대출한도를 초과하여 대출한 행위("한도초과 대출행위")"를 구 신용협동조합법 위반죄로, "물적담보를 제대로 확보하지 아니한 채로 대출하여 그들로 하여금 각 대출액 상당의 재산상 이익을 취득하게 하고 S신용협동조합에 동액 상당의 손해를 가한 행위"를 업무상 배임죄로 각각 별도로 기소한 사실, 제1심 및 환송 전후의 원심도 이를 전제로 하여 심리·판단하여 왔고, 그 심리과정에서 한도초과 대출행위가 구 신용협동조합법 위반죄를 구성하는 것과는 별도로 그 자체만으로 업무상배임죄를 구성하는지 여부는 쟁점이 되지 아니한 사실, 결국 환송 후 원심은 그 중 한도초과 대출에 의한 구 신용협동조합법 위반죄 부분에 대하여는 유죄를 인정하고, 업무상배임죄 부분에 대하여는 범죄의 증명이 없음을 이유로 무죄를 선고하였음을 알 수 있고, 한편 이 사건 한도초과 대출행위 당시 시행되던 구 신용협동조합법 제96조 제1항 제1호 단서(현행 제99조 제2항 제2호 참조)는 같은 법 제96조 제1항 제1호 본문(현행 제99조 제2항 제2호 참조)에 해당하는 행위가 형법 제355조 또는 제356조의 배임행위에 해당하는 때에는 형법의 예에 의하도록 규정하고 있어 구 신용협동조합법 제96조 제1항(현행 제99조 제2항 제2호 참조) 위반죄와 한도초과 대출로 인한 업무상 배임죄를 경합범으로 처벌할 수 없도록 되어 있었다.

그렇다면 설사 한도초과 대출행위가 구 신용협동조합법 위반죄를 구성하는 외에 그 자체만으로 업무상배임죄를 구성한다고 하더라도, 이 사건 업무상배임죄의 공소사실에는 한도초과 대출로 인한 업무상 배임죄의 공소사실이 포함되어 있지 않음이 분명하고, 나아가 한도초과 대출행위와 물적담보를 제대로 확보하지 아니하고 대출한 행위는 그 행위 내용이나 결과, 임무위배의 태양 및 그로 인하여 조합이 입게 되는 손해의 내용 등을 달리하므로, 후자의 행위가 업무상배임죄로 기소된 이 사건에서 공소장변경 없이 전자의 행위로 인한 업무상배임죄를 유죄로 인정하는 것은 피고인의 방어권 행사에 실질적인 불이익을 초래할 염려가 있어 허용될 수 없다고 할 것이다.

③ 대법원 2006. 3. 24. 선고 2005다46790 판결

신용협동조합의 이사장이 동일인 대출한도를 초과하는 대출을 승인하는 등

그 임무를 해태하여 조합으로 하여금 대출금을 회수하지 못하는 손해를 입게 한 경우, 그 미회수 금액 중 동일인 대출한도 내의 대출로 인한 금액 부분에 대하여도 손해배상책임을 지는지 여부(한정 소극): 신용협동조합의 이사장이 재직 당시 동일인에 대하여 대출한도를 초과한 돈을 대출하면서 충분한 담보를 확보하지 아니하는 등 그 임무를 해태하여 신용협동조합으로 하여금 대출금을 회수하지 못하는 손해를 입게 하였다고 하더라도, 그 미회수 금액 중 동일인 대출한도 내의 대출로 인한 금액에 대하여는 대출 당시 차주의 신용 또는 재산상태로 보아 회수 가능성이 없었다거나 그 대출과 관련하여 신용협동조합의 다른 대출관련 규정을 위반하였다는 등의 특별한 사정이 없는 한 손해배상의 책임을 지울 수 없다고 할 것이다.

기록에 의하면, 원심이 피고 1이 위 실차주 소외 2에 대한 동일인 대출한도 초과대출로 인하여 A신협에게 입혔다고 인정한 손해액 84,514,158원에는 위 소외 2에 대한 동일인 대출한도 내의 금액인 1,500만 원이 포함되어 있음을 알 수 있으므로, 앞서 본 법리에 비추어 보면, 위 1,500만 원 부분에 대하여는 A신협이 대출 후 그 금액을 회수하지 못하는 손해를 입었다고 하더라도 다른 특별한 사정이 없는 한 피고 1이 A신협에게 그 손해를 배상할 책임이 없다고 보아야 할 것이다.

④ 대법원 2001. 11. 30. 선고 99도4587 판결

[1] 신용협동조합 이사장의 부당대출행위와 업무상배임죄 성립 여부: 일반 금융기관과 달리 상호유대를 가진 자 사이의 협동조직을 통하여 자금의 조성과 이용 등을 도모하기 위하여 설립된 신용협동조합의 이사장이 자신 또는 제3자의 이익을 도모하여 임무에 위배하여 소정의 대출한도액을 초과하여 대출하거나 비조합원 또는 무자격자에게 대출하였다면, 그로 인하여 조합이 다른 조합원에게 정당하게 대출할 자금을 부당하게 감소시킨 결과가 되어 그 대출금에 대한 회수의 가능 여부나 담보의 적정 여부에 관계없이 조합에 재산적 손해를 입게 한 것으로 보아야 할 것이고, 이 경우 이사장의 임무 위배가 인정되는 이상 설령 조합내 여신위원회의 사전 심사와 결의를 거쳤다고 하더라도 업무상배임죄의 성립에 영향이 없다.

[2] 본인의 계산으로 타인의 명의에 의하여 행하는 대출에 있어서 무자격자

인 대출 명의자에 대한 대출이 배임죄를 구성하는 것과 별도로 대출총액이 본인의 대출한도액을 초과하는 경우 배임죄가 성립하는지 여부(적극): 동일 조합원에 대한 대출한도의 초과 여부를 판단함에 있어 본인의 계산으로 타인의 명의에 의하여 행하는 대출은 그 본인의 대출로 보아야 할 것이고(1998. 1. 13. 법률 제5506호로 전문 개정된 신용협동조합법 제42조 단서에서는 이 점을 명문화하였다), 이때 종전 대출의 명의자인 타인이 비조합원 또는 무자격자이고 그 무자격자에 대한 대출이 별도의 배임행위로 처벌받는다고 하더라도 그 대출금액과 추가대출금액을 포함한 대출총액이 본인의 대출한도액을 초과하는 때에는 이에 대하여 별도의 배임죄가 성립한다.

⑤ 대법원 1984. 9. 25. 선고 84도1436 판결

신용협동조합의 이사장은 동 조합을 위하여 성실히 직무를 수행하여야 할 임무가 있으므로 제 3자의 이익을 도모하여 임무에 위배하여 소정의 대출한도액을 초과하여 대출하거나 비조합원에게 대출하여 동 조합에 그 대출상당액의 재산상의 손해를 가하였다면 동조합 내 여신위원회의 결의가 있었다거나 대출금에 대한 회수의 가능여부에 관계없이 업무상배임죄가 성립된다

⑥ 서울행정법원 2017. 10. 20. 선고 2016구합84955 판결

대출인 명의를 다른 조합원 등의 이름으로 함으로써 각각의 대출명의인을 기준으로 한 대출금은 동일인에 대한 대출한도를 초과하지 않는다고 하더라도, 대출금이 실질적으로 귀속되는 자를 기준으로 할 경우 대출한도를 초과하는 이상 그 대출행위는 신용협동조합법 제42조에 위배되고(대법원 1999. 11. 12. 선고 99도1280 판결; 대법원 2001. 11. 13. 선고 2001도3531 판결 등 참조), 다른 사람의 이름으로 대출을 받더라도 그것이 본인의 계산으로 실행되는 것이라면 이는 본인의 대출에 해당한다(신용협동조합법 제42조 후문). 한편 조합은 동일인에 대하여 금융위원회가 정하는 기준에 따라 중앙회장의 승인이 있는 경우를 제외하고는 조합의 직전사업연도 말 자기자본의 20% 또는 자산총액의 1% 중 큰 금액의 범위 안에서 금융위원회가 정하는 한도인 5억 원을 초과하여 대출을 할 수 없다(신용협동조합법 제42조 전문, 같은 법 시행령 제16조의4 제1항, 구 상호금융감독규정 제6조 제6항).

⑦ 제주지방법원 2011. 9. 1. 선고 2010고합67, 84(병합) 판결

대출인 명의를 다른 조합원들 명의로 함으로써 각각의 대출명의인을 기준으로 한 대출금은 동일인에 대한 대출한도를 초과하지 않는다고 하더라도 대출금이 실질적으로 귀속되는 자를 기준으로 할 경우 대출한도를 초과하는 이상 그 대출행위는 신용협동조합법에 위반되는 것이고(1991. 11. 12. 선고 99도1280 판결 등 참조), 실질적인 자금의 수수 없이 형식적으로만 신규대출을 하여 기존채무를 변제하는 이른바 대환은, 특별한 사정이 없는 한 형식적으로는 별도의 대출에 해당하나 실질적으로는 기존채무의 변제기의 연장에 불과하므로, 신용협동조합법에서 금지·처벌의 대상으로 삼고 있는, "동일인에 대한 대출한도를 초과하는 대출"에 해당하지 아니한다(대법원 2001. 11. 13. 선고 2001도3531 판결 등 참조).

⑧ 대법원 2008. 8. 21. 선고 2006도7741 판결

업무상배임죄는 업무상 타인의 사무를 처리하는 자가 임무에 위배하는 행위로써 재산상의 이익을 취득하거나 제3자로 하여금 이를 취득하게 하여 본인에게 재산상의 손해를 가한 때 성립하는바, 여기서 재산상의 손해라 함은 현실적인 손해를 가한 경우뿐만 아니라 재산상 실해 발생의 위험을 초래한 경우도 포함되고, 재산상 손해의 유무에 대한 판단은 법률적 판단에 의하지 아니하고 경제적 관점에서 파악하여야 하지만(대법원 1992. 5. 26. 선고 91도2963 판결; 대법원 1995. 11. 21. 선고 94도1375 판결; 대법원 2004. 4. 9. 선고 2004도771 판결; 대법원 2005. 4. 15. 선고 2004도7053 판결 등 참조), 재산상 손해가 발생하였다고 평가될 수 있는 재산상 실해 발생의 위험이라 함은 본인에게 손해가 발생할 막연한 위험이 있는 것만으로는 부족하고 경제적인 관점에서 보아 본인에게 손해가 발생한 것과 같은 정도로 구체적인 위험이 있는 경우를 의미한다고 할 것이다.

이러한 법리에 비추어 보면, 동일인 대출한도액을 초과한 대출이 이루어졌다는 사정만으로 신용협동조합에 당연히 대출채권을 회수하지 못하게 될 위험이나 다른 조합원들에 대한 대출을 곤란하게 하여 신용협동조합의 적정한 자산운용에 장애를 초래하는 위험 등의 재산상 손해가 발생하였다고 단정할 수는 없다(대법원 2008. 6. 19. 선고 2008도1406 전원합의체 판결 참조).

그렇다면, 피고인의 대출행위가 대출관련 규정에 위반하여 동일인 대출한도를 초과하였다는 사실만으로 대출 당시 이미 채무자의 채무상환능력이 불량하여

채권회수에 문제가 있었는지 여부에 관하여 구체적으로 심리·판단함이 없이 업무상배임죄 또는 특정경제범죄 가중처벌 등에 관한 법률 위반(배임)죄를 인정한 원심의 판단에는 업무상배임죄 또는 특정경제범죄 가중처벌 등에 관한 법률 위반(배임)죄에 관한 법리를 오해하여 판결 결과에 영향을 미친 위법이 있다.

Ⅲ. 동일인 대출한도 산정시 제외되는 대출

다음에 해당하는 대출, 즉 ⅰ) 당해 조합에 대한 예탁금 및 적금을 담보로 하는 대출, ⅱ) 당해 조합과의 공제계약에 의하여 납입한 공제료를 담보로 하는 대출, ⅲ) 정부·한국은행 또는 은행이 보증하거나 동 기관이 발행 또는 보증한 증권을 담보로 하는 대출, ⅳ) 농림수산업자신용보증기금이 보증하거나 농림수산정책자금대손보전기금 등에 의하여 대손보전이 이루어지는 대출, ⅴ) 별표 1 (경영실태평가 부문별 평가항목)에 의한 총자본비율 산출시 위험가중치가 20% 이하인 대출(이 경우 설립 근거법이 동일한 조합에 대한 대출 또는 그에 의해 보증된 대출은 제외), ⅵ) 지역신용보증재단 또는 서민금융진흥원에 의하여 대손보증이 이루어지는 대출금은 동일인에 대한 대출액 산정시 이를 포함하지 아니한다(신용협동조합법 시행령16의4②, 상호금융업감독규정6①).

Ⅳ. 동일인 대출한도의 초과대출: 중앙회장 승인

중앙회장은 ⅰ) 채무인수·상속·합병 및 영업양수 등에 의하여 대출채권을 불가피하게 양수한 경우(제1호), ⅱ) 조합의 합병 또는 영업양수도로 동일인 대출한도를 초과하게 되는 경우(제2호), ⅲ) 사고금의 보전목적 등 채권보전 조치를 위하여 필요한 경우(제3호), ⅳ) 법률 제6345호 농어업인부채경감에관한특별조치법에 의거 농어업인에 대해 부채경감 목적으로 대출을 취급함으로써 동일인 대출한도를 초과하는 경우(신협은 제외)(제4호), ⅴ) 농어업재해대책법 및 자연재해대책법에 의거 재해대책 목적으로 대출을 취급함으로써 동일인 대출한도를 초과하는 경우(제5호)에는 동일인 대출한도를 초과하여 승인할 수 있다(상호금융업감독규정6②).

V. 동일인 대출한도 초과분의 해소

동일인 대출한도 범위 내에서 이미 취급된 동일인 대출금이 조합의 출자금 (회전출자금 및 가입금을 포함) 환급, 결손금 발생 등으로 자기자본 또는 자산총액 이 감소하여 동일인 대출한도를 초과하게 된 경우에는 그 한도가 초과한 날로부터 만기일 이내에 한도에 적합하도록 하여야 한다(상호금융업감독규정6④).

VI. 위반시 제재

조합 또는 중앙회의 임직원 또는 청산인이 법 제42조를 위반하여 동일인에 대한 대출등의 한도를 초과한 경우에는 2년 이하의 징역 또는 2천만원 이하의 벌금에 처한다(신용협동조합법99②(2)).

제5절 상환준비금

산림조합이 신용사업을 하는 경우에는 신용협동조합법에 따른 신용협동조합으로 본다(신용협동조합법95①(3)).

산림조합의 사업에 관하여는 신용협동조합법 제43조(상환준비금)를 적용한다 (신용협동조합법95④). 따라서 상환준비금에 관한 신용협동조합의 내용은 산림조합에 적용된다.

I. 제도적 취지

상환준비금은 조합이 조합원들로부터 예탁받은 자금을 모두 대출함으로써 일시적인 유동성 부족으로 인한 인출 불능 사태가 발생하는 것을 방지하기 위하여 법으로 일정한 자금을 조합 내에 유보하도록 한 것이고, 그중 일부를 중앙회에 예치하도록 한 취지가 상환준비금제도를 더욱 엄격히 유지하여 조합원들의

예탁금반환을 보장하기 위한 공익적 목적에서 비롯된 것이다.5)

Ⅱ. 내용

1. 보유 한도

조합은 전월 말일 기준 예탁금 및 적금 잔액의 10%에 해당하는 금액을 상환준비금으로 보유해야 한다(신용협동조합법43①, 동법 시행령17①). 이는 예금자 등의 상환요구에 대처하기 위하여 예금 등 금전채무에 대하여 일정비율에 해당하는 상환준비금을 보유하도록 한 것이다.

2. 중앙회 의무 예치비율

조합은 상환준비금 중 100%에 해당하는 금액 이상을 다음 달 5일까지 중앙회에 예치해야 한다(신용협동조합법43①, 동법 시행령17② 본문). 다만, 금융위원회는 중앙회 또는 조합의 건전한 운영을 위하여 필요하다고 인정하는 경우에는 지구별수협 외의 조합에 대해 상환준비금의 중앙회 예치비율을 상향조정할 수 있다(신용협동조합법43①, 동법 시행령17② 단서).

3. 중앙회 예치 외의 보유 방법

조합은 중앙회에 예치한 금액 외의 상환준비금을 현금 또는 부보금융회사 및 체신관서(법44(2))에 예치하는 방법으로 보유하여야 한다(신용협동조합법43②, 동법 시행령17③).

4. 중앙회에 예치된 상환준비금의 운용방법 등

(1) 운용방법

중앙회에 예치된 상환준비금의 운용은 ⅰ) 조합에 대한 대출, ⅱ) 부보금융회사 및 체신관서에의 예치, ⅲ) 조합에 대한 어음할인, ⅳ) 중앙회안의 예금자보호기금에 대한 대출, ⅴ) 다음의 유가증권의 매입, 즉 ㉠ 국채증권·지방채증권 및 특수채증권, ㉡ 부보금융기관 또는 체신관서가 지급보증한 회사채 및 신용평

---

5) 대법원 2003. 3. 14. 선고 2002다58761 판결.

가전문기관 중에서 2(신용평가전문기관의 업무정지등 부득이한 사유가 있는 경우에는 1) 이상의 자로부터 BBB+ 이상의 평가등급을 받은 회사채(다만 사모사채의 경우에는 신용평가전문기관으로부터 BBB+ 이상의 평가등급을 받은 경우에도 이를 매입할 수 없다), ㉢ 증권집합투자기구의 집합투자증권 또는 신탁업자가 발행하는 수익증권으로서 상장주식등의 편입비율이 30% 이하인 것, ㉣ 단기금융집합투자기구의 집합투자증권, ㉤ 회생절차 개시의 결정을 받은 기업, 채권금융기관이 기업구조조정을 위한 목적으로 관리절차가 진행 중인 기업, 그리고 기업구조조정 촉진을 위한 금융기관 등의 협약·협의에 의해 기업개선작업을 추진 중인 기업에 대한 회사채 등이 출자전환되어 보유하게 되는 그 기업의 지분증권의 매입의 방법에 의한다(상호금융업감독규정6의3①).

(2) 증권집합투자기구의 집합투자증권 등의 매입한도

위에서 증권집합투자기구의 집합투자증권 또는 신탁업자가 발행하는 수익증권으로서 상장주식 등의 편입비율이 30% 이하인 유가증권의 매입한도는 전월말 상환준비금 운용자금의 10% 이내로 한다(상호금융업감독규정6의3③).

5. 운용수익의 처분 순서

중앙회에 예치된 상환준비금의 운용수익은 ⅰ) 상환준비금의 운영 및 관리 등에 필요한 비용의 지급, ⅱ) 상환준비금에 대한 이자의 지급, ⅲ) 그 밖에 금융위원회의 승인을 얻어 중앙회장이 정하는 방법(제4호)의 순서에 따라 처분한다(신용협동조합법43②, 동법 시행령17④).

Ⅲ. 위반시 제재

조합이 신용협동조합법 제43조 제1항을 위반하여 상환준비금을 보유하지 아니하거나 중앙회에 예치하지 아니한 경우에는 2천만원 이하의 과태료를 부과한다(신용협동조합법101①(1의2)).

Ⅳ. 관련 판례

** 대법원 2003. 3. 14. 선고 2002다58761 판결

신용협동조합법 제43조에 따라 신용협동조합이 신용협동조합중앙회에 상환 준비금으로 예탁(현행 예치)한 채권에 대하여 신용협동조합중앙회가 당해 조합에 대한 대출채권으로 상계하는 것이 금지되는지 여부(소극): 신용협동조합법 제43 조 소정의 상환준비금은 신용협동조합이 조합원들로부터 예탁받은 자금을 모두 대출함으로써 일시적인 유동성 부족으로 인한 인출불능사태가 발생하는 것을 방 지하기 위하여 법으로 일정한 자금을 조합 내에 유보하도록 한 것이고, 그중 일 부를 중앙회에 예탁(현행 예치)하도록 한 취지가 상환준비금제도를 더욱 엄격히 유지하여 조합원들의 예탁금반환을 보장하기 위한 공익적 목적에서 비롯된 것이 라고 하더라도, 신용협동조합법 및 동법 시행령 등에 상환준비금으로 예탁(현행 예치)된 채권에 대하여 상계를 금지하는 규정이 없고, 상호금융감독규정 제6조의 3 제1항 제1호에 의하면, 중앙회에 예치한 상환준비금을 조합에 대한 대출의 용 도로 사용할 수 있도록 규정하고 있는 점 등을 종합하면, 상환준비금으로 예(현 행 예치)된 채권에 대하여 중앙회가 당해 조합에 대한 대출채권으로 상계를 하는 것이 금지되어 있다고 볼 수는 없다.

제6절 회계

Ⅰ. 회계연도

조합의 회계연도는 매년 1월 1일에 시작하여 12월 31일에 종료한다(법53, 정 관예75).

Ⅱ. 회계의 구분 등

1. 회계의 종류

조합의 회계는 일반회계와 특별회계로 구분한다(법54①).

2. 일반회계의 구분

지역조합의 일반회계는 종합회계로 하되, 신용사업부문과 신용사업 외의 사업부문으로 구분하여야 한다(법54②, 정관예76②).

3. 특별회계의 설치

특별회계는 특정사업을 운영할 때, 특정자금을 보유하여 운영할 때, 그 밖에 일반회계와 구분할 필요가 있을 때에 이사회의 의결을 받아 설치한다(법54③, 정관예76③).

4. 재무기준

일반회계와 특별회계 간, 신용사업부문과 신용사업 외의 사업부문 간의 재무관계 및 조합과 조합원 간의 재무관계에 관한 재무기준은 산림청장이 정한다(법54④ 전단). 이 경우 산림청장이 신용사업부문과 신용사업 외의 사업부문 간의 재무관계에 관한 재무기준을 정할 때에는 금융위원회와 협의하여야 한다(법54④ 후단).

이에 따라 산림조합법 제54조 제4항(제122조에서 준용하는 경우를 포함)의 규정에 의하여 조합 또는 중앙회의 회계처리 절차와 재무운영 방법을 정함으로써 재무구조의 건전화와 경영의 합리화를 도모함을 목적으로 산림조합 재무기준(산림청 고시 제2019-86호)이 시행되고 있다.

5. 회계처리기준

조합의 회계처리기준에 관하여 필요한 사항은 중앙회장이 정한다(법54⑤ 본문, 정관예76⑤ 본문). 다만, 신용사업의 신용회계기준에 관하여 필요한 사항을 금융위원회가 따로 정한 경우에는 그에 따른다(법54⑤ 단서, 정관예76⑤ 단서).

Ⅲ. 사업계획과 수지예산: 사업계획서와 예산서

조합은 매 회계연도의 사업계획서와 수지예산서를 작성하여 해당 회계연도 가 시작되기 전까지 이사회의 심의를 거쳐 총회의 의결을 받아 중앙회장에게 보 고하여야 한다(법55 전단, 정관예70①).

사업계획과 수지예산을 변경할 때에도 이사회의 심의를 거쳐 총회의 의결을 받아 중앙회장에게 보고하여야 한다(법55 후단, 정관예70②).

Ⅳ. 운영의 공개

1. 사업보고서의 공개

조합장은 연 1회 이상 사업 전반에 관한 사업보고서를 작성하여 조합원(또 는 대의원)에게 공개하여야 한다(법55의2①, 정관예70의2①).

2. 정관 등의 비치

조합장은 정관, 총회와 이사회의 의사록 및 성명, 주소 또는 사업장, 가입 연월일을 기재한 조합원 명부를 주된 사무소에 갖추어 두어야 한다(법55의2②, 정 관예70의2②).

3. 이사회 의사록 등 열람

조합원과 조합의 채권자는 정관, 총회와 이사회의 의사록 및 성명, 주소 또 는 사업장, 가입 연월일을 기재한 조합원 명부를 열람하거나 그 서류의 사본 발 급을 청구할 수 있다. 이 경우 조합이 정한 비용을 지급하여야 한다(법55의2③).

4. 회계장부 등 열람

조합원은 조합원 100인 또는 3% 이상의 동의를 받아 조합의 회계장부 및 서류 등의 열람 또는 사본 발급을 청구할 수 있으며, 조합은 특별한 사유가 없으 면 이를 거부할 수 없다(법55의2④).

5. 조합원의 검사인 선임 청구

조합원은 조합의 업무집행에 관하여 부정행위 또는 법령이나 정관을 위반한 중대한 사실이 있다고 의심이 되는 사유가 있을 때에는 조합원 100인 또는 3% 이상의 동의를 받아 조합의 업무와 재산상태를 조사하게 하기 위하여 법원에 검사인의 선임을 청구할 수 있다(법55의2⑤ 전단). 이 경우 상법 제467조를 준용한다(법55의2⑤ 후단).

V. 결산보고서

1. 제출과 비치

조합장은 정기총회일 1주 전까지 결산보고서(사업보고서, 재무상태표, 손익계산서, 잉여금처분안 또는 손실금처리안 등)를 감사에게 제출하고 이를 주된 사무소에 갖추어 두어야 한다(법57①).

2. 열람 또는 사본 발급 청구

조합원과 채권자는 결산보고서(사업보고서, 재무상태표, 손익계산서, 잉여금처분안 또는 손실금처리안 등)를 결산보고서를 열람하거나 사본 발급을 청구할 수 있다(법57② 전단). 이 경우 조합이 정한 비용을 지급하여야 한다(법57② 후단).

3. 정기총회 승인

조합장은 결산보고서와 감사의 의견서를 정기총회에 제출하여 그 승인을 받아야 한다(법57③).

4. 임원의 책임해제

결산보고서 및 감사의견서의 정기총회 승인을 받은 경우 임원의 책임해제에 관하여는 상법 제450조를 준용한다(법57④).

5. 위반시 제재

조합등 또는 중앙회의 조합장, 회장, 간부직원, 상임이사, 이사, 감사, 집행
간부, 일반간부직원, 파산관재인 또는 청산인이 법 제57조(제86조의10 또는 제122
조에 따라 준용되는 경우를 포함)를 위반한 경우에는 3년 이하의 징역 또는 3천만원
이하의 벌금에 처한다(법131(5)).

Ⅵ. 제적립금의 적립

1. 법정적립금

(1) 적립한도

조합은 매 회계연도의 손실보전과 재산에 대한 감가상각에 충당하고 남는
금액이 있을 때에는 자기자본의 3배에 달할 때까지 잉여금의 10% 이상을 적립
("법정적립금")하여야 한다(법56의2①).

(2) 사용제한

법정적립금은 ⅰ) 조합의 손실금을 보전할 때(제1호), ⅱ) 조합의 구역이 다
른 조합의 구역으로 된 경우에 그 재산의 일부를 다른 조합에 양여할 때(제2호)
가 아니면 사용하지 못한다(법56의5).

(3) 자기자본

자기자본은 납입출자금, 회전출자금, 가입금, 각종 적립금 및 미처분이익잉
여금의 합계액(이월결손금이 있으면 이를 공제)으로 한다(법56의2②).

2. 이월금

조합은 교육·지원 사업(법46①(1))의 사업비용에 충당하기 위하여 잉여금의
20% 이상을 다음 회계연도에 이월하여야 한다(법56의2③).

3. 임의적립금

조합은 매 회계연도 잉여금에서 법정적립금과 이월금을 빼고 남는 금액이 있을 때에는 그 남은 금액의 20% 이상을 사업준비금으로 적립한다(법56의2④, 정관예31).

4. 자본적립금

조합은 ⅰ) 감자에 의한 차익(제1호), ⅱ) 자산재평가 차익(제2호), ⅲ) 합병차익(제3호)을 자본적립금으로 적립하여야 한다(법56의4).

Ⅶ. 손실금의 보전과 잉여금의 배당

1. 손실금의 보전(결손의 보전)

(1) 손실금의 보전 순서와 이월

조합은 매 회계연도의 결산 결과 손실금(당기 손실금)이 발생하였을 때에는 미처분이월금, 임의적립금, 법정적립금, 자본적립금, 회전출자금의 순서에 따라 보전하며, 보전 후에도 부족할 때에는 다음 회계연도에 이월한다(법56의3①).

(2) 잉여금의 배당 제한

조합은 손실을 보전하고 법정적립금, 이월금 및 임의적립금을 공제하기 전에는 잉여금의 배당을 하지 못한다(법56의3②).

2. 잉여금의 배당

(1) 잉여금의 배당 순서

잉여금은 ⅰ) 조합원의 사업이용실적에 대한 배당(제1호), ⅱ) 정관으로 정하는 비율의 한도 이내에서 납입출자액에 대한 배당(제2호), ⅲ) 준조합원의 사업이용실적에 대한 배당(제3호)의 순서에 따라 배당을 실시한다(법56의3③).

(2) 잉여금의 배당방법

(가) 조합원의 사업이용실적에 대한 배당

사업이용실적에 대한 배당은 그 회계연도에 취급된 물자의 수량·가액 그 밖에 사업의 분량을 고려하여 조합원의 사업이용실적에 따라 조합 이사회가 정하는 바에 따라 배당을 실시한다(정관예78①).

(나) 납입출자에 대한 배당

납입출자에 대한 배당은 매 회계연도 말에 있어 조합원이 납입한 출자액에 따라 배당을 실시한다(정관예78② 전단). 이 경우 배당율은 조합의 1년 만기 정기예탁금 연평균금리에 2%를 더한 범위에서 정하되, 최고 연 10%를 초과할 수 없다(정관예78② 후단).

(다) 준조합원의 사업이용실적에 대한 배당

위의 조합원의 사업이용실적에 대한 배당 및 납입출자에 대한 배당 순서에 따라 배당하고 또 나머지가 있을 때에는 그 회계연도에 취급된 물자의 수량·가액 그 밖에 사업의 분량을 참작하여 준조합원의 사업이용실적에 따라 조합이사회가 정하는 바에 따라 배당을 실시한다(정관예78③ 본문). 다만, 이 경우에는 제26조(회전출자) 제1항을 적용하지 아니한다(정관예78③ 단서).

Ⅷ. 출자감소

1. 출자감소의 의결

(1) 총회 의결과 재무상태표 작성

조합이 총회에서 출자 1계좌의 금액 또는 출자계좌 수의 감소("출자감소")를 의결하였을 때에는 의결이 있는 날부터 2주 이내에 재무상태표를 작성하여야 한다(법58①, 정관예34①).

(2) 채권자의 이의와 공고 또는 최고

조합은 총회의 의결이 있은 날부터 2주 이내에 채권자에 대하여 이의가 있으면 공고 후 3개월 이내에 조합 주된 사무소에 서면으로 진술하라는 취지를 공고하고 이미 알고 있는 채권자에게는 따로 최고하여야 한다(법58②, 정관예34②).

(3) 공고·최고기간 등

공고 또는 최고는 총회에서 의결이 있은 날부터 2주 이내에 하여야 하며, 공고기간은 1개월 이상으로 하고, 또한 그 사실을 이미 알고 있는 채권자에게는 개별로 2회 이상 최고하여야 한다(법58③, 정관예34③).

(4) 위반시 제재

조합등 또는 중앙회의 조합장, 회장, 간부직원, 상임이사, 이사, 감사, 집행간부, 일반간부직원, 파산관재인 또는 청산인이 법 제58조 제1항을 위반하였을 경우에는 3년 이하의 징역 또는 3천만원 이하의 벌금에 처한다(법131(5)).

2. 출자감소에 대한 채권자의 이의

(1) 채권자의 이의 부진술과 승인 의제

채권자가 3개월 이내에 조합의 출자감소에 대한 의결에 대하여 서면으로 이의를 진술하지 아니하면 승인한 것으로 본다(법59①, 정관예35①).

(2) 채권자의 이의 진술과 변제 또는 담보 제공

채권자가 이의를 진술하였을 때에는 조합이 변제하거나 또는 상당한 담보를 제공하지 아니하면 그 출자감소의 의결은 효력을 발생하지 아니한다(법59②, 정관예35②).

Ⅸ. 조합의 지분취득 등의 금지

조합은 조합원의 지분을 취득하거나 그 지분에 대하여 질권을 설정하지 못한다(법60).

제7절 외부감사

신용협동조합과 수산업협동조합은 직전연도 말 자산총액 300억원을 기준으

로 하고, 농업협동조합과 새마을금고는 직전 회계연도 말 자산총액 500억원으로
기준으로 하며, 산림조합은 직전 회계연도 말 자산총액이 평균자산 규모 이상
(500억원 이상)인 경우를 기준으로 한다.

외부감사대상은 임의실시 조합만이 그 대상이다.

Ⅰ. 의의

외부감사는 회사의 외부인이고 회계전문가인 회계법인 또는 감사반에 의한
회계감사를 말한다. 즉 회사로부터 독립된 제3자인 외부감사인이 경영자가 작성
한 재무제표에 대하여 회계감사를 실시하고 이 재무제표가 기업회계기준에 따라
적정하게 작성되었는지 여부에 대하여 전문가로서의 의견을 표명하는 것이다.[6]
외부감사제도는 외부의 회계전문가가 감사를 담당하므로 감사의 독립성과
적정성이 확보될 것이라는 믿음에 근거하는 제도라고 할 수 있다. 이러한 기대에
부응해서 회계감사 그리고 종국적으로는 회계처리의 적정성을 충분히 확보하여
그에 대한 공신력 내지 신뢰성을 제고하고자 하는 것이 외부감사제도 도입의 취
지이다.[7]

Ⅱ. 산림청장 또는 시·도지사의 감사 의뢰

산림청장 또는 시·도지사는 중앙회 및 ⅰ) 직전 회계연도 말 자산총액이
회원조합의 평균자산규모 이상인 조합(제1호), ⅱ) 직전 회계연도 말 총자산대비
순자본 비율이 2% 미만인 조합(제2호)에 대하여 조합원 보호를 위하여 외부감사
가 필요하다고 인정하는 경우에는 외부감사법에 따른 감사인의 회계감사를 받게
할 수 있다(법123④, 영22② 본문).
다만, 직전 회계연도 말 평균자산 규모 등에 관한 통계자료가 없는 경우에
는 전전년도의 통계자료에 의한다(영22② 단서).

---

6) 정영기·조현우·박연희(2008), "자산규모에 의한 외부감사 대상 기준이 적절한가?", 회계
   저널 제17권 제3호(2008. 9), 113쪽.
7) 이영종(2014), "주식회사 외부감사의 법적지위와 직무수행에 관한 고찰: 기관과 기관담당
   자의 구별에 기초를 둔 이해를 위한 시론", 증권법연구 제15권 제3호(2014. 12), 510쪽.

Ⅲ. 조합감사위원회의 회계감사 요청

조합감사위원회는 회원의 건전한 발전을 도모하기 위하여 필요하다고 인정할 때에는 회원의 부담으로 회계법인에 회계감사를 요청할 수 있다(법121②).

제8절 경영공시

산림조합의 사업에 관하여는 신용협동조합법 제83조의2(경영공시)를 적용한다(신용협동조합법95④). 따라서 산림조합에 대하여는 위의 신용협동조합의 경영공시의 내용이 적용된다.

Ⅰ. 의의

조합은 금융위원회가 정하는 바에 따라 경영상황에 관한 주요 정보 및 자료를 공시하여야 한다(신용협동조합법83의2). 이에 따라 상호금융업감독규정은 정기공시, 수시공시, 정정공시 또는 재공시에 관하여 규정하고 있다.

Ⅱ. 정기공시

1. 공시기한 및 공시의무사항

조합은 결산일로부터 3월 이내에 ⅰ) 조직 및 인력에 관한 사항(제1호), ⅱ) 재무 및 손익에 관한 사항(제2호), ⅲ) 자금조달 및 운용에 관한 사항(제3호), ⅳ) 건전성, 수익성, 생산성 등을 나타내는 경영지표에 관한 사항(제4호), ⅴ) 경영방침, 리스크관리 등 경영에 중요한 영향을 미치는 사항으로서 금융감독원장 또는 중앙회장이 별도로 요구하는 사항(제5호)을 공시하여야 한다(상호금융업감독규정9① 본문). 다만, 상반기 결산을 실시하는 경우에는 상반기 결산일로부터 2월 이내에 공시하여야 한다(상호금융업감독규정9① 단서).

2. 공시항목 및 방법

공시의무사항에 대한 구체적인 공시항목 및 방법은 중앙회장이 정하는 조합 통일경영공시기준에 따른다(상호금융업감독규정9②).

Ⅲ. 수시공시

1. 공시사유

조합은 다음에 해당되는 경우 관련 내용을 공시하여야 한다(상호금융업감독 규정9③).

1. 여신 고객별로 조합의 전월말 자기자본의 5%에 상당하는 금액을 초과하는 부실대출이 신규로 발생한 경우. 다만, 그 금액이 1억원 이하인 경우는 제외한다.
2. 금융사고가 발생하여 조합의 전월말 자기자본의 5%에 상당하는 금액 이상의 손실이 발생하였거나 발생이 예상되는 경우. 다만 그 금액이 1억원 이하인 경우는 제외한다.
3. 민사소송 패소 등의 사유로 조합의 전월말 자기자본의 5%에 상당하는 금액을 초과하는 손실이 발생한 경우. 다만, 그 금액이 1억원 이하인 경우는 제외한다.
4. 금융감독원장 또는 중앙회장으로부터 임원에 대한 개선요구를 받은 경우
5. 법 제84조(임직원에 대한 행정처분), 제85조(조합 등에 대한 행정처분) 및 제89조(중앙회의 지도·감독) 제7항, 농업협동조합법 제145조 제2호(=감사 결과에 따른 회원의 임직원에 대한 징계 및 문책의 요구 등에 관한 사항), 제4호(=회원에 대한 시정 및 개선 요구 등에 관한 사항) 및 제164조(위법행위에 대한 행정처분), 수산업협동조합법 제145조 제2호(=감사 결과에 따른 회원의 임직원에 대한 징계 및 문책의 요구 등), 제4호(=회원에 대한 시정 및 개선 요구 등) 및 제170조(법령 위반에 대한 조치), 산림조합법 제120조 제2호(=감사결과에 따른 회원의 임직원에 대한 징계 및 문책 요구 등 필요한 조치), 제4호(=회원에 대한 시정 및 개선 요구 등 필요한 조치) 및 제125조(위법행위에 대한 행정처분)에 따른 처분을 받은 경우
6. 법 제86조(경영관리), 제89조(중앙회의 지도·감독) 제4항 및 상호금융업가

독규정 제12조의2(재무상태개선권고) 및 제12조의3(재무상태개선요구), 농
협구조개선법 제4조(적기시정조치), 수협구조개선법 제4조(부실조합등의 지
정), 산림조합개선법 제4조(적기시정조치)에 따른 조치를 받은 경우
7. 기타 거액손실 또는 금융사고 등이 발생하여 경영의 건전성을 크게 해치거나
해칠 우려가 있는 경우

2. 공시방법

조합은 공시사유가 발생한 즉시 금융감독원장이 정하는 사항[8]을 3개월 이
상 객장과 중앙회 홈페이지(중앙회 홈페이지를 통해 접근할 수 있는 조합의 홈페이지
가 있는 경우 당해 홈페이지)에 게시하는 등의 방법으로 공시하여야 한다(상호금융
업감독규정9④).

Ⅳ. 정정공시 또는 재공시

금융감독원장 또는 중앙회장은 정기공시의 공시의무사항, 공시항목 및 방
법, 수시공시의 공시사유와 공시방법에서 정하는 공시사항을 허위로 작성하거나
중요한 사항을 누락하는 등 불성실하게 공시하는 경우에는 당해 조합에 대해 정
정공시 또는 재공시를 요구할 수 있다(상호금융업감독규정9⑤).

---

8) "금융감독원장이 정하는 사항"이라 함은 다음에 해당하는 것을 말한다(상호금융업감독업
무시행세칙13②).
1. 감독규정 제9조 제3항 제1호의 규정에 따른 공시의 경우에는 당해 고객명, 금액, 사유,
조합수지에 미치는 영향, 향후 대책
2. 감독규정 제9조 제3항 제2호의 규정에 따른 공시의 경우에는 당해 금융사고의 발생일
자 또는 기간, 사고발견일자, 경위, 금액, 원인, 조합수지에 미치는 영향, 조치내용 또
는 계획 등
3. 감독규정 제9조 제3항 제3호의 규정에 따른 공시의 경우에는 경위, 금액, 조합수지에
미치는 영향, 조치내용 또는 계획 등
4. 감독규정 제9조 제3항 제4호의 규정에 따른 공시의 경우에는 경위, 조합수지에 미치는
영향, 조치내용 또는 계획 등
5. 감독규정 제9조 제3항 제5호의 규정에 따른 공시의 경우에는 대상, 경위, 주요내용, 조
합수지에 미치는 영향 등
6. 감독규정 제9조 제3항 제6호의 규정에 따른 공시의 경우에는 대상, 경위, 주요내용, 조
합수지에 미치는 영향 등
7. 감독규정 제9조 제3항 제7호의 규정에 따른 공시의 경우에는 경위, 금액, 조합수지에
미치는 영향, 조치내용 또는 계획 등

Ⅴ. 위반시 제재

조합 또는 중앙회가 신용협동조합법 제83조의2를 위반하여 공시하지 아니하거나 거짓으로 공시한 경우에는 2천만원 이하의 과태료를 부과한다(신용협동조합법101①(3의2)).

제9절 경영건전성 기준

상호금융기관은 신용협동조합법에 의해 설립된 비영리법인인 신용협동조합, 농업협동조합[농업협동조합법에 의하여 설립된 지역농업협동조합과 지역축산업협동조합(신용사업을 실시하는 품목조합을 포함)], 수산업협동조합[수산업협동조합법에 의하여 설립된 지구별수산업협동조합(법률 제4820호 수산업협동조합법 중 개정법률 부칙 제5조의 규정에 의하여 신용사업을 실시하는 조합을 포함)], 그리고 산림조합법에 의해 설립된 산림조합을 말한다(상호금융업감독규정 제2조 및 제3조 참조). 또한 새마을금고법에 의해 설립된 새마을금고도 설립목적, 지배구조 및 영위업무 등을 고려할 때 상호금융기관에 해당한다. 이들 기관들 중에서 새마을금고를 제외한 기관들은 모두 금융감독기관의 감독을 받고 있으며, 새마을금고만 행정안전부의 감독을 받고 있다.

산림조합이 신용사업을 하는 경우에는 신용협동조합법에 따른 신용협동조합으로 본다(신용협동조합법95①(3)). 산림조합의 사업에 관하여는 신용협동조합법 제83조의3(경영건전성 기준)을 적용한다(신용협동조합법95④).

Ⅰ. 의의

조합 및 중앙회는 경영의 건전성을 유지하고 금융사고를 예방하기 위하여 ⅰ) 재무구조의 건전성에 관한 사항(제1호), ⅱ) 자산의 건전성에 관한 사항(제2호), ⅲ) 회계 및 결산에 관한 사항(제3호), ⅳ) 위험관리에 관한 사항(제4호), ⅴ) 그 밖에 경영의 건전성을 확보하기 위하여 필요한 사항(제5호)에 관하여 대통령

령으로 정하는 바에 따라 금융위원회가 정하는 경영건전성 기준을 준수하여야
한다(신용협동조합법83의3①).

Ⅱ. 재무구조 건전성

1. 의의

조합 및 중앙회는 경영의 건전성을 유지하고 금융사고를 예방하기 위하여
금융위원회가 정하는 재무구조의 건전성에 관한 사항인 ⅰ) 자산등에 대한 자기
자본비율(가목), ⅱ) 적립필요금액에 대한 대손충당금비율(나목), ⅲ) 퇴직금추계
액에 대한 퇴직급여충당금비율(다목)을 준수하여야 한다(신용협동조합법83의3①,
동법 시행령20의2(1)).

2. 경영지도비율

조합의 경영건전성 확보를 위하여 은행에 적용하는 유사한 형태로 경영지도
비율 기준을 설정하여 이를 준수하도록 하고 있다.

조합은 ⅰ) 총자산 대비 순자본비율[9]: 2% 이상(제1호), ⅱ) 대손충당금비율:

---

9) [별표 5] 상호금융업감독규정시행세칙 제12조(건전성비율 산정기준)

$$1. \ 순자본비율 = \frac{총자산^{1)} - 총부채^{1)} - 출자금^{2)} + 후순위차입금^{3)} + 대손충당금^{4)}}{총자산 + 미사용약정 \ 신용환산금액^{5)} + 대손충당금^{4)}} \times 100$$

  1) 상호금융기관의 전체사업에 해당하는 총자산 및 총부채
  2) 조합원 탈퇴시 자산·부채 현황과 관계없이 환급이 보장된 출자금(가입금 포함)에
    한한다.
  3) 후순위차입금은 다음의 조건을 갖추어야 하고, 인정한도 범위 내에서 산입할 수 있
    으며 신협에만 해당한다.
    <후순위차입금 조건>
    ① 만기 5년 이상일 것 ② 무담보 및 후순위특약* 조건일 것 ③ 조합의 순자본비율
    이 2% 미만인 경우 이자 지급의 연기가 가능할 것 ④ 조합의 순자본비율이 -3%
    미만인 경우 원리금 지급의 연기가 가능할 것 ⑤ 만기 전에 채권자 임의에 의한 상
    환이 허용되지 않을 것. 다만, 중앙회장이 당해 조합의 순자본비율 수준 등을 고려
    하여 승인한 경우에는 그러하지 아니하다. ⑥ 파산 등의 사태가 발생할 경우 선순
    위채권자가 채권전액을 상환받을 때까지 기한부 후순위채권자의 상계권이 허용되
    지 않는 조건일 것
    * 파산 등의 사태가 발생할 경우 선순위채권자가 채권전액을 상환받은 후에야 상
    환청구권의 효력이 발생함을 정한 특약.
    <후순위차입금 인정한도>

100% 이상(제2호), iii) 퇴직급여충당금 비율: 100% 이상(제3호)의 건전성 비율을
유지하여야 한다(상호금융업감독규정12① 본문).

3. 대손충당금 적립기준

(1) 대손충당금비율

경영지도비율 중 대손충당금비율의 산정기준은 [별표1-3]과 같다(상호금융
업감독규정12② 본문).

[별표 1-3] 대손충당금비율

가. 설정대상채권

대출금, 여신성가지급금, 가지급금, 신용카드채권, 미수금, 환매조건부채권
매수 및 미사용 약정

나. 산식

$$대손충당금비율 = \frac{손충당금\ 잔액^{1)}}{대손충당금\ 요적립잔액^{2)}} \times 100$$

1) 대손충당금 잔액 = 결산 또는 가결산후의 대손충당금 잔액
2) 대손충당금 요적립잔액
   ① 당해 회계연도 결산 또는 가결산 기준일 현재 대손충당금 설정대상채권
      에 대한 자산건전성 분류결과에 따라 정상 분류채권의 1% 이상, 요주의
      분류채권의 10% 이상, 고정 분류채권의 20% 이상, 회수의문 분류채권의
      55% 이상, 추정 손실 분류채권의 100%를 합계한 금액으로 한다.
   ② 제1항에도 불구하고 통계법에 따른 한국표준산업분류상 다음의 업종에
      속하지 않는 법인에 대한 채권은 자산건전성 분류결과에 따라 정상 분류
      채권의 0.85% 이상, 요주의 분류채권의 7% 이상, 회수의문 분류채권의
      50% 이상의 금액으로 할 수 있다.

-----

　① 차입시 만기 5년 이상의 후순위차입금은 [별표 5-4]에서 정하고 있는 기본자본
　의 50% 범위 내에서 산입할 수 있다.
　② 잔존기간이 5년 이내로 되는 경우에는 매년 20%씩 차감(매분기 초마다 5%씩
　차감)한다.
4) 대손충당금 중 정상, 요주의 및 고정분류 해당분(단 고정분류 해당분은 총자산의
　1.25% 범위 내)을 말한다
5) 감독규정 [별표 1-3]의 미사용약정에 대하여 신용환산율 40%를 곱한 금액

1. 건설업(F)
2. 도매 및 소매업(G)
3. 숙박 및 음식점업(I)
4. 부동산업(L)
5. 임대업(76)

③ 제1항에도 불구하고 차주가 대한민국 정부 또는 지방자치단체인 자산과 "정상"으로 분류된 환매조건부채권매수에 대하여는 대손충당금을 적립하지 아니할 수 있다.

④ 제1항에도 불구하고 가목 미사용약정의 경우에는 [별표 1-1]의 자산건전성 결과에 따라 분류된 대손충당금 설정대상채권에 신용환산율 40%를 곱하여 산정한 금액에 대하여 대손충당금을 적립하여야 한다.

(2) 대손충당금의 가산

(가) 요적립잔액의 30% 가산

다음에 해당하는 가계대출("고위험대출"), 즉 ⅰ) 동일채무자에 대한 대출상환 방식이 ㉠ 대출만기에 원금을 일시상환하는 방식의 대출(가목), ㉡ 거치기간 경과 후에 원금을 분할상환하는 방식의 대출(거치기간이 종료되고 원금 분할상환이 시작된 경우 제외)(나목)에 해당하는 경우로서 대출금 총액이 2억원 이상인 경우(제1호), ⅱ) 5개 이상의 금융기관(신용정보법 시행령 제5조 제2항에서 정한 금융기관[10])에 개인대출 잔액을 보유한 자에 대한 대출(제2호)로서 자산건전성 분류가 "정상", "요주의", "고정" 또는 "회수의문"인 대출에 대하여는 [별표 1-3]의 기준에 의한 대손충당금 요적립잔액에 30%를 가산하여 대손충당금을 적립하여야 한다(상호금융업감독규정12② 단서).

(나) 요적립잔액의 20% 가산

조합이 직전 사업연도 말 기준으로 다음의 요건, 즉 ⅰ) 총자산대비 순자본

---

10) 금융지주회사, 기술보증기금, 농협동조합중앙회, 농협은행, 한국무역보험공사, 보험회사, 산림조합중앙회, 상호저축은행중앙회, 새마을금고중앙회, 수산업협동조합중앙회, 수협은행, 신용보증기금, 신용협동조합중앙회, 여신전문금융회사(여신전문금융업법 제3조 제3항 제1호에 따라 허가를 받거나 등록을 한 자를 포함), 예금보험공사 및 정리금융회사, 은행(은행법 제59조에 따라 은행으로 보는 자를 포함), 금융투자업자·증권금융회사·종합금융회사·자금중개회사 및 명의개서대행회사, 중소기업은행, 신용보증재단과 그 중앙회, 한국산업은행, 한국수출입은행, 한국주택금융공사, 외국법령에 따라 설립되어 외국에서 신용정보업 또는 채권추심업을 수행하는 자 등.

비율: 5% 이상(신용협동조합은 3% 이상)(제1호), ⅱ) 예대율: 60% 이상(제2호), ⅲ) 총대출 대비 조합원에 대한 대출비율이 80% 이상(농업협동조합, 수산업협동조합 및 산림조합은 50% 이상)이거나, 총대출 대비 신용대출(햇살론 포함)비율이 10% 이상 (수산업협동조합은 7% 이상)(제3호)을 모두 충족하는 경우에는 [별표 1-3]의 기준에 의한 대손충당금 요적립잔액에 20%를 가산하여 대손충당금을 적립할 수 있다(상호금융업감독규정12③ 본문). 다만, 상호금융업감독규정 제12조의2(재무상태개선권고) 제1항 각호11) 또는 제12조의3(재무상태개선요구) 제1항 각호12)의 어느 하나에 해당하는 조합("재무상태개선조치 조합")은 그러하지 아니하며, 당해 사업연도 중 재무상태개선조치 조합에 해당하게 되는 경우에는 그 해당 분기말부터 앞의 고위험대출의 감독규정 제12조 제2항 단서를 적용한다(상호금융업감독규정12③ 단서).

(3) 대손충당금의 감액

주택담보대출 중 원금을 분할상환하는 방식의 대출로서 자산건전성 분류가 "정상"인 대출에 대하여는 [별표 1-3]의 기준에 의한 대손충당금 요적립잔액에서 50%를 감액하여 대손충당금을 적립한다(상호금융업감독규정12④).

Ⅲ. 자산건전성

1. 의의

조합 및 중앙회는 경영의 건전성을 유지하고 금융사고를 예방하기 위하여 금융위원회가 정하는 자산의 건전성에 관한 사항인 ⅰ) 자산건전성분류대상 자

---

11) 1. 제12조 제1항 제1호에서 정하는 총자산 대비 순자본비율이 2% 미만인 경우
2. 제8조의 규정에 의한 경영실태평가결과 종합평가등급이 3등급 이상으로서 자본적정성 또는 자산건전성 부문의 평가등급을 4등급 이하로 판정받은 경우
3. 거액의 금융사고 또는 부실채권의 발생으로 제1호 내지 제2호의 기준에 해당될 것이 명백하다고 판단되는 경우
12) 1. 제12조 제1항 제1호에서 정하는 총자산대비순자본비율이 마이너스 3% 미만인 경우
2. 제8조의 규정에 의한 경영실태평가결과 종합평가등급을 4등급 이하로 판정받은 경우
3. 거액의 금융사고 또는 부실채권의 발생으로 제1호 내지 제2호의 기준에 해당될 것이 명백하다고 판단되는 경우
4. 제12조의2의 규정에 의한 재무상태개선 권고를 받은 조합이 재무상태개선계획을 성실하게 이행하지 아니하는 경우

산의 범위(가목), ⅱ) 자산에 대한 건전성분류 단계 및 그 기준(나목)을 준수하여
야 한다(신용협동조합법83의3①, 동법 시행령20의2(2)).

2. 자산건전성 분류기준 등

(1) 자산건전성 분류기준

조합은 다음의 보유자산, 즉 ⅰ) 대출금(상호금융대출, 정책자금대출, 공제대출
및 어음할인)과 여신성가지급급(당해 대출금을 회수하기 위하여 지급된 가지급금)(제1
호), ⅱ) 유가증권(제2호), ⅲ) 가지급금(제3호), ⅳ) 신용카드 채권(제4호), ⅴ) 미수
금(제5호), ⅵ) 환매조건부채권매수(제6호), ⅶ) 미사용약정(상품 또는 계약의 명칭을
불문하고 약정한도, 약정기간 및 조건 등을 사전에 정하고, 필요한 자금을 계속적 또는 반
복적으로 차입할 수 있는 대출등의 미사용약정)(제7호), ⅷ) 그 밖에 금융감독원장이
정하는 건전성 분류가 필요하다고 인정하는 자산 등(제8호)의 건전성을 [별표
1-1]13)에 따라 매분기 말(유가증권에 대한 평가는 매월 1회 정기적으로 실시하고 평가

---

13) [별표 1-1] 자산건전성 분류기준
　Ⅰ. 대출금(여신성가지급금, 환매조건부채권매수, 미사용약정 포함)
　1. 정상
　　금융거래 내용, 신용상태가 양호한 채무자와 1월 미만의 연체대출금(정책자금대출금
　　포함)을 보유하고 있으나 채무상환능력이 충분한 채무자에 대한 총대출금
　2. 요주의
　　금융거래내용 또는 신용상태 등으로 보아 사후관리에 있어 통상 이상의 주의를 요하는
　　채무자에 대한 총대출금
　<예 시>
　① 1월 이상 3월 미만의 연체대출금을 보유하고 있으나 회수가 확실시 되는 채무자에 대
　한 총대출금
　② 1월 이상 연체중인 대출금중 정부 또는 농림수산정책자금대손보전기금으로부터 대손
　보전이 보장되는 금액
　③ 1월 미만의 연체대출금을 보유하고 있으나 신용정보관리규약에 의하여 신용불량거래
　처로 등록된 거래처에 대한 총대출금
　④ 고정 이하로 분류된 대출금을 보유하고 있는 채무자에 대한 총대출금중 원리금 회수가
　확실시되는 다음의 어느 하나를 담보로 하는 대출금의 담보 해당금액. 다만 제5호 및 제6
　호를 담보로 하는 대출금의 담보 해당금액은 "정상"으로 분류할 수 있다.
　1. 국채법에 따른 국채 및 지방재정법에 따른 지방채
　2. 국고금 관리법에 따른 재정증권
　3. 한국은행법에 따른 한국은행통화안정증권
　4. 공공기관운영법에 따른 공기업 및 준정부기관이 발행하는 채권
　5. 공제해약환급금
　6. 금융기관(신용보증기금, 농림수산업자신용보증기금, 보증보험회사 등)의 보증
　⑤ 고정이하로 분류되는 상업어음할인 중 만기일에 정상결제가 확실시되는 상업어음할인

⑥ 채무자회생법에 따라 회생절차가 진행 중인 기업체에 대한 공익채권, 회생계획에 따라 1년 이상 정상적으로 원리금이 상환되거나 채무상환능력이 크게 개선되었다고 판단되는 회생채권·회생담보권

⑦ 기업개선작업 대상업체로 확정(신청 포함)된 거래처에 대한 총대출금

⑧ 법원 경매절차에 따라 매각허가결정이 선고된 부동산 등과 관련한 여신 중 배당으로 회수가 확실시되는 금액. 다만 결산 확정(분·반기 말의 경우 기준일로부터 1개월) 이전에 매각대금 미납, 배당 이의의 소 제기 등으로 인하여 회수가능성 및 회수가능금액의 변동이 예상되는 경우에는 "고정"으로 분류한다.

⑨ 기타 부실징후가 예견되거나 발생 중에 있다고 인정되는 법인에 대한 총대출금 등. 다만, 다음의 어느 하나에 해당하는 경우에는 "정상"으로 분류할 수 있다.

1. 자산건전성 분류기준일 현재 해당 조합과 2년 이상의 기간 동안 연체 없이 정상적인 거래를 하고 있는 법인에 대한 대출

2. 은행 등과 공동으로 취급한 동순위 대출 중 주관사가 정상으로 분류한 대출. 다만, 주관사가 대출에 참여하지 않은 경우에는 대출에 참여한 모든 은행 및 보험사가 정상으로 분류한 대출

<부실징후 예시>

① 최근 3년 연속 결손 발생

② 최근 결산일 현재 납입자본 완전잠식

③ 제1·2 금융권 차입금이 연간 매출액을 초과하고 최근 2년 연속 영업이익이 금융비용에 미달. 다만, 최초 결산일로부터 1년이 경과하지 않은 신설법인이나 종교단체·학술단체 등 비영리단체에 대한 대출 및 정책자금대출은 제외한다.

④ 기업의 경영권, 상속지분 등의 문제로 기업 경영상 내분이 발생하여 정상적인 경영활동이 곤란한 경우

⑤ 3월 이상 조업 중단

⑥ 최근 6월 이내 1차부도 발생사실이 있는 거래처에 대한 총대출 등

3. 고정

금융거래내용, 신용상태가 불량하여 구체적인 회수조치를 강구할 필요가 있는 채무자에 대한 총대출금 중 회수예상가액 해당금액

<예 시>

① 3월 이상의 연체대출금을 보유하고 있는 채무자에 대한 총대출금 중 회수예상가액 해당금액

② 대손신청기한으로부터 3월이 경과한 시점까지 대손보전 신청을 하지 않은 정부 또는 농림수산정책 자금대손보전기금 손실보전 대상 대출금 및 농림수산업자신용보증기금 보증서 담보대출금 중 회수예상가액 해당금액

③ 담보권의 실행, 지급명령신청, 대여금 청구소송, 강제집행 등 법적절차 진행중인 채무자에 대한 회수예상가액(자산건전성 분류기준일 현재로부터 최근일의 담보평가액(최종법정평가액)) 해당금액. 다만, 채무자의 상환능력 저하와 관계없는 가압류, 가처분 또는 압류(행정처분인 경우에 한한다)의 경우 본안소송으로 이어지지 아니하였고, 해당 채무자의 대출금이 자산건전성 분류기준일 현재 연체되지 아니한 경우에는 요주의로 분류할 수 있으며, 이 중 가압류 또는 압류에 한하여 그 청구금액의 합계액이 5백만원 미만이거나 대출금액의 1%에 해당하는 금액 미만인 경우에는 정상으로 분류할 수 있다.

④ 폐업 중인 채무자에 대한 총대출금 중 회수예상가액 해당금액. 다만, 개인사업자의 경우 다른 소득이 있거나 영업을 계속하고 있음을 객관적으로 증명하는 경우에는 원리금 회수 가능성에 따라 정상 또는 요주의로 분류할 수 있다

⑤ 법 제42조(동일인에 대한 대출등의 한도)의 규정에 위반하여 대출을 받은 채무자에 대

한 총대출금 중 회수예상가액 해당금액. 다만, 위반사실 적출일 현재 이자납부 등 정상적인 신용상태가 유지되고 있는 채무자에 대하여는 위반 사실 적출일 이후 3월이 경과한 때로부터 고정 이하로 분류하되 건전성분류 기준일 현재 정상적인 신용상태가 유지되고 있는 채무자에 대하여는 동일인 대출한도 초과금액을, 그러하지 아니한 채무자에 대하여는 총대출액을 기준으로 회수예상가액을 산정

⑥ 채무자회생법에 따라 회생절차가 진행(신청 포함)중인 채무자에 대한 총대출금 중 회수예상가액 해당금액

⑦ 다음 각호의 어느 하나에 해당되는 경우로서 자산건전성 분류기준일 현재 1월 이상 연체사실이 있는 법인에 대한 총대출금 중 회수예상가액 해당금액

1. 3월 이상 조업 중단
2. 최근 결산일 현재 납입자본이 완전 잠식 상태이고, 제1·2금융권 차입금이 연간 매출액을 초과하며, 최근 2년 연속 영업이익이 금융비용에 미달

⑧ 신용정보관리규약에 의하여 신용불량거래처로 등록된 거래처의 등록 내용상 1,500만원 이상의 대출이 3개월 이상 연체(금융감독원장이 정한 기준에 의함)된 경우 해당 거래처의 총대출 중 회수예상가액. 다만, 해당 조합의 총대출금이 3백만원 이하인 경우에는 "요주의"로 분류할 수 있다.

⑨ 기타 채권확보를 위하여 별도의 회수방법을 강구할 필요가 있는 채무자에 대한 총대출금 중 회수예상가액 해당금액

4. 회수의문
   고정으로 분류된 채무자에 대한 총대출금 중 손실발생이 예상되나 현재 그 손실액을 확정할 수 없는 회수예상가액 초과금액

<예 시>

① 3월 이상 12월 미만 연체대출금을 보유하고 있는 채무자에 대한 총대출금 중 회수예상가액 초과부분

② 대손신청기한으로부터 3월이 경과한 시점까지 대손보전 신청을 하지 않은 정부 또는 농림수산정책 자금대손보전기금 손실보전 대상 대출금 및 농림수산업자신용보증기금 보증서 담보대출금 중 손실발생이 예상되나 현재 그 손실액을 확정할 수 없는 회수예상가액 초과금액

5. 추정손실
   고정으로 분류된 채무자에 대한 총대출금 중 회수불능이 확실하여 손비처리가 불가피한 회수예상가액 초과금액

<예 시>

① 12월 이상 연체대출금을 보유하고 있는 채무자에 대한 총대출금 중 회수예상가액 초과부분

② 대손신청기한으로부터 3월이 경과한 시점까지 대손보전 신청을 하지 않은 정부 또는 농림수산정책 자금대손보전기금 손실보전 대상 대출금 및 농림수산업자신용보증기금 보증서 담보대출금 중 회수불능이 확실하여 손비처리가 불가피한 회수예상가액 초과금액

③ 소송패소로 인하여 담보권이 소멸되고 채무자 및 보증인이 행방불명되거나 상환능력이 없다고 판단되는 대출금

④ 법적절차 완결 후의 잔존채권으로서 채무자 및 보증인으로부터 상환가능성이 없다고 판단되는 대출금

⑤ 채권, 담보권 등의 하자로 인하여 소송이 계속 중이고 패소가 확실하다고 판단되는 대출금

⑥ 회수의문으로 분류된 후 1년 이상이 경과되도록 채무관계인의 재산을 발견하지 못하는 등 회수가 불가능한 대출금

⑦ 최종부도 발생, 청산·파산절차 진행 또는 폐업 등의 사유로 채권회수에 심각한 위험이 존재하는 것으로 판단되는 대출금

Ⅱ. 신용카드 채권

1. 정상: 금융거래내용, 신용상태 및 경영내용이 양호한 거래처에 대한 총 카드자산

2. 요주의: 다음의 어느 하나에 해당하는 자산
   1) 금융거래내용, 신용상태 및 경영내용 등을 감안할 때 채권회수에 즉각적인 위험이 발생하지는 않았으나 향후 채무상환능력의 저하를 초래할 수 있는 잠재적인 요인이 존재하는 것으로 판단되는 거래처(요주의거래처)에 대한 자산
   2) 1월 이상 3월 미만 연체대출금을 보유하고 있는 거래처에 대한 자산

3. 고정: 다음의 어느 하나에 해당하는 자산
   1) 금융거래내용, 신용상태 및 경영내용 등을 감안할 때 채무상환능력의 저하를 초래할 수 있는 요인이 현재화되어 채권회수에 상당한 위험이 발생한 것으로 판단되는 거래처(고정거래처)에 대한 자산
   2) 3월 이상 연체대출금을 보유하고 있는 거래처에 대한 자산 중 회수예상가액 해당부분
   3) 최종부도 발생, 청산·파산절차 진행 또는 폐업 등의 사유로 채권회수에 심각한 위험이 존재하는 것으로 판단되는 거래처에 대한 자산 중 회수예상가액 해당부분
   4) "회수의문거래처" 및 "추정손실거래처"에 대한 자산 중 회수예상가액 해당부분

4. 회수의문: 다음의 어느 하나에 해당하는 자산
   1) 금융거래내용, 신용상태 및 경영내용 등을 감안할 때 채무상환능력이 현저히 악화되어 채권회수에 심각한 위험이 발생한 것으로 판단되는 거래처(회수의문거래처)에 대한 자산 중 회수예상가액 초과부분
   2) 3월 이상 6월 미만 연체대출금을 보유하고 있는 거래처에 대한 자산 중 회수예상가액 초과부분

5. 추정손실: 다음의 어느 하나에 해당하는 자산
   1) 금융거래내용, 신용상태 및 경영내용 등을 감안할 때 채무상환능력의 심각한 악화로 회수불능이 확실하여 손실처리가 불가피한 것으로 판단되는 거래처(추정손실거래처)에 대한 자산 중 회수예상가액 초과부분
   2) 6월 이상 연체대출금을 보유하고 있는 거래처에 대한 자산 중 회수예상가액 초과부분
   3) 최종부도 발생, 청산·파산절차 진행 또는 폐업 등의 사유로 채권회수에 심각한 위험이 존재하는 것으로 판단되는 거래처에 대한 자산 중 회수예상가액 초과부분

Ⅲ. 유가증권(시가법에 의한 평가대상 유가증권 제외)

1. 정상
   1) 평가액이 장부가액을 상회하는 유가증권
   2) 평가액이 장부가액을 일시적(3월 미만)으로 하회하고 있으나 장차 회복될 전망이 확실시되는 유가증권
   3) 국공채, 정부보증채, 보증사채 등으로서 원리금 회수가 확실시되는 유가증권

2. 요주의
   1) 평가액이 장부가액을 상회하고 있으나 최근 2년 이상 계속하여 납입자본 잠식상태에 있는 회사가 발행한 유가증권
   2) 평가액이 장부가액을 3월 이상 계속 하회하는 유가증권의 평가 상당액
   3) 최근 발행자의 경영악화 등으로 신용위험이 증대한 유가증권

3. 회수의문
   1) 평가액이 장부가액을 3월 이상 계속 하회하고 있는 유가증권의 평가손실액
   2) 발행자의 신용위험 등이 현저히 악화되어 만기에 원금회수가 의문시되는 유가증권

4. 추정손실

일의 종가를 적용)을 기준으로 분류하여야 한다(상호금융업감독규정11① 본문).

(2) 5단계 분류

위의 자산건전성 분류기준에서 보유자산에 대한 건전성은 "정상", "요주의", "고정", "회수의문", "추정손실"의 5단계로 구분하되, 유가증권의 경우에는 "고정" 분류를, 가지급금(여신성 가지급금을 제외)의 경우에는 "요주의" 및 "고정" 분류를 제외한다(상호금융업감독규정11②).

3. 연체대출금

(1) 연체대출금 의제 대출금

조합은 자산건전성 분류기준에 의하여 보유자산의 건전성을 분류함에 있어 다음에 해당하는 대출금, 즉 ⅰ) 약정만기일에 상환되지 아니한 대출금(제1호), ⅱ) 약정만기일 이내라도 이자가 납입되지 아니한 사유 등으로 기한의 이익을 상실한 대출금(제2호 본문). 다만, 기한의 이익을 상실하지 않았더라도 ㉠ 이자의

---

1) 평가액이 장부가액을 6월 이상 계속 하회하고 있는 유가증권의 평가손실액
2) 발행자의 파산으로 원금 회수불능이 확실시되는 유가증권
3) 기타 무가치한 유가증권
Ⅳ. 가지급금(여신성가지급금 제외)
1. 정상
  1) 당해 회계연도 또는 다음 회계연도 내에 정상적으로 정리될 것이 확실한 가지급금
  2) 기타 회수가 확실한 가지급금
2. 회수의문
  1) 사고금 또는 출납부족금 정리를 위한 것으로 손비처리가 예상되는 가지급금
  2) 소송관계 비용으로서 손비처리가 예상되는 가지급금
  3) 기타 회수가 불확실하여 손비처리가 예상되는 가지급금
3. 추정손실
  1) 사고금 또는 출납부족금 정리를 위한 것으로 손비처리가 불가피한 가지급금
  2) 소송관계 비용으로서 패소가 확실하여 손비처리가 불가피한 가지급금
  3) 기타 손비처리가 불가피한 가지급금
Ⅴ. 미수금
1. 정상: 지급일로부터 1월이 경과하지 아니한 미수채권
2. 요주의: 지급일로부터 1월 이상 3월이 경과하지 아니한 미수채권
3. 고정: 지급일로부터 3월 이상 경과된 미수채권으로서 회수예상가액 해당분
4. 회수의문: 지급일로부터 3월 이상 경과된 미수채권으로서 손실발생이 예상되나 현재 손실액을 확정할 수 없는 회수예상가액 초과분
5. 추정손실: 지급일로부터 3월 이상 경과된 미수채권으로서 회수불능이 확실하여 손비처리가 불가피한 회수예상가액 초과분

납입주기가 6개월 미만인 경우 차기 납입기일까지 이자가 납입되지 않은 대출금
과 ⓛ 이자의 납입주기가 6개월 이상인 경우 납입기일로부터 3개월 경과시까지
이자가 납입되지 않은 대출금(예탁금·적금 납입액 이내의 담보대출금은 제외)을 포
함한다(제2호 단서). ⅲ) 분할상환 기일에 상환되지 아니한 분할상환금(제3호), ⅳ)
만기일에 결제되지 아니한 상업어음할인(제4호)에 대하여는 이를 연체대출금으로
본다(상호금융업감독업무시행세칙6①).

(2) 연체대출금의 분류기준

연체대출금은 최초의 연체기산일을 기준으로 분류한다(상호금융업감독업무시
행세칙6②).

4. 회수예상가액 산정

(1) 원칙: 담보종류별 회수예상가액 산정기준

조합은 자산건전성 분류기준에 의한 "고정"이하 분류 여신을 보유한 채무자
의 대출금에 대하여는 자산건전성 분류시마다 감독규정 [별표 1-2][14]의 담보종

---

14) [별표 1-2] 담보종류별 회수예상가액 산정기준

담보종류		산정액	비고
예·적금		불입액의 100%	
중앙회 공제		해약환급금의 100%	
유가 증권	상장주식 상장채권 수익증권	대용가격의 100% 대용가격의 100% 기준가격의 100%	한국거래소 공시
지급 보증	은행지급보증서 신용보증서 보증보험증권 정부투자기관보증	보증(보험)금액의 100%	
부동 산등	대지 건물 아파트 자동차, 중기, 선박등 기계, 기구류	공시지가의 100% 건물신축단가표의 100% 시가의 70% 최종감정가액을 관련 세법상의 내용년 　수로 나눈 금액을 매년 정액 차감 최종감정가액에서 매년 10%씩 차감	국토교통부 공시
기타		시가의 70%	
경매 진행중인 담보		최종 법사가	

류별 회수예상가액 산정기준에 따라 담보물의 회수예상가액을 산정하여야 한다 (상호금융업감독규정11의2 본문).

(2) 예외: 최종담보평가액

다음의 어느 하나에 해당하는 경우. 즉 ⅰ) "고정" 이하 분류사유 발생일이 3개월 이내인 경우(제1호), ⅱ) 3개월 이내에 법적절차 착수예정인 경우(제2호), ⅲ) 예탁금, 적금, 유가증권 및 지급보증서 이외의 담보(경매가 진행 중인 담보는 제외)로서 담보의 최종감정일 또는 최종 회수예상가액 산정일이 2년 이내인 경우(제3호), ⅳ) 총대출금액에 대한 담보비율이 150% 이상인 경우(제4호), ⅴ) 채무자회생법에 따른 회생절차 또는 기업개선작업 등을 신청하였거나 당해 절차가 진행 중인 경우(제5호)에는 최종담보평가액(유효담보가액 또는 종전 건전성 분류시 산정한 회수예상가액 등)을 회수예상가액으로 볼 수 있다(상호금융업감독규정11의2 단서).

Ⅳ. 회계 및 결산

조합 및 중앙회는 경영의 건전성을 유지하고 금융사고를 예방하기 위하여 금융위원회가 정하는 회계 및 결산에 관한 사항인 ⅰ) 재무 및 손익상황의 표시

<유의사항>
1. 회수예상가액을 산정하는 경우에는 선순위 등을 공제하여야 하며, 관련법규 또는 조합 자체내규에서 담보취득을 제한하는 물건을 회수예상가액에서 제외하여야 함
2. 시가는 매매가격 등을 기준으로 하여 조합 자체적으로 산정함
3. 건물신축단가표의 100%는 건물면적×표준단가×(잔여년수/내용년수)를 말하며, 관련 세법상의 내용년수 계산시에는 자동차 등의 구입시점에서 최종 감정일까지의 경과년수를 차감함
4. 비상장유가증권 중 비상장주식(금융투자협회 공시)의 평가는 다음의 기준에 의한다.
   ① 대용가격이 있는 경우에는 대용가격의 100%
   ② 대용가격이 없으나 시가를 알 수 있는 경우에는 시가의 50%
   ③ 대용가격이 없고 시가도 알 수 없는 경우에는 『일반기업회계기준』 제6장 문단 13의 규정에 의한 순자산가액이나 『상속세 및 증여세법 시행령』 제55조(순자산가액의 계산방법)의 규정에 의한 평가액에 의함. 다만, 『상속세 및 증여세법 시행령』 제56조(1주당 최근 3년간의 순손익액의 계산방법)의 규정에 의한 순자산가액이 더 큰 경우에는 이를 기준으로 평가할 수 있음.
5. 비상장유가증권 중 비상장채권의 평가는 다음의 기준에 의한다.
   ① 금융기관 보증부 및 담보부 채권의 경우에는 평가일 현재 3년만기 회사채 수익률로 할인한 가액의 90%
   ② 기타채권의 경우에는 평가일 현재 3년만기 회사채수익률로 할인한 가액의 70%

기준(가목), ii) 충당금·적립금의 적립기준(나목), iii) 채권의 대손상각처리기준(다목)을 준수하여야 한다(신용협동조합법83의3①, 동법 시행령20의2(3)).

위 다목과 관련 채권의 대손상각에 관하여 살펴보면 다음과 같다.

1. 대손인정 신청

조합이 보유한 부실채권을 대손상각처리하고자 할 경우에는 매분기말 2월 전까지 중앙회장에게 대손인정을 신청하여야 한다(상호금융업감독규정15의3①).

2. 대손인정 결과의 보고

중앙회장은 대손인정의 신청에 의한 대손인정 결과를 매 사업년도 경과 후 다음 달 20일까지 금융감독원장에게 보고하여야 한다(상호금융업감독규정15의3②).

3. 재무재표 주석사항에 표시

조합은 대손인정 신청에 의하여 상각처리한 채권의 잔액을 재무상태표 주석사항에 대손상각채권으로 표시하여야 한다(상호금융업감독규정15의3③).

4. 세부사항 제정

조합에 대한 대손인정에 필요한 세부사항 및 중앙회에 대한 대손상각 절차 등은 금융감독원장이 정한다(상호금융업감독규정15의3④).[15]

---

15) 상호금융업감독업무시행세칙 제12조의2(채권의 대손상각) ① 대손상각채권은 조합이 보유한 자산 중 감독규정 제11조 제1항 각호의 채권(유가증권을 제외) 및 기타 이에 준하는 채권으로 한다.
② 중앙회장은 조합이 제1항에 해당하는 채권이 감독규정 제11조 및 제18조의2의 규정에 따라 "추정손실"로 분류된 경우 대손인정할 수 있다.
③ 제2항의 규정에 불구하고 제1항에 해당하는 채권 중 건당 1천만원 이하의 채권으로서 조합이 자체 상각한 것은 중앙회장이 대손인정한 것으로 본다.
④ 조합이 제2항의 규정에서 정하는 기준에 부합하여 대손인정을 중앙회장에 신청하고자 하는 경우 해당 채권에 대하여 자체 책임심의를 완료하고 대손인정신청시 그 결과를 함께 보고하여야 한다.
⑤ 감독규정 및 이 세칙에서 정하지 아니한 사항은 금융감독원장이 정한 금융기관채권대손인정업무세칙·은행업감독업무시행세칙 제19조(대손상각요구) 및 제21조(상각실적보고)에서 정한 사항을 준용한다. 이 경우 조합에 대하여는 금융감독원장을 중앙회장으로 본다.

Ⅴ. 위험관리

조합 및 중앙회는 경영의 건전성을 유지하고 금융사고를 예방하기 위하여 금융위원회가 정하는 위험관리에 관한 사항인 ⅰ) 위험관리의 기본방침(가목), ⅱ) 위험관리를 위한 경영진의 역할(나목), ⅲ) 위험관리에 필요한 내부관리체제(다목), ⅳ) 여신 심사 및 사후관리 등에 관한 기준(라목), ⅴ) 금융사고 예방·대응 및 재발방지 대책(마목)을 준수하여야 한다(신용협동조합법83의3①, 동법 시행령 20의2(4)).

1. 리스크관리체제

(1) 종합적인 관리체제 구축·운영

조합은 상호금융업무를 영위함에 있어 발생하는 리스크를 사전에 예방하고 효율적으로 관리하기 위하여 이를 인식·측정·감시·통제할 수 있는 종합적인 관리체제를 구축·운영하여야 한다(상호금융업감독규정16①).

(2) 부서별 또는 사업부문별 리스크부담 한도 및 거래 한도의 설정·운영

조합은 리스크를 효율적으로 관리하기 위하여 부서별 또는 사업부문별 리스크부담 한도 및 거래 한도 등을 적절히 설정·운영하여야 한다(상호금융업감독규정16②).

2. 리스크관리조직

(1) 이사회 의결

조합은 이사회에서 리스크관리에 관한 정책 및 전략의 승인, 리스크관리규정의 제정 및 개정 등 리스크관리에 필요한 주요 사항을 심의·의결한다(상호금융업감독규정16의2①).

(2) 리스크관리위원회의 설치와 업무

조합은 리스크관리에 관한 이사회의 승인결정사항을 효율적으로 이행하기 위하여 리스크관리위원회("위원회")를 설치하여야 하며, 위원회는 ⅰ) 리스크관리 정책 및 전략의 수립(제1호), ⅱ) 부담 가능한 리스크수준의 설정(제2호), ⅲ) 각종 한도의 설정 및 한도 초과의 승인(제3호), iv) 위원회 승인 및 결정사항의 이사회 보고(제4호) 업무를 수행한다(상호금융업감독규정16의2② 본문). 다만, 직장조합 및 직전사업년도 종료일 현재의 자산총액이 300억원 미만인 조합은 이사회가 위원회 기능을 대행할 수 있다(상호금융업감독규정16의2② 단서).

(3) 실무조직의 운영

조합은 경영상 발생할 수 있는 리스크를 독립적으로 종합관리하고 위원회를 보조할 수 있는 적절한 실무조직을 운영하여야 한다(상호금융업감독규정16의2③ 본문). 다만, 직장조합 및 직전사업년도 종료일 현재의 자산총액이 300억원 미만인 조합은 기존조직 또는 담당자에게 이를 담당하게 할 수 있다(상호금융업감독규정16의2③ 단서).

3. 리스크관리규정

(1) 내부규정 또는 지침의 제정·운영

조합은 리스크관리에 관한 기본방침, 조직 및 절차, 한도관리와 리스크측정 및 관리체체 등을 포함하는 내부규정 또는 지침을 자체 실정에 맞게 제정·운영하여야 한다(상호금융업감독규정16의3①).

(2) 내부통제 세부사항

조합의 감사규정[16] 운영, 감사실 직제[17] 등 내부통제와 관련한 세부적인 사항은 금융감독원장이 정한다(상호금융업감독규정16의3②).

4. 주택관련 담보대출에 대한 리스크관리

(1) 주택관련 담보대출에 대한 리스크관리기준(별표2)

조합은 주택관련 담보대출 취급시 경영의 건전성이 유지되도록 [별표 2]에서 정하는 담보인정비율, 총부채상환비율, 기타 주택담보대출 등의 취급 및 만기

---

16) 상호금융업감독업무시행세칙 제16조(감사규정) 조합은 중앙회에서 정한 감사규정을 조합 실정에 맞게 정하여 운영하여야 한다.
17) 상호금융업감독업무시행세칙 제17조(감사실 직제) ① 중앙회장이 정하는 기준에 의하여 감사실을 설치하여야 하는 조합은 직제규정에 따라 감사실을 설치하여야 한다.
② 조합의 감사실은 중앙회장이 정한 일상감사사항을 감사하여야 하며, 감사결과에 대한 조치 및 보고는 조합의 감사규정에서 정하는 바에 의한다.

연장에 대한 제한 등을 준수하여야 한다(상호금융업감독규정16의4①).

감독규정 [별표 2]는 주택관련 담보대출에 대한 리스크관리기준으로 담보인정비율(LTV), 총부채상환비율(DTI), 총부채원리금상환비율(DSR) 등에 관하여 규정하고 있다.

"담보인정비율"(LTV, Loan-To-Value ratio)이라 함은 주택담보대출 취급시 담보가치에 대한 대출취급가능금액의 비율을 말하고, "총부채상환비율"(DTI, Debt-To-Income ratio)이라 함은 차주의 연간 소득에 대한 연간 대출 원리금 상환액의 비율을 말하며, "총부채원리금상환비율(DSR, Debt-Service-Ratio)"이란 차주의 총금융부채 상환부담을 판단하기 위하여 산정하는 차주의 연간 소득 대비 연간 금융부채 원리금 상환액 비율을 말한다.

(2) 담보인정비율 및 총부채상환비율의 가감조정

금융감독원장은 조합의 경영건전성 등을 감안하여 긴급하다고 인정하는 경우 [별표 2]에서 정한 담보인정비율 및 총부채상환비율을 10% 범위 이내에서 가감조정할 수 있다(상호금융업감독규정16의4② 전단). 이 경우 금융감독원장은 그 내용을 지체 없이 금융위원회에 보고하여야 한다(상호금융업감독규정16의4② 후단).

(3) 세부판단기준

담보인정비율 및 총부채상환비율의 산정방법 및 적용대상의 세부판단기준, 주택담보대출 등의 취급 및 만기연장 제한 등과 관련한 세부적인 사항은 금융감독원장이 정하는 바에 따른다(상호금융업감독규정16의4③).

5. 여신업무 기준

(1) 여신심사 및 사후관리

조합은 상당한 주의를 기울여 ⅰ) 차주의 신용위험 및 상환능력 등에 대한 분석을 통한 신용리스크의 평가(제1호), ⅱ) 차주의 차입목적, 차입금 규모, 상환기간 등에 대한 심사 및 분석(제2호), ⅲ) 차주의 차입목적 이외의 차입금 사용 방지 대책 마련(제3호), ⅳ) 여신실행 이후 차주의 신용상태 및 채무상환능력 변화에 대한 사후 점검 및 그 결과에 따른 적절한 조치(제4호), ⅴ) 산업별, 고객그룹별 여신운용의 다양화를 통한 여신편중 현상의 방지(제5호)의 여신심사 및 사후관리 등 여신업무를 처리하여야 한다(상호금융업감독규정16의6①).

(2) 여신심사기준

금융감독원장은 여신 운용의 건전성을 제고할 수 있도록 여신심사 및 사후
관리 업무에 관한 구체적인 기준을 정할 수 있다(상호금융업감독규정16의6②).[18]

6. 금융사고 예방대책

조합은 다음에서 정하는 금융사고 관리 및 예방, 이용자 정보보호 등에 관
한 대책 등을 마련하고 이를 준수하여야 한다(상호금융업감독규정16의7).

1. 다음의 금융사고 관리에 관한 사항
    가. 조합 임직원의 사기·횡령·배임·절도·금품수수 등 범죄혐의가 있는 행
       위에 대한 방지 대책
    나. 과거에 발생한 금융사고 또는 이와 유사한 금융사고에 대한 재발 방지
       대책
    다. 그 밖에 위법 또는 부당한 업무처리로 조합 이용자의 보호에 지장을 가
       져오는 행위를 방지하기 위한 대책
2. 금융사고 예방대책 이행상황에 대한 점검·평가 등 본·지점의 업무운영에

---

18) 상호금융업감독업무시행세칙 제8조의4(여신심사기준) ① 조합은 감독규정 제16조의6에
따라 여신 실행 이전 단계에서 신용리스크를 적절히 평가·관리할 수 있는 건전한 여신심
사 및 승인업무 시스템("여신심사기준 등")을 운영하여야 하며, 여신심사 기준 등에는 다
음의 사항을 포함하여야 한다.
1. 여신심사조직과 영업조직간 역할 정립 및 상호 협조
2. 신용평가시스템 등에 의한 합리적이고 투명한 여신심사 및 승인
3. 적정한 규모의 여신이 취급될 수 있는 차주별 여신한도제도의 운영
4. 담보대출의 취급기준
5. 차주의 신용 평가결과 및 여신 원가 요소 등을 합리적으로 반영한 여신금리 산정체계
② 조합은 제1항에 따라 여신심사업무를 효율적으로 수행할 수 있도록 다음의 사항을 포
함하는 내부시스템을 구축하여야 한다.
1. 내부업무처리규정 및 절차 제정
2. 제1호의 규정 및 절차에 따라 업무를 수행할 내부 조직의 지정
3. 대출모집, 대출심사 및 대출 사후관리 조직간의 명확한 직무분장
③ 제1항 제4호의 담보대출 취급기준에는 담보물건별 대출비율을 포함하여야 한다. 이 경
우 담보물건별 대출비율은 환가성, 경락률 및 시장상황 등을 고려하여 정하며, 동 대출비
율을 초과하여 대출하는 경우에는 초과분에 대한 신용평가 및 전결권 상향 등 처리방법을
정하여야 한다.
④ 제1항 내지 제3항에 불구하고 직장조합은 중앙회장이 정하는 바에 따를 수 있다.

관한 자체적인 검사 계획 및 검사 실시 기준

3. 조합 이용자의 정보보호를 위하여 조합상품의 홍보판매 등의 과정에서 소속 임직원이 준수하여야 하는 조합 이용자의 정보이용 기준 및 절차

VI. 기타 경영건전성

조합 및 중앙회는 경영의 건전성을 유지하고 금융사고를 예방하기 위하여 금융위원회가 정하는 그 밖에 경영의 건전성 확보를 위하여 필요한 사항인 ⅰ) 예탁금, 적금 및 출자금 등에 대한 대출금 보유기준(가목), ⅱ) 업종별 대출등에 대한 한도기준(나목), ⅲ) 유동성 부채에 대한 유동성 자산의 보유기준(다목)을 준수하여야 한다(신용협동조합법83의3①, 동법 시행령20의2(5)).

1. 예탁금, 적금 및 출자금 등에 대한 대출금 보유기준

(1) 예대율 유지

조합은 예탁금, 적금 및 출자금에 대한 대출금 비율("예대율")을 ⅰ) 직전 반기 말 주택담보대출의 분할상환비율이 20% 미만의 경우: 80% 이하(가목), ⅱ) 직전 반기 말 주택담보대출의 분할상환비율이 20% 이상 30% 미만인 경우: 90% 이하(나목), ⅲ) 직전 반기 말 주택담보대출의 분할상환비율이 30 이상인 경우: 100% 이하(다목)에 따라 유지하여야 한다(상호금융업감독규정12①(5)).

(2) 예대율 적용 제외 조합

예대율은 직전 분기 중 분기말월 기준 대출금 200억원 미만인 조합의 경우에는 적용하지 아니한다(상호금융업감독규정12① 단서).

(3) 예대율 하락시 기준 적합의무

예대율이 하락하게 되는 경우에는 그 해당 반기말까지 예대율 기준에 적합하도록 하여야 한다(상호금융업감독규정12⑤).

2. 업종별 대출등에 대한 한도기준

조합은 다음에서 정하는 업종별 대출등 한도 기준을 준수하여야 한다(상호

금융업감독규정16의8).[19]

1. 한국표준산업분류(통계청 고시)중 대분류 기준에 따른 업종 중 다음 각 목의
   어느 하나에 해당하는 업종: 각 목의 업종별 대출등이 대출등 총액의 30%
   가. 건설업
   나. 부동산업
2. 제1호 각목의 대출등의 합계액: 대출등 총액의 50%

3. 유동성 부채에 대한 유동성 자산의 보유기준

조합은 유동성 부채에 대한 유동성 자산비율("유동성 비율")을 100% 이상 유지하여야 한다(상호금융업감독규정12①(4) 본문). 다만, 직전 사업연도 말 기준 자산총액 300억원 이상 1,000억원 미만 조합의 경우에는 90% 이상, 자산총액 300억원 미만 조합의 경우에는 80% 이상을 유지하여야 한다(상호금융업감독규정12①(4) 단서).[20]

---

19) 부칙<제2022-1호, 2022.01.12.> 제1조(시행일) 이 규정은 2024년 12월 29일부터 시행한다.
20) 부칙<제2022-1호, 2022. 1. 12.>
   제1조(시행일) 이 규정은 2024년 12월 29일부터 시행한다.
   제2조(유동성 비율에 관한 경과조치) 제12조 제1항 제4호의 규정에도 불구하고 직전 사업연도말 기준 자산총액 1,000억원 이상 조합의 경우에는 이 규정 시행일로부터 1년이 경과하기 전까지 유동성 비율은 90% 이상으로 한다.

제
7
장
/

구조조정 관련 제도

제1절 경영실태평가

Ⅰ. 서설

경영실태평가는 상호금융기관의 경영실적, 경영의 건전성, 경영진의 경영능력, 법규준수 상황 및 리스크 관리실태 등 다양한 평가부문을 종합적이고 통일적인 방식에 따라 일정한 등급으로 평가하여 금융회사의 경영상태를 체계적이고 객관적으로 확인하는 방법의 하나이다.[1]

경영실태평가의 가장 기본적인 목표는 경영실태를 정확히 파악하고 이를 바탕으로 일정기간 후 상호금융기관의 경영상태가 어떻게 변화될 것인가를 판단하는 것이다. 경영실태평가 결과에 따라 부실금융회사에 대해서 적기시정조치를 취하는 한편 감독상 주의 및 관심을 더욱 집중하여 상호금융기관 경영의 건전성 확보와 금융이용자 보호 및 신용질서 유지 등 감독·검사업무의 효율성을 높일 수 있는 장점도 있다.

---

1) 금융감독원(2021), 「금융감독개론」, 금융감독원(2021. 2), 241쪽.

신용협동조합과 새마을금고는 CAMEL 평가이고, 농협, 수협, 산림조합은 CAEL평가를 한다.

산림조합이 신용사업을 하는 경우에는 신용협동조합법에 따른 신용협동조합으로 본다(신용협동조합법95①(3)). 조합 및 중앙회의 사업에 관하여는 법 제89조 제3항을 적용한다(신용협동조합법95④).

중앙회장은 회원의 경영상태를 평가하고 그 결과에 따라 그 회원에게 경영개선, 합병권고 등의 필요한 조치를 요구할 수 있다(법117② 전단). 이 경우 조합장은 그 사실을 지체 없이 공고하고 서면으로 조합원에게 통지하여야 하며, 조치결과를 조합의 이사회 및 총회에 보고하여야 한다(법117② 후단).

산림조합에 대한 경영실태평가는 감독규정상 평가와 산림조합법상 평가로 이원화되어 있다. 따라서 앞에서 살펴본 상호금융업감독규정 제8조 제1항부터 제5항까지의 내용이 그대로 적용된다(상호금융업감독규정3②).

산림조합에 대하여는 상호금융업감독규정상의 CAMEL 평가와「산림조합의 구조개선업무 감독규정」(산림청고시)상의 경영평가(CAEL)로 이원화되어 있다.

Ⅱ. 상호금융업감독규정상의 경영평가

1. 경영실태 분석

금융감독원장 및 중앙회장은 조합의 경영실태를 분석하여 경영의 건전성 여부를 감독하여야 한다(상호금융업감독규정8①).

2. 경영실태 평가와 그 결과의 감독 및 검사업무 반영

금융감독원장 및 중앙회장은 조합에 대한 검사 등을 통하여 경영실태를 평가하고 그 결과를 감독 및 검사업무에 반영할 수 있다(상호금융업감독규정8②).[2]

경영실태평가는 CAMEL방식으로 평가하는데 자본의 적정성(Capital Adequacy), 자산의 건전성(Asset Quality), 경영관리능력(Management), 수익성(Earnings), 유동

---

2) 상호금융업감독업무시행세칙 제12조의5(경영실태평가 내용설명 및 의견 청취) 감독규정 제8조 제2항에 의한 경영실태평가를 실시하는 경우 경영실태평가 내용을 당해 조합에 설명하여야 하며 의견 제출 기회를 부여하여야 한다. 다만, 감독규정 제3조(경영실태분석 및 평가) 제3항 단서에 따라 실시하는 계량지표에 의한 평가시에는 이를 생략할 수 있다.

성(Liquidity) 등 5개 부문으로 구성된다.

3. 정기검사시 실시

경영실태평가는 조합에 대한 종합검사시에 실시한다(상호금융업감독규정8③ 본문). 다만, 정기검사 이외의 기간에는 분기별(금융감독원장이 필요하다고 인정하는 경우에는 수시)로 부문별 평가항목 중 계량지표에 의해 평가가 가능한 항목에 대한 평가를 실시할 수 있다(상호금융업감독규정8③ 단서).

4. 경영실태평가 부문별 평가항목 및 평가등급

경영실태평가는 평가대상 조합의 경영실태를 [별표 1]의 자본적정성, 자산건전성, 경영관리능력, 수익성 및 유동성 부문에 대하여 부문별평가와 부문별평가 결과를 감안한 종합평가를 1등급(우수), 2등급(양호), 3등급(보통), 4등급(취약), 5등급(위험) 등 5단계 등급으로 구분하여 실시한다(상호금융업감독규정8④ 전단). 이 경우 경영실태평가 기준일은 검사기준일로 한다(상호금융업감독규정8④ 후단).

5. 구체적 사항의 금융감독원장 제정

경영실태평가를 위한 구체적인 사항은 금융감독원장이 정하는 바에 의한다(상호금융업감독규정8⑤).3)

---

3) 상호금융업감독업무시행세칙 제12조의4(경영실태평가 방법 및 등급) ① 감독규정 제8조(경영실태분석 및 평가) 제4항의 규정에 의한 부문별 평가항목 중 계량지표의 산정기준은 [별표 5-4]와 같다.
  ② 금융감독원장은 금융시장 상황 및 해당 조합의 특성 등을 고려할 때 [별표 5-3]에 제시된 평가부문별 가중치 적용이 불합리하다고 판단되는 경우에는 동 가중치를 조정하여 적용할 수 있다.
  ③ 감독규정 제8조 제4항의 규정에 의한 경영실태 평가의 등급별 정의는 [별표 5-5]와 같다.
  ④ 부문별 평가등급은 감독규정 [별표 1]의 부문별 계량지표와 비계량 평가항목을 평가하여 산정하고 종합평가등급은 부문별 평가결과를 종합한 평가등급에 감독·검사정책의 방향 등을 고려하여 확정한다.
  ⑤ 제1항 내지 제4항의 규정에 의한 경영실태평가 후 조합이 다음에 해당하는 경우에는 감독규정 [별표 1]의 비계량 평가항목을 감안하여 당해 평가등급의 조정여부를 판단하여야 한다. 다만, 당해 조합에 대해 즉각적인 시정조치가 필요하다고 판단될 경우 비계량 평가항목을 감안하지 아니하고 평가등급을 조정할 수 있다.
  1. 감독규정 제8조 제3항 단서에 따라 실시하는 계량지표에 의한 평가("계량평가")등급이 최직근 종합평가등급 산정시의 계량평가 등급보다 2단계 이상 악화된 경우

Ⅲ. 산림조합의 구조개선업무 감독규정상의 경영평가

1. 경영평가의 이원화

「산림조합의 구조개선업무 감독규정」은 산림조합의 구조개선에 관한 법률("산림조합개선법"), 같은 법 시행령 및 시행규칙에 따라 산림청장 또는 특별시장·광역시장·특별자치시장·도지사·특별자치도지사("시·도지사")가 부실조합 등의 구조개선에 관한 업무를 수행함에 있어 필요한 세부사항을 정함을 목적으로 한다(제1조). 산림조합개선법은 산림조합법에 따라 설립된 조합의 합병, 부실자산의 정리 등 구조개선에 관한 사항을 규정함으로써 조합의 조합원과 예금자 등을 보호하고 조합의 부실을 예방하여 조합의 건전한 발전에 이바지하는 것을 목적으로 한다(제1조).

2. 부실조합 등의 결정

관리기관장은 산림조합법 제117조 제2항에 따라 실시한 조합의 경영상태평가 결과와 조합의 경영상태 실제 조사 결과 및 순자본비율 등을 토대로 대상조합을 선정하고, 기금관리위원회에 심의를 요청해야 한다(산림조합의 구조개선업무 감독규정7①).

3. 경영실태평가 부문별 평가항목

조합의 경영상태평가는 전년도말 결산 결과를 기준으로 조합의 경영상태를 자본적정성, 자산건전성, 수익성, 유동성 부문별로 평가("부문별 평가")하고, 각 부문별 평가 결과를 종합하여 평가("종합평가")한다(산림조합의 구조개선업무 감독규정 8①).

---

2. 감독규정 제8조 제3항 단서에 따라 실시하는 계량평가 등급이 최직근 종합평가등급 산정시의 계량 평가등급보다 2분기 연속해서 낮은 경우
3. 종합평가등급이 3등급 이상이나 감독규정 제8조 제3항 단서에 따라 실시하는 계량평가에 의한 자본적정성 또는 자산건전성 부문의 등급이 4등급 이하인 경우
4. 기타 경영상태가 심각하게 악화되었다고 판단되는 경우
⑥ 기초자료를 제출하지 아니하거나 불충분하여 경영실태평가가 불가능한 경우에는 자료 미제출 항목 또는 불충분한 자료 해당 항목을 5등급으로 평가한다.
⑦ 금융감독원장은 감독규정 [별표 1]의 평가항목 중 계량지표의 산정기준일 및 등급구분 기준은 별도로 정할 수 있다.

4. 경영실태평가등급

부문별평가 및 종합평가는 각각 1등급(우수), 2등급(양호), 3등급(보통), 4등급(취약), 5등급(위험)의 5단계 등급으로 구분한다(산림조합의 구조개선업무 감독규정8②).

5. 부문별 평가의 계량평가

경영상태의 평가등급 및 평가부문별 구체적인 평가기준 등은 신용협동조합법 제89조 제3항에 따라 금융위원회가 정한 고시에 따르며, 부문별 평가는 객관성과 투명성을 확보하기 위해 계량화된 지표에 따라 평가해야 한다(산림조합의 구조개선업무 감독규정8③).

6. 결어

실제로 산림조합법상의 경영평가는 감독규정상의 경영실태평가를 거의 준용하고 있다(계량평가만 실시한다).

제2절 적기시정조치

Ⅰ. 서설

적기시정조치제도(Prompt Corrective Action)란 금융회사의 건전성을 자본충실도, 경영실태평가 결과 등 경영상태를 기준으로 몇 단계의 등급으로 나누어, 경영상태가 악화된 금융회사에 대해 금융감독당국이 단계적으로 시정조치를 부과해 나가는 제도를 의미한다. 적기시정조치는 부실화 징후가 있는 금융회사에 대하여 적기에 경영개선을 유도·강제함으로써 부실화를 예방하고 경영 취약부문의 정상화를 도모하는 건전성감독 수단으로서의 성격을 지닌다. 그러나 적기시정조치는 경영상태가 동 조치의 발동요건에 해당하는 경우 무차별적으로 시정조치를 시행하는 강행규정이므로, 정상화 가능성이 없는 금융회사를 조기에 퇴출시킴으로써 금융소비자의 피해 및 예금보험기금의 고갈 등 금융회사의 부실화에 따른 사회적 비용을 경감시키고 금융시스템의 안정성을 도모하기 위한 행정적 퇴출수단이기도 하다. 적기시정조치는 시장규율의 강화를 통해 금융회사의 부실화 및 도산가능성을 축소시키고 자구노력을 촉발하여 부실금융회사 처리비용을 경감시키는 한편, 재무건전성 위주의 객관적 평가를 통하여 대형 및 소형 금융회사 간의 공정경쟁여건(level playing field)을 조성하는 효과가 있다.[4]

중앙회장은 회원의 경영상태를 평가하고 그 결과에 따라 그 회원에게 경영개선, 합병권고 등의 필요한 조치를 요구할 수 있다(법117② 전단). 이 경우 조합장은 그 사실을 지체 없이 공고하고 서면으로 조합원에게 통지하여야 하며, 조치결과를 조합의 이사회 및 총회에 보고하여야 한다(법117② 후단).

적기시정조치를 행하기 위하여 필요한 기준과 내용은 농림축산식품부령으로 정한다(산림조합개선법4②). 시·도지사가 법 제4조 제2항에 따른 적기시정조치를 행하기 위한 적기시정조치의 기준과 내용은 [별표 1]과 같다(산림조합개선법 시행규칙4).

여기서는 산림조합개선법 시행규칙 제4조의 적기시정조치의 기준과 내용인 [별표 1]을 살펴본다.

II. 경영개선권고

1. 의의

시·도지사(중앙회장에게 위탁: 산림조합개선법 제40조, 동법 시행령 제35조 제2호)는 회원의 경영상태를 평가하고 그 결과에 따라 경영개선, 합병권고 등 필요한 조치를 요구할 수 있다.

2. 요건(기준)

경영개선권고 대상조합은 i) 총자산에 대한 순자본의 비율이 2% 미만인 조합, ii) 산림조합법 제117조 제2항 및 신용협동조합법 제89조 제3항에 따라 중앙회장이 금융위원회가 정하는 바에 따라 경영상태를 평가한 결과 4등급으로 판

---

4) 금융감독원(2021), 251쪽.

정받은 조합, iii) 산림조합법 제117조 제2항 및 신용협동조합법 제89조 제3항에
따라 중앙회장이 금융위원회가 정하는 바에 따라 경영상태를 평가한 결과 3등급
이상이나 자본적정성 또는 자산건전성부문의 평가등급을 4등급 이하로 판정받은
조합, iv) 금융사고 또는 부실채권의 발생으로 위의 기준에 해당될 것이 명백하
다고 판단되는 조합 중 어느 하나에 해당되는 조합을 말한다(별표 1).

3. 조치내용

경영개선권고 대상조합에 대하여 취할 적기시정조치는 i) 조합에 대한 주
의·경고 및 임직원에 대한 주의·경고·견책 또는 감봉, ii) 자기자본의 증대나
부실자산 또는 불용자산의 처분, iii) 투자위험이 큰 위험자산의 취득금지 또는
비정상적으로 높은 금리에 따른 수신의 제한, iv) 인력 및 조직 운영의 개선, v)
지사무소 운영의 효율화 및 신설 제한, vi) 경비절감, vii) 이익배당의 제한, viii)
특별대손충당금의 설정, ix) 고정자산 투자, 신규사업 진출 및 신규 외부출자의
제한 중 어느 하나 또는 전부에 해당하는 조치를 말한다(별표 1).

Ⅲ. 경영개선요구

1. 의의

시·도지사(중앙회장에게 위탁: 산림조합개선법 제40조, 동법 시행령 제35조 제2
호)는 회원의 경영상태를 평가하고 그 결과에 따라 경영개선, 합병권고 등 필요
한 조치를 요구할 수 있다.

2. 요건(기준)

경영개선요구 대상조합은 i) 총자산에 대한 순자본의 비율이 마이너스 3%
미만인 조합, ii) 산림조합법 제117조 제2항 및 신용협동조합법 제89조 제3항에
따라 중앙회장이 금융위원회가 정하는 바에 따라 경영상태를 평가한 결과 5등급
으로 판정받은 조합, iii) 금융사고 또는 부실채권의 발생으로 위 기준에 해당될
것이 명백하다고 판단되는 조합, iv) 경영개선권고를 받고 적기시정조치 내용을
이행하지 아니하는 조합 중 어느 하나에 해당되는 조합을 말한다(별표 1).

3. 조치내용

경영개선요구 대상조합에 대하여 취할 적기시정조치는 ⅰ) 인력의 감축 및 점포·조직의 축소, ⅱ) 임원의 직무정지, ⅲ) 사업의 일부 정지, ⅳ) 합병요구, ⅴ) 사업의 일부 양도나 사업의 일부와 관련된 계약의 이전, ⅵ) 지사무소의 폐쇄·통합, ⅶ) 임원의 교체요구, ⅷ) 위험자산의 보유제한, ⅸ) 경영개선요구에 필요하다고 인정되는 위 경영개선권고에 해당하는 내용 중 어느 하나 또는 전부에 해당하는 조치를 말한다(별표 1).

Ⅳ. 경영개선명령

1. 의의

시·도지사(중앙회장에게 위탁: 산림조합개선법 제40조, 동법 시행령 제35조 제2호)는 부실조합에 대해 경영개선명령을 할 수 있다.

2. 요건(기준)

경영개선명령 대상조합은 ⅰ) 총자산에 대한 순자본의 비율이 마이너스 15% 미만인 조합, ⅱ) 예금등채권의 지급 또는 국가·공공단체 및 중앙회로부터의 차입금의 상환이 정지상태에 있는 조합, ⅲ) 외부로부터의 자금지원이나 차입이 없이는 예금등채권의 지급이나 차입금의 상환이 어렵다고 법 제18조에 따른 기금관리위원회의 심의를 거쳐 특별시장·광역시장·특별자치시장·도지사·특별자치도지사("시·도지사")가 결정한 조합, ⅳ) 경영상태를 실제 조사한 결과 부채가 자산을 초과하거나 거액의 금융사고 또는 부실채권의 발생으로 위 기준에 해당될 것이 명백하다고 판단되는 조합으로서 기금관리위원회가 심의를 거쳐 시·도지사가 결정한 조합, ⅴ) 경영개선요구를 받고 적기시정조치 내용을 이행하지 아니하는 조합 중 어느 하나에 해당되는 조합을 말한다(별표 1).

3. 조치내용

경영개선명령 대상조합에 대하여 취할 적기시정조치는 ⅰ) 출자금의 전부 또는 일부의 감소, ⅱ) 임원의 직무를 대행하는 관리인의 선임, ⅲ) 사업의 전부 정지, ⅳ) 합병, ⅴ) 사업의 전부 양도나 사업의 전부와 관련된 계약의 이전, ⅵ) 경영개선명령에 필요하다고 인정되는 위 경영개선요구에 해당하는 내용 중 어느 하나 또는 전부에 해당하는 조치를 말한다(별표 1).

제3절 경영지도

조합이 불법·부실대출 등으로 조합원의 이익을 크게 해할 우려가 있는 등 일정 요건에 해당하는 경우 신용협동조합은 경영관리를 받으며, 농업협동조합, 수산업협동조합, 산림조합, 새마을금고는 경영지도를 받게 된다.

Ⅰ. 의의

산림청장 또는 시·도지사(중앙회장에게 위탁)는 조합등이 일정 요건 중 어느 하나에 해당되어 조합원 보호에 지장을 초래할 우려가 있다고 인정할 때에는 그 조합등에 대하여 경영지도를 한다(법126①). 산림청장 또는 시·도지사는 경영지도업무(경영지도의 실시방법 등에 관하여 필요한 세부사항을 정하는 업무를 포함)를 회장에게 위탁한다(법126⑦, 영28③).

Ⅱ. 경영지도의 요건

경영지도의 요건은 다음 중 어느 하나에 해당되어야 한다(법126① 각호).

1. 부실대출 합계액이 자기자본의 2배를 초과하는 경우

조합에 대한 감사 결과 조합의 부실대출 합계액이 자기자본의 2배를 초과하는 경우로서 단기간 내에 일반적인 방법으로는 회수하기 곤란하여 자기자본 전부가 잠식될 우려가 있다고 인정되는 경우이어야 한다(법126①(1)).

2. 임직원의 위법 · 부당한 행위로 경영정상화 추진이 어려운 경우

조합등 임직원의 위법·부당한 행위로 인하여 조합에 재산상 손실이 발생하여 자력으로 경영정상화를 추진하는 것이 어렵다고 인정되는 경우이어야 한다(법126①(2)).

3. 조합의 파산위험이 현저하여 예금 및 적금의 인출이 쇄도하는 경우

조합의 파산위험이 현저하거나 임직원의 위법·부당한 행위로 인하여 조합의 예금 및 적금 인출이 쇄도하거나 조합이 예금 및 적금을 지급할 수 없는 상태에 이른 경우이어야 한다(법126①(3)).

4. 경영지도가 필요하다고 인정하여 중앙회장이 건의하는 경우

경영평가 또는 감사의 결과 경영지도가 필요하다고 인정하여 회장이 건의하는 경우이어야 한다(법126①(4)).

5. 경영지도가 필요하다고 인정하여 금융감독원장이 건의하는 경우

신용협동조합법 제95조(농업협동조합 등에 대한 특례)에 따라 조합에 적용되는 같은 법 제83조(금융위원회의 감독 등)에 따른 검사의 결과 경영지도가 필요하다고 인정하여 금융감독원장이 건의하는 경우이어야 한다(법126①(4)).

Ⅲ. 경영지도의 방법

1. 원칙: 서면지도

경영지도는 그에 필요한 자료를 제출받아 서면으로 지도함을 원칙으로 한다(법126①, 영23① 본문).

2. 예외: 현장지도

다음의 경우, 즉 ⅰ) 경영지도를 받고 있는 조합등이 불법경영의 가능성이 큰 경우(제1호), ⅱ) 불법·부실대출의 회수실적이 미흡하고 조합등이 자체적으로 이를 시정할 수 없다고 인정되는 경우(제2호), ⅲ) 불법·부실대출이 추가로 이루어진 경우(제3호), ⅳ) 그 밖에 제1호 및 제2호의 규정에 준하는 경우로서 현장지도를 할 필요가 있다고 인정되는 경우(제4호)에는 직원을 조합등의 사무소에 파견하여 현장지도를 할 수 있다(법126①, 영23① 단서).

3. 세부사항의 제정

경영지도의 실시방법 등에 관하여 필요한 세부사항은 산림청장 또는 시·도지사가 정한다(영23③).

Ⅳ. 경영지도의 내용

경영지도란 ⅰ) 불법·부실 대출의 회수 및 채권의 확보, ⅱ) 자금의 수급 및 여신·수신에 관한 업무, ⅲ) 위법·부당한 행위의 시정, ⅳ) 부실한 자산의 정리, ⅴ) 인력 및 조직운영의 개선, ⅵ) 그 밖에 조합등의 경영에 관하여 산림청장 또는 시·도지사가 정하는 사항에 대하여 지도하는 것을 말한다(법126②, 영23②).

Ⅴ. 채무의 지급정지 또는 임원의 직무정지와 재산실사

산림청장 또는 시·도지사는 경영지도가 시작되었을 때에는 6개월의 범위에서 채무의 지급을 정지하거나 임원의 직무를 정지하게 할 수 있다(법126③ 전단). 이 경우 중앙회장으로 하여금 지체 없이 조합등의 재산상황을 조사("재산실제조사")하게 하거나 금융감독원장에게 재산실제조사를 요청할 수 있다(법126③ 후단).

1. 채무의 지급정지

(1) 지급정지 대상 채무

산림청장 또는 시·도지사가 지급을 정지할 수 있는 채무는 ⅰ) 제세공과금 또는 임차료의 지급채무(제1호), ⅱ) 근로기준법 제38조5) 제2항의 규정에 의하여

---

5) 제38조(임금채권의 우선변제) ① 임금, 재해보상금, 그 밖에 근로관계로 인한 채권은 사용자의 총재산에 대하여 질권·저당권 또는 동산채권담보법에 따른 담보권에 따라 담보된 채권 외에는 조세·공과금 및 다른 채권에 우선하여 변제되어야 한다. 다만, 질권·저당권 또는 동산채권담보법에 따른 담보권에 우선하는 조세·공과금에 대하여는 그러하지 아니

우선변제권이 인정되는 최종 3월분의 임금·재해보상금 및 근로자퇴직급여 보장법 제12조 제2항6)에 따라 우선변제권이 인정되는 최종 3년간의 퇴직급여등에 관한 채무(제2호), iii) 그 밖에 조합등의 유지·관리상 필요하여 발생하는 것으로서 산림청장 또는 시·도지사가 인정하는 채무(제3호)를 제외한 채무로 한다(영26①).

(2) 지급정지의 전부 철회와 경영지도의 종료

산림청장 또는 시·도지사는 조합등에 대한 채무지급정지의 전부를 철회한 때에는 지체 없이 해당 조합등에 대한 경영지도를 종료해야 한다(영26②).

2. 재산실사 등

(1) 재산 조회 등

중앙회장이나 금융감독원장은 재산실제조사의 결과 위법·부당한 행위로 조합등에 손실을 끼친 임직원에 대하여는 재산 조회 및 가압류 신청 등 손실금 보전을 위하여 필요한 조치를 하여야 한다(법126④).

(2) 자료 요청 등

산림청장 또는 시·도지사는 재산 조회 및 가압류 신청 등 손실금 보전을 위하여 필요한 조치에 필요한 자료를 중앙행정기관의 장에게 요청할 수 있다(법126⑤ 전단). 이 경우 요청을 받은 중앙행정기관의 장은 특별한 사유가 없으면 그

하다.
② 제1항에도 불구하고 다음의 어느 하나에 해당하는 채권은 사용자의 총재산에 대하여 질권·저당권 또는 동산채권담보법에 따른 담보권에 따라 담보된 채권, 조세·공과금 및 다른 채권에 우선하여 변제되어야 한다.
1. 최종 3개월분의 임금
2. 재해보상금
6) 제12조(퇴직급여등의 우선변제) ① 사용자에게 지급의무가 있는 퇴직금, 제15조에 따른 확정급여형퇴직연금제도의 급여, 제20조 제3항에 따른 확정기여형퇴직연금제도의 부담금 중 미납입 부담금 및 미납입 부담금에 대한 지연이자, 제23조의7 제1항에 따른 중소기업 퇴직연금기금제도의 부담금 중 미납입 부담금 및 미납입 부담금에 대한 지연이자, 제25조 제2항 제4호에 따른 개인형퇴직연금제도의 부담금 중 미납입 부담금 및 미납입 부담금에 대한 지연이자("퇴직급여등")는 사용자의 총재산에 대하여 질권 또는 저당권에 의하여 담보된 채권을 제외하고는 조세·공과금 및 다른 채권에 우선하여 변제되어야 한다. 다만, 질권 또는 저당권에 우선하는 조세·공과금에 대하여는 그러하지 아니하다.
② 제1항에도 불구하고 최종 3년간의 퇴직급여등은 사용자의 총재산에 대하여 질권 또는 저당권에 의하여 담보된 채권, 조세·공과금 및 다른 채권에 우선하여 변제되어야 한다.

요청에 따라야 한다(법126⑤ 후단).

(3) 채무의 지급정지 또는 임원의 직무정지의 철회

산림청장 또는 시·도지사는 재산실제조사의 결과 해당 조합등의 경영정상화가 가능한 경우 등 특별한 사유가 있을 때에는 채무의 지급정지 또는 임원의 직무정지의 전부 또는 일부를 철회하여야 한다(법126⑥).

Ⅵ. 경영지도의 기간

경영지도의 기간은 6월로 한다(영24①). 산림청장 또는 시·도지사는 회원 또는 조합원의 보호를 위하여 필요하다고 인정하는 경우에는 6월을 단위로 하여 경영지도의 기간을 연장할 수 있다(영24②).

산림청장 또는 시·도지사가 경영지도의 기간을 연장하려는 경우에는 그 이유를 명시하여 경영지도의 기간만료 15일 전까지 그 사실을 해당 조합등에 서면으로 통지해야 한다(영24③.

Ⅶ. 경영지도의 통지

산림청장 또는 시·도지사는 경영지도를 하려는 경우에는 그 사유·기간 등을 해당 조합등에 서면으로 통지해야 한다(영25).

제4절 합병과 분할

Ⅰ. 합병

1. 개념과 종류

(1) 개념

산림조합의 합병이란 산림조합법의 절차에 따라 2개 이상의 산림조합이 그 중 1개의 산림조합을 제외하고 소멸하거나 전부 소멸하되 청산절차를 거치지 아니하고, 소멸하는 산림조합의 권리·의무를 존속 산림조합 또는 신설된 산림조합이 포괄적으로 승계하는 산림조합법상의 법률사실이다(법79① 참조).

(2) 종류
(가) 흡수합병

수개의 합병당사 산림조합 중 1개의 산림조합만이 존속하고 나머지 산림조합은 모두 소멸하며, 존속 산림조합이 소멸 산림조합의 권리·의무를 포괄적으로 승계하는 방법이다.

(나) 신설합병

당사산림조합 전부가 소멸하고, 이들에 의해 신설된 산림조합이 소멸 산림조합의 권리·의무를 포괄적으로 승계하는 방법이다.

2. 합병의 절차

(1) 합병계약서 작성과 총회 결의
(가) 합병계약서 작성

조합이 다른 조합과 합병할 때에는 합병계약서를 작성하고 각 총회의 의결을 받아야 한다(법61①).

합병당사 산림조합의 대표기관에 의해 합병조건과 합병방식 등 합병에 필요한 사항이 합의되어야 한다. 합병계약은 특별한 방식을 요하지 않는다.

(나) 총회 결의 또는 조합원 투표

합병은 총회의 결의사항으로 총회의 의결을 거쳐야 한다(법31⑤(3)).

그러나 조합원투표로써 총회의 의결을 갈음할 수 있다(법31의2①(2)). 이 경우 조합원 과반수의 투표와 투표조합원 과반수의 찬성으로 의결한다(법31②(2)).

(다) 위반시 제재

조합등 또는 중앙회의 조합장, 회장, 간부직원, 상임이사, 이사, 감사, 집행간부, 일반간부직원, 파산관재인 또는 청산인이 총회의 의결이 필요한 사항에 대하여 의결을 받지 아니하고 집행하였을 때에는 3년 이하의 징역 또는 3천만원 이하의 벌금에 처한다(법131(4)).

(2) 시 · 도지사의 인가

합병은 시 · 도지사의 인가를 받아야 한다(법61②).

조합등 또는 중앙회의 조합장, 회장, 간부직원, 상임이사, 이사, 감사, 집행간부, 일반간부직원, 파산관재인 또는 청산인이 감독기관의 인가를 받아야 할 사항에 관하여 인가를 받지 아니하였을 때에는 3년 이하의 징역 또는 3천만원 이하의 벌금에 처한다(법131(1)).

(3) 신설합병에서의 설립위원 선출

합병으로 조합을 설립할 때에는 각 총회에서 설립위원을 선출하여야 한다(법61③).

(가) 설립위원의 정수

설립위원의 정수는 20명 이상으로 하고, 합병하려는 각 조합의 조합원 중에서 같은 수로 선임한다(법61④).

(나) 설립위원의 임무

1) 정관작성과 임원 선임

가) 인가

설립위원은 설립위원회를 개최하여 정관을 작성하고 임원을 선임하여 제14조(설립인가 등) 에 따른 인가를 받아야 한다(법61⑤).

나) 위반시 제재

조합등 또는 중앙회의 조합장, 회장, 간부직원, 상임이사, 이사, 감사, 집행간부, 일반간부직원, 파산관재인 또는 청산인이 감독기관의 인가를 받아야 할 사항에 관하여 인가를 받지 아니하였을 때에는 3년 이하의 징역 또는 3천만원 이하의 벌금에 처한다(법131(1)).

2) 임원 선출 정족수

설립위원회에서 임원을 선출할 때에는 설립위원이 추천한 사람 중에서 설립위원 과반수의 출석과 출석위원 과반수의 찬성이 있어야 한다(법61⑥).

3) 준용규정

신설합병에서의 설립위원 선출(법61③④⑤⑥) 규정에 따른 조합의 설립에 관하여는 합병설립의 성질에 반하지 아니하는 범위에서 제14조(설립인가 등), 제15조(정관기재사항), 제16조(정관), 제17조(조합의 성립)의 규정을 준용한다(법61⑦).

(4) 국가 또는 중앙회의 자금 지원

국가와 중앙회는 조합의 합병을 촉진하기 위하여 필요하다고 인정하는 경우에는 예산의 범위에서 자금을 지원할 수 있다(법62).

(5) 채권자 보호절차: 합병의 공고 및 최고 등

합병에 관해 조합의 채권자도 조합원 못지않게 중대한 이해관계를 갖는다. 합병으로 인해 당사 조합들의 재산은 모두 합일귀속되어 당사 조합들의 총채권자에 대한 책임재산이 되는 까닭에 합병 전의 신용이 그대로 유지된다고 볼 수 없기 때문이다. 따라서 소멸 조합에서는 물론 존속 조합에서도 채권자 보호를 위한 절차를 밟아야 한다.

조합의 합병에 관하여는 제58조(출자감소의 의결) 및 제59조(출자감소에 대한 채권자의 이의)를 준용한다(법65).

(가) 출자감소의 의결

1) 총회 의결과 재무상태표 작성

조합은 출자 1계좌의 금액 또는 출자계좌 수의 감소("출자감소")를 의결하였을 때에는 그 의결이 있은 날부터 2주 이내에 재무상태표를 작성하여야 한다(법58①).

2) 채권자의 이의와 공고 또는 최고

총회 의결에 대하여 이의가 있는 채권자는 일정한 기일 내에 이를 진술하라는 취지를 정관으로 정하는 바에 따라 1개월 이상 공고하고, 이미 알고 있는 채권자에게는 따로 최고하여야 한다(법58②).

3) 공고 · 최고기간 등

공고 또는 최고는 총회에서 의결이 있는 날부터 2주 이내에 하여야 하며, 공고기간은 1개월 이상으로 하고, 또한 그 사실을 이미 알고 있는 채권자에게는 개별로 2회 이상 최고하여야 한다(법58③, 정관예34③).

4) 위반시 제재

조합등 또는 중앙회의 조합장, 회장, 간부직원, 상임이사, 이사, 감사, 집행간부, 일반간부직원, 파산관재인 또는 청산인이 법 제58조 제1항을 위반하였을 경우에는 3년 이하의 징역 또는 3천만원 이하의 벌금에 처한다(법131(5)).

(나) 출자감소에 대한 채권자의 이의

1) 채권자의 이의 부진술과 승인 의제

채권자가 3개월 이내에 조합의 출자감소에 대한 의결에 대하여 서면으로 이의를 진술하지 아니하면 승인한 것으로 본다(법59①, 정관예35①).

2) 채권자의 이의 진술과 변제 또는 담보 제공

채권자가 이의를 진술하였을 때에는 조합이 변제하거나 또는 상당한 담보를 제공하지 아니하면 그 출자감소의 의결은 효력을 발생하지 아니한다(법59②, 정관예35②).

(6) 합병등기 등

위의 합병절차 끝난 때에는 합병등기를 하여야 한다.

(가) 변경등기, 해산등기 및 설립등기

조합이 합병하였을 때에는 합병한 날부터 2주 이내에 그 사무소의 소재지에서 합병 후 존속하는 조합은 변경등기를, 합병으로 인하여 소멸되는 조합은 해산등기를, 합병으로 인하여 설립된 조합은 설립등기(법75)를 각 사무소의 소재지에서 하여야 한다(법80①).

(나) 등기신청서의 첨부서류

1) 설립등기신청서의 첨부서류

합병으로 인한 조합의 설립등기 신청서에는 설립인가서, 창립총회 의사록 및 정관의 사본, 법 제65조에 따른 공고 또는 최고를 한 사실과 이의를 진술한 채권자에게 변제나 담보를 제공한 사실을 각각 증명하는 서류를 첨부하여야 한다(법75⑤).

2) 변경등기신청서의 첨부서류

합병으로 인한 변경등기 신청서에는 등기사항의 변경을 증명하는 서류, 법 제58조(출자감소의 의결) 및 제59조(출자감소에 대한 채권자의 이의)에 따른 공고 또는 최고를 한 사실과 이의를 진술한 채권자에게 변제나 담보를 제공한 사실을 각각 증명하는 서류를 첨부하여야 한다(법78⑤)

(다) 해산등기의 신청인과 첨부서류

해산등기를 할 때에는 합병으로 소멸하는 조합의 조합장이 신청인이 된다(법80②). 이 경우에는 해산사유를 증명하는 서류를 첨부하여야 한다(법80③).

(라) 위반시 제재

조합등 또는 중앙회의 조합장, 회장, 간부직원, 상임이사, 이사, 감사, 집행간부, 일반간부직원, 파산관재인 또는 청산인이 부정한 등기를 하였을 때에는 3년 이하의 징역 또는 3천만원 이하의 벌금에 처한다(법131(2)).

(7) 합병의 효력발생시기

조합의 합병은 합병 후 존속하거나 설립되는 조합이 그 주된 사무소의 소재지에서 합병등기를 함으로써 그 효력을 가진다(법64).

3. 합병의 효과

(1) 권리 · 의무의 포괄적 승계

합병 후 존속하거나 합병으로 인하여 설립되는 조합은 소멸되는 조합의 권리 · 의무를 승계한다(법63①).

(2) 등기부 등 명의의 존속조합 또는 신설조합 명의 의제

조합의 합병 후 등기부나 그 밖의 공적 장부에 표시된 소멸된 조합의 명의는 존속하거나 설립된 합병조합의 명의로 본다(법63②).

(3) 합병에 따른 임원 임기에 관한 특례

(가) 설립등기일부터 2년 등

합병으로 설립되는 조합의 설립 당시 조합장·이사 및 감사의 임기는 제38조(임원의 임기) 제1항에도 불구하고 설립등기일부터 2년으로 한다(법61의2① 본문). 다만, 합병으로 소멸되는 조합의 조합장이 합병으로 설립되는 조합의 조합장으로 선출되는 경우 설립등기일 현재 조합장의 종전 임기 중 남은 임기가 2년을 초과하면 그 조합장의 임기는 그 남은 임기로 한다(법61의2① 단서).

(나) 변경등기일부터 2년

합병 후 존속하는 조합의 변경등기 당시 재임 중인 조합장, 이사 및 감사의 남은 임기가 변경등기일 현재 2년 미만이면 제38조 제1항에도 불구하고 그 임기를 변경등기일부터 2년으로 한다(법61의2②).

4. 합병무효의 소

조합의 합병 무효에 관하여는 상법 제529조(합병무효의 소)를 준용한다(법61⑧).

(1) 제소권자

합병무효는 각 조합의 조합원·이사·감사·청산인·파산관재인 또는 합병을 승인하지 아니한 채권자에 한하여 소만으로 이를 주장할 수 있다(상법529①).

(2) 제소기간

합병무효의 소는 합병등기가 있은 날로부터 6월 내에 제기하여야 한다(상법529②).

5. 합병권고 등의 기준

중앙회장은 회원의 경영상태를 평가하고 그 결과에 따라 그 회원에게 경영개선, 합병권고 등의 필요한 조치를 요구할 수 있다(법117② 전단). 이 경우 조합장은 그 사실을 지체 없이 공고하고 서면으로 조합원에게 통지하여야 하며, 조치결과를 조합의 이사회 및 총회에 보고하여야 한다(법117② 후단).

Ⅱ. 분할

1. 개념과 종류

(1) 개념

조합의 분할이란 1개의 조합이 산림조합법의 규정에 따라 2개 이상의 조합으로 분리하는 것을 말한다.

(2) 종류

분할의 방법에는 1개의 조합이 해체되어 2개 이상의 조합으로 신설되는 경우, 1개 조합으로부터 분리하여 새로운 조합이 설립되는 경우가 있다.

2. 분할의 절차

(1) 총회 결의 또는 조합원 투표
(가) 총회 결의

분할은 총회의 결의사항으로 총회의 의결을 거쳐야 한다(법31⑤(2)). 총회는 조합원 과반수의 출석과 출석조합원 3분의 2 이상의 찬성으로 의결한다(법31④ 단서).

조합이 분할하는 경우에는 분할설립되는 조합이 승계하여야 하는 권리·의무의 범위를 총회에서 의결하여야 한다(법66①).

(나) 조합원 투표

분할은 조합원투표로써 총회의 의결을 갈음할 수 있다(법31의2① 전단). 이 경우 조합원 과반수의 투표와 투표조합원 3분의 2 이상의 찬성으로 의결한다(법31의2②(1)).

(다) 위반시 제재

조합등 또는 중앙회의 조합장, 회장, 간부직원, 상임이사, 이사, 감사, 집행간부, 일반간부직원, 파산관재인 또는 청산인이 총회의 의결이 필요한 사항에 대하여 의결을 받지 아니하고 집행하였을 때에는 3년 이하의 징역 또는 3천만원 이하의 벌금에 처한다(법131(4)).

(2) 시 · 도지사의 인가

(가) 인가의 효력

분할은 시 · 도지사의 인가를 받아야 한다(법66②, 법14① 본문).

(나) 위반시 제재

조합등 또는 중앙회의 조합장, 회장, 간부직원, 상임이사, 이사, 감사, 집행간부, 일반간부직원, 파산관재인 또는 청산인이 감독기관의 인가를 받아야 할 사항에 관하여 인가를 받지 아니하였을 때에는 3년 이하의 징역 또는 3천만원 이하의 벌금에 처한다(법131(1)).

(3) 준용규정

분할에 의한 조합 설립에 관하여는 분할설립의 성질에 반하지 아니하는 범위에서 제14조(설립인가 등), 제15조(정관기재사항), 제16조(정관례), 제17조(조합의 성립)의 규정을 준용한다(법66②).

(4) 분할의 공고 및 최고 등

조합의 분할에 관하여는 제58조 및 제59조를 준용한다(법65).

(가) 출자감소의 의결

1) 총회 의결과 재무상태표 작성

조합이 총회에서 출자 1계좌의 금액 또는 출자계좌 수의 감소("출자감소")를 의결하였을 때에는 의결이 있는 날부터 2주 이내에 재무상태표를 작성하여야 한다(법58①, 정관예34①).

2) 채권자의 이의와 공고 또는 최고

조합은 총회의 의결이 있은 날부터 2주 이내에 채권자에 대하여 이의가 있으면 공고 후 3개월 이내에 조합 주된 사무소에 서면으로 진술하라는 취지를 공고하고 이미 알고 있는 채권자에게는 따로 최고하여야 한다(법58②, 정관예34②).

3) 공고 · 최고기간 등

공고 또는 최고는 총회에서 의결이 있은 날부터 2주 이내에 하여야 하며, 공고기간은 1개월 이상으로 하고, 또한 그 사실을 이미 알고 있는 채권자에게는 개별로 2회 이상 최고하여야 한다(법58③, 정관예34③).

4) 위반시 제재

조합등 또는 중앙회의 조합장, 회장, 간부직원, 상임이사, 이사, 감사, 집행간부, 일반간부직원, 파산관재인 또는 청산인이 법 제58조 제1항을 위반하였을 경우에는 3년 이하의 징역 또는 3천만원 이하의 벌금에 처한다(법131(5)).

(나) 출자감소에 대한 채권자의 이의

1) 채권의 이의 진술 거부와 승인 간주

채권자가 3개월 이내에 조합의 출자감소에 대한 의결에 대하여 서면으로 이의를 진술하지 아니하면 승인한 것으로 본다(법59①, 정관례예5①).

2) 채권자의 이의 진술과 변제 또는 담보 제공

채권자가 이의를 진술하였을 때에는 본 조합이 변제하거나 또는 상당한 담보를 제공하지 아니하면 그 출자감소의 의결은 효력을 발생하지 아니한다(법59②, 정관예35②).

(5) 분할등기

(가) 설립등기신청서의 첨부서류

분할로 인한 조합의 설립등기 신청서에는 설립인가서, 창립총회 의사록 및 정관의 사본, 법 제65조에 따른 공고 또는 최고를 한 사실과 이의를 진술한 채권자에게 변제나 담보를 제공한 사실을 각각 증명하는 서류를 첨부하여야 한다(법75⑤).

(나) 변경등기신청서의 첨부서류

분할로 인한 변경등기 신청서에는 등기사항의 변경을 증명하는 서류, 법 제58조(출자감소의 의결) 및 제59조(출자감소에 대한 채권자의 이의)에 따른 공고 또는 최고를 한 사실과 이의를 진술한 채권자에게 변제나 담보를 제공한 사실을 각각 증명하는 서류를 첨부하여야 한다(법78⑤)

(다) 위반시 제재

조합등 또는 중앙회의 조합장, 회장, 간부직원, 상임이사, 이사, 감사, 집행간부, 일반간부직원, 파산관재인 또는 청산인이 부정한 등기를 하였을 때에는 3년 이하의 징역 또는 3천만원 이하의 벌금에 처한다(법131(2)).

3. 분할의 효과

조합 분할하는 경우에는 분할설립되는 조합은 권리·의무를 승계한다(법66①).

제5절 해산, 청산 및 파산

Ⅰ. 해산

1. 의의

조합의 해산은 조합이 본래 목적 달성을 정지한 후 청산절차를 밟는 것을 말한다.

2. 총회결의 또는 조합원투표

(1) 의의

조합의 해산은 총회의 의결을 거쳐야 한다(법31⑤(2)). 해산은 조합원 과반수의 출석과 출석조합원 3분의 2 이상의 찬성으로 의결한다(법31④ 단서). 그러나 조합원투표로써 총회의 의결을 갈음할 수 있다(법31의2①(1)). 이 경우 조합원 과반수의 투표와 투표조합원 3분의 2 이상의 찬성으로 의결한다(법31의2②(1)).

(2) 위반시 제재

조합등 또는 중앙회의 조합장, 회장, 간부직원, 상임이사, 이사, 감사, 집행간부, 일반간부직원, 파산관재인 또는 청산인이 총회의 의결이 필요한 사항에 대하여 의결을 받지 아니하고 집행하였을 때에는 3년 이하의 징역 또는 3천만원 이하의 벌금에 처한다(법131(4)).

3. 시·도지사의 인가

해산 사유 중 총회의 의결이나 합병 또는 분할로 인한 해산은 시·도지사의 인가를 받지 아니하면 그 효력이 발생하지 아니한다(정관예82②).

4. 해산 사유

(1) 의의

조합은 ⅰ) 정관으로 정한 해산 사유의 발생(제1호), ⅱ) 총회의 의결(제2호), ⅲ) 합병 또는 분할(제3호), ⅳ) 설립인가 취소(제4호)의 어느 하나에 해당하는 사유로 해산한다(법67).

(2) 위반시 제재

조합등 또는 중앙회의 조합장, 회장, 간부직원, 상임이사, 이사, 감사, 집행간부, 일반간부직원, 파산관재인 또는 청산인이 총회의 의결이 필요한 사항에 대하여 의결을 받지 아니하고 집행하였을 때에는 3년 이하의 징역 또는 3천만원 이하의 벌금에 처한다(법131(4)).

5. 해산등기

(1) 등기기간

조합이 해산하였을 때에는 합병과 파산의 경우를 제외하고는 주된 사무소의 소재지에서는 2주 이내에, 지사무소의 소재지에서는 3주 이내에 해산등기를 하여야 한다(법81①).

(2) 설립인가 취소로 인한 해산등기 이외의 신청인

해산등기를 할 때에는 시·도지사가 설립인가의 취소로 인한 해산등기를 촉탁하는 경우(법81④)를 제외하고는 청산인이 신청인이 된다(법81②).

(3) 해산 사유 증명서류 첨부

해산등기 신청서에는 해산 사유를 증명하는 서류를 첨부하여야 한다(법81③).

(4) 설립인가의 취소로 인한 해산등기의 촉탁

시·도지사는 설립인가의 취소로 인한 해산등기를 촉탁하여야 한다(법81④).

6. 해산의 효과

해산에 의해 조합의 권리능력은 청산의 목적범위 내로 축소된다. 조합에 있어서는 조합의 재산이 조합 채권자에 대한 유일한 담보이므로 합병 및 파산 이외의 사유에 의하여 해산한 때에는 해산등기와 아울러 채권자 보호절차를 위하여 법정의 청산절차를 밟아야 한다. 청산 중에는 청산인이 조합의 청산사무를 집행하고 조합을 대표하는 기관이 된다.

Ⅱ. 청산

1. 의의

조합이 해산하면 존립 중에 발생한 일체의 대내적·대외적 법률관계를 종국적으로 처리하기 이해 청산을 해야 한다. 다만 합병을 원인으로 해산하는 경우는 그 권리의무가 포괄적으로 신설 또는 존속 조합에 승계되므로 청산을 요구하지 않으며, 파산의 경우에는 채무자회생법의 규정에 따라 처리하므로 산림조합법의 청산절차를 따를 여지가 없다.

조합의 청산은 해산 후에 실시된다(정관예83①).

2. 청산사무의 감독

시·도지사는 조합의 청산사무를 감독한다(법69③).

산림청장 또는 시·도지사는 조합등에 관한 감독권의 일부를 대통령령으로 정하는 바에 따라 회장에게 위탁할 수 있다(법123② 본문). 이에 따라 산림청장 또는 시·도지사는 법 제123조 제2항 본문에 따라 법 제69조 제3항의 규정에 의한 청산사무의 감독 권한을 중앙회장에게 위탁한다(영28①(2)).

3. 청산인

청산인이란 법정청산절차에 따라 청산사무를 집행하고 법이 정한 바에 따라 청산 중의 조합을 대표하는 자를 말한다. 따라서 해산 전 조합의 조합장에 대응하는 지위라 할 수 있다.

(1) 조합장

조합이 해산하였을 때에는 파산으로 인한 경우를 제외하고는 조합장이 청산인이 된다(법69① 전단). 다만, 총회에서 다른 사람을 청산인으로 선임하였을 때에는 그러하지 아니하다(법69① 후단).

(2) 청산인의 권리·의무

청산인은 그 직무의 범위에서 조합장과 동일한 권리·의무를 가진다(법69②).

(3) 청산인등기

청산인은 그 취임일부터 2주 이내에 주된 사무소의 소재지에서 그 성명·주민등록번호 및 주소를 등기하여야 한다(법82①). 이에 따른 등기를 할 때 조합장이 청산인이 아닌 경우에는 신청인의 자격을 증명하는 서류를 첨부하여야 한다(법82②).

4. 청산인의 직무

(1) 재산상태 조사 등과 총회 승인

청산인은 취임 후 지체 없이 재산상황을 조사하고 재무상태표를 작성하여 재산처분의 방법을 정한 후 총회에 제출하여 승인을 받아야 한다(법70①).

(2) 총회 승인 대체

청산인이 총회의 승인을 받기 위하여 2회 이상 총회를 소집하여도 총회가 열리지 아니하여 총회의 승인을 받을 수 없을 때에는 시·도지사의 승인으로 갈음할 수 있다(법70②).

(3) 위반시 제재

조합등 또는 중앙회의 조합장, 회장, 간부직원, 상임이사, 이사, 감사, 집행간부, 일반간부직원, 파산관재인 또는 청산인이 감독기관의 승인을 받아야 할 사항에 관하여 승인을 받지 아니하였을 때에는 3년 이하의 징역 또는 3천만원 이하의 벌금에 처한다(법131(1)).

5. 청산인의 재산분배 제한

(1) 의의

청산인은 채무를 변제하거나 변제에 필요한 금액을 공탁하기 전에는 그 재산을 분배하여서는 아니 된다(법72).

(2) 위반시 제재

조합등 또는 중앙회의 조합장, 회장, 간부직원, 상임이사, 이사, 감사, 집행간부, 일반간부직원, 파산관재인 또는 청산인이 법 제72조(제86조의10에 따라 준용되는 경우를 포함한다) 또는 제73조(제86조의10에 따라 준용되는 경우를 포함)를 위반하였을 때 때에는 3년 이하의 징역 또는 3천만원 이하의 벌금에 처한다(법131(6)).

6. 결산보고서

(1) 결산보고서 작성 및 총회 승인

청산사무가 종결되었을 때에는 청산인은 지체 없이 결산보고서를 작성하고 총회에 제출하여 승인을 받아야 한다(법73 전단).

(2) 총회 승인 대체

청산인이 총회의 승인을 받기 위하여 2회 이상 총회를 소집하여도 총회가 열리지 아니하여 총회의 승인을 받을 수 없을 때에는 시·도지사의 승인으로 갈음할 수 있다(법73 후단, 법70②).

(3) 위반시 제재

조합등 또는 중앙회의 조합장, 회장, 간부직원, 상임이사, 이사, 감사, 집행간부, 일반간부직원, 파산관재인 또는 청산인이 법 제73조(제86조의10에 따라 준용되는 경우를 포함)를 위반하였을 때에는 3년 이하의 징역 또는 3천만원 이하의 벌금에 처한다(법131(6)).

7. 청산잔여재산

해산한 조합의 청산잔여재산은 따로 법률에서 정하는 것 외에는 정관으로 정하는 바에 따라 처분한다(법71).

8. 청산종결등기

청산이 종결되었을 때에는 청산인은 주된 사무소의 소재지에서는 2주 이내에, 지사무소의 소재지에서는 3주 이내에 청산종결의 등기를 하여야 한다(법83 ①). 이에 따른 등기신청서에는 제73조에 따른 결산보고서의 승인을 증명하는 서류를 첨부하여야 한다(법83②).

9. 민법 등의 준용

조합의 해산과 청산에 관하여는 민법 제79조, 제81조, 제87조, 제88조 제1항·제2항, 제89조부터 제92조까지 및 제93조 제1항·제2항과 비송사건절차법 제121조를 준용한다(법74). 여기서는 준용되는 규정을 살펴본다.

(1) 파산신청

조합이 채무를 완제하지 못하게 된 때에는 이사는 지체없이 파산신청을 하여야 한다(민법79).

(2) 청산법인

해산한 조합은 청산의 목적범위 내에서만 권리가 있고 의무를 부담한다(민법81).

(3) 청산인의 직무

청산인의 직무는 ⅰ) 현존사무의 종결(제1호), ⅱ) 채권의 추심 및 채무의 변제(제2호), ⅲ) 잔여재산의 인도(제3호)이다(민법87①).

청산인은 앞의 직무를 행하기 위하여 필요한 모든 행위를 할 수 있다(민법87②).

(4) 채권신고의 공고

청산인은 취임한 날로부터 2월 내에 3회 이상의 공고로 채권자에 대하여 일정한 기간 내에 그 채권을 신고할 것을 최고하여야 한다(민법88① 전단). 그 기간은 2월 이상이어야 한다(민법88① 후단).

채권신고의 공고에는 채권자가 기간 내에 신고하지 아니하면 청산으로부터 제외될 것을 표시하여야 한다(민법88②).

(5) 채권신고의 최고

청산인은 알고 있는 채권자에게 대하여는 각각 그 채권신고를 최고하여야 한다(민법89 전단). 알고 있는 채권자는 청산으로부터 제외하지 못한다(민법89 후단).

(6) 채권신고 기간 내의 변제금지

청산인은 채권신고 기간 내에는 채권자에 대하여 변제하지 못한다. 그러나 법인은 채권자에 대한 지연손해배상의 의무를 면하지 못한다(민법90).

(7) 채권변제의 특례

청산 중의 법인은 변제기에 이르지 아니한 채권에 대하여도 변제할 수 있다(민법91①). 이 경우에는 조건있는 채권, 존속기간의 불확정한 채권 기타 가액의 불확정한 채권에 관하여는 법원이 선임한 감정인의 평가에 의하여 변제하여야 한다(민법91②).

(8) 청산으로부터 제외된 채권

청산으로부터 제외된 채권자는 법인의 채무를 완제한 후 귀속권리자에게 인도하지 아니한 재산에 대하여서만 변제를 청구할 수 있다(민법92).

(9) 청산 중의 파산

청산 중 법인의 재산이 그 채무를 완제하기에 부족한 것이 분명하게 된 때에는 청산인은 지체없이 파산선고를 신청하고 이를 공고하여야 한다(민법93①).

청산인은 파산관재인에게 그 사무를 인계함으로써 그 임무가 종료한다(민법93②).

(10) 청산인의 결격사유

다음의 어느 하나에 해당하는 자, 즉 ⅰ) 미성년자(제1호), ⅱ) 피성년후견인(제2호), ⅲ) 자격이 정지되거나 상실된 자(제3호), ⅳ) 법원에서 해임된 청산인(제4호), ⅴ) 파산선고를 받은 자(제5호)는 청산인으로 선임될 수 없다(비송사건절차법121).

Ⅲ. 파산선고

조합이 그 채무를 완전 변제할 수 없게 되었을 때에는 법원은 조합장이나 채권자의 청구에 의하여 또는 직권으로 파산을 선고할 수 있다(법68).

제6절 예금자 보호

Ⅰ. 상호금융예금자보호기금의 설치 등

1. 기금의 설치 및 재원

(1) 기금의 설치

산림조합개선법 제17조에 따르면 신용사업이나 공제사업을 실시하는 조합(공제사업의 경우에는 중앙회를 포함)이 파산 등의 사유로 예금등채권을 지급할 수 없는 상황에 대처하고 조합을 건전하게 육성하기 위하여 중앙회에 상호금융예금자보호기금("기금")을 설치·운용한다(산림조합개선법17①).

(가) 조합

"조합"이란 산림조합법에 따라 설립된 지역조합 및 전문조합을 말한다(산림조합개선법2(1)).

(나) 예금등

"예금등"이란 ⅰ) 조합이 신용사업으로 거두어들인 예금과 적금(제1호), ⅱ) 조합 및 중앙회가 공제사업으로 거두어들인 공제료(제2호)의 어느 하나에 해당하는 것을 말한다(산림조합개선법2⑥ 본문). 다만, ⅰ) 정부 및 지방자치단체(제1호), ⅱ) 한국은행(제2호), ⅲ) 금융감독원(제3호), ⅳ) 예금보험공사(제4호), ⅴ) 예금자보호법에 따른 부보금융회사(제5호), ⅵ) 조합(제6호)으로부터 거두어들인 것은 제외할 수 있다(산림조합개선법2⑥ 단서, 동법 시행령2).

(다) 예금자등

"예금자등"이란 조합에 대하여 예금등채권을 가진 자를 말한다(산림조합개선법2⑦).

(라) 예금등채권

"예금등채권"이란 ⅰ) 예금자등이 조합에 대하여 가지는 예금이나 적금의 원금·이자, 그 밖의 약정된 금전채권(제1호), ⅱ) 예금자등이 공제계약에 따라 조합이나 중앙회에 대하여 가지는 공제금, 그 밖의 약정된 금전채권(제2호)의 어느 하나에 해당하는 것을 말한다(산림조합개선법2⑧).

(2) 기금의 재원

기금은 ⅰ) 조합이 납부한 보험료(제1호), ⅱ) 정부의 출연금(제2호), ⅲ) 중앙회의 출연금(제3호), ⅳ) 정부, 한국은행, 중앙회 또는 금융기관으로부터의 차입금(제4호), ⅴ) 부실조합등(부실조합[7] 또는 부실우려조합[8])에 지원한 자금을 회수한 금액(제5호), ⅵ) 상호금융예금자보호기금채권("기금채")을 발행하여 조성한 자금(제6호), ⅶ) 관리기관이 제34조 제1항 및 제35조에 따라 매입·취득한 예금등채권을 회수한 자금(제7호), ⅷ) 기금의 운용수익이나 그 밖의 수입금(제8호)의 재원으로 조성한다(산림조합개선법17②).

---

7) "부실조합"이란 다음의 어느 하나에 해당하는 조합을 말한다(산림조합개선법2③).
   가. 경영상태를 실제조사한 결과 부채가 자산을 초과하거나 거액의 금융사고 또는 부실채권의 발생으로 정상적인 경영이 어려울 것이 명백한 조합으로서 기금관리위원회의 심의를 거쳐 특별시장·광역시장·특별자치시장·도지사·특별자치도지사("시·도지사")가 결정한 조합. 이 경우 부채와 자산의 평가 및 산정은 농림축산식품부령으로 정하는 기준에 따른다.
   나. 예금등채권의 지급 또는 국가·공공단체 및 중앙회로부터의 차입금의 상환이 정지상태에 있는 조합
   다. 외부로부터의 자금지원이나 차입이 없이는 예금등채권의 지급이나 차입금의 상환이 어렵다고 기금관리위원회의 심의를 거쳐 시·도지사가 결정한 조합
8) "부실우려조합"이란 경영상태가 농림축산식품부령으로 정한 기준에 미달하여 부실조합이 될 가능성이 높다고 기금관리위원회의 심의를 거쳐 시·도지사가 결정한 조합을 말한다(산림조합개선법2④).

2. 기금관리위원회

(1) 의의

기금관리위원회란 기금의 운용에 관한 사항을 심의·의결하기 위하여 관리기관(＝기금을 관리하는 중앙회)에 설치하는 위원회를 말한다(산림조합개선법18①).

(2) 심의·의결 사항

관리기관은 기금의 운용에 관한 ⅰ) 기금의 조성 및 운용·관리에 관한 사항(제1호), ⅱ) 보험금 지급에 관한 사항(제2호), ⅲ) 부실조합등의 결정·지원 등에 관한 사항(제3호), ⅳ) 자금의 차입에 관한 사항(제4호), ⅴ) 기금채의 발행에 관한 사항(제5호), ⅵ) 기금 관련 규정의 제정·개정 및 폐지에 관한 사항(제6호), ⅶ) 그 밖에 산림청장 또는 특별시장·광역시장·특별자치시장·도지사·특별자치도지사("시·도지사")가 요구하거나 위원장이 필요하다고 인정하여 회의에 부치는 사항(제7호)을 심의·의결하기 위하여 기금관리위원회를 둔다(산림조합개선법18①).

(3) 구성 및 위원의 지정과 위촉

기금관리위원회는 위원장 1인과 부위원장 1인을 포함한 ⅰ) 중앙회의 회장이 조합의 조합장 중에서 위촉하는 자 1인(다만, 부실조합 또는 부실우려조합의 조합장은 제외)(제1호), ⅱ) 중앙회의 임직원 중에서 중앙회의 회장이 지정하는 자 1인(제2호), ⅲ) 기획재정부장관이 소속 공무원 중에서 지정하는 자 1인(제3호),[9] ⅳ) 금융위원회 위원장이 소속 공무원 중에서 지정하는 자 1인(제5호), ⅴ) 산림청장이 소속 공무원 중에서 지정하는 자 1인(제6호), ⅵ) 임업과 조합에 관한 학식과 경험이 풍부한 자로서 산림청장이 지정하는 임업 관련 단체(민법 제32조에 따라 설립된 비영리법인만 해당)가 위촉하는 자 2인(제7호), ⅶ) 조합 및 금융·회계에 관한 학식과 경험이 풍부한 자로서 국회 소관 상임위원회가 위촉하는 자 2인(제8호), ⅷ) 금융 및 회계에 관한 학식과 경험이 풍부한 자로서 산림청장이 위촉하는 자 1인(제9호)의 위원으로 구성하며, 위원장은 중앙회의 회장이 되고, 부위원장은 산림조합법 제118조에 따른 조합감사위원회의 위원장이 된다(산림조합개선법18②).

---

9) 제4호는 삭제 [2008.2.29 제8852호(정부조직법)]

(4) 위촉직 위원의 임기

앞에서 살펴본 제1호 및 제7호부터 제9호까지의 위촉직 위원의 임기는 3년으로 하되, 연임할 수 있다(산림조합개선법18③).

(5) 기금관리위원회의 운영

(가) 회의 소집과 의장

기금관리위원회의 위원장은 기금관리위원회의 회의를 소집하며, 그 의장이 된다(산림조합개선법18⑧, 동법 시행령9①).

(나) 위원장 직무대행

위원장이 부득이한 사유로 직무를 수행할 수 없을 때에는 부위원장, 위원 중 기금관리위원회에서 정하는 자의 순서로 그 직무를 대행한다(산림조합개선법18⑧, 동법 시행령9②).

(다) 의결정족수

기금관리위원회는 재적위원 과반수의 출석으로 개의하고 그 출석위원 과반수의 찬성으로 의결한다(산림조합개선법18⑧, 동법 시행령9③).

(라) 위원의 제척

기금관리위원회 위원은 ⅰ) 해당 사건 조합의 임직원 및 임직원이었던 자(제1호), ⅱ) 앞의 제1호의 친족이거나 친족이었던 자(제2호), ⅲ) 해당 사건 조합과 직접적인 이해관계가 있는 자(제3호), ⅳ) 그 밖에 해당 사건의 공정한 심의·의결을 해칠 수 있다고 위원장이 인정하는 경우(제4호)의 어느 하나에 해당하면 그 사건의 심의·의결에서 제척된다(산림조합개선법18④).

(마) 위원의 기피

기금관리위원회에서 심의·의결하는 사항과 직접적 이해관계가 있는 자는 위원에게 심의·의결의 공정을 기대하기 어려운 사정이 있으면 그 사유를 적어 기피신청을 할 수 있다(산림조합개선법18⑤ 전단). 이 경우 위원장은 기피신청에 대하여 위원회의 의결을 거치지 아니하고 기피 여부를 결정할 수 있다(산림조합개선법18⑤ 후단).

(바) 위원의 회피

위원이 제척사유나 기피신청의 사유에 해당하면 스스로 그 사건의 심의·의결에서 회피할 수 있다(산림조합개선법18⑥).

(사) 공무원 의제

기금관리위원회 위원으로서 공무원이 아닌 자는 형법 제129조(수뢰, 사전수뢰), 제130조(제3자뇌물제공), 제131조(수뢰후부정처사, 사후수뢰), 제132조(알선수뢰)를 적용할 때에는 공무원으로 본다(산림조합개선법18⑦).

(아) 운영 사항

그 밖에 기금관리위원회의 운영에 필요한 사항은 기금관리위원회에서 정한다(산림조합개선법 시행령9④).

Ⅱ. 기금의 관리 및 운용

1. 관리기관

(1) 중앙회

기금의 관리기관은 중앙회로 한다(산림조합개선법19①).

(2) 기금 운용 등의 보고서 제출

관리기관은 국회 소관 상임위원회에서 요구하면 기금의 운용 등에 관한 보고서를 제출하여야 한다(산림조합개선법19②).

2. 관리기관의 업무

관리기관은 산림조합개선법의 목적을 달성하기 위하여 ⅰ) 손해배상청구권 행사의 요구 등(제1호), ⅱ) 보험료의 수납(제2호), ⅲ) 보험금의 지급 등(제3호), ⅳ) 예금자등을 보호하기 위하여 정부가 위탁하거나 지정하는 업무(제4호), ⅴ) 앞의 제1호부터 제4호까지의 업무에 딸린 업무(제5호), ⅵ) 그 밖에 이 법에 따른 부실조합등의 관리와 지원에 관한 업무(제6호)를 한다(산림조합개선법20).

3. 기금의 용도

기금은 ⅰ) 부실조합등에 대한 자금지원(제1호), ⅱ) 정부, 한국은행, 중앙회 또는 금융기관으로부터의 차입금 및 기금채의 원리금 상환(제2호), ⅲ) 보험금의 지급 등(제3호), ⅳ) 예금등채권의 매입(제4호), ⅴ) 그 밖에 기금의 운용·관리에 필요한 경비(제5호)의 용도에만 사용할 수 있다(산림조합개선법21).

4. 여유자금의 운용

관리기관은 기금의 여유자금을 ⅰ) 국채·공채, 그 밖의 기금관리위원회가 지정하는 유가증권의 매입(제1호), ⅱ) 기금관리위원회가 지정하는 금융기관에의 예치 또는 단기대출(제2호), ⅲ) 그 밖에 기금관리위원회가 정하는 방법(제3호)의 방법으로 운용할 수 있다(산림조합개선법22).

Ⅲ. 기금의 회계 및 기금채의 발행

1. 기금의 회계

(1) 회계연도

기금의 회계연도는 정부의 회계연도에 따른다(산림조합개선법23①).

(2) 기금의 예산과 결산

기금의 예산과 결산은 기금관리위원회의 의결을 거쳐 산림청장의 승인을 받아야 한다(산림조합개선법23②).

(3) 회계의 구분 처리 등

기금과 중앙회의 회계는 구분하여 회계처리하되, 기금은 신용사업부문과 공제사업부문을 각각 별도의 계정으로 구분하여야 한다(산림조합개선법23③).

(4) 계정 간의 대출 등에 필요한 사항

회계의 구분 처리 등에 따른 계정 간의 대출·자금이체 및 비용의 계산 등에 필요한 사항은 기금관리위원회가 정한다(산림조합개선법23④).

2. 자금의 차입 및 기금채의 발행 등

(1) 정부 보증

정부는 한국은행, 중앙회 또는 금융기관으로부터의 차입(법17②(4))한 자금의 원리금 상환을 보증할 수 있다(산림조합개선법24).

(2) 기금채의 발행 등

(가) 기금채의 발행

관리기관은 기금관리위원회의 의결을 거쳐 기금의 부담으로 상호금융예금
자보호기금채권을 발행할 수 있다(산림조합개선법25①). 관리기관이 기금의 부담
으로 기금채권("기금채")을 발행할 때에는 모집이나 매출의 방법에 따른다(산림조
합개선법 시행령10).

(나) 기금채 발행시의 신고

관리기관은 기금채를 발행할 때마다 그 금액·조건·발행 및 상환의 방법을
정하여 산림청장에게 신고하여야 한다(산림조합개선법25②).

(다) 특수채

기금채는 자본시장법에 따른 특수채증권으로 본다(산림조합개선법25③).

(라) 기금채의 명의변경 요건 등

1) 기금채의 명의변경 요건

기명식 기금채의 명의변경은 그 채권 취득자의 성명과 주소를 채권 원부에
적고 성명을 증권에 적지 아니하면 중앙회나 그 밖의 제3자에게 대항하지 못한
다(산림조합개선법26).

2) 기금채의 질권설정

기명식 기금채를 질권의 목적으로 할 때에는 질권자의 성명과 주소를 채권
원부에 등록하지 아니하면 중앙회나 그 밖의 제3자에게 대항하지 못한다(산림조
합개선법27).

3) 국가의 상환 보증

기금채 원리금 상환에 대하여는 국가가 전액 보증할 수 있다(산림조합개선법
28).

4) 소멸시효

기금채의 소멸시효는 원금은 5년으로 하고, 이자는 2년으로 한다(산림조합개
선법29).

5) 기금채의 권면액 및 형식

기금채의 권면액은 1만원 이상으로 하고 이권(利券)이 붙은 무기명 증권으

로 한다(산림조합개선법 시행령11 본문). 다만, 청약인 또는 소유자의 요구에 따라 무기명식을 기명식으로, 기명식을 무기명식으로 할 수 있다(산림조합개선법 시행령 11 단서)

(마) 기금채의 모집 등

1) 기금채의 모집

기금채 모집에 응하려는 자는 기금채 청약서 2부에 청약하려는 기금채의 매수·금액과 주소를 적고 이에 기명날인을 하여야 한다(산림조합개선법 시행령12①).

기금채 청약서는 관리기관의 장이 작성하되, ⅰ) 관리기관의 명칭(제1호), ⅱ) 기금채의 발행총액(제2호), ⅲ) 기금채의 권종별 액면금액(제3호), ⅳ) 기금채의 이율(제4호), ⅴ) 원금상환의 방법과 시기(제5호), ⅵ) 기금채의 발행가액 또는 그 최저가액(제6호), ⅶ) 이미 발행한 기금채의 미상환분이 있는 경우에는 그 총액(제7호), ⅷ) 이자 지급시기와 지급방법(제8호)을 적어야 한다(산림조합개선법 시행령12②).

2) 계약에 따른 기금채 인수

계약에 따라 기금채의 총액을 인수할 때에는 제12조를 적용하지 아니한다(산림조합개선법 시행령13 전단). 기금채 모집을 위탁받은 자가 스스로 기금채의 일부를 인수할 때에도 또한 같다(산림조합개선법 시행령13 후단).

3) 기금채 발행의 총액

관리기관의 장은 기금채를 발행할 때에는 실제로 청약된 총액이 기금채 청약서에 적힌 기금채 발행총액에 미달한 경우에도 기금채 청약서에 기금채를 발행한다는 표시를 할 수 있다(산림조합개선법 시행령14 전단). 이 경우 기금채 발행총액은 청약총액으로 한다(산림조합개선법 시행령14 후단).

4) 모집발행 기금채의 기재사항

기금채를 모집의 방법으로 발행하려는 경우에는 관리기관의 명칭, 기금채의 발행총액, 기금채의 권종별 액면금액, 기금채의 이율, 원금상환의 방법과 시기, 이자 지급시기와 지급방법과 기금채 번호를 적어야 한다(산림조합개선법 시행령15).

(바) 기금채의 납입 등

1) 기금채의 납입

관리기관의 장은 기금채의 모집을 끝낸 때에는 지체 없이 각 기금채 액면금액의 전부를 납입시켜야 한다(산림조합개선법 시행령16①).

기금채는 매출(영18)의 방법으로 발행하는 경우 외에는 전액을 납입한 후가 아니면 그 증권을 발행할 수 없다(산림조합개선법 시행령16②).

2) 기금채 모집의 위탁

기금채 모집을 위탁받은 자는 자기 명의로 제16조에 따른 행위를 할 수 있다(산림조합개선법 시행령17).

3) 기금채의 매출발행

기금채를 매출의 방법으로 발행할 때에는 관리기관의 장은 매출기간, 관리기관의 명칭, 기금채의 발행총액, 기금채의 권종별 액면금액, 기금채의 이율, 원금상환의 방법과 시기, 기금채의 발행가액 또는 그 최저가액, 이자 지급시기와 지급방법을 공고하여야 한다(산림조합개선법 시행령18①). 이 경우에는 기금채 청약서가 필요하지 아니하다(산림조합개선법 시행령18②).

발행하는 기금채에는 관리기관의 명칭, 기금채의 권종별 액면금액, 기금채의 이율, 원금상환의 방법과 시기, 이자 지급시기와 지급방법과 기금채 번호를 적어야 한다(산림조합개선법 시행령18③).

4) 매출기금채의 총액

기금채의 매출기간 중에 매출한 기금채 총액이 제18조 제1항에 따라 공고한 기금채의 총액에 미치지 못할 때에는 그 매출총액을 기금채의 총액으로 한다(산림조합개선법 시행령19).

5) 납입신고

관리기관의 장은 납입이 있는 때 또는 매출기간이 끝난 때에는 2주 이내에 최종 재무상태표, 기금채의 인수를 증명하는 서류 또는 매출총액을 증명하는 서류, 기금채 청약서, 기금채에 대한 납입증명서류를 첨부하여 산림청장에게 신고하여야 한다(산림조합개선법 시행령20).

6) 변경신고

납입신고된 사항이 변경된 경우에는 관리기관의 장은 2주 이내에 그 변경사유를 증명하는 서류를 첨부하여 산림청장에게 신고하여야 한다(산림조합개선법 시행령21).

7) 기금채 원부

관리기관의 장은 주된 사무소에 기금채 원부를 갖추어 두고 기금채의 권종별 수 및 번호, 기금채의 발행일자, 기금채의 발행총액, 기금채의 권종별 액면금액, 기금채의 이율, 원금상환의 방법과 시기, 이자 지급시기와 지급방법, 각 기금채에 대한 납입금액 및 납입연월일, 기금채가 기명식일 때에는 기금채 소유자의 주소·성명 및 취득연월일을 적어야 한다(산림조합개선법 시행령22①).

관리기관의 장은 업무시간 내에 채권자나 산림조합법 제89조(회원 등)에 따른 회원이 요구할 때에는 언제든지 기금채 원부를 열람하게 하여야 한다(산림조합개선법 시행령22②).

8) 기금채의 매입소각

관리기관의 장은 기금관리위원회의 의결을 거쳐 기금채를 매입하여 소각할 수 있다(산림조합개선법 시행령23).

9) 통지와 최고

기금채 청약인에 대한 통지와 최고는 기금채 청약서에 적힌 청약인의 주소(청약인이 따로 주소를 관리기관의 장에게 알린 경우에는 그 주소)로 하여야 한다(산림조합개선법 시행령24①).

기명식 기금채의 채권자에 대한 통지와 최고는 소유자가 따로 그 주소를 관리기관의 장에게 알린 경우 외에는 기금채 원부에 적힌 주소로 한다(산림조합개선법 시행령24②).

무기명식 기금채의 소지자에 대한 통지와 최고는 공고의 방법으로 한다(산림조합개선법 시행령24③).

10) 질권설정

기명식 기금채에 질권을 설정하였을 때에는 상법 제338조(주식의 입질) 및 제340조(주식의 등록질)를 준용한다(산림조합개선법 시행령25).

11) 이권의 흠결

이권이 있는 무기명식 기금채를 상환하는 경우에 이권이 흠결된 것에 대하여는 그 이권에 상당하는 금액을 상환액에서 공제한다(산림조합개선법 시행령26①).

이에 따라 그 이권에 상당하는 금액이 상환액에서 공제된 이권의 소지인은 언제든지 그 이권과의 상환으로 공제된 금액의 지급을 청구할 수 있다(산림조합개선법 시행령26②).

Ⅳ. 예금보험

1. 보험관계

관리기관·조합 및 예금자등 사이의 보험관계는 예금자등이 조합에 예금등 채권을 가지게 된 때에 성립한다(산림조합개선법30).

2. 보험료 납부 등

(1) 보험료의 납부

조합은 예금등에 대한 보험료를 기금에 내야 한다(산림조합개선법31① 전단). 이 경우 조합별로 경영 및 재무상태, 계정별 적립금액 등을 고려하여 그 비율을 다르게 할 수 있다(산림조합개선법31① 후단).

(가) 보험료의 산출 계산식

조합은 매 분기가 끝난 후 15일 이내에 ⅰ) 신용사업의 보험료 = 매 분기말 예금 및 적금의 평균잔액 × 1/4 × 1천분의 5 이내에서 산림청장이 정하여 고시하는 비율(제1호), ⅱ) 공제사업의 보험료 = 매 사업연도 말 책임준비금의 잔액 + 매 사업연도말 수입공제료의 총액 × 1/2 × 1천분의 5 이내에서 산림청장이 정하여 고시하는 비율(제2호)의 계산식에 따라 산출된 보험료를 기금에 내야 한다(산림조합개선법 시행령27① 본문). 다만, 공제사업의 경우에는 매 사업연도가 끝난 후 2개월 이내에 내야 한다(산림조합개선법 시행령27① 단서).

(나) 보험료 산출 계산식의 제외사항

신용사업 및 공제사업의 보험료를 계산할 때에는 "정부 및 지방자치단체, 한국은행, 금융감독원, 예금보험공사, 예금자보호법에 따른 부보금융회사, 조합"으로부터 거두어들인 예금등은 제외한다(산림조합개선법 시행령27②).

(2) 연체료 가산

조합이 보험료를 납부기한까지 내지 아니하면 연체료를 가산하여 관리기관에 내야 한다(산림조합개선법31②). 따라서 조합이 보험료를 납부기한까지 내지 아니하면 보험료 납부기한의 다음 날부터 납부일까지의 일수에 조합에 대한 중앙회의 상호금융대출 시의 연체이자율을 기준으로 기금관리위원회가 정하는 이자율을 곱한 금액의 연체료를 가산하여 기금에 내야 한다(산림조합개선법 시행령27③).

(3) 보험료 반환청구 금지

조합은 납부한 보험료의 반환을 청구할 수 없다(산림조합개선법31③).

3. 기금 적립액의 목표규모 설정 등

(1) 기금 적립액 목표규모의 설정

관리기관은 기금의 적립액이 적정한 수준을 유지하도록 기금 적립액의 목표규모("목표규모")를 설정하여야 한다(산림조합개선법31의2①).

(2) 조합의 경영 및 재무 상황 등 고려

목표규모는 기금관리위원회의 의결을 거쳐 기금의 효율적 운영을 저해하지 아니하는 범위에서 조합의 경영 및 재무 상황 등을 고려하여 정한다(산림조합개선법31의2② 전단). 이 경우 목표규모는 상한 및 하한을 두어 일정 범위로 정할 수 있다(산림조합개선법31의2② 후단).

(3) 목표규모의 적정성 검토 및 재설정

관리기관은 조합의 경영여건과 기금의 안정성 등을 고려하여 목표규모의 적정성을 주기적으로 검토하고, 필요한 경우에는 기금관리위원회의 의결을 거쳐 목표규모를 재설정할 수 있다(산림조합개선법31의2③).

(4) 보험료의 감면

관리기관은 기금의 적립액이 목표규모에 도달한 경우에는 향후 예상되는 기금의 수입액과 지출액의 규모를 고려하여 조합이 내는 보험료를 감면하여야 한다(산림조합개선법31의2④).

(가) 보험료 감액

관리기관은 직전 회계연도 말일 현재 기금의 적립액이 설정 또는 재설정된 기금 적립액의 목표규모(상한 및 하한을 포함한다. 이하 이 소에서 "목표규모"라 한다)의 하한 이상 상한 이하가 된 경우에는 기금관리위원회의 의결을 거쳐 조합이 내는 해당 회계연도의 보험료를 감액해야 한다(산림조합개선법 시행령27의2①).

(나) 보험료 면제

관리기관은 직전 회계연도 말일 현재 기금의 적립액이 목표규모의 상한을 넘는 경우에는 기금관리위원회의 의결을 거쳐 조합이 내는 해당 회계연도의 보험료를 면제해야 한다(산림조합개선법 시행령27의2②).

(다) 절차와 방법의 제정 및 공고

목표규모 설정 및 보험료 감면의 구체적 절차와 방법 등에 필요한 사항은 기금관리위원회의 의결을 거쳐 관리기관이 정한다(산림조합개선법 시행령27의2③). 이에 따라 정한 사항을 관리기관은 관리기관의 인터넷 홈페이지에 공고해야 한다(산림조합개선법 시행령27의2④).

4. 보험금의 지급 등

(1) 보험금의 지급과 보험금의 계산

(가) 보험금의 지급

관리기관은 조합에 보험사고가 발생하면 그 조합의 예금자등의 청구에 의하여 보험금을 지급하여야 한다(산림조합개선법32① 본문). 다만, 관리기관은 제1종 보험사고에 대하여는 보험사고의 통지를 받은 날부터 2개월 이내에 기금관리위원회의 의결에 따라 보험금을 지급할지를 결정하여야 한다(산림조합개선법32① 단서).

(나) 보험금의 계산

관리기관이 예금자등의 청구에 따라 지급하여야 하는 보험금을 계산할 때에 예금등채권의 합계액은 ⅰ) 예금등의 금액(제1호), ⅱ) 앞의 제1호의 금액에 전체 조합의 예금등에 대한 평균이자율을 고려하여 기금관리위원회가 정하는 이자율을 곱한 금액(제2호)의 합산액으로 한다(산림조합개선법 시행령28).

(2) 가지급금의 지급

관리기관은 제1종 보험사고의 경우 예금자등의 청구에 의하여 해당 예금자등의 예금등채권의 일부를 미리 지급할 수 있다(산림조합개선법32②).

관리기관은 보험금의 지급한도 내에서 기금관리위원회가 정하는 금액("가지급금")을 예금자등에게 미리 지급할 수 있다(산림조합개선법 시행령29 본문). 다만, 가지급금이 계산한 보험금을 넘는 경우에는 그 보험금을 지급 최고한도금액으로 한다(산림조합개선법 시행령29 단서).

(3) 보험금 지급 절차 등의 공고

관리기관은 보험금이나 가지급금 지급의 개시일자·기간·방법, 그 밖에 필요한 사항을 공고하여야 한다(산림조합개선법32③).

따라서 관리기관은 보험금 및 가지급금의 지급개시일, 지급기간, 지급방법, 그 밖에 필요한 사항을 일간신문, 관리기관의 인터넷 홈페이지 또는 방송 등을 통해 공고해야 한다(산림조합개선법 시행령30, 산림조합개선법 시행령33④).

(4) 합병의 경우

합병으로 신설되는 조합이나 합병 후 존속하는 조합이 합병으로 없어지는 조합의 업무를 계속하는 경우에는 그 합병등기일부터 1년까지는 법 제2조 제1항을 적용할 때 합병으로 신설되는 조합, 합병 후 존속하는 조합 및 합병으로 없어지는 조합이 각각 독립된 조합으로 존재하는 것으로 본다(산림조합개선법32④).

(5) 독립된 보험사고 여부

제1종 보험사고가 발생한 후 제2종 보험사고가 발생한 경우 법 제32조 제1항을 적용할 때에는 제2종 보험사고를 독립된 보험사고로 보지 아니한다(산림조합개선법32⑤).

(6) 보험금의 지급 보류
(가) 보험금의 지급 보류 금액

관리기관은 보험금을 지급할 때 ⅰ) 예금금자등이 다른 사람을 위하여 해당 조합에 담보로 제공하고 있는 예금등채권의 금액(제1호), ⅱ) 예금자등이 해당 조합에 대하여 지고 있는 보증채무의 금액(제2호)에 대하여는 보험금 지급개시일 등의 공고일("보험금지급공고일")부터 6개월의 범위에서 보험금의 지급을 보류할 수 있다(산림조합개선법32⑥, 동법 시행령31①).
(나) 보험금 지급 보류 사유 등 기재한 서면 교부

관리기관이 보험금의 지급 보류 금액에 대하여 보험금 지급을 보류할 때에는 보험금을 청구한 예금자등에게 ⅰ) 지급을 보류하는 보험금의 금액(제1호), ⅱ) 보험금의 지급보류 사유(제2호), ⅲ) 보험금의 지급보류 기간(제3호), ⅳ) 보험금의 지급보류 사유가 소멸되거나 지급보류 기간이 끝나 예금자등이 보류된 보험금의 지급을 청구하는 경우에는 그 절차 및 방법(제4호)을 적은 서면을 내주어야 한다(산림조합개선법 시행령31②).

(7) 보험금 청구권의 행사기간

예금자등의 보험금청구권은 지급의 개시일부터 5년간 행사하지 아니하면 시효로 인하여 소멸한다(산림조합개선법32⑦).

5. 보험금의 계산 등

(1) 지급 보험금의 계산

예금자등에게 지급하는 보험금은 보험금지급공고일 현재 각 예금자등의 예금등채권의 합계액에서 각 예금자등이 그 조합에 대하여 지고 있는 채무(보증채무는 제외)의 합계액을 뺀 금액으로 한다(산림조합개선법33①).

이에 따라 관리기관이 예금자등의 청구에 따라 지급하여야 하는 보험금을 계산할 때에 예금등채권의 합계액은 ⅰ) 예금등의 금액(제1호), ⅱ) 앞의 제1호의 금액에 전체 조합의 예금등에 대한 평균이자율을 고려하여 기금관리위원회가 정하는 이자율을 곱한 금액(제2호)의 합산액으로 한다(산림조합개선법 시행령28).

(2) 1인당 보호한도(보험금의 지급한도)

예금자등에게 지급하는 보험금의 지급한도는 보호되는 예금등의 규모 등을 고려하여 신용사업 및 공제사업별로 각각 5천만원으로 한다(산림조합개선법33②, 동법 시행령32).

(3) 가지급금의 제외

각 예금자등이 미리 지급받은 금액("가지급금")이 있으면 보험금은 법 제33조 제1항과 제2항에 따른 금액에서 가지급금을 뺀 금액으로 한다(산림조합개선법33③).

(4) 초과금액의 반환

각 예금자등에게 지급된 가지급금의 금액이 보험금을 초과하는 때에는 각 예금자등은 그 초과 금액을 관리기관에 되돌려주어야 한다(산림조합개선법33④).

6. 예금등채권의 매입

(1) 매입 가능 채권

관리기관은 보험금을 지급하거나 예금등채권의 일부를 미리 지급한 경우에는 예금자등의 청구에 의하여 해당 보험사고와 관련된 예금등채권 중 관리기관이 취득한 권리를 제외한 예금등채권을 매입할 수 있다(산림조합개선법34①).

(2) 추산금액의 지급

관리기관은 예금등채권을 매입하는 경우에 예금등채권의 가치를 추산한 금액을 예금자등에게 지급하여야 한다(산림조합개선법34② 전단). 이 경우 관리기관이 매입한 예금등채권을 회수한 금액에서 사용된 비용을 뺀 금액이 예금자등에게 지급한 금액을 초과하는 때에는 그 초과 금액을 그 예금자등에게 추가로 지급하여야 한다(산림조합개선법34② 후단).

(3) 추산지급률의 결정

관리기관은 예금등채권을 매입하는 경우에는 조합의 재무상태를 고려하여 파산절차가 진행되는 경우 그 조합과 관련된 예금등채권에 대하여 변제받을 수 있을 것으로 예상되는 금액을 고려하여 추산지급률을 결정해야 한다(산림조합개선법 시행령33①).

(4) 추산금액의 산정

관리기관이 예금자등에게 지급해야 하는 예금등채권의 가치를 추산한 금액은 관리기관이 예금자등으로부터 매입하는 예금등채권의 가액을 보험금지급공고일을 기준으로 산정한 금액(보증채무를 지고 있는 예금자등의 보증채무에 상당하는 예금등채권과 담보권의 목적물로 되어 있는 예금등채권의 금액은 제외)에 추산지급률을 곱하여 계산한 금액으로 한다(산림조합개선법 시행령33②).

(5) 기금관리위원회의 의결 및 공고

관리기관은 예금자등에게 예금등채권의 가치를 추산한 금액을 지급할 때에는 추산지급률, 예금등채권의 매입기간 및 매입방법 등을 정하여 기금관리위원회의 의결을 거쳐야 한다(산림조합개선법 시행령33③). 의결을 거쳤을 때에는 관리기관은 그 의결된 내용을 일간신문, 관리기관의 인터넷 홈페이지 또는 방송 등을 통해 공고해야 한다(산림조합개선법 시행령33④).

7. 예금등채권의 취득

관리기관은 보험금과 가지급금을 지급한 경우에는 그 지급한 금액의 범위에서 해당 조합에 대한 예금자등의 권리를 취득한다(산림조합개선법35).

8. 관리기관의 대위상계권

관리기관은 예금자등을 대신하여 보험금지급공고일 현재 각 예금자등의 예금등채권(예금자등이 다른 사람을 위하여 해당 조합에 담보로 제공하고 있는 예금등채권은 제외)을 각 예금자등이 해당 조합에 지고 있는 채무(보증채무는 제외)와 상계할 수 있다(산림조합개선법36).

9. 보험사고 등의 통지

(1) 조합의 보험사고 발생 사실의 통지
(가) 의의
조합은 보험사고가 발생하면 지체 없이 그 사실을 관리기관에 통지하여야 한다(산림조합개선법37①).

(나) 위반시 제재
조합이 법 제37조 제1항에 따라 보험사고가 발생한 사실을 관리기관에 통지하지 아니한 경우에는 2천만원 이하의 과태료를 부과한다(산림조합개선법44①). 조합의 조합장·상임이사 또는 관리인이 법 제37조 제1항을 위반하면 200만원 이하의 과태료를 부과한다(산림조합개선법44③).

(2) 시·도지사의 조합의 예금등채권의 지급정지 등의 통지
시·도지사는 ⅰ) 조합의 예금등채권의 지급정지를 명한 경우(제1호), ⅱ) 제4조(적기시정조치) 제1항 제5호,[10] 제10조(행정처분) 제2항,[11] 산림조합법 제125조

---

10) ① 시·도지사는 부실조합등이나 그 임원에 대하여 기금관리위원회의 심의를 거쳐 다음의 사항을 권고·요구 또는 명령하거나 그 이행계획을 제출할 것을 명하여야 한다.

(위법행위에 대한 행정처분) 제2항¹²) 및 제126조(경영지도) 제3항¹³)에 따라 사업정
지 또는 업무나 채무지급의 정지를 명한 경우(제2호), iii) 조합의 설립인가 취소
또는 해산의결을 인가한 경우(제3호)의 어느 하나에 해당하면 지체 없이 그 사실
을 관리기관에 통지하여야 한다(산림조합개선법37②).

10. 배상책임보험 가입 요구 등

(1) 관리기관의 보험 가입 요구

관리기관은 조합에 대하여 그 조합의 임직원의 채무불이행 또는 불법행위로
인한 그 조합의 재산상 손해를 보전하기 위한 보험(산림조합법에 따른 공제를 포함
한다. 이하 "배상책임보험"이라 한다)에 가입할 것을 요구할 수 있다(산림조합개선법
38①).

(가) 가입 요구 대상조합

배상책임보험 가입 요구 대상조합은 자기자본의 잠식 등 산림조합법 제117
조(중앙회의 지도) 제2항에 따라 중앙회의 회장이 조합의 경영상태를 평가한 결과
기금관리위원회가 정하는 기준을 충족하지 못하는 조합을 말한다(산림조합개선법
38①, 동법 시행령34①).

---

5. 사업의 전부 또는 일부의 정지("사업정지")
11) ② 시·도지사는 부실조합이 다음의 어느 하나에 해당하는 경우에는 기금관리위원회의 의
　　견을 들어 그 부실조합에 대하여 계약이전의 결정, 6개월의 범위에서 일정 기간의 사업정
　　지, 설립인가의 취소 등 필요한 처분을 할 수 있다. 다만, 제1호의 경우 그 명령 불이행
　　사유가 제4조 제5항 및 제6항에 따른 총회·대의원회의 의결 또는 조합원투표 결과에 따
　　른 것일 때에는 시·도지사는 처분에 앞서 대통령령으로 정하는 바에 따라 그 조합에 소
　　명할 기회를 주어야 한다.
　　1. 제4조 제1항에 따른 명령을 이행하지 아니하거나 이행할 수 없게 된 경우
　　2. 부채가 자산을 현저히 초과함으로써 제4조 제1항에 따른 명령을 이행하기 어렵다고 판
　　　단되는 경우
　　3. 자금사정의 급격한 악화로 예금등채권의 지급이나 차입금의 상환이 어렵게 되어 예금
　　　자등의 권익이나 신용질서를 해칠 것이 명백하다고 인정되는 경우
12) ② 산림청장 또는 시·도지사는 조합등 또는 중앙회가 제1항에 따른 시정명령 또는 임직
　　원에 대한 조치 요구를 이행하지 아니하였을 때에는 6개월 이내의 기간을 정하여 그 업무
　　의 전부 또는 일부를 정지시킬 수 있다.
13) ③ 산림청장 또는 시·도지사는 제1항에 따른 경영지도가 시작되었을 때에는 6개월의 범
　　위에서 채무의 지급을 정지하거나 임원의 직무를 정지하게 할 수 있다. 이 경우 회장으로
　　하여금 지체 없이 조합등의 재산상황을 조사("재산실사")하게 하거나 금융감독원장에게
　　재산실사를 요청할 수 있다.

(나) 요구 방법

관리기관은 조합에 배상책임보험에 가입할 것을 요구하는 경우에는 보험금의 지급한도 등 시·도지사가 정하는 사항을 분명하게 밝힌 서면으로 해야 한다(산림조합개선법 시행령34②).

(다) 보험 가입 기간

관리기관으로부터 배상책임보험에 가입할 것을 요구받은 조합은 그 요구를 받은 날부터 6개월(조합이 배상책임보험에 가입할 경우 정상적인 경영이 어렵다고 인정되는 등 기금관리위원회가 인정하는 부득이한 사유에 해당하는 경우에는 2년의 범위에서 관리기관이 정하는 기간) 이내에 배상책임보험에 가입하여야 한다(산림조합개선법 시행령34③).

(2) 관리기관의 조합 대리

관리기관은 조합이 배상책임보험의 가입요구에 따르지 아니하면 그 조합을 대리하여 배상책임보험가입계약을 체결할 수 있다(산림조합개선법38②).

(3) 납입 보험료에서의 공제

관리기관은 조합을 대리하여 체결한 배상책임보험가입계약의 보험료 등을 부담하지 아니하면 그 조합이 낸 보험료에서 이를 공제할 수 있으며, 이 경우 공제한 만큼의 금액은 보험료로 내지 아니한 것으로 본다(산림조합개선법38③).

(4) 배상책임보험 가입 권고

관리기관은 조합(자기자본의 잠식 등 대통령령으로 정하는 기준에 해당하는 조합) 외의 조합에 대하여 배상책임보험에 가입할 것을 권고할 수 있다(산림조합개선법38④).

조합공동사업법인

설　립

제1절 목적과 명칭

I. 설립목적

조합공동사업법인은 사업의 공동수행을 통하여 임산물의 판매·유통 등과 관련된 사업을 활성화함으로써 임업의 경쟁력 강화와 임업인의 이익 증진에 이바지하는 것을 목적으로 한다(법86의2). 조합공동사업법인은 주된 사무소의 소재지에서 설립등기를 함으로써 성립한다(법86의10, 법17①).

II. 법인격 및 명칭

1. 법인격

산림조합법에 따라 설립되는 조합공동사업법인은 법인으로 한다(법86의3①).

2. 명칭

조합공동사업법인은 지역명이나 사업명을 붙인 조합공동사업법인의 명칭을 사용하여야 한다(법86의3②). 조합공동사업법인이 아니면 지역명이나 사업명을 붙인 조합공동사업법인의 명칭 또는 이와 유사한 명칭을 사용하지 못한다(법86의 3③).

3. 구역

같은 구역에서는 조합공동사업법인 2개 이상 설립할 수 없다(법86의10①, 법 13③).

제2절 사업

Ⅰ. 사업의 종류

조합공동사업법인은 그 목적을 달성하기 위하여 ⅰ) 회원을 위한 물자의 공동구매 및 상품의 공동판매와 이에 수반되는 운반·보관 및 가공 사업(제1호), ⅱ) 회원을 위한 상품의 생산·유통 조절 및 기술의 개발·보급(제2호), ⅲ) 회원을 위한 자금대출 알선과 공동사업을 위한 국가·공공단체 및 중앙회로부터의 자금 차입(제3호), ⅳ) 국가·공공단체·조합·중앙회 또는 다른 조합공동사업법인이 위탁하는 사업(제4호), ⅴ) 그 밖에 회원의 공동이익증진을 위하여 필요한 사업으로서 중앙회장의 승인을 얻은 사업(제5호)의 전부 또는 일부를 수행한다(법86의8, 조합공동사업법인정관례4①, 이하 "정관례").

Ⅱ. 공동사업 및 대리업무

조합공동사업법인은 사업을 수행하기 위하여 필요한 때에는 다른 조합공동사업법인 또는 중앙회와의 공동사업 및 대리업무를 할 수 있다(정관례4②).

제3절 설립인가 등

Ⅰ. 정관 작성과 창립총회 의결

조합공동사업법인을 설립하려면 회원의 자격을 가진 2 이상의 조합이나 조합과 중앙회가 발기인이 되어 정관을 작성하고 창립총회의 의결을 거친 후 산림청장의 인가를 받아야 한다(법86의5①).

조합공동사업법인의 정관에는 ⅰ) 목적(제1호), ⅱ) 명칭(제2호), ⅲ) 주된 사무소의 소재지(제3호), ⅳ) 회원의 자격과 가입·탈퇴 및 제명에 관한 사항(제4호), ⅴ) 출자(현물출자를 포함) 및 가입금과 경비에 관한 사항(제5호), ⅵ) 회원의 권리와 의무(제6호), ⅶ) 임원의 선임 및 해임에 관한 사항(제7호), ⅷ) 사업의 종류와 집행에 관한 사항(제8호), ⅸ) 적립금의 종류와 적립방법에 관한 사항(제9호), ⅹ) 잉여금의 처분과 손실금의 처리방법에 관한 사항(제10호), ⅺ) 그 밖에 이 법에서 정관으로 정하도록 규정한 사항(제11호)이 포함되어야 한다(법86의6①).

조합공동사업법인이 정관을 변경하려면 산림청장의 인가를 받아야 한다(법86의6② 본문). 다만, 산림청장이 정하여 고시한 정관례에 따라 변경하는 경우에는 산림청장의 인가를 받은 것으로 본다(법86의6② 단서).

Ⅱ. 설립인가 기준 및 절차

1. 인가기준

조합공동사업법인의 설립인가에 필요한 기준은 ⅰ) 회원의 자격이 있는 설립동의자(조합만 해당)가 2 이상이어야 하고(제1호), ⅱ) 회원의 자격이 있는 설립동의자의 출자금납입확약총액이 3억원 이상이어야(제2호) 한다(법86의5②, 영11의11①).

2. 인가절차

조합공동사업법인의 설립인가를 받고자 하는 자는 설립인가신청서에 ⅰ) 정

관(제1호), ⅱ) 창립총회의사록(제2호), ⅲ) 사업계획서(제3호), ⅳ) 임원명부(제4
호), ⅴ) 회원자격과 설립인가기준에 적합함을 증명할 수 있는 서류(제5호)를 첨
부하여 산림청장에게 신청하여야 한다(법86의5②, 영11의11② 본문, 영6).

Ⅲ. 조합 설립인가 규정 준용

조합공동사업법인의 설립인가에 관하여는 조합의 설립 관련 규정인 제14조
(설립인가 등) 제2항부터 제6항까지의 규정을 준용한다(법86의5③).

제
2
장
／

회 원

제1절 자격 등

Ⅰ. 자격

조합공동사업법인의 회원은 조합 및 중앙회로 한다(법86의4① 전단). 회원은 다른 조합공동사업법인의 회원으로 가입할 수 있다(정관례10②).

Ⅱ. 가입

1. 가입신청서 제출

회원의 자격이 있는 자는 누구든지 자유로이 조합공동사업법인에 가입할 수 있다(법86의10①, 법26① 전단).

법인의 회원이 되려는 자는 ⅰ) 조합의 명칭·법인등록번호·주된 사무소의 소재지, 대표자의 성명·생년월일 및 주소(제1호), ⅱ) 구성원 수(제2호), ⅲ) 인수

하고자 하는 출자좌수(제3호), iv) 주된 사업의 종류(제4호), v) 법인운영 참여
및 사업이용 동의(제5호)를 적은 가입신청서에 정관과 가입을 의결한 총회의사록
(이사회의 의결을 필요로 하는 경우에는 이사회의사록), 법인등기부 등본, 사업보고서,
재무상태표 및 손익계산서를 붙여 법인에 제출한다(정관례11①).

2. 자격심사와 가입 승낙여부 통지

법인은 가입신청서를 접수하였을 때에는 이사회에 부의하여 회원으로서의
자격유무를 심사하고, 가입승낙여부를 서면으로 가입 신청자에게 알린다(법86의
10①, 법26③. 정관례11②).

3. 회원 자격의 취득

가입신청자는 출자 전액을 납입함으로써 회원이 되며, 법인은 이를 회원명
부에 기록한다(정관례11③).

4. 가입 거절 또는 불리한 가입 조건 금지

정당한 이유없이 회원이 될 자격을 가진 자에 대하여 가입을 거절하거나 다
른 회원보다 불리한 가입조건을 붙일 수 없다(법86의10①, 법26① 후단).

Ⅲ. 탈퇴

1. 임의탈퇴

회원의 자격이 있는 자는 누구든지 자유로이 조합공동사업법인에서 탈퇴할
수 있다(법86의10①, 법26① 전단). 회원은 조합공동사업법인에 탈퇴의사를 통지하
고 탈퇴할 수 있다(법86의10①, 법26③, 정관례12①).

2. 당연탈퇴

회원은 i) 회원의 자격이 없을 때(제1호), ii) 사망하였을 때(제2호), iii) 파
산하였을 때(제3호), iv) 피성년후견인이 되었을 때(제4호), v) 회원인 법인이 해
산하였을 때(제5호)의 어느 하나에 해당될 때에는 당연히 탈퇴된다(법86의10①, 법

26②).

3. 회원의 탈퇴 의사의 통지

회원이 탈퇴하고자 하는 때에는 탈퇴를 의결한 총회의사록(이사회의 의결을 필요로 하는 경우에는 이사회의사록)을 첨부하여 법인에 탈퇴의사를 알린다(법86의10①, 법26③, 정관례12③).

4. 이사회의 당연탈퇴 사유 확인의무

법인의 이사회는 회원의 전부 또는 일부를 대상으로 당연탈퇴 사유에 해당하는지를 확인하여야 한다(법86의10①, 법26③, 정관례12④).

Ⅳ. 제명

1. 제명 사유

법인은 회원이 ⅰ) 1년 이상 법인의 사업을 이용하지 아니한 회원(제1호), ⅱ) 출자 및 경비의 납입, 그 밖에 법인에 대한 의무를 이행하지 아니한 회원(제2호), ⅲ) 법인의 사업을 방해한 회원(제3호), ⅳ) 고의 또는 중대한 과실로 인하여 법인에 손실을 끼치거나 법인의 신용을 손상하게 한 회원(제4호)의 어느 하나에 해당하면 총회의 의결을 얻어 제명할 수 있다(법86의10①, 법27①, 정관례13① 본문).

2. 제명 사유의 통지 및 의견진술 기회 부여

법인은 총회 개회 10일 전에 제명 사유에 해당하는 회원에 대하여 제명의 사유를 통지하고 총회에서 의견을 진술할 기회를 주어야 한다(법86의10①, 법27①, 정관례13① 단서).

3. 제명 회원에 대한 통지

제명된 회원에 대하여는 그 취지를 서면으로 통지하여야 한다(정관례13②).

V. 의결 취소의 청구

1. 의결 취소 또는 무효확인의 사유

회원은 총회(창립총회를 포함)의 소집절차, 의결방법, 의결내용 또는 임원선거가 법령, 법령에 따른 행정처분 또는 정관을 위반하였다는 것을 사유로 하여 그 의결이나 선거에 따른 당선의 취소 또는 무효 확인을 산림청장에게 청구하거나 이를 청구하는 소를 제기할 수 있다(법86의10①, 법30①).

2. 청구 기간 등

산림청장에게 청구할 때에는 의결일 또는 선거일부터 1개월 이내에 회원 5% 이상의 동의를 받아 청구하여야 한다(법86의10①, 법30② 전단, 정관례42②). 이 경우 산림청장은 그 청구서를 받은 날부터 3개월 이내에 이에 대한 조치결과를 청구인에게 알려야 한다(법30② 후단).

3. 상법의 준용

소에 관하여는 상법 제376조(결의취소의 소), 제377조(제소주주의 담보제공의무), 제378조(결의취소의 등기), 제379조(법원의 재량에 의한 청구기각), 제380조(결의무효 및 부존재확인의 소), 제381조(부당결의의 취소, 변경의 소)를 준용한다(법86의10①, 법30③).

제2절 책임

I. 회원의 책임

1. 출자액 한도

회원의 책임은 그 출자액을 한도로 한다(법86의10①, 법20⑥).

2. 운영과정 참여 의무

회원은 조합공동사업법인의 운영과정에 성실히 참여하여야 하며, 생산한 임산물을 조합공동사업법인을 통하여 출하하는 등 조합공동사업법인의 사업을 성실히 이용하여야 한다(법86의10①, 법20⑦).

Ⅲ. 경비와 과태금

1. 경비부담

(1) 경비 부과

법인은 회원을 위한 물자의 공동구매 및 상품의 공동판매와 이에 수반되는 운반·보관 및 가공사업에 필요한 경비를 충당하기 위하여 회원에게 경비를 부과할 수 있다(법86의10① 본문, 법23①, 정관례23①). 경비의 부과금액과 부과방법, 징수시기와 징수방법은 이사회에서 정한다(법86의10①, 법23①, 정관례23②).

(2) 기부과금액의 변경 금지

법인은 부과금액의 산정기준이 된 사항에 변경이 있는 경우에도 이미 부과한 금액은 이를 변경하지 못한다(법86의10①, 법23①, 정관례23③).

(3) 상계 금지

회원은 납입하여야 하는 경비를 법인에 대한 채권과 상계할 수 없다(법86의10①, 법23②, 정관례23④).

2. 과태금

(1) 과태금 부과

법인은 회원이 출자금 또는 경비납입의무를 그 기한까지 이행하지 아니하는 경우에는 납입기한 다음날부터 납입완료일까지 납입할 금액에 대하여 1일에 1천분의 0.4의 율로써 과태금을 징수할 수 있다(법86의10①, 법23①, 정관례24①)

(2) 상계 금지

회원은 과태금을 법인에 대한 채권과 상계할 수 없다(법86의10①, 법23②, 정관례24②).

제3절 의결권

Ⅰ. 출자액 비례

회원은 출자금에 비례하여 의결권을 가진다(법86의4③).

Ⅱ. 의결권의 대리

1. 의결권의 대리 행사

회원은 대리인으로 하여금 의결권을 행사하게 할 수 있다(법86의10①, 법25① 전단). 이 경우 그 회원은 출석한 것으로 본다(법86의10①, 법25① 후단).

2. 대리인의 자격

대리인은 회원이어야 하며, 대리인은 회원의 의결권 수에 따라 대리할 수 있다(법86의10①, 법25②).

3. 대리권의 증명

대리인은 대리권을 증명하는 서면을 조합공동사업법인에 제출하여야 한다(법86의10①, 법25③).

제4절 준회원

Ⅰ. 의의

준회원이란 조합공동사업법인에 준회원으로 가입하여 사업이용에 있어서 회원에 준하는 권리·의무를 갖는 자를 말한다.

Ⅱ. 준회원의 자격

다른 조합공동사업법인은 준회원으로 한다(법86의4①). 다른 조합공동사업법인은 준회원으로 가입할 수 있다(정관례16).

Ⅲ. 준회원의 가입·탈퇴

1. 가입 신청과 제출서류

준회원으로 가입하고자 하는 법인은 ⅰ) 법인의 명칭·법인등록번호·주된 사무소의 소재지, 대표자의 성명·생년월일 및 주소(제1호), ⅱ) 구성원 수(제2호), ⅲ) 납입하고자 하는 가입금(제3호), ⅳ) 주된 사업의 종류(제4호), ⅴ) 다른 조합공동사업법인에의 가입 유무(제5호)를 적은 가입신청서에 법인정관을 첨부하여 법인에 제출한다(정관례17①).

2. 탈퇴와 제명

회원의 탈퇴 및 제명에 관한 규정은 준회원의 경우에 준용한다(정관례17②).

(1) 가입금의 환급

법인은 탈퇴한 준회원의 청구에 따라 가입금을 환급할 수 있으며, 이 경우에는 정관례 제14조 제3항 및 제4항을 준용한다(정관례17③).

(2) 환급청구권의 행사 기간

지분환급의 청구권은 2년간 행사하지 아니하면 소멸된다(정관례17③, 정관례 14③).

(3) 환급 정지

법인은 탈퇴 회원(제명된 회원을 포함)이 법인에 대한 채무를 다 갚을 때까지는 지분의 환급을 정지할 수 있다(정관례17③, 정관례14④).

Ⅳ. 준회원의 권리 · 의무

1. 준회원의 권리

준회원은 사업이용권 · 이용고배당청구권 및 가입금환급청구권을 가진다(정관례18①).

2. 준회원의 의무

조합공동사업법인은 준회원에 대하여 정관으로 정하는 바에 따라 가입금과 경비를 부담하게 할 수 있다(법86의4② 본문).

준회원은 출자를 하지 아니하되, 법인이 정하는 바에 따라 가입금 · 경비 및 과태금을 납입한다(정관례18②).

제
3
장
／

출 자

제1절 종류 및 내용

I. 출자금

조합공동사업법인의 회원이 되려는 자는 정관으로 정하는 바에 따라 출자하여야 한다(법86의4② 본문). 다만, 조합이 아닌 회원이 출자한 총액은 조합공동사업법인의 출자 총액의 50% 미만으로 한다(법86의4② 단서).

1. 100계좌 이상 출자

조합원은 정관으로 정하는 계좌 수 이상을 출자하여야 한다(법86의10①, 법20①). 이에 따라 각 회원은 100좌 이상의 출자를 하여야 한다(정관례19② 본문).

2. 출자 1좌의 금액

출자 1계좌의 금액은 균일하게 정하여야 한다(법86의10①, 법20②). 출자 1계좌의 금액은 정관으로 정한다(법86의10①, 법20③). 이에 따라 출자 1좌의 금액은

100천원으로 한다(정관례19①).

3. 질권설정 금지

회원의 출자액은 질권의 목적이 될 수 없다(법86의10①, 법20④).

4. 상계 금지

회원은 출자액의 납입에 있어서 조합공동사업법인에 대한 채권과 상계할 수 없다(법86의10①, 법20⑤).

5. 출자금 납입방법

출자는 일시에 전액 납입한다(정관례20①). 회원의 현물을 공정가액으로 출자할 수 있다(정관례20② 본문). 다만, 공정가액을 구하기 곤란한 경우에는 이사회에서 장부가액으로 정할 수 있다(정관례20② 단서).

Ⅱ. 회전출자

1. 사업이용배당금의 재출자

조합공동사업법인은 출자 외에 정관으로 정하는 바에 따라 그 사업의 이용실적에 따라 회원에게 배당할 금액의 전부 또는 일부를 해당 회원으로 하여금 출자하게 할 수 있다(법86의10①, 법21①). 이에 따라 회원은 배당되는 매 회계연도의 잉여금 범위에서 총회에서 정하는 금액을 회전출자금으로 법인에 출자 할 수 있다(정관례21①).

2. 상계 금지

회원은 회전출자금의 납입에 있어서 조합공동사업법인에 대한 채권과 상계할 수 없다(법86의10①, 법21②, 법20⑤).

3. 출자금 전환 기간

회전출자금은 출자 후 5년이 경과하면 출자금으로 전환할 수 있다(정관례21

③).

Ⅲ. 우선출자

1. 서설

(1) 의의
우선출자란 우선적 배당을 받을 목적으로 하는 출자로서 회원보다 우선적으로 배당을 받는 출자를 말한다.

(2) 제도적 취지
우선출자제도의 도입은 자본조달 능력이 취약한 조합의 현실을 고려하여 자본금의 확충으로 조합공동사업법인의 경영안정과 사업 활성화를 도모하기 위함이다.

2. 우선출자 발행 등

(1) 우선출자 발행
조합공동사업법인은 자기자본의 확충을 통한 경영의 건전성을 도모하기 위하여 정관으로 정하는 바에 따라 회원 외의 자를 대상으로 잉여금 배당에서 우선적 지위를 가지는 우선출자를 하게 할 수 있다(법86의10②, 법60의2①).

(2) 우선출자 1좌의 금액 및 우선출자의 총액
우선출자 1계좌의 금액은 출자 1계좌의 금액과 동일하여야 하며, 우선출자의 총액은 자기자본의 2분의 1을 초과할 수 없다(법86의10②, 법60의2②). 정관례에 따르면 우선출자 1좌의 금액은 100원으로 한다(정관례22②).

(3) 의결권과 선거권 불인정
우선출자자는 의결권 및 선거권을 가지지 아니한다(법86의10②, 법60의2③).

(4) 우선출자에 대한 배당률

우선출자에 대한 배당은 회원에 대한 배당보다 우선하여 실시하되, 그 배당률은 정관으로 정하는 최저배당률과 최고배당률 사이에서 정기총회에서 정한다(법86의10②, 법60의2④).

정관례에 따르면 우선출자에 대한 배당률은 액면금액의 5% 이상 15% 이내에서 정기총회에서 정한다(정관례22④ 본문). 다만, 해당 회계연도에 잔여 이익잉여금이 최저배당률에 미치지 못할 때에는 달리 정할 수 있다(정관례22④ 단서).

(5) 우선출자 발행사항의 공고

조합공동사업법인이 우선출자를 하게 하는 때에는 우선출자의 납입기일 2주 전까지 우선출자의 내용·계좌 수·발행가액·납입기일 및 모집방법을 공고하고 출자자 및 우선출자자에게 통지해야 한다(법86의10②, 법60의6, 영11의2).

3. 우선출자의 청약 등

(1) 우선출자의 청약

우선출자의 청약을 하려는 자는 우선출자청약서에 인수하려는 우선출자의 계좌 수 및 인수가액과 주소를 기재하고 기명날인해야 한다(법86의10②, 법60의6, 영11의3①).

우선출자청약서의 서식은 조합공동사업법인에서 정하되, ⅰ) 조합공동사업법인의 명칭(제1호), ⅱ) 출자 1계좌의 금액 및 총 계좌 수(제2호), ⅲ) 우선출자 총 계좌 수의 최고한도(제3호), ⅳ) 이미 발행한 우선출자의 종류 및 종류별 계좌 수(제4호), ⅴ) 우선출자를 발행하는 날이 속하는 연도의 전년도말 현재의 자기자본(제5호), ⅵ) 발행하려는 우선출자의 액면금액·내용 및 계좌 수(제6호), ⅶ) 발행하고자 하는 우선출자의 발행가액 및 납입기일(제7호), ⅷ) 우선출자의 매입소각이 행해지는 경우에는 그에 관한 사항(제8호), ⅸ) 우선출자 인수금액의 납입을 취급하는 금융회사 등(제9호)이 포함되어야 한다(법86의10②, 법60의6, 영11의3②).

(2) 우선출자 금액의 납입 등

우선출자의 청약을 한 자는 조합공동사업법인에서 배정한 우선출자의 계좌 수에 대하여 우선출자를 인수할 수 있다(법86의10②, 법60의6, 영11의4①). 이에 따라 우선출자를 인수하려는 자는 납입기일까지 우선출자 발행가액의 전액을 납입해야 한다(법86의10②, 법60의6, 영11의4②).

우선출자를 인수한 자는 우선출자 발행가액의 납입기일의 다음 날부터 우선출자자가 된다(법86의10②, 법60의6, 영11의4③).

(3) 우선출자증권의 발행

조합공동사업법인은 우선출자의 납입기일 후 지체 없이 우선출자증권을 발행하여야 한다(법86의10②, 법60의3).

(4) 우선출자의 매입소각

조합공동사업법인은 이사회의 의결을 거쳐 우선출자를 매입하여 이를 소각할 수 있다(법86의10②, 법60의6, 영11의9).

4. 우선출자자의 책임

우선출자자의 책임은 그가 가진 우선출자의 인수가액을 한도로 한다(법86의10②, 법60의2⑤).

5. 우선출자의 양도

(1) 양도와 그 효력

우선출자는 양도할 수 있다(법86의10②, 법60의4① 본문). 다만, 우선출자증권 발행 전의 양도는 조합에 대하여 효력이 없다(법86의10②, 법60의4① 단서).

(2) 양도방법

우선출자를 양도할 때에는 우선출자증권을 내주어야 한다(법86의10②, 법60의4②).

(3) 점유자의 소지인 추정

우선출자증권의 점유자는 적법한 소지인으로 추정한다(법86의10②, 법60의4③).

(4) 증권 명의변경의 대항력

우선출자증권의 명의변경은 취득자의 성명 및 주소를 우선출자자 명부에 등록하고 그 성명을 증권에 적지 아니하면 조합공동사업법인과 그 밖의 제3자에게 대항하지 못한다(법86의10②, 법60의4④).

(5) 등록질권의 대항력

우선출자증권을 질권의 목적으로 할 때에는 질권자의 성명 및 주소를 우선출자자 명부에 등록하지 아니하면 조합공동사업법인과 그 밖의 제3자에게 대항하지 못한다(법86의10②, 법60의4⑤).

6. 우선출자자 총회

(1) 정관변경

조합공동사업법인은 정관의 변경에 의하여 우선출자자에게 손해를 미치게 될 때에는 우선출자자총회의 의결을 받아야 한다(법86의10②, 법60의5①).

(2) 의결정족수

우선출자자총회의 의결은 발행한 우선출자 총 계좌 수의 과반수 출석과 출석한 출자계좌 수의 3분의2 이상의 찬성이 있어야 한다(법86의10②, 법60의5②).

(3) 운영사항

우선출자자총회의 운영 등에 필요한 사항은 정관으로 정한다(법86의10②, 법60의5③).

7. 통지와 최고

우선출자신청인 또는 우선출자자에 대한 통지나 최고는 따로 그 주소를 조합공동사업법인에 통지한 때를 제외하고는 우선출자청약서 또는 우선출자자명부에 기재된 주소로 한다(법86의10②, 법60의6, 영11의10).

제2절 환급

Ⅰ. 지분환급청구권과 환급정지

1. 탈퇴 회원의 환급청구

(1) 탈퇴 회원에 대한 지분의 합계액 환급

법인은 탈퇴 회원의 청구에 따라 탈퇴한 회계연도말의 법인 재산에 대하여 정관례 제29조(지분계산) 제1호부터 제3호까지에 따라 산출된 지분의 합계액을 환급한다(정관례14① 본문).

(가) 납입출자금

납입출자금에 대하여는 납입한 출자액에 따라 매 회계연도마다 이를 계산한다(정관례29(1) 본문). 다만, 그 재산이 납입출자액의 총액보다 감소되었을 때에는 각 회원의 출자액에 따라 감액하여 계산한다(정관례29(1) 단서).

(나) 회전출자금

회전출자금에 대하여는 각 회원이 납입한 회전출자액에 따라 매 회계연도마다 이를 계산하여 가산한다(정관례29(2) 본문). 다만, 회전출자금이 감소되었을 때에는 각 회원의 출자액에 따라 감액하여 계산한다(정관례29(2) 단서).

(다) 사업준비금

사업준비금에 대하여는 매 회계연도마다 제63조(영여금의 배당방법) 제1항의 방법에 따라 이를 계산하여 기산한다(정관례29(3) 본문). 다만, 사업준비금이 감소되었을 때에는 각 회원의 지분액에 따라 감액하여 계산한다(정관례29(3) 단서).

(2) 제명으로 탈퇴한 회원에 대한 지분액 한정

제명으로 인하여 탈퇴한 회원에 대하여는 제33조 제1호 및 제2호에 따라 산출된 지분액에 한정한다(법86의10①, 법28①, 정관례14① 단서).

2. 지분환급청구권 행사시기

탈퇴 회원은 탈퇴 당시 회계연도의 다음 회계연도부터 정관으로 정하는 바에 따라 그 지분의 환급을 청구할 수 있다(법86의10①, 법28①).

3. 지분환급청구권 행사기간

청구권은 2년간 행사하지 아니하면 소멸된다(법86의10①, 법28②).

4. 환급정지

조합공동사업법인은 탈퇴 회원이 조합공동사업법인에 대한 채무를 완전 변제할 때까지는 환급을 정지할 수 있다(법86의10①, 법28③).

Ⅱ. 탈퇴 회원의 손실액 부담

1. 손실액 납입청구

환급분을 계산하는 경우에 조합공동사업법인이 그 재산으로 조합공동사업법인의 채무를 완전 변제할 수 없을 때에는 조합공동사업법인은 정관으로 정하는 바에 따라 탈퇴 회원이 부담하여야 할 손실액의 납입을 청구할 수 있다(법86의10①, 법29①).

2. 행사시기

탈퇴 회원은 탈퇴 당시 회계연도의 다음 회계연도부터 정관으로 정하는 바에 따라 그 손실액의 환급을 청구할 수 있다(법86의10①, 법29①, 법28①).

3. 행사기간

청구권은 2년간 행사하지 아니하면 소멸된다(법86의10①, 법29①, 법28②).

제3절 지분의 양도

Ⅰ. 지분양도 금지

회원은 조합공동사업법인의 승인 없이 그 지분을 양도할 수 없다(법86의10 ①, 법22①).

Ⅱ. 비회원의 지분 양수 조건

회원이 아닌 자가 지분을 양수하려면 가입신청, 자격심사 등 가입의 예에 따른다(법86의10①, 법22②).

Ⅲ. 양수인의 권리의무 승계

지분양수인은 그 지분에 관하여 양도인의 권리·의무를 승계한다(법86의10 ①, 법22③).

Ⅳ. 지분공유 금지

회원의 지분은 공유할 수 없다(법86의10①, 법22④).

제
4
장
/

지배구조

제1절 총회

Ⅰ. 정기총회와 임시총회

조합공동사업법인에 총회를 두며(법86의10①, 법31①), 총회는 회원으로 구성하며 정관으로 정하는 바에 따라 대표이사가 소집한다(법86의10①, 법31③). 의장은 총회에서 선임한다(정관례32①). 총회는 정기총회와 임시총회로 구분한다(정관례32②). 대표이사는 총회에 참석하여 의견을 진술할 수 있다(정관례32③).

1. 정기총회 소집

정기총회는 매년 1회 회계연도 종료 후 60일 이내에 대표이사가 소집한다(법86의10①, 법31②, 정관례33).

2. 임시총회 소집

임시총회는 ⅰ) 대표이사가 필요하다고 인정한 경우(제1호), ⅱ) 이사회가 필요하다고 인정하여 소집을 요구한 경우(제2호), iii) 회원 10% 이상이 회의의 목적으로 하는 사항과 소집의 이유를 적은 서면을 대표이사에게 제출하고 소집을 요구한 경우(제3호), iv) 감사가 재산상황이나 업무집행에 대하여 부정한 사실이 있는 것을 발견하고 그 내용을 총회에 신속히 보고할 필요가 있다고 인정하여 대표이사에게 소집을 요구한 경우(제4호)의 어느 하나에 해당하는 경우에 대표이사가 소집한다(법86의10①, 법31②, 정관례34①).

위의 ii) 및 iii)에 따른 요구가 있는 때에는 대표이사는 2주일 이내에 총회를 소집하여야 한다(정관례34②).

Ⅱ. 총회 의결사항 등

1. 총회 의결사항

다음의 사항, 즉 i) 정관의 변경(제1호), ii) 해산(제2호), iii) 회원의 제명(제3호), iv) 임원의 선출 및 해임(제4호), v) 임원에 대한 징계 및 변상(제5호), vi) 사업계획 및 수지예산(제6호), vii) 다른 조합공동사업법인에 가입 및 탈퇴하는 것(제7호), viii) 임원의 보수 및 실비변상(제8호), ix) 사업보고서, 재무상태표, 손익계산서, 잉여금처분계산서안 또는 결손금처분계산서안(제9호), x) 그 밖에 대표이사 또는 이사회가 필요하다고 인정하는 사항(제10호)은 총회의 의결을 얻어야 한다(법86의10①, 법31⑤, 정관례38).

2. 총회 의결의 특례

(1) 회원의 투표로 총회 결의 갈음

다음의 사항, 즉 i) 해산(제1호), ii) 합병(제2호), iii) 총회 외에서의 대표이사 선출(제3호)에 대하여는 회원투표로써 총회의 의결을 갈음할 수 있다(법86의10①, 법31의2① 전단). 이 경우 회원투표의 통지·방법과 그 밖에 투표에 필요한 사항은 정관으로 정한다(법86의10①, 법31의2① 후단).

(2) 회원 투표와 결의 정족수

다음의 사항에 대한 의결 또는 선출은 다음의 방법에 따른다(법86의10①, 법

31의2②). 즉 i) 해산(법31의2①(1))은 회원 과반수의 투표와 투표회원 3분의 2 이상의 찬성으로 의결하고(제1호), ii) 합병(법31의2①(2))은 회원 과반수의 투표와 투표회원 과반수의 찬성으로 의결하며(제2호), iii) 총회 외에서의 대표이사 선출(법31의2①(3))은 유효투표의 최다득표자를 선출한다(제3호 본문). 다만, 최다득표자가 2명 이상인 경우에는 연장자를 당선인으로 결정한다(제3호 단서).

Ⅲ. 총회의 개의와 의결

1. 총회의 보통결의

총회는 산림조합법에 다른 규정이 있는 경우를 제외하고는 의결권 총수의 과반수에 해당하는 회원의 출석으로 개의하고 출석한 회원의 의결권 과반수의 찬성으로 의결한다(법86의10①, 법31④ 본문).

2. 총회의 특별결의

i) 정관의 변경(법31⑤(1)), ii) 해산 또는 분할(법31⑤(2)), iii) 회원의 제명(법31⑤(4))은 의결권 총수의 과반수에 해당하는 회원의 출석과 출석한 회원의 의결권 3분의 2 이상의 찬성으로 의결한다(법86의10①, 법31④ 단서).

Ⅳ. 총회의 소집청구

1. 회원의 소집청구

회원은 회원 10% 이상의 동의를 받아 소집의 목적과 이유를 적은 서면을 제출하여 대표이사에게 총회의 소집을 청구할 수 있다(법86의10①, 법31의3①, 정관례34①(3)).

대표이사는 청구를 받으면 2주 이내에 총회를 소집하여야 한다(법86의10①, 법31의3②, 정관례34②).

2. 감사의 총회소집

감사는 i) 총회를 소집할 사람이 없는 경우(제1호), ii) 이사회가 필요하다고 인정하여 소집을 요구한 경우 및 회원 10% 이상의 동의를 받아 소집의 목적과 사유를 적어 서면으로 제출하여 조합장에게 청구한 때에 청구가 있는 날부터 2주 이내에 정당한 사유 없이 대표이사가 총회를 소집하지 아니할 경우(제2호), iii) 감사가 재산상황이나 업무집행에 대하여 부정한 사실이 있는 것을 발견하고 그 내용을 총회에 신속히 보고할 필요가 있어 대표이사에게 소집을 요구한 경우에 요구가 있는 날부터 7일 이내에 대표이사가 총회를 소집하지 아니한 경우(제3호)의 어느 하나에 해당하는 경우에는 임시총회를 소집하여야 한다(법86의10①, 법31의3③, 정관례35①).

이 경우 감사는 5일 이내에 총회소집의 절차를 밟아야 한다(법86의10①, 법31의3③ 전단, 정관례35②). 이 경우 감사가 의장의 직무를 수행한다(법86의10①, 법31의3③ 후단, 정관례35③).

3. 회원대표의 총회소집

감사가 총회를 소집하여야 하는 5일 이내에 총회소집 사유가 있음에도 불구하고 정당한 이유 없이 총회를 소집하지 아니한 때에는 회원 10% 이상의 동의를 얻은 회원의 대표가 이를 소집한다(법86의10①, 법31의3④ 전단, 정관례36①). 이 경우 회원대표가 의장의 직무를 수행한다(법86의10①, 법31의3④ 후단, 정관례36②).

Ⅴ. 총회소집의 통지

1. 회원에 대한 통지와 최고

조합공동사업법인이 회원에게 통지 또는 최고를 할 때에는 회원명부에 적힌 회원의 주소 또는 거소로 하여야 한다(법86의10①, 법31의4①).

2. 총회소집의 통지 기간

총회소집의 통지는 총회 개회 7일 전까지 회의목적 등을 적은 총회소집통지서의 발송에 의한다(법86의10①, 법31의4② 본문). 다만, 같은 목적으로 총회를 다시 소집하려는 경우에는 개회 전날까지 통지한다(법86의10①, 법31의4② 단서).

Ⅵ. 의결권의 제한 등

1. 의결권 제한 사항

총회에서는 미리 통지한 사항에 대해서만 의결할 수 있다(법86의10①, 법31의5① 본문, 정관례41① 본문). 다만, 정관의 변경, 해산, 회원의 제명, 임원의 선출 및 해임의 사항을 제외한 긴급한 사항으로서 의결권 총수의 과반수에 해당하는 회원의 출석과 출석한 회원의 의결권 3분의 2 이상의 찬성이 있을 때에는 그러하지 아니한다(법86의10①, 법31의5① 본문, 정관례41① 단서).

2. 이해상충과 결의 배제

조합공동사업법인과 회원의 이해가 상반되는 의사를 의결할 때에는 해당 회원은 그 의결에 참여할 수 없다(법86의10①, 법31의5②, 정관례41②).

3. 회원제안

회원은 회원 3% 이상의 동의를 받아 총회 개최 30일 전까지 대표이사에게 서면으로 일정한 사항을 총회의 목적사항으로 할 것을 제안("회원제안")할 수 있다(법86의10①, 법31의5③ 전단, 정관례41③ 전단).

이 경우 회원제안의 내용이 법령 또는 정관에 위반되는 경우를 제외하고는 이를 총회의 목적사항으로 하여야 하고, 회원제안을 한 회원의 청구가 있는 때에는 총회에서 그 제안을 설명할 기회를 주어야 한다(법86의10①, 법31의5③ 후단, 정관례41③ 후단).

Ⅶ. 총회 의사록

1. 총회 의사록 작성

총회의 의사에 관하여는 의사록을 작성하여야 한다(법86의10①, 법31의6①).

2. 총회 의사록 기재사항과 기명날인 또는 서명

총회 의사록에는 의사의 진행상황 및 그 결과를 적고 의장과 총회에서 선출한 2인 이상의 회원이 기명날인하여야 한다(법86의10①, 법31의6②).

제2절 이사회

Ⅰ. 이사회의 설치와 구성

1. 이사회의 설치

법인에 이사회를 둔다(법86의10①, 법33①).

2. 이사회의 구성

이사회는 대표이사를 포함한 이사로 구성하며, 이사회 의장은 이사 중에서 호선한다(법86의10①, 법33②, 정관례46②).

Ⅱ. 이사회의 소집 등

1. 이사회의 소집

(1) 대표이사의 소집

이사회는 정기회와 임시회로 구분하고 대표이사가 소집한다(법86의10①, 법33⑥, 정관례46④).

대표이사는 이사 3분의 1 이상이나 감사가 회의목적 및 부의안건과 소집이유를 적은 서면으로 회의소집을 요구하였을 때에는 지체 없이 회의를 소집하여야 한다(법86의10①, 법33⑥, 정관례46⑥).

(2) 이사대표의 소집

대표이사가 소집이 요구된 이사회를 정당한 사유 없이 소집하지 아니하는 경우에는 이사 3분의 1 이상의 동의를 얻어 소집을 요구한 이사대표(감사가 소집을 요구한 경우에는 감사)가 이를 소집한다(법86의10①, 법33⑥, 정관례46⑦ 전단). 이 경우 이사회가 정하는 이사가 의장의 직무를 수행한다(법86의10①, 법33⑥, 정관례 46⑦ 후단).

2. 이사회의 소집통지 기간

대표이사는 회의개최일 3일 전까지 회의사항을 서면으로 구성원과 감사에게 알린다(법86의10①, 법33⑥, 정관례46⑤ 본문). 다만, 긴급을 요할 경우에는 그러하지 아니한다(법86의10①, 법33⑥, 정관례46⑤ 단서).

3. 감사의 이사회 출석과 의견진술

감사는 이사회에 출석하여 의견을 진술할 수 있다(법86의10①, 법33⑥, 정관례 46③).

Ⅲ. 이사회의 결의사항 등

1. 이사회의 결의사항

이사회는 ⅰ) 회원과 준회원의 자격심사 및 가입승낙(제1호), ⅱ) 업무규정의 제정·변경 또는 폐지(제2호), ⅲ) 법정적립금의 사용(제3호), ⅳ) 차입금의 최고한도(제4호), ⅴ) 기본재산의 취득과 처분(제5호), ⅵ) 경비의 부과와 징수방법(제6호), ⅶ) 법령 또는 정관에 규정된 사항(제7호), ⅷ) 총회에서 위임한 사항 및 총회에 부의할 사항(제8호), ⅸ) 그 밖에 대표이사나 이사 3분의 1 이상이 필요하다고 인정하는 사항(제9호)을 의결한다(법86의10①, 법33③, 정관례47).

2. 이사회의 개의와 결의

이사회는 구성원 과반수의 출석으로 개의하며, 출석구성원 과반수의 찬성으로 의결한다(법86의10①, 법33⑤, 정관례46⑧).

Ⅳ. 이사회의 업무집행 감독

이사회는 의결된 사항에 대하여 대표이사의 업무집행 상황을 감독한다(법86

의10①, 법33④, 정관례46⑨).

Ⅴ. 이사회 의사록 작성

이사회의 의사에 관하여는 의사의 진행상황과 그 결과를 적은 의사록을 작성하고 의장과 출석구성원이 기명날인하거나 서명하여야 한다(법86의10①, 법33⑥, 정관례46⑩).

제3절 임원

Ⅰ. 임원의 정수 및 선출

1. 임원의 정수

임원으로 대표이사 1명을 포함한 2명 이상의 이사와 1명 이상의 감사를 둔다(법86의7, 정관례48).

2. 임원의 선출

(1) 대표이사의 선출

대표이사는 회원의 조합장이 아닌 이사 중에서 회원이 총회에서 선출한다(법86의7, 정관례51 전단). 이 경우 대표이사 후보는 보직공모 또는 취업정보사 등을 통해 추천받을 수 있다(법86의7, 정관례51 후단).

(2) 대표이사를 제외한 임원의 선출

대표이사를 제외한 임원은 회원이 출자액이나 사업이용실적에 따라 비례하여 추천하고, 추천한 자 중에서 총회에서 선출한다(법86의7, 정관례51②).

268 제 3 편 조합공동사업법인

(3) 사외이사의 선출

사외이사는 ○명 이상을 둘 수 있다(법86의7, 정관례51③).

(4) 임원 자격 제한

조합공동사업법인의 사업과 실질적으로 경쟁관계에 있는 사업을 경영하거나 이에 종사하는 사람은 법인의 임원이 될 수 없다(법86의7, 정관례51④).

Ⅱ. 임원의 직무

1. 대표이사의 직무

(1) 대표권과 업무집행권

대표이사는 법인을 대표하며 이사회가 의결하는 바에 따라 업무를 집행한다(정관례49①).

(2) 직무대행

이사는 대표이사가 궐위·구금되거나 의료기관에 30일 이상 계속하여 입원한 경우 등의 사유로 그 직무를 수행할 수 없는 때에는 이사회가 정하는 순서에 따라 그 직무를 대행한다(정관례49②).

2. 감사의 직무

(1) 재산과 업무집행상황 감사권

감사는 법인의 재산과 업무집행상황을 감사하고, 부정한 사실이 있는 것을 발견하였을 때에는 총회에 보고하여야 하며, 그 내용을 신속히 보고하여야 할 필요가 있는 경우에는 정관이 정하는 바에 따라 대표이사에게 총회의 소집을 요구하거나 총회를 소집할 수 있다(정관례49③).

(2) 총회에서의 의견진술권

감사는 대표이사가 총회에 제출할 의안 및 서류를 조사하여 법령 또는 정관에 위반하거나 현저하게 부당한 사항이 있는지의 여부에 관하여 총회에 그 의견을 진술하여야 한다(정관례49④).

(3) 감사록 작성

감사는 감사의 실시요령과 그 결과를 적은 감사록을 작성하고 기명날인하여야 한다(정관례49⑤).

(4) 감사의 대표권

법인이 대표이사 또는 이사와 계약을 할 때에는 감사가 법인을 대표한다(법86의10①, 법37①, 정관례50①). 법인과 대표이사 또는 이사 간의 소송에 대하여도 같다(법86의10①, 법37①, 정관례50②).

Ⅲ. 임원의 임기

1. 이사의 임기

이사의 임기는 2년으로 한다(법86의7, 정관례52①(1)).

2. 감사의 임기

감사의 임기는 3년으로 한다(법86의7, 정관례52①(2)).

3. 임원임기의 기산

임원의 임기는 전임자의 임기만료일의 다음날부터 기산한다(법86의7, 정관례52② 본문). 다만, 임기개시 전에 재임 중인 임원이 사망·사퇴 등으로 궐위된 경우에는 사유발생일 다음날부터 기산한다(법86의7, 정관례52② 단서).

4. 결원으로 선출된 임원의 임기

결원으로 인하여 선출된 임원의 임기는 전임자 임기의 남은 기간으로 한다(법86의7, 정관례52③).

5. 임기의 연장

임원의 임기만료의 경우 임기만료연도 결산기의 마지막 달부터 그 결산기에 관한 정기총회 전에 임기가 끝난 경우에는 정기총회가 끝날 때까지 그 임기가 연장된다(법86의7, 정관례52④).

6. 퇴임 임원의 권리의무

임원의 수가 그 정수를 결한 경우에는 임기의 만료 또는 사임으로 말미암아 퇴임한 임원은 새로 선임된 임원이 취임할 때까지 그 권리 의무가 있다(법86의7, 정관례52⑤).

Ⅳ. 임원의 자격 제한

1. 대표이사의 자격요건

대표이사는 ⅰ) 임업, 유통업과 관련된 회사로서 자기자본 50억원 이상인 회사에서 임업 또는 유통업에 10년 이상 종사한 경력이 있는 사람(제1호), ⅱ) 상장법인에서 임원으로 3년 이상 종사한 경력이 있는 사람(제2호), ⅲ) 임업, 유통업과 관련된 연구기관 또는 교육기관에서 임업 또는 유통업에 관한 업무를 10년 이상 종사한 경력이 있는 사람(제3호), ⅳ) 임업, 유통업과 관련된 국가기관·지방자치단체·공공기관에서 상근직으로 10년 이상 종사한 경력이 있는 사람(제4호), ⅴ) 조합, 중앙회 또는 조합공동사업법인에서 상근직으로 10년 이상 종사한 경력이 있는 사람(제5호)의 어느 하나에 해당하는 경력을 가진 사람으로 한다(정관례53).

2. 임원의 결격사유

다음의 어느 하나에 해당하는 사람, 즉 ⅰ) 대한민국 국민이 아닌 사람(제1호), ⅱ) 미성년자·금치산자 또는 한정치산자(제2호), ⅲ) 파산선고를 받고 복권되지 아니한 사람(제3호), ⅳ) 법원의 판결이나 다른 법률에 따라 자격이 상실되거나 정지된 사람(제4호), ⅴ) 금고이상의 실형을 선고받고 그 집행이 끝나거나(집행이 끝난 것으로 보는 경우를 포함) 집행이 면제된 날부터 3년이 지나지 아니한 사람(제5호), vi) 법 제125조(위법행위에 대한 행정처분) 제1항에 규정된 개선 또는 징계면직의 처분을 받은 날부터 5년이 지나지 아니한 사람(제6호), vii) 형의 집행유예선고를 받고 그 유예기간 만료 후 2년이 경과되지 아니한 사람(제7호), viii) 금고 이상의 형의 선고유예를 받고 그 유예기간 중에 있는 사람(제8호)은 법인의 임원이 될 수 없다(정관례54①).

3. 임원 결격사유의 발생과 퇴직

임원 결격사유가 발생하면 해당 임원은 당연히 퇴직한다(정관례54②).

4. 퇴직 전 행위의 효력 유지

퇴직한 임원이 퇴직 전에 관여한 행위는 그 효력을 상실하지 아니한다(정관례54③).

V. 임직원의 겸직 금지 등

1. 대표이사와 이사의 감사 겸직 금지

대표이사와 이사는 그 조합공동사업법인의 감사를 겸직할 수 없다(법86의10①, 법41①).

2. 임원과 직원의 겸직 금지

조합공동사업법인의 임원은 그 조합공동사업법인의 직원을 겸직할 수 없다(법86의10①, 법41②).

3. 임원의 다른 조합공동사업법인 임직원 겸직 금지

조합공동사업법인의 임원은 다른 조합공동사업법인의 임원 또는 직원을 겸직할 수 없다(법86의10①, 법41③).

4. 임직원의 자격 제한

조합공동사업법인의 사업과 실질적인 경쟁관계에 있는 사업을 경영하거나

이에 종사하는 사람은 조합공동사업법인의 임직원이 될 수 없다(법86의10①, 법41
④). 여기서 실질적인 경쟁관계에 있는 사업의 범위는 [별표 2]1)와 같다(법86의10
①, 법41⑤, 영8의4① 본문). 다만, 실질적인 경쟁관계에 있는 사업은 해당 조합이
수행하고 있는 사업에 해당하는 경우로 한정한다(법86의10①, 법41⑤, 영8의4① 단
서). 그러나 해당 조합공동사업법인이 사업을 위하여 출자한 법인이 수행하고 있
는 사업은 실질적인 경쟁관계에 있는 사업으로 보지 아니한다(법86의10①, 법41⑤,
영8의4②).

5. 대표이사와 이사의 자기거래 제한

대표이사 및 이사는 이사회의 승인을 받지 아니하고는 자기 또는 제3자의
계산으로 해당 조합공동사업법인과 정관으로 정하는 규모 이상의 거래를 할 수
없다(법41⑥).

Ⅵ. 임원의 의무와 책임

1. 충실의무

법인의 임원은 법령과 정관·규정 또는 총회 및 이사회의 의결을 준수하고

---

1) [별표 2] 실질적인 경쟁관계에 있는 사업의 범위(제8조의4 제1항 관련)
   1. 금융위원회법에 따른 검사 대상 기관이 수행하는 사업
   2. 농업협동조합법에 따른 조합, 조합공동사업법인 및 중앙회가 수행하는 사업
   3. 수산업협동조합법에 따른 조합, 조합공동사업법인 및 중앙회가 수행하는 사업
   4. 새마을금고법에 따른 금고 및 중앙회가 수행하는 사업
   5. 우체국예금·보험에 관한 법률에 따른 체신관서가 수행하는 사업
   6. 보험업법에 따른 보험회사·보험대리점·보험중개사 및 보험설계사가 수행하는 사업
   7. 대부업 등의 등록 및 금융이용자 보호에 관한 법률에 따른 대부업, 대부중개업과 대부
      업 및 대부중개업 협회가 수행하는 사업
   8. 산림자원의 조성 및 관리에 관한 법률에 따른 산림사업법인이 수행하는 사업
   9. 건설산업기본법 및 같은 법 시행령에 따른 조경공사업과 조경식재·시설물공사업
   10. 목재의 지속가능한 이용에 관한 법률에 따른 목재생산업
   11. 엔지니어링산업 진흥법에 따른 엔지니어링사업자가 수행하는 산림분야 사업
   12. 기술사법에 따른 기술사사무소가 수행하는 산림분야 사업
   13. 조세특례제한법에 따라 부가가치세 영(零)세율이 적용되는 임업용 기자재를 임업인에
       게 직접 공급하는 자가 수행하는 사업
   14. 장사 등에 관한 법률에 따른 장례식장영업
   15. 그 밖에 이사회가 조합, 조합공동사업법인 및 중앙회가 수행하는 사업과 실질적인 경
       쟁관계에 있다고 인정한 자가 수행하는 사업

법인을 위하여 충실히 그 직무를 수행하여야 한다(법86의10①, 법42①, 정관례56①).

2. 조합공동사업법인에 대한 손해배상책임

조합공동사업법인의 임원이 그 직무를 수행할 때 법령이나 정관에 위반한 행위를 하거나 그 임무를 게을리하여 법인에 끼친 손해에 대하여는 연대하여 손해배상의 책임을 진다(법86의10①, 법42②, 정관례56②).

3. 제3자에 대한 손해배상책임

조합공동사업법인의 임원이 그 직무를 수행할 때 고의나 중대한 과실로 제3자에게 끼친 손해에 대하여는 연대하여 손해배상의 책임을 진다(법86의10①, 법42③, 정관례56③).

4. 찬성 이사의 손해배상책임

위의 조합공동사업법인 및 제3자에 대한 행위가 이사회의 의결에 따른 것이면 그 의결에 찬성한 이사도 연대하여 손해배상의 책임을 진다(법86의10①, 법42④, 정관례56④ 전단). 이 경우 의결에 참여한 이사 중 이의를 제기한 사실이 의사록에 적혀 있지 아니한 이사는 그 의결에 찬성한 것으로 추정한다(법86의10①, 법42④, 정관례56④ 후단).

5. 거짓 결산보고 등: 조합공동사업법인 또는 제3자에 대한 손해배상 책임

임원이 거짓으로 결산보고·등기 또는 공고를 하여 조합공동사업법인이나 제3자에게 끼친 손해에 대하여도 연대하여 손해배상책임을 진다(법86의10①, 법42⑤, 정관례56⑤).

6. 손해배상청구권의 행사

앞의 손해배상청구권의 행사는 이사회나 대표이사를 포함한 이사에 대하여는 감사가, 임원전원에 대하여는 회원 5분의 1 이상의 동의를 얻은 회원대표가 실행한다(정관례56⑥).

7. 대표이사와 이사의 이사회의 승인 받은 거래의 범위

대표이사와 이사는 이사회의 승인을 얻어 자기 또는 제3자의 계산으로 법인과 거래를 할 수 있는 범위는 대출·지급보증 또는 외상거래 등 법인의 자금 부담이 있는 경우로서 거래건당 1천만원 이상 또는 거래총잔액 5천만원을 초과하는 거래로 한다(정관례56⑦).

Ⅶ. 임원의 해임

1. 회원의 해임요구

회원이 임원을 해임하려면 회원 5분의 1 이상의 서면동의를 받아 총회에 임원의 해임을 요구할 수 있다(법86의10①, 법43① 전단, 정관례55① 전단). 이 경우 총회는 의결권 총수의 과반수에 해당하는 회원의 출석과 출석한 회원의 3분의 2 이상의 찬성으로 의결한다(법86의10①, 법43① 후단, 정관례55① 훈단).

2. 해임 이유의 통지와 의견진술 기회 부여

해임을 의결하려면 해당 임원에게 해임의 이유를 서면으로 통지하여 총회에서 의견을 진술할 기회를 주어야 한다(법86의10①, 법43④, 정관례55②).

3. 해임과 보선

임원이 그 임기 중 해임된 때에는 지체 없이 이를 보선하여야 한다(정관례55③).

회 계

제1절 회계연도 등

I. 회계연도

법인의 회계연도는 매년 1월 1일에 시작하여 12월 31일에 종료한다(법86의 10①, 법53, 정관례60).

II. 회계의 구분 등

법인의 회계는 일반회계로 한다(정관례61①).

III. 회계처리기준

조합공동사업법인의 회계처리기준은 산림청장이 정하여 고시한다(법86의9). 조합공동사업법인의 회계업무에 관한 기준과 절차를 규정함으로써 회계처

리의 투명성과 경영의 합리화를 기함을 목적으로 조합공동사업법인의 회계처리
기준(산림청 고시 제2019-87호)이 시행되고 있다.

제2절 사업계획과 수지예산

조합공동사업법인은 매 회계연도의 사업계획서와 수지예산서를 작성하여
해당 회계연도가 개시되기 전까지 이사회의 심의와 총회의 의결을 얻어야 한다
(정관례58①). 사업계획과 수지예산을 변경하고자 할 때에도 이사회의 심의와 총
회의 의결을 얻어야 한다(정관례58②).

제3절 운영의 공개

Ⅰ. 사업보고서의 공개

대표이사는 연 1회 이상 사업 전반에 관한 사업보고서를 작성하여 회원에게
공개하여야 한다(법86의10①, 법55의2①).

Ⅱ. 정관 등의 비치

대표이사는 정관, 총회와 이사회의 의사록 및 성명, 주소 또는 사업장, 가입
연월일을 기재한 회원명부를 주된 사무소에 갖추어 두어야 한다(법86의10①, 법55
의2②).

Ⅲ. 이사회 의사록 등 열람

회원과 조합공동사업법인의 채권자는 정관, 총회와 이사회의 의사록 및 성

명, 주소 또는 사업장, 가입 연월일을 기재한 회원명부를 열람하거나 그 서류의
사본 발급을 청구할 수 있다. 이 경우 조합공동사업법인이 정한 비용을 지급하여
야 한다(법86의10①, 법55의2③).

Ⅳ. 회원의 회계장부 등 열람

회원은 회원 3% 이상의 동의를 받아 조합공동사업법인의 회계장부 및 서류
등의 열람 또는 사본 발급을 청구할 수 있으며, 조합공동사업법인은 특별한 사유
가 없으면 이를 거부할 수 없다(법86의10①, 법55의2④, 정관례59③).

Ⅴ. 회원의 검사인 선임 청구

회원은 조합공동사업법인의 업무집행에 관하여 부정행위 또는 법령이나 정
관을 위반한 중대한 사실이 있다고 의심이 되는 사유가 있을 때에는 회원 3% 이
상의 동의를 받아 조합공동사업법인의 업무와 재산상태를 조사하게 하기 위하여
법원에 검사인의 선임을 청구할 수 있다(법86의10①, 법55의2⑤ 전단, 정관례59④ 전
단). 이 경우 상법 제467조를 준용한다(법86의10①, 법55의2⑤ 후단).

제4절 결산보고서

Ⅰ. 제출과 비치

대표이사는 정기총회일 1주 전까지 결산보고서(사업보고서, 재무상태표, 손익
계산서, 잉여금처분안 또는 손실금처리안 등)를 감사에게 제출하고 이를 주된 사무소
에 갖추어 두어야 한다(법86의10①, 법57①).

Ⅱ. 열람 또는 사본 발급 청구

회원과 채권자는 결산보고서(사업보고서, 재무상태표, 손익계산서, 잉여금처분안 또는 손실금처리안 등)를 결산보고서를 열람하거나 사본 발급을 청구할 수 있다(법 86의10①, 법57② 전단). 이 경우 조합공동사업법인이 정한 비용을 지급하여야 한 다(법86의10①, 법57② 후단).

Ⅲ. 정기총회 승인

대표이사는 결산보고서와 감사의 의견서를 정기총회에 제출하여 그 승인을 받아야 한다(법86의10①, 법57③).

Ⅳ. 임원의 책임해제

결산보고서 및 감사의견서의 정기총회 승인을 받은 경우 임원의 책임해제에 관하여는 상법 제450조를 준용한다(법86의10①, 법57④).

Ⅴ. 위반시 제재

조합등 또는 중앙회의 대표이사, 회장, 간부직원, 상임이사, 이사, 감사, 집 행간부, 일반간부직원, 파산관재인 또는 청산인이 법 제57조(제86조의10 또는 제 122조에 따라 준용되는 경우를 포함)를 위반한 경우에는 3년 이하의 징역 또는 3천 만원 이하의 벌금에 처한다(법131(5)).

제5절 제적립금의 적립

Ⅰ. 법정적립금

1. 적립한도

조합공동사업법인은 매 회계연도의 손실보전과 재산에 대한 감가상각에 충당하고 남는 금액이 있을 때에는 자기자본의 3배에 달할 때까지 잉여금의 10% 이상을 적립("법정적립금")하여야 한다(법86의10①, 법56의2①).

2. 사용제한

법정적립금은 조합공동사업법인의 손실금을 보전할 때가 아니면 사용하지 못한다(법86의10①, 법56의5).

3. 자기자본

자기자본은 납입출자금, 회전출자금, 가입금, 각종 적립금 및 미처분이익잉여금의 합계액(이월결손금이 있으면 이를 공제)으로 한다(법86의10①, 법56의2②).

Ⅱ. 이월금

법인은 회원을 위한 물자의 공동구매 및 상품의 공동판매와 이에 수반되는 운반·보관 및 가공사업의 비용에 충당하기 위하여 매 회계연도 잉여금의 20% 이상의 금액을 다음 회계연도에 이월한다(정관례26).

Ⅲ. 임의적립금

1. 사업준비금의 적립

매 회계연도의 잉여금에서 정관례 제25조에 따른 법정적립금과 정관례 제26조에 따른 이월금을 빼고 나머지가 있으면 매 회계연도 잉여금의 20% 이상을 사업준비금으로 적립한다(법86의10①, 법56의2④, 정관례27①).

2. 임의적립금의 추가 적립

법인은 고정자산처분으로 발생한 이익금에서 해당 자산의 처분에 따른 제비용과 법정적립금, 이월금 및 사업준비금을 빼고 나머지가 있으면 이를 임의적립금으로 추가 적립한다(정관례27②).

Ⅳ. 자본적립금

조합은 ⅰ) 감자에 의한 차익(제1호), ③) 자산재평가 차익(제2호), ⅲ) 합병차익(제3호)을 자본적립금으로 적립하여야 한다(법86의10①, 법56의4).

제6절 손실금의 보전(결손의 보전)

Ⅰ. 손실금의 보전 순서와 이월

조합공동사업법인은 매 회계연도의 결산 결과 손실금(당기 손실금)이 발생하였을 때에는 미처분이월금, 임의적립금, 법정적립금, 자본적립금, 회전출자금의 순서에 따라 보전하며, 보전 후에도 부족할 때에는 다음 회계연도에 이월한다(법86의10①, 법56의3①).

Ⅱ. 잉여금의 배당 또는 이월

1. 잉여금의 배당 제한

매 회계연도의 잉여금은 결손을 보전하고, 법정적립금, 이월금과 임의적립금을 빼고 나머지가 있으면 이를 우선출자자에게 배당한 후 회원 및 준회원에게 배당하거나 다음 회계연도에 이월한다(법86의10①, 법56의3②, 정관례62①).

2. 잉여금의 배당 순서

잉여금의 배당은 회원의 사업이용실적에 대한 배당, 납입출자액에 대한 배당 및 준회원의 사업이용실적에 대한 배당의 순으로 하여야 한다(법86의10①, 법56의3②, 정관례62②).

(1) 사업이용실적에 대한 배당

사업이용실적에 대한 배당은 그 회계연도에 취급된 물자의 수량·가액 기타 사업의 분량을 참작하여 회원의 사업이용실적에 따라 법인 이사회가 정하는 바에 따라 실행한다(정관례63①).

(2) 납입출자액에 대한 배당

출자에 대한 배당은 매 회계연도 말에 있어 회원이 납입한 출자액에 따라 실행한다(정관례63② 전단). 이 경우 그 율은 신용사업을 실행하는 모든 산림조합의 1년 만기 정기예탁금 연 평균금리에 2%를 더한 범위에서 정하되, 최고 연 10%를 초과할 수 없다(정관례63② 후단).

(3) 준회원의 사업이용실적에 대한 배당

사업이용실적에 대한 배당과 납입출자액에 대한 배당을 하고 나머지가 있을 때에는 그 회계연도에 취급된 물자의 수량·가액 기타 사업의 분량을 참작하여 준회원의 사업이용실적에 따라 실행한다(정관례63③).

제7절 출자감소

I. 출자감소의 의결

1. 총회 의결과 재무상태표 작성

조합공동사업법인은 총회에서 출자 1좌의 금액 또는 출자좌수의 감소("출자감소")를 의결한 경우에는 그 의결을 한 날부터 2주일 이내에 재무상태표를 작성하여야 한다(법86의10①, 법58①, 정관례30①).

2. 채권자의 이의와 공고 또는 최고

조합공동사업법인은 총회의 의결을 한 날부터 2주일 이내에 채권자에 대하여 이의가 있으면 공고 후 3개월 이내에 법인의 주된 사무소에 이를 서면으로 진술하라는 취지를 공고하고, 이미 알고 있는 채권자에게는 따로 최고하여야 한다(법86의10①, 법58①, 정관례30②).

3. 공고 · 최고기간과 최고 횟수

공고나 최고는 총회의 의결을 한 날부터 2주일 이내에 하여야 하며, 공고기간은 1개월 이상으로 하고, 그 사실을 이미 알고 있는 채권자에 대하여는 개별로 이를 2회 이상 최고하여야 한다(법86의10①, 법58①, 정관례30③).

II. 출자감소에 대한 채권자의 이의

1. 채권자의 이의 부진술과 승인 의제

채권자가 3개월 이내에 조합의 출자감소에 대한 의결에 대하여 서면으로 이의를 진술하지 아니하면 승인한 것으로 본다(법86의10①, 법59①).

2. 채권자의 이의 진술과 변제 또는 담보 제공

채권자가 이의를 진술하였을 때에는 조합이 변제하거나 또는 상당한 담보를 제공하지 아니하면 그 출자감소의 의결은 효력을 발생하지 아니한다(법86의10①, 법59②).

제8절 지분 취득 등의 금지

조합공동사업법인은 회원의 지분을 취득하거나 그 지분에 대하여 질권을 설정하지 못한다(법86의10①, 법60).

제 4 편

중앙회

제
1
장
/

설 립

제1절 설립목적

산림조합중앙회는 회원의 공동이익 증진과 그 건전한 발전을 도모함을 목적
으로 산림조합법에 따라 설립된 법인을 말한다(법87, 법2(4), 법4①). 중앙회는 산
림조합중앙회의 명칭을 사용하여야 한다(법3①). 산림조합법에 따라 설립된 중
앙회가 아니면 산림조합중앙회 또는 이와 유사한 명칭을 사용하지 못한다(법3②
본문).

산림조합중앙회는 산림소유자와 임업인의 자주적인 협동조직을 바탕으로
산림소유자와 임업인의 경제적·사회적·문화적 지위를 향상시키고, 임업의 경쟁
력 강화를 통하여 산림소유자와 임업인의 삶의 질을 높이고자 산림조합법 따라
설립된 법인으로서 지역조합과 전문조합을 회원으로 전국을 구역으로 한다.

제2절 주요업무

중앙회는 그 목적을 달성하기 위하여 다음의 사업을 수행한다(법108①).

Ⅰ. 교육·지원 사업

중앙회는 그 목적을 달성하기 위하여 교육·지원 사업을 수행하는데, 그 내용에는 ⅰ) 회원의 조직 및 경영 지도(가목), ⅱ) 회원의 조합원과 직원에 관한 교육·훈련 및 정보의 제공(나목), ⅲ) 회원과 그 조합원의 사업에 관한 조사·연구 및 홍보(다목), ⅳ) 회원과 그 조합원의 사업 및 생활개선을 위한 정보망 구축, 정보화 교육 및 보급 등을 위한 사업(라목), ⅴ) 회원과 그 조합원 및 직원에 대한 보조금 교부 및 자금지원(마목), ⅵ) 임업 관련 신기술 및 신품종의 연구·개발 등을 위한 연구소와 시범사업 운영(바목), ⅶ) 회원 및 중앙회의 사업에 대한 계획·설계 및 감리(사목), ⅷ) 회원에 대한 감사(아목), ⅸ) 회원과 그 조합원의 권익증진을 위한 사업(자목), ⅹ) 평생교육법에 따른 평생교육시설의 설치 및 운영(차목), ⅺ) 명칭사용료(법114의2)의 관리 및 운영(카목)이 있다(법108①(1), 산림조합중앙회 정관5①(1), 이하 "정관").

Ⅱ. 임업경제사업

중앙회는 그 목적을 달성하기 위하여 임업경제사업을 수행하는데, 그 내용에는 ⅰ) 중앙회 및 회원과 그 조합원을 위한 구매·보관·이용·판매, 시설물 조성 및 공동사업과 그 업무대행(가목), ⅱ) 산림의 지하수를 이용한 먹는 물의 개발·공급(나목), ⅲ) 임업용 각종 균류의 배양·개량 및 공급(다목), ⅳ) 수목의 병리치료 및 외과수술, 임산물을 소재로 하는 건물이나 그 밖의 인공구조물의 건설, 판매 및 조경사업(라목), ⅴ) 임산물 또는 그 밖의 임업용 기자재의 수출·수입(마목), ⅵ) 보관사업(바목), ⅶ) 산림경영 구조개선사업(사목), ⅷ) 임도, 사방, 산지복구나 그 밖의 산림토목사업 등의 관련 사업에 대한 조사·설계·감리(아목), ⅸ) 산촌개발, 수목원, 산림복지시설, 산림환경 등의 관련 사업에 대한 조사·설계·감리(자목), ⅹ) 조림, 숲가꾸기 및 병해충 방제 등 산림사업에 대한 조사·설계·감리(차목), ⅺ) 산림 분야 안전진단, 계측 및 유지관리(카목), ⅻ) 산림자원조사, 산림공간정보체계 구축 및 활용 등을 위한 사업(타목), ⅹⅲ) 임목폐기물처리사업(파목)이 있다(법108①(2), 정관5①(2)).

Ⅲ. 회원을 위한 신용사업

중앙회는 그 목적을 달성하기 위하여 회원을 위한 신용사업을 수행하는데, 그 내용에는 ⅰ) 회원의 여신자금과 사업자금의 대출(가목), ⅱ) 중앙회의 사업부문에 대한 자금 공급(나목), ⅲ) 회원의 예탁금 수납(다목), ⅳ) 내국환과 회원을 위한 보호예수업무(라목), ⅴ) 국가, 지방자치단체 등의 공공단체와 금융회사 등의 업무 대행(마목)이 있다(법108①(3), 정관5①(3)).

Ⅳ. 회원의 상환준비금과 여유자금의 운용·관리

중앙회는 그 목적을 달성하기 위하여 회원을 위한 대통령령으로 정하는 바에 따른 회원의 상환준비금과 여유자금의 운용·관리를 수행한다(법108①(4)).

Ⅴ. 공제사업

중앙회는 그 목적을 달성하기 위하여 공제사업을 수행한다(법108①(5)).

1. 공제규정 인가

중앙회가 공제사업을 하려면 공제규정을 정하여 산림청장의 인가를 받아야 한다(법122, 법48① 전단). 공제규정을 변경하려는 경우에도 또한 같다(법122, 법48① 후단).

2. 공제규정 기재사항

공제규정에는 공제사업 실시에 관한 사항, 공제계약 및 공제료에 관한 사항, 책임준비금이나 그 밖의 준비금 적립에 관한 사항 등이 포함되어야 한다(법122,

법48②).

(1) 공제규정 필요적 포함사항

공제규정에 포함되어야 하는 사항은 다음과 같다(시행규칙2의2①).

(가) 공제사업의 실시에 관한 사항

공제규정에는 공제사업의 실시에 관한 사항인 ⅰ) 공제사업의 종목(가목), ⅱ) 공제를 모집할 수 있는 자(나목), ⅲ) 공제상품 안내 자료의 기재사항(다목), ⅳ) 통신수단을 이용한 모집 시의 준수사항(라목), ⅴ) 공제 모집 시의 금지행위(마목), ⅵ) 공제 모집 시의 불법행위로 인한 공제계약자 등에 대한 손해배상에 관한 사항(바목)이 포함되어야 한다(시행규칙2의2①(1)).

(나) 공제상품에 관한 사항

공제규정에는 공제상품에 관한 사항인 ⅰ) 공제상품 개발기준(가목), ⅱ) 사업방법서, 약관, 공제료 및 책임준비금 산출방법에 관한 사항(나목)이 포함되어야 한다(시행규칙2의2①(2)).

(다) 공제계약, 공제금 및 공제료에 관한 사항

공제규정에는 공제계약, 공제금 및 공제료에 관한 사항인 ⅰ) 공제계약자 및 피공제자(被共濟者)의 범위(가목), ⅱ) 공제계약의 성립 및 책임 개시에 관한 사항(나목), ⅲ) 공제계약의 체결 절차(다목), ⅳ) 공제금의 지급 및 지급 사유에 관한 사항(라목), ⅴ) 공제계약의 무효에 관한 사항(마목), ⅵ) 공제계약의 변경에 관한 사항(바목), ⅶ) 공제료의 수납 및 환급에 관한 사항(사목), ⅷ) 공제계약의 해지·부활·소멸에 관한 사항(아목), ⅸ) 공제자의 의무 범위 및 그 의무 이행의 시기에 관한 사항(자목), ⅹ) 공제자의 면책사유에 관한 사항(차목)이 포함되어야 한다(시행규칙2의2①(3)).

(라) 공제자산의 운용 범위 및 방법에 관한 사항

공제규정에는 공제자산의 운용 범위 및 방법에 관한 사항이 포함되어야 한다(시행규칙2의2①(4)).

(마) 공제회계에 관한 사항

공제규정에는 공제회계에 관한 사항인 ⅰ) 결산, 재무제표 작성, 사업비 집행 등의 회계처리에 관한 사항(가목), ⅱ) 책임준비금이나 그 밖의 준비금 적립 및 배당에 관한 사항(나목)이 포함되어야 한다(시행규칙2의2①(5)).

(바) 재무건전성 및 공시에 관한 사항

공제규정에는 재무건전성 및 공시에 관한 사항인 ⅰ) 지급여력(支給餘力)의 산출 기준 및 방법(가목), ⅱ) 자산건전성 기준 및 위험관리에 관한 사항(나목), ⅲ) 경영공시 및 상품공시의 방법·절차 등에 관한 사항(다목)이 포함되어야 한다 (시행규칙2의2①(6)).

(사) 공제분쟁심의위원회의 설치 및 운영에 관한 사항

공제규정에는 공제분쟁심의위원회의 설치 및 운영에 관한 사항이 포함되어야 한다(시행규칙2의2①(7)).

(아) 중앙회의 재보험에 관한 사항

공제규정에는 중앙회의 재보험에 관한 사항이 포함되어야 한다(시행규칙2의2①(8)).

(자) 그 밖에 공제사업을 위하여 필요한 사항

공제규정에는 그 밖에 공제사업을 위하여 필요한 사항이 포함되어야 한다(시행규칙2의2①(9)).

(2) 기타 포함사항

공제규정에는 위의 포함사항 외에 공제상품의 표준사업방법서 및 표준약관이 공제규정 부속서로 포함되어야 한다(시행규칙2의2②).

Ⅵ. 산림자원조성기금의 설치·운용 등

1. 산림자원조성기금의 설치·운용

중앙회는 그 목적을 달성하기 위하여 산림자원조성기금의 설치·운용 사업을 수행한다(법108①(6), 정관5①(6)).

2. 온실가스·에너지 목표관리제와 관련된 검증 업무

중앙회는 그 목적을 달성하기 위하여 온실가스·에너지 목표관리제와 관련된 검증 업무 사업을 수행한다(정관5①(7)).

3. 신 · 재생에너지 발전사업

중앙회는 그 목적을 달성하기 위하여 신·재생에너지 발전사업을 수행한다 (정관5①(8)).

4. 정보기술 용역 및 시스템구축사업

중앙회는 그 목적을 달성하기 위하여 정보기술(IT)용역 및 시스템구축사업 을 수행한다(정관5①(9)).

5. 산림 분야 학술 · 연구용역

중앙회는 그 목적을 달성하기 위하여 산림 분야 학술·연구용역 사업을 수 행한다(정관5①(10)).

6. 산림욕장 · 치유의 숲 · 숲속야영장 · 산림레포츠시설의 조성 및 운영

중앙회는 그 목적을 달성하기 위하여 산림욕장·치유의 숲·숲속야영장·산 림레포츠시설의 조성 및 운영 사업을 수행한다(정관5①(11)).

7. 국가나 공공단체가 위탁하거나 보조하는 사업

중앙회는 그 목적을 달성하기 위하여 국가나 공공단체가 위탁하거나 보조하 는 사업을 수행한다(법108①(7), 정관5①(12)).

중앙회는 국가나 공공단체에서 위탁하는 사업의 위탁을 받으려면 해당 기관 과 위탁계약을 체결하여야 한다(법122, 법46④).

8. 다른 법령에서 중앙회의 사업으로 정하는 사업

중앙회는 그 목적을 달성하기 위하여 다른 법령에서 중앙회의 사업으로 정 하는 사업을 수행한다(법108①(8), 정관5①(13)).

9. 부대사업

중앙회는 그 목적을 달성하기 위하여 앞의 사업과 관련되는 부대사업(본회 가 보유하는 자산의 임대를 포함)을 수행한다(법108①(8), 정관5①(14)).

10. 산림청장의 승인 사업

중앙회는 그 목적을 달성하기 위하여 그 밖에 설립목적의 달성에 필요한 사업으로서 산림청장의 승인을 받은 사업을 수행한다(법108①(10), 정관5①(15)).

조합등 또는 중앙회의 조합장, 회장, 간부직원, 상임이사, 이사, 감사, 집행간부, 일반간부직원, 파산관재인 또는 청산인이 감독기관의 인가 또는 승인을 받아야 할 사항에 관하여 인가 또는 승인을 받지 아니하였을 때에는 3년 이하의 징역 또는 3천만원 이하의 벌금에 처한다(법131(1)).

Ⅶ. 중앙회와 회원 사업의 경합

중앙회는 회원의 사업과 직접 경합되지 아니하는 범위에서 제46조 제1항 각호(회원의 상환준비금과 여유자금의 운용·관리는 제외)의 사업을 할 수 있다(법108② 전단). 이 경우 국가나 공공단체가 시행하는 사업은 회원의 사업과 경합하는 것으로 보지 아니한다(법108② 후단).

제3절 업무구역

Ⅰ. 전국

중앙회는 전국을 그 구역으로 한다(법88②).

Ⅱ. 사무소

중앙회는 정관으로 정하는 바에 따라 주된 사무소를 두고, 정관으로 정하는 기준과 절차에 따라 지사무소를 둘 수 있다(법88①). 중앙회의 주된 사무소는 서울특별시에 두며, 규정에서 정하는 바에 따라 필요한 곳에 지사무소를 둘 수 있다(정관3).

제4절 설립 및 해산 등

I. 설립

1. 50개 이상 조합의 발기인

중앙회를 설립하려면 50개 이상의 조합이 발기인이 되어 정관을 작성하고 창립총회의 의결을 거쳐 산림청장의 인가를 받아야 한다(법93).

2. 창립총회의 의사

창립총회의 의사는 개의 전까지 발기인에게 설립동의서를 제출한 자 과반수의 찬성으로 의결한다(법122, 법14②).

3. 인가신청 거부자의 사유서 첨부

발기인 중 설립인가의 신청을 거부하는 자가 있을 때에는 나머지 발기인이 신청서에 그 사유서를 첨부하여 신청할 수 있다(법122, 법14③).

4. 설립등기

중앙회는 주된 사무소의 소재지에서 설립등기를 함으로써 성립한다(법122, 법17①). 중앙회의 설립무효에 관하여는 상법 제328조(설립무효의 소)를 준용한다(법122, 법17②).

5. 위반시 제재

조합등 또는 중앙회의 조합장, 회장, 간부직원, 상임이사, 이사, 감사, 집행간부, 일반간부직원, 파산관재인 또는 청산인이 총회의 의결이 필요한 사항에 대하여 의결을 받지 아니하고 집행하였을 때에는 3년 이하의 징역 또는 3천만원 이하의 벌금에 처한다(법131(4)).

조합등 또는 중앙회의 조합장, 회장, 간부직원, 상임이사, 이사, 감사, 집행간부, 일반간부직원, 파산관재인 또는 청산인이 감독기관의 인가를 받아야 할 사항에 관하여 인가를 받지 아니하였을 때에는 3년 이하의 징역 또는 3천만원 이하의 벌금에 처한다(법131(1)).

Ⅱ. 해산

중앙회의 해산에 관하여는 따로 법률에서 정한다(법94).

Ⅲ. 정관변경 등

1. 정관기재사항

중앙회의 정관에는 ⅰ) 목적·명칭과 구역(제1호), ⅱ) 사무소의 소재지(제2호), ⅲ) 회원의 가입과 탈퇴에 관한 사항(제3호), ⅳ) 회원의 권리·의무에 관한 사항(제4호), ⅴ) 회원의 출자에 관한 사항(제5호), ⅵ) 우선출자에 관한 사항(제6호), ⅶ) 총회·대의원회 및 이사회에 관한 사항(제7호), ⅷ) 임원·집행간부 및 집행간부 외의 간부직원("일반간부직원")에 관한 사항(제8호), ⅸ) 재산과 감사에 관한 사항(제9호), ⅹ) 사업의 종류 및 업무집행에 관한 사항(제10호), ⅺ) 회계에 관한 사항(제11호), ⅻ) 적립금에 관한 사항(제12호), ⅹⅲ) 잉여금의 처분과 손실금의 처리방법에 관한 사항(제13호), ⅹⅳ) 경비 및 과태금의 부과·징수와 사용료·수수료에 관한 사항(제14호), ⅹⅴ) 공고의 방법에 관한 사항(제15호), ⅹⅵ) 정관의 변경에 관한 사항(제16호), ⅹⅶ) 그 밖에 필요한 사항(제17호)이 포함되어야 한다(법92①).

2. 총회 의결과 인가

(1) 총회 의결
정관변경은 총회의 의결을 받아야 한다(법95④(1)).

(2) 산림청장의 인가
정관의 변경은 산림청장의 인가를 받아야 한다(법92② 전단). 이 경우 산림청장이 정관변경의 인가를 할 때 신용사업에 관한 사항에 관하여는 금융위원회와 협의하여야 한다(법92② 후단).

(3) 위반시 제재

조합등 또는 중앙회의 조합장, 회장, 간부직원, 상임이사, 이사, 감사, 집행간부, 일반간부직원, 파산관재인 또는 청산인이 총회의 의결이 필요한 사항에 대하여 의결을 받지 아니하고 집행하였을 때에는 3년 이하의 징역 또는 3천만원 이하의 벌금에 처한다(법131(4)).

조합등 또는 중앙회의 조합장, 회장, 간부직원, 상임이사, 이사, 감사, 집행간부, 일반간부직원, 파산관재인 또는 청산인이 감독기관의 인가를 받아야 할 사항에 관하여 인가를 받지 아니하였을 때에는 3년 이하의 징역 또는 3천만원 이하의 벌금에 처한다(법131(1)).

회 원

제1절 자격 등

Ⅰ. 자격

1. 회원 자격

중앙회는 지역조합과 전문조합을 회원으로 한다(법89① 본문). 다만, 지역조합의 경우 조합원 중 산림소유자의 비율이 50% 이상이거나 해당구역 사유림 면적 중 조합원 소유 산림의 면적비율이 40% 이상이어야 한다(법89① 단서, 정관14 단서).

2. 회원가입 신청과 승낙의무

중앙회는 조합이 회원가입 신청을 하였을 때에는 ⅰ) 산림조합구조개선법에 따른 부실조합 또는 부실우려조합의 기준에 해당하는 조합(제1호), ⅱ) 제명된 후 2년이 지나지 아니한 조합(제2호), ⅲ) 그 밖에 대통령령으로 정하는 기준1)에 해

---

1) "대통령령으로 정하는 기준"이란 산림조합구조개선법에 따른 부실조합 또는 부실우려조

당되어 중앙회 및 그 회원의 발전을 저해할만한 현저한 이유가 있는 조합(이 경우 산림청장의 동의를 받아야 한다)(제3호)의 어느 하나에 해당하는 경우를 제외하고는 그 신청일부터 60일 이내에 가입을 승낙하여야 한다(법89③).

Ⅱ. 가입

1. 가입신청서 제출

회원의 자격이 있는 자는 누구든지 자유로이 중앙회에 가입할 수 있다(법122, 법26① 전단).

회원의 자격을 가진 자가 중앙회의 회원으로 가입하고자 할 때에는 가입신청서에 ⅰ) 등기부등본(제1호), ⅱ) 정관(제2호), ⅲ) 출자신청서(제3호), ⅳ) 중앙회에 가입을 의결한 총회의사록의 사본(제4호), ⅴ) 재무제표(신설조합의 경우는 추정재무제표)(제5호), ⅵ) 그 밖에 제17조 제2항 각 호의 어느 하나에 해당하는지에 대한 여부를 판단하기 위하여 회장이 필요하다고 인정하는 서류(제6호)를 붙여 중앙회에 제출하여야 한다(법122, 법26③, 정관17①).

2. 승낙 제외 사유와 승낙의무

중앙회는 가입신청서를 접수하였을 때에는 ⅰ) 산림조합개선법 제2조 제3호2)에 따른 부실조합 또는 같은 조 제4호3)에 따른 부실우려조합의 기준에 해당

합이 해산 또는 분할의 방법에 의하여 조합을 재설립하는 경우를 말한다(영11의12 본문). 다만, 재설립한 조합이 부실 우려가 없는 것이 명백한 경우로서 중앙회의 이사회에서 회원가입을 의결하는 경우는 제외한다(영11의12 단서).

2) 3. "부실조합"이란 다음 각 목의 어느 하나에 해당하는 조합을 말한다.
　　가. 경영상태를 실제조사한 결과 부채가 자산을 초과하거나 거액의 금융사고 또는 부실채권의 발생으로 정상적인 경영이 어려울 것이 명백한 조합으로서 제18조에 따른 기금관리위원회의 심의를 거쳐 특별시장·광역시장·특별자치시장·도지사·특별자치도지사("시·도지사")가 결정한 조합. 이 경우 부채와 자산의 평가 및 산정은 농림축산식품부령으로 정하는 기준에 따른다.
　　나. 제8호에 따른 예금등채권의 지급 또는 국가·공공단체 및 중앙회로부터의 차입금의 상환이 정지상태에 있는 조합
　　다. 외부로부터의 자금지원이나 차입이 없이는 예금등채권의 지급이나 차입금의 상환이 어렵다고 기금관리위원회의 심의를 거쳐 시·도지사가 결정한 조합
3) 4. "부실우려조합"이란 경영상태가 농림축산식품부령으로 정한 기준에 미달하여 부실조합이 될 가능성이 높다고 기금관리위원회의 심의를 거쳐 시·도지사가 결정한 조합을 말한다.

하는 조합(제1호), ii) 제명된 후 2년이 지나지 아니한 조합(제2호), iii) 산림조합 개선법에 따른 부실조합 또는 부실우려조합이 해산 또는 분할의 방법에 따라 조합을 재설립하여 중앙회의 발전을 저해할 만한 현저한 이유가 있는 조합(제3호)의 어느 하나에 해당하는 경우를 제외하고는 그 신청일부터 60일 이내에 가입을 승낙하여야 한다(법122, 법26③, 정관17②). 제3호의 경우에는 산림청장의 동의를 받아야 한다(법122, 법26③, 정관17③).

3. 가입 거절 또는 불리한 가입 조건 금지

중앙회는 정당한 사유 없이 중앙회원 가입을 거절하거나 그 가입에 관하여 다른 회원보다 불리한 조건을 붙일 수 없다(법122, 법26① 후단).

4. 회원 자격의 취득

가입신청자는 출자를 함으로써 회원의 자격을 갖는다(법122, 법26③, 정관17④).

Ⅲ. 탈퇴

1. 임의탈퇴

회원의 자격이 있는 자는 누구든지 자유로이 중앙회에서 탈퇴할 수 있다(법122, 법26① 전단). 회원은 탈퇴를 의결한 총회의 의사록사본을 첨부한 서면으로 본회에 탈퇴의사를 통지하고 탈퇴할 수 있다(법122, 법26③, 정관20①).

2. 당연탈퇴

회원이 해산하거나 파산하였을 때에는 당연히 탈퇴된다(법91①).

Ⅳ. 제명

1. 제명 사유

중앙회의 회원이 i) 1년 이상 중앙회의 사업을 이용하지 아니한 회원(제1호), ii) 출자 및 경비의 납입, 그 밖에 중앙회에 대한 의무를 이행하지 아니한 회원(제2호), iii) 중앙회의 사업을 방해한 회원(제3호), iv) 법령이나 법령에 따른 감독관청의 처분 또는 정관과 각종 규정에 위반한 회원(제4호), ⅴ) 고의 또는 중대한 과실로 인하여 본회에 손실을 끼치거나 중앙회의 신용을 손상하게 한 회원(제5호), vi) 회원인 지역조합이 산림소유자의 비율이 50% 이상이거나 해당구역 사유림 면적 중 조합원 소유 산림의 면적비율이 40% 이상(법89① 단서, 정관14 단서)에 미달되어 기간을 정하여 시정을 요구하였음에도 불구하고 그 기간 내에 시정요구사항을 이행하지 아니한 회원(제6호)의 어느 하나에 해당할 때에는 총회의 의결을 받아 이를 제명할 수 있다(법122, 법27①, 정관21① 본문).

2. 제명 사유의 통지 및 의견진술 기회 부여

중앙회는 총회 개회 10일 전에 그 회원에 대하여 제명의 사유를 통지하고 총회에서 의견을 진술할 기회를 주어야 한다(법122, 법27②, 정관21① 단서).

3. 제명 회원에 대한 통지와 대항력

제명은 제명된 회원에 대하여 그 취지를 서면으로 통지하지 아니하면 그 회원에게 대항할 수 없다(법122, 법27②, 정관21②).

Ⅴ. 의결 취소의 청구 등

1. 의결 취소 또는 무효확인의 사유

중앙회의 회원은 총회의 소집절차, 의결방법, 의결내용 또는 임원선거가 법령이나 법령에 따른 행정처분 또는 정관을 위반하였다는 것을 사유로 하여 그 의결이나 선거에 따른 당선의 취소 또는 무효확인을 산림청장에게 청구하거나 이를 청구하는 소를 법원에 제기할 수 있다(법122, 법30①, 정관51①).

2. 청구 기간 등

산림청장에게 청구할 때에는 의결일 또는 선거일부터 1개월 이내에 회원 5% 이상의 동의를 받아 청구하여야 한다(법122, 법30①, 정관51②).

3. 상법의 준용

소에 관하여는 상법 제376조(결의취소의 소), 제377조(제소주주의 담보제공의무), 제378조(결의취소의 등기), 제379조(법원의 재량에 의한 청구기각), 제380조(결의무효 및 부존재확인의 소), 제381조(부당결의의 취소, 변경의 소)를 준용한다(법122, 법30③).

제2절 책임

I. 회원의 책임

1. 출자액 한도

회원의 책임은 그 출자액을 한도로 한다(법90③).

2. 운영과정 참여 의무

회원은 중앙회의 운영과정에 성실히 참여하여야 하며, 생산한 임산물을 중앙회를 통하여 출하하는 등 중앙회의 사업을 성실히 이용하여야 한다(법122, 법20⑦).

II. 경비와 과태금

1. 경비부담

(1) 경비 부과

중앙회는 교육·지원사업 및 임업경제사업에 필요한 경비를 충당하기 위하여 회원에게 경비를 부과할 수 있다(법122, 법23①, 정관31①). 이에 따른 경비의 부과금액과 부과방법, 징수시기와 징수방법은 총회에서 정한다(법122, 법23①, 정관31②).

(2) 기부과금액의 변경 금지

중앙회는 부과금액의 산정기준이 된 사항에 변경이 있는 경우에도 이미 부과한 금액은 변경하지 못한다(법122, 법23①, 정관31③).

(3) 상계 금지

회원은 납입하여야 하는 경비를 중앙회에 대한 채권과 상계할 수 없다(법122, 법23②, 정관31④).

2. 사용료 및 수수료

(1) 사용료 또는 수수료 징수

중앙회는 중앙회의 사업을 이용하는 자에 대하여 사용료 또는 수수료를 받을 수 있다(정관32①).

(2) 실비 및 수수료 징수

중앙회는 회원 또는 다른 사람으로부터 사업을 위탁받거나 알선을 할 때에는 실비 및 수수료를 받을 수 있다(정관32②).

(3) 사용료 및 수수료의 요율과 실비의 계산기준

수수료의 요율과 실비 및 사용료의 계산기준은 회장이 정한다(정관32③).

3. 과태금

(1) 과태금 부과

중앙회는 경비·사용료·실비 및 수수료의 징수에 있어서 그 납부의무자가 중앙회가 정한 기한까지 납부의무를 이행하지 아니할 때에는 납부기한 다음 날부터 매 1일마다 납부할 금액 1만원에 대하여 금 4원의 율로써 과태금을 징수할 수 있다(법122, 법23①, 정관33①).

과태금의 징수에 관하여 필요한 사항은 이사회에서 정한다(법122, 법23①, 정관33②).

(2) 상계 금지

회원은 과태금을 본회에 대한 채권과 상계할 수 없다(법122, 법23①, 정관33
③).

제3절 의결권 및 선거권

Ⅰ. 평등한 의결권과 선거권 보유

회원은 출자액의 다소에 관계없이 평등한 의결권 및 선거권을 가진다(법122,
법24 전단).

Ⅱ. 선거권 제한

선거권은 임원 또는 대의원의 임기만료일(보궐선거 등의 경우에는 그 선거의
실시 사유가 확정된 날) 전 180일까지 해당 중앙회의 회원으로 가입한 자만 행사할
수 있다(법122, 법24 후단).

제4절 준회원

Ⅰ. 의의

준회원이란 중앙회에 준회원으로 가입하여 사업이용에 있어서 회원에 준하
는 권리·의무를 갖는 자를 말한다. 준회원은 정식 구성원인 회원이 아니므로 출
자금을 납입하는 대신에 가입비를 납부하고 또한 총회에서의 의결권이나 선거권
과 같은 공익권이 없는 점에서 회원과 차이가 있으나 사업이용 측면에서는 거의
유사한 지위를 갖고 있다.

Ⅱ. 준회원의 자격

중앙회는 ⅰ) 산림청에 등록된 임업단체 또는 법인(제1호), ⅱ) 임업용기자재 생산업체, 임산물가공·제조업체, 임산물유통 관련 단체·법인(제2호)의 임업단체를 준회원으로 할 수 있다(법89②, 정관24①).

Ⅲ. 준회원의 가입·탈퇴·제명

1. 가입

(1) 가입신청서 제출

준회원의 자격을 가진 자가 중앙회의 준회원으로 가입하고자 할 때에는 가입신청서에 ⅰ) 등기부등본, ⅱ) 정관, ⅲ) 중앙회에 가입을 의결한 총회의사록의 사본, ⅳ) 재무제표(신설조합의 경우는 추정재무제표), ⅴ) 그 밖에 제17조 제2항 각호의 어느 하나에 해당하는 지에 대한 여부를 판단하기 위하여 회장이 필요하다고 인정하는 서류(제6호)를 붙여 중앙회에 제출하여야 한다(정관24⑤, 정관17①).

(2) 준회원 자격의 취득

가입신청자는 가입금을 납부함으로써 준회원의 자격을 갖는다(법122, 법26③, 정관17④).

2. 탈퇴

(1) 임의탈퇴

준회원은 탈퇴를 의결한 총회의 의사록사본을 첨부한 서면으로 중앙회에 탈퇴의사를 통지하고 탈퇴할 수 있다(정관24⑤, 정관20①).

(2) 당연탈퇴

준회원이 해산하거나 파산하였을 때에는 당연히 탈퇴된다(정관24⑤, 정관20②).

3. 제명

(1) 제명 사유

중앙회의 준회원이 ⅰ) 1년 이상 중앙회의 사업을 이용하지 아니한 준회원 (제1호), ⅱ) 가입금 및 경비의 납입, 그 밖에 중앙회에 대한 의무를 이행하지 아니한 준회원(제2호), ⅲ) 중앙회의 사업을 방해한 준회원(제3호), ⅳ) 법령이나 법령에 따른 감독관청의 처분 또는 정관과 각종 규정에 위반한 준회원(제4호), ⅴ) 고의 또는 중대한 과실로 인하여 중앙회에 손실을 끼치거나 중앙회의 신용을 손상하게 한 준회원(제5호), ⅵ) 준회원인 지역조합이 산림소유자의 비율이 50% 이상이거나 해당구역 사유림 면적 중 준회원 소유 산림의 면적비율이 40% 이상(법89① 단서, 정관14 단서)에 미달되어 기간을 정하여 시정을 요구하였음에도 불구하고 그 기간 내에 시정요구사항을 이행하지 아니한 준회원(제6호)의 어느 하나에 해당할 때에는 총회의 의결을 받아 이를 제명할 수 있다(정관24⑤, 정관21① 본문).

(2) 제명 사유의 통지 및 의견진술 기회 부여

중앙회는 총회 개회 10일 전에 그 준회원에 대하여 제명의 사유를 통지하고 총회에서 의견을 진술할 기회를 주어야 한다(정관24⑤, 정관21① 단서).

(3) 제명된 준회원에 대한 통지와 대항력

제명은 제명된 준회원에 대하여 그 취지를 서면으로 통지하지 아니하면 그 준회원에게 대항할 수 없다(정관24⑤, 정관21②).

Ⅳ. 준회원의 권리

1. 사업이용권 등

준회원은 사업이용권, 이용고배당청구권 및 가입금환급청구권을 가지며, 사업이용에 관하여 총회에 의견을 제출할 수 있다(법19③, 정관24②). 준회원의 사업이용은 회원의 이용으로 본다(법19③, 정관24④).

2. 가입금환급청구권

(1) 청구권 행사시기

가입금의 환급은 탈퇴 당시 회계연도의 다음 회계연도부터 청구할 수 있다 (정관24⑤, 정관22②).

(2) 청구권 행사기간

가입금 환급의 청구권은 2년간 행사하지 아니하면 소멸된다(정관24⑤, 정관 22③).

(3) 환급정지

탈퇴한 준회원이 중앙회에 채무가 있을 때에는 그 채무를 전부 변제할 때까지 중앙회는 가입금의 환급을 정지할 수 있다(정관24⑤, 정관22④).

Ⅴ. 준회원의 의무

1. 경비 및 과태금 납부의무

준회원은 출자를 하지 아니하되 중앙회가 정하는 바에 따라 가입금, 경비 및 과태금을 납부하여야 하며, 그 밖에 사업수행과 관련된 사항은 중앙회의 결정에 따라야 한다(정관24③).

2. 신고의무

중앙회의 준회원은 제출한 가입신청서 및 동 부속서류의 기재사항에 변경이 있을 때 또는 준회원의 자격을 상실하였을 때에는 지체 없이 중앙회에 신고하여야 한다(정관24⑤, 정관18).

출　자

제1절 종류 및 내용

I. 출자금

1. 회원의 출자의무

회원은 그 구성원의 출자자본금의 5% 이상에 해당하는 금액을 출자하여야 한다(법90①, 정관25①).

2. 출자 1계좌의 금액

출자 1계좌의 금액은 1만원으로 한다(법90②, 정관26①). 회원 1인이 가질 출자계좌 수의 최고한도는 총 출자계좌 수의 10% 이내로 한다(정관25②).

3. 회원의 특별출자

회원은 회원간의 상호지원을 목적으로 중앙회에 특별출자를 할 수 있다(정관25③).

4. 질권설정 금지

회원의 출자액은 질권의 목적이 될 수 없다(법122, 법20④).

5. 상계 금지

회원은 출자액의 납입에 있어서 중앙회에 대한 채권과 상계할 수 없다(법 122, 법20⑤).

6. 출자금 납입방법

출자금은 일시에 전액 납입하여야 한다(정관26①). 회원이 현물로써 출자를 납입할 경우에는 이사회에서 정하는 평가방법에 따라 계산한다(정관26②).

II. 회전출자

1. 사업이용배당금의 재출자

(1) 원칙

중앙회는 출자 외에 정관으로 정하는 바에 따라 그 사업의 이용실적에 따라 회원에게 배당할 금액의 전부 또는 일부를 해당 회원으로 하여금 출자하게 할 수 있다(법122, 법21①). 이에 따라 중앙회의 회원은 배당되는 매 회계연도의 잉여 금전액을 회전출자하여야 한다(정관27① 본문).

(2) 예외

출자계좌 수 최고한도를 초과하는 경우와 총회에서 배당하도록 의결하는 경우는 그러하지 아니하다(정관27① 단서).

2. 상계 금지

회원은 회전출자금의 납입에 있어서 중앙회에 대한 채권과 상계할 수 없다(법122, 법21②, 법20⑤).

Ⅲ. 우선출자

1. 서설

(1) 의의

우선출자란 우선적 배당을 받을 목적으로 하는 출자로서 회원보다 우선적으로 배당을 받는 출자를 말한다.

(2) 제도적 취지

우선출자제도의 도입은 자본조달 능력이 취약한 중앙회의 현실을 고려하여 자본금의 확충으로 중앙회의 경영안정과 사업 활성화를 도모하기 위함이다.

2. 우선출자 발행 등

(1) 우선출자 발행

중앙회는 자기자본의 확충을 통한 경영의 건전성을 도모하기 위하여 정관으로 정하는 바에 따라 조합원 외의 자를 대상으로 잉여금 배당에서 우선적 지위를 가지는 우선출자를 하게 할 수 있다(법122, 법60의2①).

(2) 우선출자 1좌의 금액 및 우선출자의 총액

우선출자 1계좌의 금액은 출자 1계좌의 금액과 동일하여야 하며, 우선출자의 총액은 자기자본의 2분의 1을 초과할 수 없다(법122, 법60의2②). 중앙회는 자기자본의 2분의 1의 범위에서 회원 외의 자를 대상으로 회원보다 잉여금 배당에서 우선적 지위를 가지는 우선출자를 발행할 수 있다(정관30의2①). 우선출자 1계좌의 금액은 1만원으로 한다(정관30의2②).

(3) 의결권과 선거권 불인정

우선출자자는 의결권 및 선거권을 가지지 아니한다(법122, 법60의2③).

(4) 우선출자에 대한 배당률

우선출자에 대한 배당은 회원에 대한 배당보다 우선하여 실시하되, 그 배당률은 정관으로 정하는 최저배당률과 최고배당률 사이에서 정기총회에서 정한다(법122, 법60의2④).

우선출자에 대한 배당은 회원에 대한 배당보다 우선하여 실시하되, 그 배당률은 액면금액의 5% 이상 15% 이하의 범위에서 정기총회에서 정한다(정관30의2④ 본문). 다만, 해당 회계연도의 이익잉여금이 우선출자총액의 5%에 해당하는 금액에 미치지 못할 때 또는 우선출자자와 별도 계약에 의할 때에는 달리 정할 수 있다(정관30의2④ 단서).

우선출자에 대해서는 해당 회계연도의 이익잉여금으로써 배당을 할 수 없는 경우에 그 부족액에 대하여 다음 회계연도로 이월하지 아니한다(정관30의2⑤).

(5) 우선출자 발행사항의 공고

중앙회가 우선출자를 하게 하는 때에는 우선출자의 납입기일 2주 전까지 우선출자의 내용·계좌 수·발행가액·납입기일 및 모집방법을 공고하고 출자자 및 우선출자자에게 통지해야 한다(법122, 법60의6, 영11의2).

3. 우선출자의 청약 등

(1) 우선출자의 청약

우선출자의 청약을 하려는 자는 우선출자청약서에 인수하려는 우선출자의 계좌 수 및 인수가액과 주소를 기재하고 기명날인해야 한다(법122, 법60의6, 영11의3①).

우선출자청약서의 서식은 중앙회에서 정하되, ⅰ) 중앙회의 명칭(제1호), ⅱ) 출자 1계좌의 금액 및 총 계좌 수(제2호), ⅲ) 우선출자 총 계좌 수의 최고한도(제3호), ⅳ) 이미 발행한 우선출자의 종류 및 종류별 계좌 수(제4호), ⅴ) 우선출자를 발행하는 날이 속하는 연도의 전년도말 현재의 자기자본(제5호), ⅵ) 발행하려는 우선출자의 액면금액·내용 및 계좌 수(제6호), ⅶ) 발행하고자 하는 우선출자의 발행가액 및 납입기일(제7호), ⅷ) 우선출자의 매입소각이 행해지는 경우에는 그에 관한 사항(제8호), ⅸ) 우선출자 인수금액의 납입을 취급하는 금융회사 등(제9호)이 포함되어야 한다(법122, 법60의6, 영11의3②).

(2) 우선출자 금액의 납입 등

우선출자의 청약을 한 자는 중앙회에서 배정한 우선출자의 계좌 수에 대하여 우선출자를 인수할 수 있다(법122, 법60의6, 영11의4①). 이에 따라 우선출자를 인수하려는 자는 납입기일까지 우선출자 발행가액의 전액을 납입해야 한다(법122, 법60의6, 영11의4②).

우선출자를 인수한 자는 우선출자 발행가액의 납입기일의 다음 날부터 우선출자자가 된다(법122, 법60의6, 영11의4③).

(3) 우선출자증권의 발행

중앙회는 우선출자의 납입기일 후 지체 없이 우선출자증권을 발행하여야 한다(법122, 법60의3).

(4) 우선출자의 매입소각

중앙회는 이사회의 의결을 거쳐 우선출자를 매입하여 이를 소각할 수 있다(법122, 법60의6, 영11의9).

4. 우선출자자의 책임

우선출자자의 책임은 그가 가진 우선출자의 인수가액을 한도로 한다(법122, 법60의2⑤).

5. 우선출자의 양도

(1) 양도와 그 효력

우선출자는 양도할 수 있다(법122, 법60의4① 본문). 다만, 우선출자증권 발행 전의 양도는 중앙회에 대하여 효력이 없다(법122, 법60의4① 단서).

(2) 양도방법

우선출자를 양도할 때에는 우선출자증권을 내주어야 한다(법122, 법60의4②).

(3) 점유자의 소지인 추정

우선출자증권의 점유자는 적법한 소지인으로 추정한다(법122, 법60의4③).

(4) 증권 명의변경의 대항력

우선출자증권의 명의 변경은 취득자의 성명 및 주소를 우선출자자 명부에 등록하고 그 성명을 증권에 적지 아니하면 중앙회와 그 밖의 제3자에게 대항하지 못한다(법122, 법60의4④).

(5) 등록질권의 대항력

우선출자증권을 질권의 목적으로 할 때에는 질권자의 성명 및 주소를 우선출자자 명부에 등록하지 아니하면 중앙회와 그 밖의 제3자에게 대항하지 못한다(법122, 법60의4⑤).

6. 우선출자자 총회

(1) 우선출자자 총회의 구성

우선출자자총회는 우선출자자 전원으로 구성하고, 사업대표이사가 소집하며 그 의장이 된다(법122, 법60의5③, 정관30의2⑧).

(2) 정관변경과 손해 발생시의 의결

중앙회는 정관의 변경에 의하여 우선출자자에게 손해를 미치게 될 때에는 우선출자자총회의 의결을 받아야 한다(법122, 법60의5①).

중앙회는 정관을 변경함으로써 우선출자자에게 손해를 미치게 될 때에는 발행한 우선출자 총 계좌 수의 과반수가 출석한 우선출자자총회에서 출석한 출자계좌 수의 3분의 2 이상의 찬성을 받아야 한다(정관30의2⑥). 이에 따른 우선출자자총회를 소집할 때에는 개최일 10일 전에 각 우선출자자에게 회의목적을 기재한 소집통지서를 발송하여야 한다(정관30의2⑦).

(3) 의결정족수

우선출자자총회의 의결은 발행한 우선출자 총 계좌 수의 과반수 출석과 출석한 출자계좌 수의 3분의 2 이상의 찬성이 있어야 한다(법122, 법60의5②).

7. 통지와 최고

우선출자신청인 또는 우선출자자에 대한 통지나 최고는 따로 그 주소를 중앙회에 통지한 때를 제외하고는 우선출자청약서 또는 우선출자자명부에 기재된 주소로 한다(법122, 법60의6, 영11의10).

제2절 환급

Ⅰ. 지분환급청구권과 환급정지

1. 탈퇴 회원의 환급청구

(1) 탈퇴 회원에 대한 지분의 합계액 환급

중앙회는 탈퇴한 회원의 청구에 따라 탈퇴한 회계연도말의 본회 재산에 대하여 제38조(지분계산) 제1호부터 제3호(법정적립금과 이월금은 제외)까지의 규정에 따라 산출된 지분의 합계액을 환급한다(정관22① 본문).

(가) 납입출자금

납입출자금에 대해서는 납입한 출자액에 따라 회계연도마다 계산한다(정관38(1) 본문). 다만, 그 재산이 납입출자액의 총액보다 감소되었을 때에는 각 회원의 출자액에 따라 감액하여 계산한다(정관38(1) 단서).

(나) 회전출자금

회전출자금에 대해서는 각 회원이 납입한 회전출자액에 따라 회계연도마다 계산하여 더한다(정관38(2) 본문). 다만, 회전출자금이 감소되었을 때에는 각 회원의 출자액에 따라 감액하여 계산한다(정관38(2) 단서).

(다) 사업준비금

사업준비금에 대해서는 회계연도마다 제84조(잉여금의 배당) 제3항에 따라 계산하여 더한다(정관38(3) 본문). 다만, 사업준비금이 감소되었을 때에는 각 회원의 지분액에 따라 감액하여 계산한다(정관38(3) 단서).

(2) 제명으로 탈퇴한 회원에 대한 지분액 한정

제명으로 인하여 탈퇴한 회원에 대해서는 앞의 제38조 제1호 및 제2호에 따라 산출된 지분액만 환급한다(정관22① 단서).

2. 지분환급청구권의 행사시기

지분의 환급은 탈퇴 당시 회계연도의 다음 회계연도부터 청구할 수 있다(법122, 법28①, 정관22②).

3. 청구권 행사기간

지분환급의 청구권은 2년간 행사하지 아니하면 소멸된다(법122, 법28②, 정관22③).

4. 환급정지

탈퇴한 회원이 중앙회에 채무가 있을 때에는 그 채무를 전부 변제할 때까지 중앙회는 환급을 정지할 수 있다(법122, 법28③, 정관22④).

Ⅱ. 탈퇴 회원의 손실액 부담

1. 손실액 납입청구

환급분을 계산하는 경우에 중앙회 그 재산으로 조합의 채무를 완전 변제할 수 없을 때에는 중앙회는 정관으로 정하는 바에 따라 탈퇴 회원이 부담하여야 할 손실액의 납입을 청구할 수 있다(법122, 법29①).

2. 환급청구권 행사시기

탈퇴 회원은 탈퇴 당시 회계연도의 다음 회계연도부터 정관으로 정하는 바에 따라 그 손실액의 환급을 청구할 수 있다(법122, 법29②, 법28①).

3. 손실액 납입청구권의 행사기간

청구권은 2년간 행사하지 아니하면 소멸된다(법122, 법29②, 법28②).

제3절 지분의 양도

Ⅰ. 지분양도 금지

회원은 중앙회의 승인 없이 그 지분을 양도할 수 없다(법122, 법22①).

Ⅱ. 비회원의 지분 양수 조건

회원이 아닌 자가 지분을 양수하려면 가입신청, 자격심사 등 가입의 예에 따른다(법122, 법22②).

Ⅲ. 양수인의 권리의무 승계

지분양수인은 그 지분에 관하여 양도인의 권리·의무를 승계한다(법122, 법22③).

Ⅳ. 지분공유 금지

회원의 지분은 공유할 수 없다(법122, 법22④).

지배구조

제1절 서설

Ⅰ. 의의

산림조합법은 중앙회의 기관구성과 관련하여 중앙회의 의사를 결정하는 총회(법95①), 중앙회의 업무집행에 관한 의사결정기관인 이사회(법98①)와 중앙회를 대표하는 회장(법101①), 중앙회의 재산과 업무집행 상황을 감사하는 감사위원회(법103①)에 대하여 규정하고 있다.

Ⅱ. 구성

1. 총회

총회는 중앙회의 의사를 구성원 다수의 의사에 따라 전체 구성원의 의사를 결정하는 중앙회의 최고의사결정기관이며 필요적 법정기관이다. 총회는 회장과 회원으로 구성되며 회원은 정부의 인가를 받아 설립된 지역조합과 전문조합으로 하고 있다. 총회의 의결사항은 정관의 변경, 회원의 제명, 임원의 선출과 해임, 사업계획, 수지예산 및 결산의 승인, 그 밖에 이사회나 회장이 필요하다고 인정하는 사항이다.

2. 이사회와 중앙회장

이사회는 중앙회의 업무집행에 관한 주요사항의 의사결정과 이사회의 의결사항에 대한 회장 및 사업대표이사 등의 업무집행상황을 감독하는 회의체 기관이다. 이사회를 둔 취지는 총회 소집의 번잡함을 피함과 함께 회장과 사업대표이사의 독단을 방지하고 업무집행에 신중을 기하여 합리적인 운영을 도모하려는 것이다. 이사회는 총회에서 결정한 의사 등을 기준으로 하여 집행에 관한 사항을 의결할 뿐이고 전체적인 의사결정 자체를 하는 기관이 아니기 때문에 업무집행기관으로 해석한다.

중앙회는 이사회 운영의 전문성과 효율성을 도모하기 위하여 인사추천위원회를 두고 있다. 이 위원회는 특정한 사업대표이사 소관업무에 한정하지 않고 중앙회 전체업무와 관련된 사항에 대해서도 의사결정을 할 수 있다.

중앙회장은 회원인 조합원 중에서 총회에서 선출하고 회장의 임기는 4년으로 하며 1회만 연임할 수 있다. 회장은 산림조합법 제102조에 따라 사업대표이사 등이 대표하는 업무를 제외하고는 중앙회를 대표하는 대표기관이다. 회장은 비상임으로 중앙회의 업무를 처리하되 대부분의 업무를 정관으로 정하는 바에 따라 소관 대표이사 등에게 위임·전결 처리하게 하여야 한다. 이는 중앙회 업무에 대한 전문지식과 경험이 풍부한 자에게 업무의 위임 및 전결처리를 하도록 한 것이다.

3. 감사위원회

중앙회는 재산과 업무집행상황을 감사하기 위하여 감독기관으로 감사위원회를 두고 있다. 감사위원회는 감사위원장을 포함한 3명의 감사위원으로 구성하되, 감사위원 중 2명은 대통령령으로 정하는 요건에 적합한 외부전문가 중에서 선출하여야 한다.

제2절 총회와 대의원회

I. 총회

1. 설치

중앙회에 총회를 둔다(법95①).

2. 구성

총회는 회장과 회원으로 구성하고 정관으로 정하는 바에 따라 회장이 소집한다(법95②). 총회는 정기총회와 임시총회로 구분한다(법95③).

(1) 정기총회의 소집

정기총회는 매년 한 번 회계연도 경과 후 3개월 이내에 회장이 소집한다(법95③, 정관42)).

(2) 임시총회 소집

임시총회는 i) 회장이 필요하다고 인정할 때(제1호), ii) 이사회가 필요하다고 인정하여 소집을 요구한 때(제2호), iii) 회원 10% 이상이 회의의 목적으로 하는 사항과 소집의 이유를 기재한 서면을 회장에게 제출하고 소집을 요구한 때(제3호), iv) 감사위원회가 재산의 상황 또는 업무의 집행에 관하여 부정사실을 발견한 경우에 있어서 신속히 총회에 보고할 필요가 있어 회장에게 소집을 요구한 때(제4호)의 어느 하나에 해당하는 경우에 회장이 소집한다(법95③, 정관43①).

회장은 앞의 제1항 제2호 및 제3호에 따른 요구가 있는 때에는 2주 이내에 총회를 소집하여야 한다(정관43②).

3. 총회의 의결사항

(1) 의결사항

다음의 사항, 즉 i) 정관의 변경(제1호), ii) 회원의 제명(제2호), iii) 임원,

대의원 및 조합감사위원회 위원장의 선출과 해임(제3호), ⅳ) 사업계획, 수지예산 및 결산의 승인(제4호), ⅴ) 그 밖에 이사회 및 회장이 필요하다고 인정하는 사항 (제5호)은 총회의 의결을 받아야 한다(법95④).

(2) 위반시 제재

조합등 또는 중앙회의 조합장, 회장, 간부직원, 상임이사, 이사, 감사, 집행 간부, 일반간부직원, 파산관재인 또는 청산인이 총회의 의결이 필요한 사항에 대하여 의결을 받지 아니하고 집행하였을 때에는 3년 이하의 징역 또는 3천만원 이하의 벌금에 처한다(법131(4)).

4. 총회의 개의와 의결

(1) 총회의 보통결의

총회는 산림조합법에 다른 규정이 있는 경우를 제외하고는 회원 과반수의 출석으로 개의하고, 출석회원 과반수의 찬성으로 의결한다(법122, 법31④ 본문).

(2) 총회의 특별결의

ⅰ) 정관의 변경(법95④(1)), ⅱ) 회원의 제명(법95④(2))은 회원 과반수의 출석과 출석회원 3분의 2 이상의 찬성으로 의결한다(법122, 법31④ 단서).

(3) 회장의 의결 참여

회장은 총회의 의장이 되며, 그 의결에 참가한다(정관48②).

5. 총회소집

(1) 회원의 소집청구

회원은 회원 10% 이상의 동의를 받아 소집의 목적과 이유를 적은 서면을 제출하여 회장에게 총회의 소집을 청구할 수 있다(법122, 법31의3①).

회장은 청구를 받으면 2주 이내에 총회를 소집하여야 한다(법122, 법31의3 ②).

(2) 감사위원회의 총회소집

감사위원회는 ⅰ) 총회를 소집할 자가 없을 때(제1호), ⅱ) 이사회가 필요하다고 인정하여 소집을 요구한 날 및 회원 10% 이상이 회의의 목적으로 하는 사항과 소집의 이유를 기재한 서면을 회장에게 제출하고 소집을 요구한 날부터 2주 이내에 정당한 사유 없이 회장이 총회를 소집하지 아니한 때(제2호), ⅲ) 감사위원회가 재산의 상황 또는 업무의 집행에 관하여 부정사실을 발견한 경우에 있어서 신속히 총회에 보고할 필요가 있어 회장에게 소집을 요구한 때에 회장이 정당한 이유 없이 1주 이내에 총회소집의 절차를 취하지 아니한 때(제3호)의 어느 하나에 해당하는 경우에는 임시총회를 소집한다(법122, 법31의3③ 전단, 정관44①).

이 경우 감사위원장이 의장의 직무를 행한다(법122, 법31의3③ 후단, 정관44②). 감사위원회는 5일 이내에 총회소집의 절차를 취하여야 한다(법122, 법31의3③ 후단, 정관44③).

(3) 회원대표의 총회소집

감사위원회가 5일 이내에 총회소집의 절차를 취하여야 총회소집 사유가 있음에도 불구하고 정당한 이유없이 총회를 소집하지 아니할 경우에는 회원 10% 이상의 동의를 받은 회원의 대표가 소집한다(법122, 법31의3④ 전단, 정관45①). 이 경우 회원의 대표가 의장의 직무를 수행한다(법122, 법31의3④ 후단, 정관45②).

6. 총회소집의 통지

(1) 통지와 최고

중앙회가 회원에게 통지 또는 최고를 할 때에는 회원 명부에 적힌 조합원의 주소 또는 거소로 하여야 한다(법122, 법31의4①).

(2) 통지 기간

총회소집의 통지는 총회 개회 7일 전까지 회의목적 등을 적은 총회소집통지서의 발송에 의한다(법122, 법31의4② 본문). 다만, 같은 목적으로 총회를 다시 소집하려는 경우에는 개회 전날까지 통지한다(법122, 법31의4② 단서).

7. 의결권의 제한 등

(1) 의결권 제한 사항

총회에서는 미리 통지한 사항만 의결할 수 있다(법122, 법31의5① 본문, 정관 50① 본문). 다만, 총회 의결사항 중 정관의 변경, 회원의 제명, 임원과 대의원 및 조합감사위원회 위원장의 선출과 해임을 제외한 긴급한 사항으로서 구성원 과반 수의 출석과 출석구성원 3분의 2 이상의 찬성이 있을 때에는 그러하지 아니하다 (법122, 법31의5① 단서, 정관50① 단서).

(2) 이해상충과 의결권 행사 제한

중앙회와 회원의 이해가 상반되는 의사에 관하여 해당 회원은 그 의결에 참 여할 수 없다(법122, 법31의5②).

(3) 회원제안

회원은 회원 3% 이상의 동의를 받아 총회 개최 30일 전까지 회장에 대하여 서면으로 일정한 사항을 총회의 목적사항으로 할 것을 제안("회원제안")할 수 있 다(법122, 법31의5③ 전단, 정관50③ 전단).

이 경우 회원제안의 내용이 법령 또는 정관을 위반하는 경우를 제외하고는 총회의 목적사항으로 하여야 하고, 회원제안을 한 자의 청구가 있을 때에는 총회 에서 그 제안을 설명할 기회를 주어야 한다(법122, 법31의5③ 후단).

8. 총회 의사록

(1) 총회 의사록 작성

총회의 의사에 관하여는 의사록을 작성하여야 한다(법122, 법31의6①).

(2) 총회 의사록 기재사항과 기명날인 또는 서명

총회 의사록에는 의사의 진행상황 및 그 결과를 적고 의장과 총회에서 선출 한 3인 이상의 회원이 기명날인하여야 한다(법122, 법31의6②).

Ⅱ. 대의원회

1. 설치

중앙회에 총회를 갈음하는 대의원회를 둔다(법96① 본문, 정관54① 본문). 다만, 회장 및 대의원의 선출을 위한 총회의 경우에는 그러하지 아니하다(법96① 단서, 정관54① 단서).

2. 구성

대의원회는 회장과 대의원으로 구성하며, 회장이 소집한다(법96②).

3. 대의원 정수와 임기

(1) 대의원의 정수

대의원의 정수는 회원의 3분의 1의 범위에서 정관으로 정한다(법97①). 정관에 따르면 대의원의 정수는 ⅰ) 지역조합장 중에서 도단위 별 각 2명(제주도는 1명)(다만, 지역조합수가 20개 이상인 도에는 1명을 추가한다)(제1호), ⅱ) 전문조합의 수가 5개일 경우 전문조합장 중 1명(다만, 전문조합수가 10개 이상인 경우에는 1명을 추가한다)(제2호)이다(정관54③).

(2) 대의원의 임기

대의원의 임기는 2년으로 하되, 보궐선거로 선출된 대의원의 임기는 전임자 임기의 남은 기간으로 한다(법97③ 전단). 이 경우 임기가 만료하는 연도의 결산기 마지막 달 이후 그 결산기에 관한 정기총회 전에 임기가 만료될 때에는 그 정기총회가 끝나는 날까지 임기가 연장된다(법97③ 후단, 법32④ 단서).

4. 대의원 선출

(1) 총회 선출

대의원은 총회에서 회원 중에서 선출하되, 회원인 지역조합 및 전문조합의 대표성이 보장될 수 있도록 하여야 한다(법97②).

(2) 대의원선거규정

대의원은 대의원선거규정이 정하는 바에 따라 선출한다(정관54④).

(3) 보궐선거

대의원 중에 결원이 생긴 때에는 보궐선거를 실시하여야 한다(정관54⑤ 본문). 다만, 대의원의 결원수가 총정수의 3분의 1 이상일 경우를 제외하고는 결원된 대의원에 대해서는 정기총회 때까지 선출하지 아니할 수 있다(정관54⑤ 단서).

5. 겸직금지

대의원은 해당 중앙회의 회장을 제외한 임직원과 다른 중앙회(다른 법률에 따른 중앙회를 포함)의 임직원을 겸직하여서는 아니 된다(법122, 법32⑤).

6. 의결권 대리행사 금지

의결권은 대리인으로 하여금 행사하게 할 수 없다(법122, 법32⑥ 후단).

7. 총회 규정 준용

대의원회에는 총회에 관한 규정을 준용한다(법122, 법32⑥ 전단).

제3절 이사회

I. 이사회의 설치와 구성

1. 이사회의 설치

중앙회에 이사회를 둔다(법98①).

2. 이사회의 구성

이사회는 회장과 사업대표이사를 포함한 이사로 구성하되 회장과 사업대표이사를 제외한 이사의 2분의 1 이상은 회원인 조합의 조합장("회원조합장")이어야 하며, 회장이 소집한다(법98②, 정관55②).

3. 이사회 소집의 통지

회장은 이사회개최 5일 전에 회의의 목적 · 부의할 사항 등을 적어 서면으로 구성원에게 통지하여야 한다(법98⑥, 정관55④ 본문). 다만, 긴급을 요할 경우에는 다른 방법으로 통지할 수 있다(법98⑥, 정관55④ 단서).

Ⅱ. 이사회의 의결사항 등

1. 이사회의 의결사항

이사회는 ⅰ) 중앙회의 경영목표 설정(제1호), ⅱ) 중앙회의 사업계획 및 자금계획의 종합조정(제2호), ⅲ) 조직 · 경영 및 임원에 대한 규정의 제정 · 개정 및 폐지(제3호), ⅳ) 조합에서 중앙회에 예치하는 여유자금의 최저비율 또는 금액(제4호), ⅴ) 사업대표이사 소관 업무의 성과평가 및 해임건의에 관한 사항(제5호), ⅵ) 인사추천위원회의 구성에 관한 사항(제6호), ⅶ) 조합감사위원회 위원 선출(제7호), ⅷ) 중앙회의 중요한 자산 취득 및 처분에 관한 사항(제8호), ⅸ) 중앙회 업무의 위험관리에 관한 사항(제9호), ⅹ) 총회로부터 위임된 사항(제10호), ⅺ) 그 밖에 회장 또는 이사 3분의 1 이상이 필요하다고 인정하는 사항(제11호)을 의결한다(법98③).

2. 이사회의 개의와 결의

이사회는 구성원 과반수의 출석으로 개의하고, 출석구성원 과반수의 찬성으로 의결한다(법98⑥, 정관55③ 본문). 다만, 해당 안건과 특별한 이해관계가 있는 이사회의 구성원은 그 안건의 의결에 참여할 수 없으며, 의결에 참여하지 못하는 이사는 이사회의 구성원 수에 포함하지 아니한다(법98⑥, 정관55③ 단서).

3. 이사회의 서면 의결

이사회는 부의안건 중 경미하거나 긴급을 요하는 사항에 관하여는 서면으로 의결할 수 있다(법98⑥, 정관55⑤ 본문). 이 경우 이사회는 개의된 것으로 보며 앞의 정관 제55조 제3항은 서면회의 의결방법에 관하여 준용한다(법98⑥, 정관55⑤ 단서).

4. 위반시 제재

조합등 또는 중앙회의 조합장, 회장, 간부직원, 상임이사, 이사, 감사, 집행간부, 일반간부직원, 파산관재인 또는 청산인이 총회 또는 이사회의 의결이 필요한 사항에 대하여 의결을 받지 아니하고 집행하였을 때에는 3년 이하의 징역 또는 3천만원 이하의 벌금에 처한다(법131(4)).

Ⅲ. 회장 및 사업대표이사의 업무집행상황 감독 등

1. 회장 및 사업대표이사의 업무집행상황 감독

이사회는 의결된 사항에 대하여 회장 및 사업대표이사의 업무집행상황을 감독한다(법98④).

2. 감사 및 집행간부의 이사회 출석 및 의견 진술

감사 및 집행간부는 이사회에 출석하여 의견을 진술할 수 있다(법98⑤).

Ⅳ. 이사회 의사록

이사회의 의사에 관하여는 의사의 경과 및 결과를 적은 의사록을 작성하고 의장과 출석한 사업대표이사 및 이사가 이에 서명 또는 기명날인한다(법98⑥, 정관55⑦).

Ⅴ. 인사추천위원회

1. 설치

중앙회에 감사위원 등을 추천하기 위하여 인사추천위원회를 둔다(법98의2
①).

2. 추천대상

인사추천위원회는 중앙회에 ⅰ) 감사위원(제1호), ⅱ) 사업대표이사(제2호),
ⅲ) 회원조합장이 아닌 이사(제3호), ⅳ) 조합감사위원장(제4호), ⅴ) 조합감사위
원(제5호) 후보자를 추천한다(법98의2①).

임업 관련 단체는 학식과 경험이 풍부한 외부전문가 중에서 회원조합장이
아닌 이사 후보자를 인사추천위원회에 추천할 수 있다(법98의2③).

3. 구성 등

(1) 구성

이사회는 감사위원, 사업대표이사, 회원조합장이 아닌 이사, 조합감사위원
장, 조합감사위원이 임기만료, 사임 등의 사유로 궐위되어 선출할 필요가 있는
경우에는 지체 없이 위원회를 구성하여야 한다(법98의2④, 정관58의2③).

(2) 위원

인사추천위원회는 ⅰ) 이사회가 위촉하는 회원조합장 3명(제1호), ⅱ) 임업
관련 단체 또는 학계 등이 추천하는 학식과 경험이 풍부한 외부전문가(공무원은
제외) 중에서 이사회가 위촉하는 2명(제2호)의 위원으로 구성하고, 위원장은 위원
중에서 호선한다(법98의2②).

(3) 임기

위원장 및 위원의 임기는 위원회 구성 후 사위원, 사업대표이사, 회원조합장
이 아닌 이사, 조합감사위원장, 조합감사위원이 선출될 때까지로 한다(법98의2④,
정관58의2④).

(4) 소집

위원회는 위원장이 소집한다(법98의2④, 정관58의2⑤ 본문). 다만, 위원회 구성 후 최초로 개최되는 위원회는 이사회 의장이 소집한다(법98의2④, 정관58의2⑤ 단서).

(5) 직무대행

위원장이 궐위·구금되는 등 부득이한 사유로 그 직무를 수행할 수 없을 때에는 위원 중에서 연장자 순으로 그 직무를 대행한다(법98의2④, 정관58의2⑥).

(6) 의결정족수

위원회는 구성원 과반수의 찬성으로 의결한다(법98의2④, 정관58의2⑦).

(7) 사무

위원회는 ⅰ) 추천대상자 선정방법 결정 및 선정(제1호), ⅱ) 추천대상자 자격심사(제2호), ⅲ) 그 밖에 추천에 관하여 필요한 사항(제3호)을 관장한다(법98의2④, 정관58의2⑧).

Ⅵ. 운영에 관한 특례

1. 회장의 긴급 조치

회장은 전시·사변이나 그 밖에 이에 준하는 비상사태의 경우에 회원 및 중앙회를 위하여 긴급한 조치가 필요하고 총회·대의원회 및 이사회를 소집할 수 없을 때에는 총회·대의원회 및 이사회의 권한의 범위에서 필요한 조치를 할 수 있다(법99①).

2. 이사회 등의 소집과 보고

회장은 조치를 하였을 때에는 지체 없이 총회·대의원회 및 이사회를 소집하고 그 조치사항을 보고하여야 한다(법99②).

3. 이사회 등의 조치 수정 또는 정지

총회·대의원회 및 이사회는 조치를 수정하거나 정지하게 할 수 있다(법99
③).

제4절 감사위원회

Ⅰ. 설치

중앙회는 재산과 업무집행상황을 감사하기 위하여 감사위원회를 둔다(법103
①).

Ⅱ. 구성 및 선출

감사위원회는 감사위원장을 포함한 3명의 감사위원으로 구성하되 감사위원
중 2명은 ⅰ) 중앙회(중앙회의 자회사를 포함), 조합 또는 금융위원회법 제38조[1])에
따른 검사 대상 기관(이에 상응하는 외국금융기관을 포함)에서 10년 이상 근무한 경
력이 있는 사람. 다만, 중앙회(중앙회의 자회사를 포함) 또는 조합에서 최근 2년 이
내에 임직원으로 근무한 사람(중앙회 감사위원으로 근무한 사람은 제외)은 제외한다
(제1호), ⅱ) 임업 또는 금융 관계 분야의 석사학위 이상의 학위를 소지한 사람으
로서 연구기관 또는 대학에서 연구원 또는 조교수 이상의 직에 5년 이상 종사한
경력이 있는 사람(제2호), ⅲ) 판사·검사·군법무관·변호사 또는 공인회계사의
직에 5년 이상 종사한 경력이 있는 사람(제3호), ⅳ) 주권상장법인에서 법률·재
무·감사 또는 회계 관련 업무에 임원으로 5년 이상 또는 임직원으로 10년 이상
종사한 경력이 있는 사람(제4호), ⅴ) 국가, 지방자치단체, 공공기관 및 금융감독

---

1) 은행, 금융투자업자, 증권금융회사, 종합금융회사 및 명의개서대행회사, 보험회사, 상호저
축은행과 그 중앙회, 신용협동조합 및 그 중앙회, 여신전문금융회사 및 겸영여신업자, 농
협은행, 수협은행, 다른 법령에서 금융감독원이 검사를 하도록 규정한 기관, 그 밖에 금융
업 및 금융 관련 업무를 하는 자로서 대통령령으로 정하는 자를 말한다.

원에서 재무 또는 회계 관련 업무 및 이에 대한 감독업무에 5년 이상 종사한 경력이 있는 사람(제5호) 중에서 선출하여야 한다(법103②, 영11의13).

Ⅲ. 위원장과 위원의 선임

감사위원장은 감사위원 중에서 호선한다(법103④). 감사위원은 인사추천위원회가 추천한 자를 대상으로 총회에서 선출한다(법103③).

Ⅳ. 직무와 권한 및 의무

1. 재산 상황 등의 총회 보고

감사위원회는 중앙회의 재산상황 또는 업무집행에 관하여 부정한 사실이 있는 것을 발견하였을 때에는 총회에 보고하여야 하며, 그 내용을 총회에 신속히 보고하여야 할 필요가 있는 경우에는 정관으로 정하는 바에 따라 회장에게 총회의 소집을 요구하거나 총회를 소집할 수 있다(법103⑤, 법36⑤).

조합등 또는 중앙회의 조합장, 회장, 간부직원, 상임이사, 이사, 감사, 집행간부, 일반간부직원, 파산관재인 또는 청산인이 감독기관·총회 또는 이사회에서 부실한 보고를 하거나 사실을 은폐하였을 때에는 3년 이하의 징역 또는 3천만원 이하의 벌금에 처한다(법131(3)).

2. 총회 등 출석 및 의견진술권

감사위원회는 총회·대의원회 및 이사회에 출석하여 그 의견을 진술할 수 있다(법103⑤, 법36⑥).

3. 자회사의 조사권

(1) 영업의 보고 요구

모회사의 감사위원회는 그 직무를 수행하기 위하여 필요한 때에는 자회사에 대하여 영업의 보고를 요구할 수 있다(법103⑤, 법36⑦, 상법412의5①).

(2) 업무와 재산상태 조사

모회사의 감사위원회는 자회사가 지체없이 보고를 하지 아니할 때 또는 그 보고의 내용을 확인할 필요가 있는 때에는 자회사의 업무와 재산상태를 조사할 수 있다(법103⑤, 법36⑦, 상법412의5②).

(3) 보고 또는 조사 거부의 제한

자회사는 정당한 이유가 없는 한 보고 또는 조사를 거부하지 못한다(법103 ⑤, 법36⑦, 상법412의5③).

4. 조사·보고의 의무

감사위원회는 이사가 총회에 제출할 의안 및 서류를 조사하여 법령 또는 정 관에 위반하거나 현저하게 부당한 사항이 있는지의 여부에 관하여 총회에 그 의 견을 진술하여야 한다(법103⑤, 법36⑦, 상법413).

5. 감사록의 작성

감사위원회의 위원은 감사에 관하여 감사록을 작성하여야 한다(법103⑤, 법 36⑦, 상법413의2①). 감사록에는 감사의 실시요령과 그 결과를 기재하고 감사를 실시한 감사위원회 위원이 기명날인 또는 서명하여야 한다(법103⑤, 법36⑦, 상법 413의2②).

6. 감사위원회의 대표권

중앙회가 회장·사업대표이사 또는 이사와 계약을 할 때에는 감사위원회가 조합을 대표한다(법103⑤, 법37①). 중앙회와 회장·사업대표이사 또는 이사 간의 소송에 관하여도 같다(법103⑤, 법37②).

Ⅴ. 운영 등의 사항

감사위원회의 운영 등에 필요한 사항은 정관으로 정한다(법103⑥).

제5절 임원

Ⅰ. 임원의 정수 등

1. 임원의 정수

중앙회에 임원으로서 회장 1명, 사업대표이사 1명을 포함한 18명 이내의 이사와 감사위원 3명을 둔다(법100①).

2. 상임 임원

임원 중 사업대표이사와 감사위원장은 상임으로 한다(법100②).

(1) 회원조합장의 상임 임원 선출: 취임 전 사임

회원조합장이 상임 임원으로 선출된 경우에는 취임 전에 조합장의 직을 사임하여야 한다(법104⑥).

(2) 다른 직업 종사의 제한

상임 임원은 직무와 관련되는 영리를 목적으로 하는 업무에 종사할 수 없으며, 이사회가 승인하는 경우를 제외하고는 다른 직업에 종사할 수 없다(법106).

Ⅱ. 임원의 선출

1. 회장의 선출과 자격

회장은 총회에서 선출하되, 회원인 조합의 조합원이어야 한다(법104①).

2. 사업대표이사의 선출과 자격

사업대표이사는 해당 사업에 관한 전문지식과 경험이 풍부한 사람으로서 ⅰ) 중앙회에서 10년 이상 근무한 경력이 있는 사람(제1호), ⅱ) 농림업 또는 금융업과 관련된 국가기관이나 금융위원회법 제38조에 따른 검사대상기관(이에 상

응하는 외국금융기관을 포함)에서 10년 이상 근무한 경력이 있는 사람(제2호), iii)
농림업 또는 금융업과 관련된 연구기관·교육기관 또는 회사에서 근무한 경력이
있는 사람으로서 제1호 또는 제2호에서 정한 사람과 같은 수준 이상의 자격이
있다고 인정하는 사람(제3호) 중에서 인사추천위원회에서 추천된 사람을 총회에
서 선출한다(법104②, 영12, 정관60②).

3. 회원조합장인 이사의 선출

회원조합장인 이사는 총회에서 선출한다(법104③ 전단, 정관60③).

4. 회원조합장이 아닌 이사의 선출

회원조합장이 아닌 이사는 인사추천위원회에서 추천된 사람을 총회에서 선
출한다(법104③ 후단, 정관60③).

5. 회장 보궐선거의 입후보 자격 제한

회장 선거에 입후보하기 위하여 임기 중 그 직(職)을 그만둔 조합의 이사·
사업대표이사 및 감사위원은 그 사직으로 인하여 공석이 된 이사·사업대표이사
및 감사위원의 보궐선거의 후보자가 될 수 없다(법122, 법35⑦).

6. 회장 선출의 중앙선거관리위원회 의무위탁

중앙회는 회장 선출에 대한 선거관리를 정관으로 정하는 바에 따라 선거관
리위원회법에 따른 중앙선거관리위원회에 위탁하여야 한다(법104⑦).

7. 정관 규정

임원의 선출 및 추천에 관하여 산림조합법에서 정한 사항 외에 필요한 사항
은 정관으로 정한다(법122, 법35⑨). 임원선거에 관하여는 정관부속서 임원선거규
약이 정하는 바에 따른다(정관60⑤).

Ⅲ. 임원의 임기

1. 회장의 임기

회장의 임기는 4년으로 하며, 한 차례만 연임할 수 있다(법104④).

2. 사업대표이사 및 이사의 임기

사업대표이사 및 이사의 임기는 2년으로 한다(법104⑤).

3. 감사위원의 임기

감사위원의 임기는 3년으로 한다(법103②, 정관61②).

4. 임원 임기의 기산

임원의 임기는 전임자의 임기 만료일의 다음날부터 기산하되 당선일이 전임자 임기만료일 이후일 때에는 당선결정일부터 기산한다(정관61③).

5. 보궐선거에 따른 임원의 임기

보궐선거에 따른 임원의 임기는 당선이 결정된 때부터 새로 기산한다(정관61④ 본문). 다만, 비상임이사 및 감사위원은 전임자 임기의 남은 기간으로 하되, 비상임이사 또는 감사위원 전원의 결원에 따라 실시하는 보궐선거에서 당선되는 비상임이사 또는 감사위원의 임기는 당선이 결정된 때부터 새로이 기산한다(정관61④ 단서).

Ⅳ. 임원의 직무

1. 회장의 직무

회장은 중앙회를 대표한다(법101① 본문). 다만, 사업대표이사가 대표하는 업무에 대하여는 그러하지 아니하다(법101① 단서).

(1) 총회 등의 의장

회장은 총회·대의원회 및 이사회의 의장이 된다(법101②).

(2) 전담업무 등

회장은 ⅰ) 회원의 조직 및 경영지도(법108①(1) 가목)와 그 부대사업, 회원의 조합원과 직원에 관한 교육·훈련 및 정보의 제공(법108①(1) 나목)과 그 부대사업, 회원과 그 조합원의 사업에 관한 조사·연구 및 홍보(법108①(1) 다목)와 그 부대사업, 회원과 그 조합원의 사업 및 생활개선을 위한 정보망 구축, 정보화 교육 및 보급 등을 위한 사업(법108①(1) 라목)과 그 부대사업, 회원과 그 조합원 및 직원에 대한 보조금 교부(법108①(1) 마목)와 그 부대사업, 임업 관련 신기술 및 신품종의 연구·개발 등을 위한 연구소와 시범사업 운영(법108①(1) 바목)과 그 부대사업, 회원 및 중앙회의 사업에 대한 계획·설계 및 감리(법108①(1) 사목)와 그 부대사업, 평생교육법에 따른 평생교육시설의 설치 및 운영(법108①(1) 차목)과 그 부대사업, 명칭사용료의 관리 및 운영(법108①(1) 카목)과 그 부대사업(제1호), ⅱ) 회원에 대한 감사(법108①(1) 아목) 및 그 부대사업(제2호), ⅲ) 회원과 그 조합원의 권익증진을 위한 사업(법108①(1) 자목)과 그 대외활동(제3호), ⅳ) 국가나 공공단체가 위탁하거나 보조하는 사업(법108①(7)), 다른 법령에서 중앙회의 사업으로 정하는 사업(법108①(8)), 그 밖에 설립목적의 달성에 필요한 사업으로서 산림청장의 승인을 받은 사업(법108①(10)) 및 제108조 제2항²⁾의 사업 중 제1호에 관한 사업(제4호), ⅴ) 앞의 제1호 및 제4호의 업무에 관한 경영목표, 사업계획 및 자금계획의 수립(제5호), ⅵ) 앞의 제2호의 업무에 관한 경영목표, 사업계획 및 자금계획의 수립(제6호), ⅶ) 앞의 제3호의 업무에 관한 사업계획 및 자금계획의 수립(제7호), ⅷ) 중앙회의 지도(제8호), ⅸ) 총회 및 이사회에서 위임한 사항(제9호), ⅹ) 그 밖에 사업대표이사의 업무에 속하지 아니하는 업무(제10호)를 처리하되, 정관으로 정하는 바에 따라 제1호·제4호·제5호 및 제8호의 업무는 사업대표이사에게, 제2호 및 제6호의 업무는 조합감사위원회의 위원장에게 위임하여 전결처리하게 하여야 한다(법101③).

---

2) ② 중앙회는 회원의 사업과 직접 경합되지 아니하는 범위에서 제46조 제1항 각 호(제4호는 제외한다)의 사업을 할 수 있다. 이 경우 국가나 공공단체가 시행하는 사업은 회원의 사업과 경합하는 것으로 보지 아니한다.

(3) 회장 궐위 등의 경우 직무대행

회장이 궐위·구금되거나 의료기관에 30일 이상 계속하여 입원한 경우 등의 사유로 직무를 수행할 수 없을 때에는 사업대표이사가 회장의 직무를 대행한다(법101④).

2. 사업대표이사의 직무

(1) 전담업무와 중앙회 대표

사업대표이사는 ⅰ) 임업경제사업(법108①(2)) 및 그 부대사업, 회원을 위한 신용사업(법108①(3)) 및 그 부대사업, 회원의 상환준비금과 여유자금의 운용·관리(법108①(4)) 및 그 부대사업, 공공제사업(법108①(5)) 및 그 부대사업, 신재생에너지법 제2조 제2호3)에 따른 재생에너지 발전사업 중 산림분야와 관련된 사업(법108①(6의2)) 및 그 부대사업, 산림분야 정보기술 용역 및 시스템 구축사업(법108①(6의3)) 및 그 부대사업, 산림 분야 학술·연구용역(법108①(6의4)) 및 그 부대사업(제1호), ⅱ) 국가나 공공단체가 위탁하거나 보조하는 사업(법108①(7)) 중 제1호에 관한 사업과 그 부대사업, 다른 법령에서 중앙회의 사업으로 정하는 사업(법108①(8)) 중 제1호에 관한 사업과 그 부대사업, 그 밖에 설립목적의 달성에 필요한 사업으로서 산림청장의 승인을 받은 사업(법108①(8)) 중 제1호에 관한 사업과 그 부대사업, 제108조 제2항의 사업 중 제1호에 관한 사업과 그 부대사업(제2호), ⅲ) 앞의 제1호 및 제2호의 업무에 관한 경영목표 설정(제3호), ⅳ) 앞의 제1호 및 제2호의 업무에 관한 사업계획 및 자금조달·운영계획 수립(제4호), ⅴ) 총회·이사회 및 회장이 위임한 사항(제5호)의 업무를 전담하여 처리하며 그 업무에 관하여 중앙회를 대표한다(법102①).

---

3) 2. "재생에너지"란 햇빛·물·지열(地熱)·강수(降水)·생물유기체 등을 포함하는 재생 가능한 에너지를 변환시켜 이용하는 에너지로서 다음 각 목의 어느 하나에 해당하는 것을 말한다.
   가. 태양에너지, 나. 풍력, 다. 수력, 라. 해양에너지, 마. 지열에너지, 바. 생물자원을 변환시켜 이용하는 바이오에너지로서 대통령령으로 정하는 기준 및 범위에 해당하는 에너지, 사. 폐기물에너지(비재생폐기물로부터 생산된 것은 제외)로서 대통령령으로 정하는 기준 및 범위에 해당하는 에너지, 아. 그 밖에 석유·석탄·원자력 또는 천연가스가 아닌 에너지로서 대통령령으로 정하는 에너지

(2) 사업대표이사 궐위 등의 경우 직무대행

사업대표이사가 궐위·구금되거나 의료기관에 30일 이상 계속하여 입원한 경우 등의 사유로 그 직무를 수행할 수 없을 때에는 이사회가 정하는 순서에 따른 이사가 그 직무를 대행한다(법102②, 정관62⑦).

(3) 사업대표이사의 경영평가

사업대표이사는 재임기간 중 사업연도말일을 기준으로 소관 업무에 대한 경영평가를 회계법인에 의뢰하여 실시하되 평가는 임기 개시일이 속하는 사업연도의 다음 사업연도말일을 기준으로 한다(정관62의2①). 경영평가는 각 평가대상 기간의 경영실적이 명확히 비교 표시될 수 있도록 하여야 한다(정관62의2②).

(4) 조합장대표자회의의 설치

사업대표이사의 원활한 업무집행을 지원하기 위하여 조합장 대표로 구성되는 조합장대표자회의를 둘 수 있다(법102③). 조합장대표자회의의 구성 및 운영 등에 필요한 사항은 정관으로 정한다(법102④).

3. 대리인의 선임

(1) 회장과 사업대표이사의 대리인 선임

회장과 사업대표이사는 집행간부 또는 직원 중에서 중앙회의 업무에 관한 재판상 또는 재판 외의 모든 행위를 할 수 있는 대리인을 선임할 수 있다(법107).

(2) 대리인의 선임등기

회장 또는 사업대표이사가 대리인을 선임한 때에는 2주 이내에 대리인을 둔 중앙회 또는 지사무소의 소재지에서 ⅰ) 대리인의 성명과 주소(제1호), ⅱ) 대리인을 둔 중앙회 또는 지사무소의 명칭과 주소(제2호), ⅲ) 대리인의 권한을 제한한 때에는 그 제한 내용(제3호)을 등기해야 한다(법107, 영13① 전단). 등기한 사항이 변경된 경우에도 또한 같다(법107, 영13① 후단).

대리인의 선임에 관한 등기를 신청하는 때에는 대리인의 선임을 증명하는 서면(대리인의 권한을 제한한 때에는 그 제한 내용을 증명하는 서면을 포함)을 첨부해야 한다(영13②).

V. 임원의 자격 제한

1. 임원의 결격사유

다음의 어느 하나에 해당하는 사람, 즉 ⅰ) 대한민국 국민이 아닌 사람(제1호), ⅱ) 미성년자·피성년후견인 또는 피한정후견인(제2호), ⅲ) 파산선고를 받고 복권되지 아니한 사람(제3호), ⅳ) 법원의 판결 또는 다른 법률에 따라 자격이 상실되거나 정지된 사람(제4호), ⅴ) 금고 이상의 실형을 선고받고 그 집행이 끝나거나(집행이 끝난 것으로 보는 경우를 포함) 집행이 면제된 날부터 3년이 지나지 아니한 사람(제5호), ⅵ) 형법 제303조(업무상위력등에 의한 간음) 또는 성폭력처벌법 제10조(업무상 위력 등에 의한 추행)에 규정된 죄를 저지른 사람으로서 300만원 이상의 벌금형을 선고받고 그 형이 확정된 후 2년이 지나지 아니한 사람(제5의2호), ⅶ) 법 제125조(위법행위에 대한 행정처분) 제1항 또는 신용협동조합법 제84조(임직원에 대한 행정처분) 제1항에 따른 개선 또는 징계면직의 처분을 받은 날부터 5년이 지나지 아니한 사람(제6호), ⅷ) 금고 이상의 형의 집행유예를 선고받고 그 유예기간 중에 있는 사람(제7호),[4] ⅸ) 법 제132조(벌칙) 또는 위탁선거법 제58조(매수 및 이해유도죄)·제59조(기부행위의 금지·제한 등 위반죄)·제61조(허위사실 공표죄)부터 제66조(각종 제한규정 위반죄)까지에 규정된 죄를 저질러 벌금 100만원 이상의 형을 선고받고 4년이 지나지 아니한 사람(제9호), ⅹ) 산림조합법에 따른 임원선거에서 당선되었으나 제133조 제1항 제1호[5] 또는 위탁선거법 제70조(위탁선거범죄로 인한 당선무효) 제1호[6]에 해당하게 되어 당선이 무효로 된 사람으로서 그 무효가 확정된 날부터 5년이 지나지 아니한 사람(제10호), ⅺ) 선거일 공고일 현재 해당 중앙회의 정관으로 정하는 출자계좌 수 이상의 납입출자를 2년 이상 계속 보유하고 있지 아니한 회원(제11호). ⅻ) 선거일 공고일 현재 해당 중앙회 또는 ㉠ 은행, ㉡ 한국산업은행, ㉢ 중소기업은행, ㉣ 그 밖에 대통령령으

---

4) 제8호 삭제 [2020.3.24.]
5) ① 조합 또는 중앙회의 임원 선거와 관련하여 다음 각 호의 어느 하나에 해당하는 경우에는 해당 선거의 당선을 무효로 한다.
   1. 당선인이 해당 선거에서 제132조에 해당하는 죄를 저질러 징역형 또는 100만원 이상의 벌금형을 선고받았을 때
6) 다음 각 호의 어느 하나에 해당하는 경우에는 그 당선은 무효로 한다.
   1. 당선인이 해당 위탁선거에서 이 법에 규정된 죄를 범하여 징역형 또는 100만원 이상의 벌금형을 선고받은 때

로 정하는 금융기관7)에 대하여 정관으로 정하는 금액과 기간을 초과하여 채무상
환을 연체하고 있는 사람(제12호)은 중앙회의 임원이 될 수 없다(법122, 법39① 본
문). 다만, 제11호는 회원의 회원이어야 하는 임원에 대하여만 적용한다(법122, 법
39① 단서).

2. 임원 결격사유의 발생과 퇴직

임원 결격사유가 발생하였을 때에는 해당 임원은 당연히 퇴직된다(법122, 법
39②).

3. 퇴직 전 행위의 효력 유지

퇴직한 임원이 퇴직 전에 관여한 행위는 그 효력을 상실하지 아니한다(법
122, 법39③).

Ⅵ. 형의 분리 선고

형법 제38조(경합범과 처벌례)에도 불구하고 ⅰ) 제39조 제1항 제5호의2 및
같은 항 제9호에 규정된 죄와 다른 죄의 경합범에 대하여 형을 선고하는 경우(제
1호), ⅱ) 당선인의 직계존속·비속이나 배우자에게 제132조 제1항 제2호 또는 같
은 항 제3호에 규정된 죄와 다른 죄의 경합범으로 형을 선고하는 경우(제2호)에
는 형을 분리하여 선고하여야 한다(법122, 법39의2).

---

7) "대통령령으로 정하는 금융기관"이란 다음의 어느 하나에 해당하는 금융기관을 말한다(영
    8의2).
    1. 조합, 2. 기술보증기금, 3. 농림수산업자 신용보증기금, 4. 농업협동조합, 중앙회 및 농
    협은행, 5. 보험회사, 6. 상호저축은행 및 상호저축은행중앙회, 7. 새마을금고 및 중앙
    회, 8. 수산업협동조합, 중앙회 및 수협은행, 9. 신용보증기금, 10. 신용협동조합 및 신
    용협동조합중앙회, 11. 여신전문금융회사, 12. 벤처투자 촉진에 관한 법률 제2조 제10
    호 및 제11호에 따른 중소기업창업투자회사 및 벤처투자조합, 13. 중소기업협동조합법
    에 따른 중소기업협동조합, 14. 지역신용보증재단법에 따른 신용보증재단 및 신용보증
    재단중앙회, 15. 한국수출입은행, 16. 한국주택금융공사

Ⅶ. 임원의 선거운동 제한

1. 금지행위

누구든지 자기 또는 특정인을 중앙회의 임원 또는 대의원으로 당선되거나 당선되게 하거나 당선되지 못하게 할 목적으로 ⅰ) 선거인(선거인 명부 작성 전에는 그 선거인 명부에 오를 자격이 있는 사람으로서 이미 조합에 가입한 사람 또는 조합에 가입신청을 한 사람을 포함)이나 그 가족(선거인의 배우자, 선거인 또는 그 배우자의 직계 존속·비속과 형제자매, 선거인의 직계 존속·비속 및 형제자매의 배우자) 또는 선거인이나 그 가족이 설립·운영하고 있는 기관·단체·시설에 금전·물품·향응, 그 밖의 재산상 이익 또는 공사(公私)의 직의 제공, 제공의 의사표시 또는 그 제공을 약속하는 행위(제1호), ⅱ) 후보자가 되지 아니하도록 하거나 후보자가 된 사람을 사퇴하게 할 목적으로 후보자가 되려는 사람이나 후보자에게 제1호에 규정된 행위를 하는 행위(제2호), ⅲ) 제1호 또는 제2호에 규정된 이익이나 직을 제공받거나 그 제공의 의사표시를 승낙하는 행위(제3호), ⅳ) 제1호 또는 제2호에 규정된 이익이나 직의 제공을 요구하거나 알선하는 행위(제4호)를 할 수 없다(법122, 법40①).

2. 선거인 호별 방문 금지 등

임원 또는 대의원이 되려는 사람은 선거운동을 위하여 선거일 공고일부터 선거일까지 선거인을 호별로 방문하거나 특정 장소에 모이게 할 수 없다(법122, 법40②).

3. 거짓의 사실 공표 금지 등

누구든지 중앙회의 임원 또는 대의원 선거와 관련하여 연설·벽보 또는 그 밖의 방법으로 거짓의 사실을 공표하거나 공연히 사실을 적시(摘示)하여 후보자를 비방할 수 없다(법122, 법40③).

4. 선거인명부 허위 등재 금지

누구든지 특정 임원의 선거에 투표할 목적으로 거짓된 방법으로 선거인 명부에 오르게 할 수 없다(법122, 법40④).

5. 선거운동 기간의 제한

누구든지 해당 후보자의 등록이 끝난 때부터 선거일 전일까지 외에 선거운동을 할 수 없다(법122, 법40⑤).

6. 선거기간 중 선물 또는 금품 운반 금지

누구든지 자기 또는 특정인을 당선되게 하거나 당선되지 못하게 할 목적으로 선거기간 중 포장된 선물 또는 돈 봉투 등 다수의 회원(회원의 가족 또는 회원이나 그 가족이 설립·운영하고 있는 기관·단체 또는 시설을 포함)에게 배부하도록 구분된 형태로 되어 있는 금품을 운반하여서는 아니 된다(법122, 법40⑥).

7. 선거관리 방해 금지 등

누구든지 중앙선거관리위원회의 위원·직원, 그 밖에 선거사무에 종사하는 사람을 폭행·협박·유인 또는 체포·감금하거나 폭행이나 협박을 가하여 투표소 또는 선거관리위원회 사무소를 소요·교란하거나, 투표용지·투표지·투표보조용구·전산조직 등 선거관리 및 단속사무와 관련한 시설·설비·장비·서류·인장 또는 선거인 명부를 은닉·파손·훼손 또는 탈취하여서는 아니 된다(법122, 법40⑦).

8. 선거운동의 방법 제한

누구든지 임원선거와 관련하여 ⅰ) 선전벽보의 부착(제1호), ⅱ) 선거공보의 배부(제2호), ⅲ) 도로·시장 등 농림축산식품부령으로 정하는 곳으로서 많은 사람이 왕래하거나 모이는 공개된 장소에서의 지지 호소 및 명함 배부(제3호), ⅳ) 합동연설회 또는 공개토론회의 개최(제4호), ⅴ) 전화(문자메시지 포함), 컴퓨터통신(전자우편 포함)을 이용한 지지 호소(제5호) 외의 선거운동을 할 수 없다(법122, 법40⑧).

9. 임직원의 금지행위

중앙회의 임직원은 ⅰ) 지위를 이용하여 선거운동을 하는 행위(제1호), ⅱ) 선거운동의 기획에 참여하거나 그 기획의 실시에 관여하는 행위(제2호), ⅲ) 후보자(후보자가 되려는 사람 포함)에 대한 회원의 지지도를 조사하거나 발표하는 행위

(제3호)를 할 수 없다(법122, 법40⑨).

10. 정관 규정

선거운동의 방법과 기준 등 그 밖에 필요한 사항은 정관으로 정한다(법122, 법40⑩).

11. 위반시 제재

법 제40조 제1항(제122조에 따라 준용되는 경우를 포함)을 위반한 사람, 또는 법 제40조 제9항(제122조에 따라 준용되는 경우를 포함)을 위반한 사람은 2년 이하의 징역 또는 2천만원 이하의 벌금에 처한다(법132①(2)(2의2)).

법 제40조 제2항 및 제4항부터 제8항까지(제122조에 따라 준용되는 경우를 포함)의 규정을 위반한 자는 1년 이하의 징역 또는 1천만원 이하의 벌금에 처한다(법132②(1)).

법 제40조제3항(제122조에 따라 준용되는 경우를 포함)을 위반한 자는 500만원 이상 3천만원 이하의 벌금에 처한다(법132③).

위에 규정된 죄의 공소시효는 해당 선거일 후 6개월(선거일 후에 행하여진 범죄는 그 행위가 있는 날부터 6개월)이 지남으로써 완성된다(법132④ 본문). 다만, 범인이 도피하였거나 범인이 공범 또는 범죄의 증명에 필요한 참고인을 도피시켰을 때에는 그 기간을 3년으로 한다(법132④ 단서).

Ⅷ. 기부행위의 제한

1. 기부행위의 의의와 유형

중앙회의 임원선거의 후보자, 그 배우자 및 후보자가 속한 기관·단체·시설은 임원의 임기만료일 전 180일(보궐선거 등의 경우에는 그 선거의 실시 사유가 확정된 날)부터 그 선거일까지 선거인이나 그 가족 또는 선거인이나 그 가족이 설립·운영하고 있는 기관·단체·시설에 대하여 금전·물품 또는 그 밖의 재산상 이익의 제공, 이익 제공의 의사표시 또는 그 제공을 약속하는 행위("기부행위")를 할 수 없다(법122, 법40의2①).

2. 기부행위로 보지 않는 행위

다음의 어느 하나에 해당하는 행위, 즉 ⅰ) 직무상의 행위, ⅱ) 의례적 행위, ⅲ) 구호적·자선적 행위에 준하는 행위, ⅳ) 정관으로 정하는 행위는 기부행위로 보지 아니한다(법122, 법40의2②).

(1) 직무상의 행위

다음의 직무상의 행위, 즉 ⅰ) 후보자가 소속된 기관·단체·시설(나목에 따른 중앙회는 제외)의 자체사업계획과 예산으로 하는 의례적인 금전·물품을 그 기관·단체·시설의 명의로 제공하는 행위(포상 및 화환·화분 제공 행위를 포함)(가목), ⅱ) 법령과 정관에 따른 중앙회의 사업계획 및 수지예산에 따라 집행하는 금전·물품을 그 기관·단체·시설의 명의로 제공하는 행위(포상 및 화환·화분 제공 행위를 포함)(나목), ⅲ) 물품구매·공사·역무(役務)의 제공 등에 대한 대가 제공 또는 부담금의 납부 등 채무를 이행하는 행위(다목), ⅳ) 가목부터 다목까지의 행위 외에 법령에 따라 물품 등을 찬조·출연 또는 제공하는 행위(라목)는 기부행위로 보지 아니한다(법122, 법40의2②(1)).

(2) 의례적 행위

다음의 의례적 행위, 즉 ⅰ) 민법 제777조(친족의 범위)에 따른 친족의 관혼상제의식이나 그 밖의 경조사에 축의·부의금품을 제공하는 행위(가목), ⅱ) 후보자가 민법 제777조(친족의 범위)에 따른 친족 외의 사람의 관혼상제의식에 일반적인 범위에서 축의·부의금품(화환·화분 포함)을 제공하거나 주례를 서는 행위(나목), ⅲ) 후보자의 관혼상제의식이나 그 밖의 경조사에 참석한 하객이나 조객 등에게 일반적인 범위에서 음식물 또는 답례품을 제공하는 행위(다목), ⅳ) 후보자가 그 소속 기관·단체·시설(후보자가 임원이 되려는 해당 중앙회 제외)의 유급사무직원 또는 민법 제777조에 따른 친족에게 연말·설 또는 추석에 의례적인 선물을 제공하는 행위(라목), ⅴ) 친목회·향우회·종친회·동창회 등 각종 사교·친목단체 및 사회단체의 구성원으로서 해당 단체의 정관·규약 또는 운영관례상의 의무에 따라 종전의 범위에서 회비를 납부하는 행위(마목), ⅵ) 후보자가 평소 자신이 다니는 교회·성당·사찰 등에 일반적인 예에 따라 헌금(물품의 제공을 포함)하는 행위(바목)는 기부행위로 보지 아니한다(법122, 법40의2②(2)).

(3) 구호적·자선적 행위에 준하는 행위

공직선거법 제112조 제2항 제3호에 따른 구호적·자선적 행위에 준하는 행위는 기부행위로 보지 아니한다(법122, 법40의2②(3)). 여기서 공직선거법 제112조 제2항 제3호에 따른 구호적·자선적 행위는 ⅰ) 법령에 의하여 설치된 사회보호시설 중 수용보호시설에 의연금품을 제공하는 행위(가목), ⅱ) 재해구호법의 규정에 의한 구호기관(전국재해구호협회 포함) 및 대한적십자사 조직법에 의한 대한적십자사에 천재·지변으로 인한 재해의 구호를 위하여 금품을 제공하는 행위(나목), ⅲ) 장애인복지법 제58조에 따른 장애인복지시설(유료복지시설 제외)에 의연금품·구호금품을 제공하는 행위(다목), ⅳ) 국민기초생활 보장법에 의한 수급권자인 중증장애인에게 자선·구호금품을 제공하는 행위(라목), ⅴ) 자선사업을 주관·시행하는 국가·지방자치단체·언론기관·사회단체 또는 종교단체 그 밖에 국가기관이나 지방자치단체의 허가를 받아 설립된 법인 또는 단체에 의연금품·구호금품을 제공하는 행위(다만, 광범위한 선거구민을 대상으로 하는 경우 제공하는 개별 물품 또는 그 포장지에 직명·성명 또는 그 소속 정당의 명칭을 표시하여 제공하는 행위는 제외)(마목). ⅵ) 자선·구호사업을 주관·시행하는 국가·지방자치단체, 그 밖의 공공기관·법인을 통하여 소년·소녀가장과 후원인으로 결연을 맺고 정기적으로 제공하여 온 자선·구호금품을 제공하는 행위(바목), ⅶ) 국가기관·지방자치단체 또는 구호·자선단체가 개최하는 소년·소녀가장, 장애인, 국가유공자, 무의탁 노인, 결식자, 이재민, 국민기초생활 보장법에 따른 수급자 등을 돕기 위한 후원회 등의 행사에 금품을 제공하는 행위(다만, 개별 물품 또는 그 포장지에 직명·성명 또는 그 소속 정당의 명칭을 표시하여 제공하는 행위는 제외)(사목). ⅷ) 근로청소년을 대상으로 무료학교(야학 포함)를 운영하거나 그 학교에서 학생들을 가르치는 행위(아목)를 말한다.

3. 축의·부의금품 등의 금액 범위

일반적인 범위에서 1명에게 제공할 수 있는 축의·부의금품, 음식물, 답례품 및 의례적인 선물의 금액 범위는 [별표]와 같다(법122, 법40의2③).

4. 제3자의 기부행위 등의 금지

누구든지 기부행위를 약속·지시·권유·알선 또는 요구할 수 없으며, 누구든지 해당 선거에 관하여 후보자를 위하여 기부행위를 하거나 하게 할 수 없다(법122, 법40의2④⑤).

Ⅸ. 중앙회선거관리위원회의 구성·운영

중앙회는 임원선거를 공정하게 관리하기 위하여 대통령령으로 정하는 바에 따라 중앙회선거관리위원회를 구성·운영한다(법122, 법40의3①). 이에 따라 중앙회선거관리위원회는 중앙회의 이사회가 선거에 관한 경험이 풍부한 회원(임·직원을 제외)과 공직선거 등의 선거관리전문가 중에서 위촉하는 5명 이상의 위원으로 구성한다(영8의3①).

중앙회선거관리위원회의 운영 등에 관하여 필요한 사항은 정관으로 정한다(영8의3②).

Ⅹ. 임직원의 겸직금지 등

1. 회장과 이사·사업대표이사의 감사위원 겸직금지

회장과 이사·사업대표이사는 그 중앙회의 감사위원을 겸직할 수 없다(법122, 법41①).

2. 임원과 직원의 겸직금지

중앙회의 임원은 그 중앙회의 직원을 겸직할 수 없다(법122, 법41②).

3. 임원의 다른 중앙회 임직원 겸직 금지

중앙회의 임원(회원조합장인 이사·감사위원은 제외)은 다른 중앙회의 임원(회원조합장인 이사·감사위원은 제외) 또는 직원을 겸직할 수 없다(법122, 법41③).

4. 임직원 및 대의원의 자격 제한

중앙회의 사업과 실질적인 경쟁관계에 있는 사업을 경영하거나 이에 종사하는 사람은 중앙회의 임직원 및 대의원이 될 수 없다(법122, 법41④). 여기서 실질적인 경쟁관계에 있는 사업의 범위는 [별표 2]와 같다(법122, 법41⑤, 영8의4① 본문). 다만, 실질적인 경쟁관계에 있는 사업은 해당 중앙회가 수행하고 있는 사업에 해당하는 경우로 한정한다(영8의4① 단서).

그러나 해당 중앙회가 사업을 위하여 출자한 법인이 수행하고 있는 사업은 실질적인 경쟁관계에 있는 사업으로 보지 아니한다(영8의4②).

5. 회장 및 이사의 자기거래 제한

회장 및 이사는 이사회의 승인을 받지 아니하고는 자기 또는 제3자의 계산으로 해당 조합과 정관으로 정하는 규모 이상의 거래를 할 수 없다(법122, 법41⑥).

XI. 임원의 의무와 책임

1. 충실의무

중앙회의 임원은 산림조합법과 산림조합법에 따른 명령 및 정관의 규정을 준수하여 충실히 그 직무를 수행하여야 한다(법122, 법42①).

2. 중앙회에 대한 손해배상책임

임원이 그 직무를 수행할 때 법령 또는 정관을 위반한 행위를 하거나 그 임무를 게을리하여 중앙회에 끼친 손해에 대하여는 연대하여 손해배상의 책임을 진다(법122, 법42②).

3. 제3자에 대한 손해배상책임

임원이 그 직무를 수행할 때 고의 또는 중대한 과실로 제3자에게 끼친 손해에 대하여는 연대하여 손해배상의 책임을 진다(법122, 법42③).

4. 찬성 이사의 손해배상책임

위의 2.와 3.의 행위가 이사회의 의결에 따른 것일 때에는 그 의결에 찬성한 이사도 연대하여 손해배상의 책임을 진다(법122, 법42④ 전단). 이 경우 의결에 참가한 이사 중 이의를 제기한 사실이 의사록에 적혀 있지 아니한 사람은 그 의결에 찬성한 것으로 추정한다(법122, 법42④ 후단).

5. 거짓 결산보고 등: 중앙회 또는 제3자에 대한 손해배상책임

임원이 거짓의 결산보고·등기 또는 공고를 하여 중앙회 또는 제3자에게 끼친 손해에 대하여도 연대하여 손해배상의 책임을 진다(법122, 법42⑤).

XII. 임원의 해임

1. 회원의 임원 해임요구

회원은 조합원 5분의 1 이상의 동의로 총회에 임원(사업대표이사는 제외)의 해임을 요구할 수 있다(법122, 법43① 전단). 이 경우 총회는 회원 과반수의 출석과 출석회원 3분의 2 이상의 찬성으로 의결한다(법122, 법43① 후단).

2. 대의원회에서 선출된 임원의 해임요구

대의원회에서 선출된 임원(사업대표이사는 제외)은 대의원 3분의 1 이상의 요구로 대의원 과반수의 출석과 출석대의원 3분의 2 이상의 찬성으로 해임의결할 수 있다(법122, 법43②).

3. 이사회의 사업대표이사에 대한 해임건의

이사회는 사업대표이사의 경영 상태를 평가한 결과 경영실적이 부실하여 그 직무를 담당하기 곤란하다고 인정되거나, 법이나 법에 따른 명령 또는 정관을 위반하는 행위를 한 경우에는 총회에 사업대표이사의 해임을 건의할 수 있다(정관68③ 전단). 이 경우 총회의 해임 의결에 관하여는 구성원 과반수의 출석과 출석구성원 3분의 2 이상의 찬성으로 해임을 의결한다(정관68③ 후단).

4. 해임 사유의 통지와 의견진술 기회 부여

해임의 의결을 하려는 경우에는 해당 임원(사업대표이사는 제외)에게 해임 사유를 통지하고 총회 또는 대의원회에서 의견을 진술할 기회를 주어야 한다(법122, 법43④).

XIII. 민법 · 상법의 준용

중앙회의 임원에 관하여는 민법 제35조(법인의 불법행위능력), 제63조(임시이사의 선임)와 상법 제382조(이사의 선임, 회사와의 관계 및 사외이사) 제2항, 제385조(해임) 제2항·제3항, 제386조(결원의 경우) 제1항, 제402조부터 제408조까지의 규정을 준용한다(법122, 법44).

1. 중앙회의 불법행위능력

중앙회는 임원 기타 대표자가 그 직무에 관하여 타인에게 가한 손해를 배상할 책임이 있다(민법35① 본문). 임원 기타 대표자는 이로 인하여 자기의 손해배상책임을 면하지 못한다(민법35① 단서).

법인의 목적범위 외의 행위로 인하여 타인에게 손해를 가한 때에는 그 사항의 의결에 찬성하거나 그 의결을 집행한 회원, 임원 및 기타 대표자가 연대하여 배상하여야 한다(민법35①).

2. 임시이사의 선임

이사가 없거나 결원이 있는 경우에 이로 인하여 손해가 생길 염려 있는 때에는 법원은 이해관계인이나 검사의 청구에 의하여 임시이사를 선임하여야 한다(민법63).

3. 중앙회와 임원의 관계

중앙회와 임원의 관계는 민법의 위임에 관한 규정(민법 제682조 이하)을 준용한다(상법382②).

4. 회원의 법원에 대한 이사 해임청구

이사가 그 직무에 관하여 부정행위 또는 법령이나 정관에 위반한 중대한 사실이 있음에도 불구하고 총회에서 그 해임을 부결한 때에는 회원 300인 또는 5% 이상의 동의를 받은 회원은 총회의 결의가 있는 날부터 1월내에 그 이사의 해임을 법원에 청구할 수 있다(상법385②). 이사의 해임청구의 소는 본점소재지의 지방법원의 관할에 전속한다(상법385③, 법186).

5. 이사의 결원: 퇴임임원의 지위 유지

법률 또는 정관에 정한 임원의 원수를 결한 경우에는 임기의 만료 또는 사임으로 인하여 퇴임한 이사는 새로 선임된 임원이 취임할 때까지 이사의 권리의무가 있다(상법386①).

6. 유지청구권

이사가 법령 또는 정관에 위반한 행위를 하여 이로 인하여 회사에 회복할 수 없는 손해가 생길 염려가 있는 경우에는 감사위원 또는 회원 300인 또는 5% 이상의 동의를 받은 회원은 회사를 위하여 이사에 대하여 그 행위를 유지할 것을 청구할 수 있다(상법402).

7. 회원의 대표소송 등

상법 제403조부터 제408조까지의 규정을 준용한다(법55 전단). 따라서 상법 제403조(주주의 대표소송), 제404조(대표소송과 소송참가, 소송고지), 제405조(제소주주의 권리의무), 제406조(대표소송과 재심의 소), 제406조의2(다중대표소송), 제407조(직무집행정지, 직무대행자선임), 제408조(직무대행자의 권한)가 준용된다.

제6절 집행간부 또는 직원의 임면 등

I. 집행간부

1. 설치와 정수

중앙회회에 사업대표이사 업무를 보좌하기 위하여 7명 이내의 집행간부를 둔다(법105①, 정관70①).

2. 명칭(상무)과 임기

집행간부의 명칭은 상무로 하고 임기는 2년으로 하되 연임할 수 있다(법105①, 정관70②).

3. 임면

집행간부는 사업대표이사가 임면한다(법105②, 정관70③).

4. 자격

집행간부는 중앙회의 직원 중에서 임명함을 원칙으로 하되 사업대표이사가 필요하다고 인정할 경우에는 ⅰ) 조합·중앙회, 임업 또는 금융업과 관련된 국가기관에서 10년 이상 상근직으로 종사한 경력이 있는 사람(제1호), ⅱ) 금융위원회법 제38조에 따른 검사 대상 기관(이에 상당하는 외국금융기관을 포함)에서 10년 이상 상근직으로 종사한 사람(제2호), ⅲ) 농림업 또는 금융업관련 연구기관·교육기관 또는 회사에 10년 이상 종사한 경력이 있는 사람으로서 사업대표이사가 제1호 및 제2호의 사람과 같은 수준 이상의 자격이 있다고 인정하는 사람(제3호) 중에서 특별히 임용할 수 있다(법105①, 정관70④).

5. 업무

집행간부는 사업대표이사를 보좌하고 사업대표이사가 정하는 바에 따라 업무를 분장처리한다(법105①, 정관70⑤).

6. 이사회 출석과 의견진술

집행간부는 이사회에 출석하여 의견을 진술할 수 있다(법105①, 정관70⑥).

II. 직원의 임면

1. 임면

집행간부를 제외한 중앙회의 직원은 회장이 임면하되, 사업대표이사 소속 직원의 승진, 전보 등은 정관으로 정하는 바에 따라 사업대표이사가 수행한다(법 105③).

2. 임면의 위임

회장은 소속 직원의 임면에 대하여 규정에서 정하는 바에 따라 사업대표이사에게 위임하여 처리할 수 있다(법105③, 정관71②).

3. 소속 직원

소속 직원이란 회장 또는 사업대표이사의 업무를 수행하는 직원을 말하며, 소속 직원의 범위와 관련된 세부사항은 규정으로 정한다(법105③, 정관71③).

4. 일반간부직원의 범위

중앙회의 일반간부직원의 범위는 규정으로 정한다(법105③, 정관71④).

III. 준용규정

집행간부 및 일반간부직원에 관하여는 상법 제10조, 제11조 제1항·제3항, 제12조, 제13조 및 제17조와 상업등기법 제23조 제1항, 제50조 및 제51조를 준용한다(법105④). 여기에서는 준용규정을 살펴본다.

1. 집행간부 및 일반간부직원의 선임

중앙회는 집행간부 및 일반간부직원을 선임하여 본점 또는 지점에서 영업을 하게 할 수 있다(법105④, 상법10).

2. 집행간부 및 일반간부직원의 대리권

집행간부 및 일반간부직원은 중앙회에 갈음하여 그 영업에 관한 재판상 또는 재판외의 모든 행위를 할 수 있다(법105④, 상법11①). 집행간부 및 일반간부직원의 대리권에 대한 제한은 선의의 제3자에게 대항하지 못한다(법105④, 상법11③).

3. 공동대리권

중앙회는 수인의 집행간부 및 일반간부직원에게 공동으로 대리권을 행사하게 할 수 있다(법105④, 상법12①). 이 경우 집행간부 및 일반간부직원 1인에 대한 의사표시는 중앙회에 대하여 그 효력이 있다(법105④, 상법12②).

4. 집행간부 및 일반간부직원의 등기

중앙회는 집행간부 및 일반간부직원의 선임과 그 대리권의 소멸에 관하여 그 집행간부 및 일반간부직원을 둔 본점 또는 지점소재지에서 등기하여야 한다(법105④, 상법13 전단). 공동 대리권에 관한 사항과 그 변경도 같다(법105④, 상법13 후단).

5. 집행간부 및 일반간부직원의 의무

집행간부 및 일반간부직원은 중앙회의 허락없이 자기 또는 제3자의 계산으로 중앙회의 영업부류에 속한 거래를 하거나 중앙회의 이사 또는 다른 중앙회의 사용인이 되지 못한다(법105④, 상법17①).

집행간부 및 일반간부직원이 전항의 규정에 위반하여 거래를 한 경우에 그 거래가 자기의 계산으로 한 것인 때에는 중앙회는 이를 중앙회의 계산으로 한 것으로 볼 수 있고 제3자의 계산으로 한 것인 때에는 중앙회는 집행간부 및 일반간부직원에 대하여 이로 인한 이득의 양도를 청구할 수 있다(법105④, 상법17②).

전항의 규정은 중앙회로부터 사용인에 대한 계약의 해지 또는 손해배상의 청구에 영향을 미치지 아니한다(법105④, 상법17③).

제2항에 규정한 권리는 중앙회가 그 거래를 안 날로부터 2주간을 경과하거나 그 거래가 있은 날로부터 1년을 경과하면 소멸한다(법105④, 상법17④).

6. 등기신청인

중앙회의 등기는 법률에 다른 규정이 없는 경우에는 그 대표자가 신청한다(법105④, 상업등기법23①).

7. 등기사항 등

집행간부 및 일반간부직원의 등기를 할 때에는 ⅰ) 집행간부 및 일반간부직원의 성명·주민등록번호 및 주소, ⅱ) 중앙회의 명칭 및 주소, ⅲ) 중앙회가 2개 이상의 상호로 2개 이상 종류의 영업을 하는 경우에는 집행간부 및 일반간부직원가 대리할 영업과 그 사용할 상호, ⅳ) 집행간부 및 일반간부직원을 둔 장소, ⅴ) 2명 이상의 집행간부 및 일반간부직원이 공동으로 대리권을 행사할 것을 정한 경우에는 그에 관한 규정을 등기하여야 한다(법105④, 상업등기법50①).

위의 등기사항에 변경이 생긴 때에는 제31조(영업소의 이전등기)와 제32조(변경등기 등)를 준용한다(법105④, 상업등기법50②).

8. 중앙회 등의 집행간부 및 일반간부직원 등기

중앙회의 집행간부 및 일반간부직원 등기는 중앙회의 등기부에 한다(법105④, 상업등기법51①).

등기를 할 때에는 위의 등기사항 중 ⅱ) 및 ⅲ)의 사항을 등기하지 아니한다(법105④, 상업등기법51②).

중앙회의 집행간부 및 일반간부직원을 둔 본점 또는 지점이 이전·변경 또는 폐지된 경우에 본점 또는 지점의 이전·변경 또는 폐지의 등기신청과 집행간부 및 일반간부직원을 둔 장소의 이전·변경 또는 폐지의 등기신청은 동시에 하여야 한다(법105④, 상업등기법51③).

Ⅳ. 다른 직업종사의 제한

집행간부 및 일반간부 직원은 직무와 관련되는 영리를 목적으로 하는 업무에 종사할 수 없으며, 이사회가 승인하는 경우를 제외하고는 다른 직업에 종사할 수 없다(법106).

사 업

제1절 사업손실보전자금 등의 조성·운용

Ⅰ. 자금의 조성·운용

중앙회는 그 목적 달성을 위한 사업을 수행하기 위하여 정관으로 정하는 바에 따라 사업손실보전자금, 대손보전자금, 조합상호지원자금 및 조합합병지원자금을 조성·운용할 수 있다(법108③(4), 정관6①).

Ⅱ. 규정

사업손실보전자금, 대손보전자금, 조합상호지원자금 및 조합합병지원자금의 조성·운용 및 관리 등에 필요한 사항은 규정으로 정한다(법108③(4), 정관6②).

제2절 비회원의 사업 이용

Ⅰ. 비회원의 사업이용권

중앙회는 회원의 이용에 지장이 없는 범위에서 비회원에게 사업을 이용하게 할 수 있다(법109①, 정관75① 본문).

Ⅱ. 비회원의 사업이용권의 제한

다음의 어느 하나에 해당하는 때, 즉 ⅰ) 비회원의 사업이용이 회원의 사업 이용에 직접적인 지장을 줄 때(제1호), ⅱ) 비회원의 사업이용을 다수의 회원이 반대하거나 여건의 변동으로 본회의 운영에 불이익을 가져온다고 판단될 때(제2호)에는 중앙회는 비회원의 사업이용을 일부 또는 전부를 제한할 수 있다(정관75① 본문).

Ⅲ. 회원 이용의 의제

회원의 구성원의 사업 이용은 회원의 이용으로 본다(법109②).

제3절 유통지원자금의 조성 · 운용

Ⅰ. 임산물 및 가공품 등의 유통지원

중앙회는 회원과 조합원이 생산한 임산물 및 가공품 등의 원활한 유통을 지원하기 위하여 유통지원자금을 조성 · 운용할 수 있다(법110①).

Ⅱ. 유통지원자금의 운용

유통지원자금은 ⅰ) 임산물의 계약재배사업(제1호), ⅱ) 임산물 및 그 가공품의 출하조절사업(제2호), ⅲ) 임산물의 공동규격 출하촉진사업(제3호), ⅳ) 회원과 조합원이 생산한 임산물 등을 중앙회가 일괄 구매하여 직접 판매하는 사업(제4호), ⅴ) 그 밖에 중앙회가 필요하다고 인정하는 유통 관련 사업(제5호)에 운용한다(법110②).

Ⅲ. 유통지원자금의 조성

유통지원자금은 명칭사용료(법114의2) 등으로 조성한다(법110③).

Ⅳ. 국가의 유통지원자금의 조성 지원

국가는 예산의 범위에서 유통지원자금의 조성을 지원할 수 있다(법110④).

제4절   전문조합협의회

Ⅰ. 전문조합협의회의 설립

중앙회는 지역조합 및 전문조합의 공동사업개발과 전문조합의 권익 증진을 위하여 전문조합협의회("협의회")를 둘 수 있다(법112①).

Ⅱ. 필요 사항의 건의

협의회는 회장에게 전문조합의 발전을 위하여 필요한 사항을 건의할 수 있다(법112②).

Ⅲ. 건의사항의 이사회 부의

회장은 협의회의 건의사항을 이사회에 부쳐 처리하되, 그 건의사항이 최대한 반영되도록 노력하여야 한다(법112③).

Ⅳ. 정관규정

협의회의 운영에 필요한 사항은 정관으로 정한다(법112④).

제5절 금리인하 요구

중앙회의 신용사업에 관하여는 신용협동조합법 제45조의3(금리인하 요구)을 적용한다(신용협동조합법95④).

Ⅰ. 의의

중앙회 대출등(대출 및 어음할인)의 계약을 체결한 자는 재산 증가나 신용등급 또는 개인신용평점 상승 등 신용상태 개선이 나타났다고 인정되는 경우 중앙회에 금리인하를 요구할 수 있다(신용협동조합법79의2, 동법45의3①).

Ⅱ. 금리인하 요구의 요건

중앙회와 대출등의 계약을 체결한 자는 ⅰ) 개인이 대출등의 계약을 체결한 경우: 취업, 승진, 재산 증가 또는 개인신용평점 상승 등 신용상태의 개선이 나타났을 것(제1호), ⅱ) 개인이 아닌 자(개인사업자를 포함)가 대출등의 계약을 체결한 경우: 재무상태 개선, 신용등급 또는 개인신용평점 상승 등 신용상태의 개선이 나타났을 것(제2호)의 구분에 따른 요건을 갖췄다고 인정되는 경우 중앙회에 금리인하를 요구할 수 있다(신용협동조합법79의2, 동법45의3③, 동법 시행령18의3①).

Ⅲ. 금리인하 요구의 절차

1. 중앙회의 금리인하 요구권의 통지

중앙회는 대출등의 계약을 체결하려는 자에게 금리인하를 요구할 수 있음을 알려야 한다(신용협동조합법79의2, 동법45의3②).

2. 요구의 수용 여부 판단시 고려사항

금리인하 요구를 받은 중앙회는 그 요구의 수용 여부를 판단할 때 신용상태의 개선이 금리 산정에 영향을 미치는지 여부 등 금융위원회가 정하여 고시하는 사항을 고려할 수 있다(신용협동조합법79의2, 동법45의3③, 동법 시행령18의3②).

이에 따라 금리인하 요구를 받은 중앙회는 해당 요구가 ⅰ) 대출 등의 계약을 체결할 때, 계약을 체결한 자의 신용상태가 금리 산정에 영향을 미치지 아니한 경우(제1호), ⅱ) 신용상태의 개선이 경미하여 금리 재산정에 영향을 미치지 아니하는 경우(제2호)의 어느 하나에 해당하는지를 고려하여 수용 여부를 판단할 수 있다(상호금융업감독규정10의2①).

3. 요구의 수용 여부 및 사유의 통지 방법

중앙회는 금리인하 요구를 받은 날부터 10영업일 이내(자료의 보완을 요구하는 경우에는 그 요구하는 날부터 자료가 제출되는 날까지의 기간은 포함하지 않는다)에 금리인하를 요구한 자에게 그 요구의 수용 여부 및 그 사유를 전화, 서면, 문자메시지, 전자우편, 팩스 또는 그 밖에 이와 유사한 방법으로 알려야 한다(신용협동조합법79의2, 동법45의3③, 동법 시행령18의3③).

4. 자료제출 요구

중앙회는 대출 등의 계약을 체결한 자가 금리인하를 요구하는 때에는 신용상태 개선을 확인하는 데 필요한 자료제출을 요구할 수 있다(상호금융업감독규정10의2②).

5. 인정요건 및 절차 등의 안내

중앙회는 금리인하 요구 인정요건 및 절차 등을 인터넷 홈페이지 등을 이용하여 안내하여야 한다(상호금융업감독규정10의2③).

6. 관련 기록의 보관 · 관리

중앙회는 금리인하를 요구받은 경우 접수, 심사결과 등 관련 기록을 보관 · 관리하여야 한다(상호금융업감독규정10의2④).

Ⅳ. 위반시 제재

조합 또는 중앙회가 법 제45조의3 제2항(제79조의2에 따라 준용되는 경우를 포함)을 위반하여 금리인하를 요구할 수 있음을 알리지 아니한 경우에는 2천만원 이하의 과태료를 부과한다(신용협동조합법101①(1의3)).

건전성규제

제1절 자금차입 등

Ⅰ. 자금차입 또는 자금운용: 국가 · 공공단체 · 한국은행 등

중앙회는 사업을 수행하기 위하여 국가 · 공공단체 · 한국은행 또는 다른 금융회사등으로부터 자금을 차입하거나 한국은행 또는 다른 금융회사 등에 예치하는 등의 방법으로 자금을 운용할 수 있다(법108③(1)).

Ⅱ. 자금차입 또는 물자와 기술 도입: 국제기구 · 외국 또는 외국인

중앙회는 사업을 수행하기 위하여 해외 임산자원의 개발, 국제기구 · 외국 또는 외국인으로부터의 자금차입 또는 물자 및 기술을 도입할 수 있다(법108③(3)).

Ⅲ. 투자권고 등

중앙회는 사업을 수행하기 위하여 ⅰ) 해외임산자원의 개발 등과 관련이 있는 법인 또는 단체(제1호), ⅱ) 임업과 관련이 있거나 임업에 투자를 하고자 하는 법인 또는 단체(제2호)로 하여금 중앙회의 사업에 대한 자금 및 물자의 기탁 또는 투자의 권고를 할 수 있다(법108③(2), 영14).

제2절 여신자금의 관리

Ⅰ. 감사 또는 그 밖의 조치

중앙회는 그 공급하는 자금이 특정된 목적과 계획에 따라 사용되도록 관리하기 위하여 자금이용자 등에 대하여 감사 또는 그 밖의 조치를 할 수 있다(법113①).

Ⅱ. 압류 제외 대상 자금

중앙회가 국가로부터 차입한 자금 중 신용사업자금(조합이 중앙회로부터 차입한 자금을 포함)은 압류의 대상으로 할 수 없다(법113②).

제3절 다른 법인에의 출자

Ⅰ. 출자한도 기준인 자기자본

1. 다른 법인에 대한 출자한도

중앙회는 사업을 수행하기 위하여 자기자본의 범위에서 다른 법인에 출자할 수 있다(법111③ 본문).

2. 동일 법인에 대한 출자한도

동일 법인에 대한 출자한도는 자기자본의 20% 이내로 한다(법111③ 단서, 정관5⑥ 단서).

3. 총회 의결

다른 법인에 출자하고자 할 때에는 출자의 목적, 출자대상기업의 실태조서, 본회 사업과의 관련성, 출자조건과 범위, 자기자본의 현황에 관한 서면을 붙여 총회의 의결을 받아야 한다(정관5⑦).

Ⅱ. 공동출자 운영의 원칙

중앙회는 사업을 수행할 때 회원과 공동으로 출자하여 운영할 수 있다(법111①).

Ⅲ. 공동출자 회원에 대한 우선 배당

중앙회는 회원과 공동으로 출자하여 사업을 운영하는 경우 해당 사업의 이익금 중 일부를 공동출자를 한 회원에게 우선적으로 배당하여야 한다(법111②).

제4절 여유자금 및 상환준비금의 운용

Ⅰ. 회원의 여유자금의 운용 · 관리

1. 여유자금의 운용 · 관리 방법

중앙회는 회원의 여유자금)을 ⅰ) 회원에 대한 대출(제1호), ⅱ) 한국은행 또는 금융회사등(영11①＝은행, 투자매매업자 · 투자중개업자 · 집합투자업자 · 신탁업자 및 종합금융회사, 한국산업은행, 중소기업은행, 체신관서, 지역조합)에의 예치(제2호), iii) 금융회사등에 대한 대출(제3호), iv) 공공기관에 대한 대출(제4호), ⅴ) 자본시장법 제3조에 따른 금융투자상품의 매입(제5호), ⅵ) 법인에 대한 대출(제6호), ⅶ) 중앙회 내에서 다른 사업 부문으로의 운용(제7호), ⅷ) 그 밖에 산림청장이 금융위원회와 협의하여 정하는 방법에 따른 운용(제8호)의 방법으로 운용·관리하여야 한다(영13의3①).

2. 법인에 대한 대출

(1) 원칙

법인에 대한 대출(영13의3①(6))은 직전 회계연도 말 여유자금 잔액의 3분의 1을 초과할 수 없으며, 같은 법인에 대한 대출은 대출 당시 여유자금 잔액의 5%를 초과할 수 없다(영13의3② 본문).

(2) 예외: 은행 등의 지급보증

은행, 신용보증기금, 기술보증기금, 주택금융신용보증기금, 농림수산업자 신용보증기금, 신용보증재단, 기금 또는 재단이 지급보증하는 경우에는 같은 법인에 대하여 대출 당시 여유자금 잔액의 5%를 초과하여 대출할 수 있다(영13의3② 단서).

3. 여유자금 운용과 이자지급 또는 이익배분

중앙회는 조합으로부터 예치되어 운용하는 여유자금(신용협동조합법78①(5) 가목)에 대해서는 조합에 이자를 지급하거나 운용 실적에 따른 이익을 배분할 수 있다(신용협동조합법95④, 동법78⑥).

Ⅱ. 회원의 상환준비금의 운용·관리

중앙회는 회원의 상환준비금을 ⅰ) 회원에 대한 대출(제1호), ⅱ) 한국은행 또는 금융회사등(영11①=은행, 투자매매업자·투자중개업자·집합투자업자·신탁업자 및 종합금융회사, 한국산업은행, 중소기업은행, 체신관서, 지역조합)에의 예치(제2호), ⅲ) 금융회사등에 대한 1년 이내의 단기대출("단기대출")(제3호), ⅳ) 공공기관에 대한 단기대출(제4호), ⅴ) 자본시장법 제3조에 따른 금융투자상품의 매입(파생상품의 경우 위험회피를 위한 거래로 한정)(제5호), ⅵ) 상호금융예금자보호기금에 대한 대출(제6호)의 방법으로 운용·관리하여야 한다(영13의2).

제5절 회계

Ⅰ. 회계연도

중앙회의 회계연도는 매년 1월 1일부터 12월 31일까지로 한다(법122, 법53, 정관82).

Ⅱ. 회계의 구분 등

1. 회계의 종류

중앙회의 회계는 일반회계와 특별회계로 구분한다(법122, 법54①, 산림조합 재무기준4①, 정관83①).

2. 일반회계

일반회계는 신용사업회계·일반사업회계·지도사업회계로 구분계리한다(산림조합 재무기준4②).

3. 특별회계의 설치

특별회계는 특정사업을 운영할 때, 특정자금을 보유하여 운영할 때, 그 밖에 일반회계와 구분할 필요가 있을 때에 정관에 정하는 바(이사회 의결)에 따라 설치한다(법122, 법54③, 산림조합 재무기준4③, 정관83③).

4. 재무기준

일반회계와 특별회계 간, 신용사업부문과 신용사업 외의 사업부문 간의 재무관계 및 조합과 조합원 간의 재무관계에 관한 재무기준은 산림청장이 정한다(법122, 법54④ 전단). 이에 따라 산림조합법 제54조 제4항(제122조에서 준용하는 경우를 포함)의 규정에 의하여 조합 또는 중앙회의 회계처리 절차와 재무운영 방법을 정함으로써 재무구조의 건전화와 경영의 합리화를 도모함을 목적으로 「산림조합 재무기준」(산림청 고시 제2019-86호)이 시행되고 있다.

이 경우 산림청장이 신용사업부문과 신용사업 외의 사업부문 간의 재무관계에 관한 재무기준을 정할 때에는 금융위원회와 협의하여야 한다(법122, 법54④ 후단).

Ⅲ. 사업계획과 수지예산: 사업계획서와 예산서

1. 총회 의결

중앙회는 매 회계연도의 사업계획서와 수지예산서를 작성하여 해당 회계연도가 시작되기 전에 총회의 의결을 받아야 한다(법114① 전단). 의결 후 이를 변경할 때에도 또한 같다(법114① 후단).

2. 정부 보조 또는 융자의 승인

중앙회는 정부로부터 자금(정부가 관리하는 기금을 포함)이나 사업비의 전부 또는 일부를 보조받거나 융자받아 시행하는 사업의 경우에는 그 사업계획서에 대하여 산림청장의 승인을 받아야 한다(법114②).

3. 위반시 제재

조합등 또는 중앙회의 조합장, 회장, 간부직원, 상임이사, 이사, 감사, 집행간부, 일반간부직원, 파산관재인 또는 청산인이 감독기관의 승인을 받아야 할 사항에 관하여 승인을 받지 아니하였을 때에는 3년 이하의 징역 또는 3천만원 이하의 벌금에 처한다(법131(1)).

Ⅳ. 운영의 공개

1. 사업보고서의 공개

회장은 연 1회 이상 사업 전반에 관한 보고서를 회원에게 공개하여야 한다(법122, 법55의2①, 정관75의2①).

2. 정관 등의 비치

회장은 정관, 총회와 이사회의 의사록 및 회원명부를 주된 사무소에 갖추어 두어야 한다(법122, 법55의2②).

3. 이사회 의사록 등 열람

회원과 중앙회의 채권자는 정관, 총회와 이사회의 의사록 및 성명, 주소 또는 사업장, 가입 연월일을 기재한 회원명부를 열람하거나 그 서류의 사본 발급을 청구할 수 있다(법122, 법55의2③ 전단). 이 경우 중앙회가 정한 비용을 지급하여야 한다(법122, 법55의2③ 후단).

4. 회계장부 열람 등

회원은 회원 3% 이상의 동의를 받아 중앙회의 회계장부 및 서류 등의 열람 또는 사본 발급을 청구할 수 있으며 중앙회는 특별한 사유가 없으면 이를 거부할 수 없다(법122, 법55의2④, 정관75의2④).

5. 회원의 검사인 선임 청구

회원은 중앙회의 업무집행에 관하여 부정행위 또는 법령이나 정관을 위반한 중대한 사실이 있다고 의심이 되는 사유가 있을 때에는 회원 3% 이상의 동의를 받아 중앙회의 업무와 재산상태를 조사하게 하기 위하여 법원에 검사인의 선임을 청구할 수 있다(법122, 법55의2⑤ 전단, 정관75의2⑤ 전단). 이 경우 상법 제467조1)를 준용한다(법122, 법55의2⑤ 후단, 정관75의2⑤ 후단).

---

1) 제467조(회사의 업무, 재산상태의 검사) ① 회사의 업무집행에 관하여 부정행위 또는 법령이나 정관에 위반한 중대한 사실이 있음을 의심할 사유가 있는 때에는 발행주식의 총수의 3% 이상에 해당하는 주식을 가진 주주는 회사의 업무와 재산상태를 조사하게 하기 위

V. 결산보고서

1. 제출과 비치

회장은 정기총회일 1주 전까지 결산보고서(사업보고서, 재무상태표, 손익계산서, 잉여금처분안 또는 손실금처리안 등)를 감사위원회에 제출하고 이를 주된 사무소에 갖추어 두어야 한다(법122, 법57①).

2. 열람 또는 사본 발급 청구

회원과 채권자는 결산보고서(사업보고서, 재무상태표, 손익계산서, 잉여금처분안 또는 손실금처리안 등)를 열람하거나 사본 발급을 청구할 수 있다(법122, 법57② 전단). 이 경우 조합이 정한 비용을 지급하여야 한다(법122, 법57② 후단).

3. 정기총회 승인

회장은 결산보고서와 감사의 의견서를 정기총회에 제출하여 그 승인을 받아야 한다(법122, 법57③).

4. 재무상태표의 공고와 결산보고서의 산림청장 제출

중앙회는 매 회계연도 종료 후 2개월 이내에 해당 사업연도의 결산을 완료하고 결산보고서(사업보고서, 재무상태표, 손익계산서, 잉여금처분안 또는 손실금처리안 등)를 작성하여 총회의 승인을 받은 후 재무상태표를 지체 없이 공고하여야 하며 그 결산보고서를 산림청장에게 제출하여야 한다(법115, 정관85③).

5. 임원의 책임해제

결산보고서 및 감사의견서의 정기총회 승인을 받은 경우 임원의 책임해제에 관하여는 상법 제450조를 준용한다(법122, 법57④). 따라서 정기총회에서 승인을

하여 법원에 검사인의 선임을 청구할 수 있다.

② 검사인은 그 조사의 결과를 법원에 보고하여야 한다.

③ 법원은 제2항의 보고에 의하여 필요하다고 인정한 때에는 대표이사에게 주주총회의 소집을 명할 수 있다. 제310조 제2항의 규정은 이 경우에 준용한다.

④이사와 감사는 지체없이 제3항의 규정에 의한 검사인의 보고서의 정확여부를 조사하여 이를 주주총회에 보고하여야 한다.

한 후 2년 내에 다른 결의가 없으면 중앙회는 이사와 감사위원의 책임을 해제한
것으로 본다(상법450 전단). 그러나 이사 또는 감사위원의 부정행위에 대하여는
그러하지 아니하다(상법450 후단).

6. 위반시 제재

조합등 또는 중앙회의 조합장, 회장, 간부직원, 상임이사, 이사, 감사, 집행
간부, 일반간부직원, 파산관재인 또는 청산인이 법 제57조(제86조의10 또는 제122
조에 따라 준용되는 경우를 포함)를 위반한 경우에는 3년 이하의 징역 또는 3천만원
이하의 벌금에 처한다(법131(5)).

Ⅵ. 제적립금의 적립

1. 법정적립금

(1) 적립한도

중앙회는 매 회계연도의 손실보전과 재산에 대한 감가상각에 충당하고 남는
금액이 있을 때에는 자기자본의 3배에 달할 때까지 잉여금의 10% 이상을 적립
("법정적립금")하여야 한다(법122, 법56의2①).

(2) 자기자본

앞의 (1)에서 기자본은 납입출자금, 회전출자금, 가입금, 각종 적립금 및 미
처분이익잉여금의 합계액(이월결손금이 있으면 이를 공제한다)으로 한다(정관34②).

(3) 사용 제한

법정적립금은 중앙회의 손실금을 보전할 때가 아니면 사용하지 못한다(법
122, 법56의5).

2. 이월금

중앙회는 교육·지원 사업(법108①(1))의 사업비용에 충당하기 위하여 잉여
금의 20% 이상을 다음 회계연도에 이월하여야 한다(법122, 법56의2③).

3. 임의적립금

중앙회는 매 회계연도 잉여금에서 법정적립금과 이월금을 공제하고 나머지가 있을 때에는 그 나머지 잉여금의 20% 이상을 사업준비금으로 적립한다(법122, 법56의2④, 정관36①).

사업준비금을 적립하고 남는 금액이 있을 때에는 고유목적 사업준비금으로 적립할 수 있다(법122, 법56의2④, 정관36②).

4. 자본적립금

중앙회는 ⅰ) 감자에 의한 차익(제1호), ③) 자산재평가 차익(제2호), ⅲ) 합병차익(제3호)을 자본적립금으로 적립하여야 한다(법122, 법56의4).

Ⅶ. 손실금의 보전과 이익금(잉여금)의 배당

1. 손실금의 보전 순서와 이월

중앙회는 매 회계연도의 결산결과 손실금(당기손실금)이 발생하였을 때에는 미처분이월금·임의적립금(고유목적사업준비금 미사용액은 제외)·법정적립금·기조성잉여금·자본적립금·회전출자금의 순서에 따라 보전하며, 보전 후에도 부족할 때에는 다음 회계연도에 이월한다(정관86).

2. 잉여금의 배당

(1) 잉여금의 배당 순서

중앙회는 손실을 보전하고 법정적립금, 이월금과 임의적립금을 빼고 남는 금액이 있을 때에는 이를 우선출자자에게 배당한 후 회원 및 준회원에게 배당하거나 다음 회계연도에 이월한다(정관84①).

(2) 사업이용실적에 대한 배당

사업이용실적에 대한 배당은 그 회계연도에 취급된 물자의 수량·가액, 그 밖에 사업의 분량을 고려하여 회원의 사업이용분량에 따라 배당하되 그 방법과

율은 회장이 정한다(정관84②).

(3) 납입 출자액에 대한 배당

사업이용실적에 대한 배당을 한 후 남는 금액이 있을 때에는 회원이 납입한 출자액(회전출자금을 포함)의 비율에 따라 배당하되 그 율은 연 100분의 10 이내로 한다(정관84③).

(4) 준회원의 사업이용분량에 대한 배당

납입 출자액에 대한 배당을 한 후 남는 금액이 있을 때에는 그 회계연도에 취급된 물자의 수량·가액, 그 밖에 사업의 분량을 고려하여 준회원의 사업이용분량에 따라 배당한다.

Ⅷ. 출자감소

1. 출자감소의 의결

(1) 총회 의결과 재무상태표 작성

중앙회는 총회에서 출자 1계좌의 금액 또는 출자계좌 수의 감소("출자감소")를 의결하였을 때에는 의결이 있는 날부터 2주 이내에 재무상태표를 작성하여야 한다(법122, 법58①).

(2) 채권자의 이의와 공고 또는 최고

중앙회는 총회의 의결이 있은 날부터 2주 이내에 채권자에 대하여 이의가 있으면 공고 후 3개월 이내에 중앙회 주사무소에 서면으로 진술하라는 취지를 공고하되 그 기간은 1개월 이상으로 하고 또한 그 사실을 이미 알고 있는 채권자에게는 개별로 이를 2회 이상 최고하여야 한다(법122, 법58②, 정관39②).

(3) 공고 · 최고기간

공고 또는 최고는 총회에서 의결이 있은 날부터 2주 이내에 하여야 한다(법122, 법58③).

(4) 위반시 제재

조합등 또는 중앙회의 조합장, 회장, 간부직원, 상임이사, 이사, 감사, 집행간부, 일반간부직원, 파산관재인 또는 청산인이 법 제58조 제1항을 위반하였을 경우에는 3년 이하의 징역 또는 3천만원 이하의 벌금에 처한다(법131(5)).

2. 출자감소에 대한 채권자의 이의

(1) 채권자의 이의 부진술과 승인 간주

채권자가 3개월 이내에 출자감소에 대한 의결에 대하여 서면으로 이의를 진술하지 아니하면 승인한 것으로 본다(법122, 법59①).

(2) 채권자의 이의 진술과 변제 또는 담보 제공

채권자가 이의를 진술하였을 때에는 중앙회가 변제하거나 또는 상당한 담보를 제공하지 아니하면 그 출자감소의 의결은 효력을 발생하지 아니한다(법122, 법59②).

Ⅸ. 지분 취득 등의 금지

중앙회는 회원의 지분을 취득하거나 그 지분에 대하여 질권을 설정하지 못한다(법122, 법60).

Ⅹ. 명칭사용료

1. 명칭사용료의 부과

중앙회는 임산물 판매·유통 활성화와 회원과 조합원에 대한 교육·지원 사업 등의 수행에 필요한 재원을 안정적으로 조달하기 위하여 산림조합의 명칭(영문 명칭 및 한글·영문 약칭 등 정관으로 정하는 문자 또는 표식을 포함)을 사용하는 법인(영리법인에 한정)에 대하여 영업수익 또는 매출액의 1천분의 25의 범위에서 정관으로 정하는 기준에 따라 총회에서 정하는 부과율을 곱하여 산정하는 금액을 명칭사용료로 부과할 수 있다(법114의2① 본문).

2. 명칭사용료의 부과 제한

다음의 어느 하나에 해당하는 법인, 즉 ⅰ) 조합만이 출자한 법인(제1호), ⅱ) 조합공동사업법인(제2호), ⅲ) 비영리법인(제3호), ⅳ) 조합과 중앙회가 공동으로 출자한 법인 중 이사회가 정하는 법인(제4호)에 대해서는 명칭사용료를 부과하지 아니한다(법114의2① 단서, 정관2의2②).

3. 감면 또는 납부 유예

부과대상 법인에 중대한 경영위기 등 불가피한 사유가 발생한 경우에는 규정으로 정하는 바에 따라 부과금액을 감면하거나 납부를 유예할 수 있다(정관2의2③).

4. 구분 관리와 총회 승인

명칭사용료는 다른 수입과 구분하여 관리하여야 하며, 그 수입과 지출은 총회의 승인을 받아야 한다(법114의2②).

5. 부과기준 등

명칭사용료의 부과율, 부과기준, 부과시기, 납부방법 및 구분관리 등에 관하여 필요한 사항은 규정으로 정한다(정관2의2⑤).

제 5 편

감독, 검사 및 제재

감독 및 처분 등

제1절 감독

I. 정부의 감독

산림조합 및 산림조합중앙회의 신용사업에 관하여는 신용협동조합법상의 신용협동조합 및 신용협동조합중앙회의 신용사업에 대한 검사·감독(신용협동조합법95④, 동법78①(3)) 규정을 적용한다(신용협동조합법95④).

1. 금융위원회의 감독

금융위원회는 산림조합과 산림조합중앙회의 업무(신용사업에 한함)를 감독하고 감독상 필요한 명령을 할 수 있다(신용협동조합법83①).

(1) 금융감독원장 위탁

금융위원회는 조합과 중앙회의 업무 감독을 위한 경영실태 분석 및 평가에 관한 권한을 금융감독원장에게 위탁한다(신용협동조합법96①, 동법 시행령24①(4의2)).

(2) 중앙회장 위탁

금융위원회는 조합의 신용사업과 관련하여 예탁금·적금 또는 대출등에 관한 업무방법을 고시할 수 있는데(신용협동조합법39③), 이에 따른 업무방법의 고시에 관한 권한을 중앙회장에게 위탁한다(신용협동조합법96①, 동법 시행령24②).

2. 산림청장 또는 시·도지사의 감독

산림청장 또는 시·도지사(시·도지사는 산림조합법에 따른 "조합"에 대해서만 해당 규정을 적용한다)는 산림조합법에서 정하는 바에 따라 조합등과 중앙회를 감독하며, 감독에 필요한 명령과 조치를 할 수 있다(법123① 본문).

3. 금융위원회의 조합의 신용사업 감독

금융위원회는 조합의 신용사업에 대하여 그 경영의 건전성 확보를 위한 감독을 하고, 이에 필요한 명령을 할 수 있다(법123① 단서).

4. 산림청장 또는 시·도지사의 감독권 일부 중앙회장 위탁

산림청장 또는 시·도지사는 산림조합법에 따른 조합등에 관한 감독권의 일부를 회장에게 위탁할 수 있다(법123② 본문).

이에 따라 산림청장 또는 시·도지사는 ⅰ) 법 제46조 제1항 제12호 및 동조 제2항 제8호의 규정에 의한 조합의 사업승인(제1호), ⅱ) 법 제69조 제3항의 규정에 의한 청산사무의 감독(제2호), ⅲ) 법 제125조 제1항에 따른 조합등 직원의 위법행위 등에 대한 조치요구(제3호), ⅳ) 영 제22조에 따른 조합등의 일상적인 업무에 대한 감사와 그 결과에 따른 필요한 조치(제4호), ⅴ) 조합등이 국가의 융자 또는 보조를 받아 수행하는 사업에 대한 감사 및 그 결과에 따른 필요한 조치(제5호)의 권한을 회장에게 위탁한다(영28①).

산림청장 또는 시·도지사는 법 제126조 제7항에 따라 같은 조 제1항에 따른 경영지도업무(제23조 제3항에 따른 경영지도의 실시방법 등에 관하여 필요한 세부사항을 정하는 업무를 포함)를 회장에게 위탁한다(영28③).

5. 산림청장 또는 시·도지사의 감독권 일부 지방자치단체의 장 위임

산림청장 또는 시·도지사는 지방자치단체가 보조한 사업과 관련된 업무에 대한 감독권의 일부는 지방자치단체의 장에게 위임할 수 있다(법123② 단서).

이에 따라 산림청장 또는 시·도지사는 지방자치단체가 보조한 사업과 관련된 업무에 대한 제22조의 규정에 의한 감사 및 보고의 수리와 그 결과에 따른 필요한 조치에 관한 권한을 지방자치단체의 장에게 위임한다(영28②).

Ⅱ. 중앙회의 감독

1. 자료의 분석·평가 결과 공시

중앙회장은 조합으로부터 제출받은 자료를 금융위원회가 정하는 바에 따라 분석·평가하여 그 결과를 조합으로 하여금 공시하도록 할 수 있다(신용협동조합법95④, 동법89③).

2. 중앙회의 지도

(1) 회원 지도와 규정 등 제정

회장은 산림조합법에서 정하는 바에 따라 회원을 지도하며, 이에 필요한 규정 또는 지침 등을 정할 수 있다(법117①).

(2) 회원의 경영상태 등 평가

(가) 경영개선요구 등 조치

회장은 회원의 경영상태를 평가하고 그 결과에 따라 그 회원에게 경영개선, 합병권고 등의 필요한 조치를 요구할 수 있다(법117② 전단).

(나) 공고·통지 및 조치결과의 이사회와 총회 보고

조합장은 그 사실을 지체 없이 공고하고 서면으로 조합원에게 통지하여야 하며, 조치결과를 조합의 이사회 및 총회에 보고하여야 한다(법117② 후단).

(3) 시·도지사에 대한 처분 요청

회장은 회원에 대하여 그 업무의 건전한 운영과 조합원 또는 제3자의 보호를 위하여 필요하다고 인정할 때에는 해당 업무에 관하여 정관 또는 공제규정의 변경, 업무의 전부 또는 일부의 정지, 재산의 공탁·처분 금지 등 필요한 처분을 시·도지사에게 요청할 수 있다(법117③).

제2절 검사(감사)

I. 정부의 검사

1. 금융감독원의 신용사업에 대한 검사

조합 및 중앙회의 신용사업에 대하여는 검사·감독(신용협동조합법78①(3), 동법83) 규정을 적용한다(신용협동조합법95④).

(1) 업무와 재산 검사

금융감독원장은 그 소속 직원으로 하여금 조합 또는 중앙회의 업무와 재산에 관하여 검사를 하게 할 수 있다(신용협동조합법83②).

금융감독원장은 중앙회장에게 조합의 업무와 재산에 관한 검사 권한을 위탁할 수 있다(신용협동조합법96②, 동법 시행령24③(1)).

(2) 자료제출 및 의견진술 요구 등

금융감독원장은 검사를 할 때 필요하다고 인정하는 경우에는 조합과 중앙회에 대하여 업무 또는 재산에 관한 보고, 자료의 제출, 관계자의 출석 및 의견의 진술을 요구할 수 있다(신용협동조합법83③).

금융감독원장은 중앙회장에게 조합의 업무 또는 재산에 관한 보고, 자료의 제출, 관계자의 출석 및 의견의 진술요구 권한을 위탁할 수 있다(신용협동조합법96②, 동법 시행령24③(2)).

(3) 증표제시

검사를 하는 사람은 그 권한을 표시하는 증표를 관계자에게 보여 주어야 한다(신용협동조합법83④).

(4) 분담금 납부

금융감독원의 검사를 받는 조합 또는 중앙회는 검사 비용에 충당하기 위한 분담금을 금융감독원에 내야 한다(신용협동조합법83⑤).

이에 따른 분담금의 분담요율·한도 기타 분담금의 납부에 관하여는 금융위원회의 설치 등에 관한 법률 시행령 제12조(분담금)의 규정에 의한다(신용협동조합법83⑥, 동법 시행령20).

(5) 위반시 제재

조합 또는 중앙회가 감독기관의 검사를 거부·방해·기피한 경우에는 2천만원 이하의 과태료를 부과한다(신용협동조합법101①(7)).

2. 산림청장, 시·도지사 및 금융위원회의 검사

산림청장, 시·도지사 및 금융위원회는 감독상 필요한 때에는 조합 및 조합공동사업법인("조합등")과 중앙회에 대하여 관계 공무원에게 업무 및 재산상황을 감사하게 하거나 필요한 사항을 보고하게 할 수 있으며, 그 결과에 따라 필요한 조치를 할 수 있다(영22①).

3. 산림청장 또는 시·도지사의 검사 및 금융감독원장에 대한 조합과 중앙회 검사 요청

산림청장 또는 시·도지사는 감독에 따른 직무를 수행하기 위하여 조합과 중앙회를 검사할 수 있으며, 필요하다고 인정할 때에는 금융감독원장에게 조합과 중앙회에 대한 검사를 요청할 수 있다(법123③).

4. 중앙회 및 조합에 대한 외부회계감사

산림청장 또는 시·도지사는 중앙회 및 ⅰ) 직전 회계연도말 자산총액이 회원조합의 평균자산규모 이상인 조합(제1호), ⅱ) 직전 회계연도말 총자산대비 순자본 비율이 2퍼센트 미만인 조합(제2호)에 대하여 조합원 보호를 위하여 외부감사가 필요하다고 인정하는 경우에는 외부감사법 제2조 제7호 및 제9조에 따른 감사인의 회계감사를 받게 할 수 있다(법123④, 영22② 본문).

다만, 조합의 경우 직전 회계연도말 평균자산규모 등에 관한 통계자료가 없는 경우에는 전전년도의 통계자료에 의한다(법123④, 영22② 단서).

II. 중앙회의 감사

1. 조합감사위원회의 설치

회원의 건전한 발전을 도모하기 위하여 회장 소속으로 회원의 업무를 지도·감사할 수 있는 조합감사위원회("위원회")를 둔다(법118①).

2. 조합감사위원회의 구성

위원회는 위원장 1명을 포함한 5명의 위원으로 구성하되, 위원장은 상임으로 한다(법118②).

(1) 위원장의 선출

위원장은 인사추천위원회가 추천한 사람을 총회에서 선출한다(법119①).

(2) 위원의 구성

위원은 ⅰ) 인사추천위원회가 추천하여 이사회에서 선출하는 사람 2명(제1호), ⅱ) 산림청장이 위촉하는 사람 1명(제2호), ⅲ) 금융위원회의 위원장이 위촉하는 사람 1명(제3호)의 사람으로 구성한다(법119②).

(3) 위원장 및 위원의 자격요건

위원장과 위원은 감사, 회계 또는 산림행정에 관한 전문지식과 경험이 풍부한 사람으로서 ⅰ) 조합, 중앙회(중앙회의 자회사를 포함) 또는 금융위원회법 제38조에 따른 검사 대상 기관(이에 상응하는 외국금융기관을 포함)의 감사·회계 또는 산림행정 부문에서 상시근무직으로 10년 이상 근무한 경력이 있는 사람(다만, 조

합에서 최근 2년 이내에 임직원으로 근무한 사람은 제외)(제1호), ⅱ) 농림업 또는 금
융업과 관련된 국가기관·연구기관·교육기관 또는 회사에서 근무한 경력이 있는
사람으로서 제1호에서 정한 사람과 같은 수준 이상의 자격이 있다고 중앙회의
정관으로 정하는 사람(제2호), ⅲ) 판사·검사·군법무관·변호사 또는 공인회계
사의 직에 5년 이상 종사한 경력이 있는 사람(제3호)의 자격요건을 갖춘 사람 중
에서 선임한다(법119③ 본문, 영20). 다만, 회원조합장은 위원장 또는 위원이 될
수 없다(법119③ 단서).

(4) 위원장 및 위원의 임기

위원장 및 위원의 임기는 3년으로 한다(법119④).

3. 조합감사위원회의 의결사항

위원회는 ⅰ) 회원에 대한 감사방향 및 감사계획의 수립(제1호), ⅱ) 감사결
과에 따른 회원의 임직원에 대한 징계 및 문책 요구 등 필요한 조치(제2호), ⅲ)
3. 감사결과에 따른 변상책임의 판정(제3호), ⅳ) 회원에 대한 시정 및 개선 요구
등 필요한 조치(제4호), ⅴ) 감사규정의 제정·개정 및 폐지(제5호), ⅵ) 회장이 요
청하는 사항(제6호), ⅶ) 그 밖에 위원장이 필요하다고 인정하는 사항(제7호)을 의
결한다(법120).

4. 회원에 대한 감사 등

(1) 재산 및 업무집행상황 감사

위원회는 회원의 재산 및 업무집행상황에 대하여 2년마다 한 번 이상 감사
를 실시하여야 한다(법121①).

(2) 회계법인에 회계감사 요청

위원회는 회원의 건전한 발전을 도모하기 위하여 필요하다고 인정할 때에는
회원의 부담으로 회계법인에 회계감사를 요청할 수 있다(법121②).

(3) 감사결과의 통지 및 조치요구

회장은 감사결과를 해당 회원의 조합장과 감사에게 통지하여야 하며 감사결

과에 따라 해당 회원에게 시정 또는 업무 정지를 명하거나 관련 임직원에 대하여 i) 임원에 대하여는 개선, 직무 정지, 견책 또는 변상(제1호), ii) 직원에 대하여는 징계면직, 정직, 감봉, 견책 또는 변상(제2호)의 조치를 할 것을 요구할 수 있다(법121③).

(4) 회원의 조치 결과 통지

회원이 임직원에 대한 조치 요구를 받았을 때에는 2개월 이내에 필요한 조치를 하고 그 결과를 위원회에 통지하여야 한다(법121④).

(5) 회장의 산림청장에 대한 조치 요청

회장은 회원이 제4항의 기간 내에 필요한 조치를 하지 아니하는 경우에는 1개월 이내에 제3항에 따른 조치를 할 것을 다시 요구하고, 같은 기간 내에도 이를 이행하지 아니하는 경우에는 필요한 조치를 하여 줄 것을 산림청장에게 요청할 수 있다(법121⑤).

5. 기구의 설치

위원회의 감사사무를 처리하기 위하여 정관으로 정하는 바에 따라 위원회에 필요한 기구를 둔다(법118③).

제3절 제재

조합 및 중앙회의 사업에 관하여는 신용협동조합법 제84조(임직원에 대한 행정처분)를 적용한다(신용협동조합법95④, 동법84).

I. 임직원에 대한 제재

1. 제재의 종류와 사유

(1) 금융위원회(상호금융)의 조치

금융위원회는 조합 또는 중앙회의 임직원이 신용협동조합법 또는 신용협동조합법에 따른 명령·정관·규정에서 정한 절차·의무를 이행하지 아니한 경우에는 조합 또는 중앙회로 하여금 관련 임직원에 대하여 ⅰ) 임원에 대해서는 개선, 직무의 정지 또는 견책(제1호), ⅱ) 직원에 대해서는 징계면직, 정직, 감봉 또는 견책(제2호), ⅲ) 임직원에 대한 주의·경고(제3호)의 조치를 하게 할 수 있다(신용협동조합법84①).

(2) 금융감독원장(상호금융)에 대한 위탁

앞의 ⅱ) 및 ⅲ)에 따른 임직원에 대한 조치요구 권한은 금융감독원장에게 위탁되어 있다(신용협동조합법96①, 동법 시행령24①(6)).

2. 직무정지와 그 사유

조합 또는 중앙회가 임직원의 개선, 징계면직의 조치를 요구받은 경우 해당 임직원은 그 날부터 그 조치가 확정되는 날까지 직무가 정지된다(신용협동조합법84②).

3. 임시임원의 선임

금융위원회는 조합 또는 중앙회의 업무를 집행할 임원이 없는 경우에는 임시임원을 선임할 수 있다(신용협동조합법84③). 임시임원의 선임은 금융감독원장에게 위탁되어 있다(신용협동조합법96①, 동법 시행령24①(7)).

4. 임시임원의 선임 등기

임시임원이 선임되었을 때에는 조합 또는 중앙회는 지체 없이 이를 등기하여야 한다(신용협동조합법84④ 본문). 다만, 조합 또는 중앙회가 그 등기를 해태하는 경우에는 금융위원회는 조합 또는 중앙회의 주된 사무소를 관할하는 등기소에 그 등기를 촉탁할 수 있다(신용협동조합법84④ 단서). 등기촉탁은 금융감독원장에게 위탁되어 있다(신용협동조합법96①, 동법 시행령24①(7)).

II. 조합 및 중앙회에 대한 제재

1. 총회나 이사회의 위법 또는 부당 의결사항의 취소 또는 집행정지

산림청장 또는 시·도지사는 조합등과 중앙회의 총회 또는 이사회가 의결한 사항이 위법하거나 부당하다고 인정할 때에는 그 전부 또는 일부를 취소하거나 집행을 정지하게 할 수 있다(법124).

2. 제재의 종류와 사유

산림청장 또는 시·도지사는 조합등 또는 중앙회의 업무와 회계가 법령, 법령에 따른 행정처분 또는 정관을 위반한다고 인정할 때에는 그 조합 또는 중앙회에 대하여 기간을 정하여 시정을 명하고 관련 임직원에 대하여 i) 임원에 대하여는 개선 또는 직무의 정지(제1호), ii) 직원에 대하여는 징계면직, 정직 또는 감봉(제2호)의 조치를 할 것을 요구할 수 있다(법125①).

3. 업무의 전부 또는 일부 정지

산림청장 또는 시·도지사는 조합등 또는 중앙회가 시정명령 또는 임직원에 대한 조치 요구를 이행하지 아니하였을 때에는 6개월 이내의 기간을 정하여 그 업무의 전부 또는 일부를 정지시킬 수 있다(법125②).

4. 업무정지의 세부기준

업무정지의 세부기준 및 그 밖에 필요한 사항은 농림축산식품부령으로 정한다(법125③). 이에 따른 업무정지의 세부기준은 다음 [별표]와 같다(시행규칙3).

[별표] 업무정지의 세부기준(제3조 관련)

1. 일반기준

　가. 위반행위가 둘 이상인 경우에는 무거운 처분기준의 2분의 1의 범위에서 가중할 수 있되, 각 처분 기준을 합산한 기간을 초과할 수 없다.

　나. 위반행위의 횟수에 따른 행정처분 기준은 최근 1년간 같은 위반행위로 업무정지 처분을 받은 경우 에 적용한다. 이 경우 위반 횟수별 처분기준의 적용일은 위반행위에 대하여 처분을 한 날과 다시 같은 위반행위(처분 후의 위반행위만 해당한다)를 적발한 날로 한다.

　다. 처분권자는 다음 각 목의 어느 하나에 해당하는 경우에는 업무정지 처분의 2분의 1의 범위에서 감경할 수 있다.

　　1) 위반행위가 고의나 중대한 과실이 아닌 사소한 부주의나 오류로 인한 것으로 인정되는 경우

　　2) 위반상태를 시정하거나 해소한 경우

　　3) 그 밖에 위반행위의 정도, 위반행위의 동기와 그 결과 등을 고려하여 업무정지 기간을 줄일 필요가 있다고 인정되는 경우

　라. 제2호에 따른 업무정지 처분은 위반행위 관련 분야 업무에 한정한다.

2. 개별기준

위반행위	근거 법조문	행정처분의 내용	
		1차 위반	2차 이상 위반
1. 법 제125조 제1항 각 호 외의 부분에 따른 시정명령을 이행하지 않은 경우	법 제125조 제2항	업무정지 3개월	업무정지 6개월
2. 법 제125조 제1항 제1호에 따른 다음 각 목의 조치 요구를 이행하지 않은 경우			
가. 임원에 대한 개선(改選) 요구를 이행하지 않은 경우	법 제125조 제2항	업무정지 3개월	업무정지 6개월
나. 임원에 대한 직무정지 요구를 이행하지 않은 경우	법 제125조 제2항	업무정지 2개월	업무정지 4개월
3. 법 제125조 제1항 제2호에 따른 다음 각 목의 조치 요구를 이행하지 않은 경우			
가. 직원에 대한 징계면직 요구를 이행하지 않은 경우	법 제125조 제2항	업무정지 2개월	업무정지 4개월
나. 직원에 대한 정직 요구를 이행하지 않은 경우	법 제125조 제2항	경고	업무정지 2개월
다. 직원에 대한 감봉 요구를 이행하지 않은 경우	법 제125조 제2항	경고	업무정지 1개월

제4절 과태료

Ⅰ. 개요

산림조합법 제134조는 일정한 위반행위에 대하여 200만원 이하의 과태료를 부과하는 경우(법134①②), 제공받은 금액 또는 가액의 10배 이상 50배 이하에 상당하는 금액의 과태료를 부과(상한은 3천만원)하는 경우(법134④)를 규정하고 있다. 과태료는 대통령령으로 정하는 바에 따라 산림청장 또는 시·도지사가 부과·징수한다(법134⑤). 구·시·군선거관리위원회가 법 제134조 제4항에 따라 과태료를 부과·징수하는 경우에는 그 성질에 반하지 아니하는 범위에서 「공직선거관리규칙」 제143조를 준용한다(영29).

Ⅱ. 200만원 이하의 과태료 부과

법 제3조(명칭) 제2항 또는 제86조의3(법인격 및 명칭) 제3항을 위반한 자에게는 200만원 이하의 과태료를 부과한다(법134①).

조합등 또는 중앙회의 조합장, 회장, 간부직원, 상임이사, 이사, 감사, 집행간부, 일반간부직원, 파산관재인 또는 청산인이 공고 또는 최고하여야 할 사항에 대하여 공고 또는 최고를 하지 아니하거나 부정한 공고 또는 최고를 하였을 때에는 200만원 이하의 과태료를 부과한다(법134②).

Ⅲ. 제공받은 금액 또는 가액의 10배 이상 50배 이하에 상당하는 금액의 과태료 부과

법 제40조의2(기부행위의 제한) 제1항(제122조에 따라 준용되는 경우를 포함)을 위반하여 금전·물품 또는 그 밖의 재산상 이익을 제공받은 자는 그 제공받은 금액 또는 가액의 10배 이상 50배 이하에 상당하는 금액의 과태료를 부과하되, 그 상한은 3천만원으로 한다(법134④).

Ⅳ. 과태료의 부과기준

과태료는 대통령령으로 정하는 바에 따라 산림청장 또는 시·도지사가 부과·징수한다(법134⑤). 구·시·군선거관리위원회가 과태료를 부과·징수하는 경우에는 그 성질에 반하지 아니하는 범위에서 「공직선거관리규칙」 제143조(과태료의 부과·징수등)를 준용한다(영29).

제5절 형사제재

Ⅰ. 벌칙

1. 10년 이하의 징역 또는 1억원 이하의 벌금

조합등의 임원 또는 중앙회의 임원이나 집행간부가 조합등 또는 중앙회의 사업목적 외에 자금을 사용 또는 대출하거나 투기의 목적으로 조합등 또는 중앙회의 재산을 처분 또는 이용하였을 때에는 10년 이하의 징역 또는 1억원 이하의 벌금에 처한다(법130①). 징역형과 벌금형은 병과(倂科)할 수 있다(법130②).

2. 3년 이하의 징역 또는 3천만원 이하의 벌금

조합등 또는 중앙회의 조합장, 회장, 간부직원, 상임이사, 이사, 감사, 집행간부, 일반간부직원, 파산관재인 또는 청산인이 다음의 어느 하나에 해당할 때에는 3년 이하의 징역 또는 3천만원 이하의 벌금에 처한다(법131).

1. 감독기관의 인가 또는 승인을 받아야 할 사항에 관하여 인가 또는 승인을 받지 아니하였을 때
2. 부정한 등기를 하였을 때
3. 감독기관·총회 또는 이사회에서 부실한 보고를 하거나 사실을 은폐하였을 때
4. 총회 또는 이사회의 의결이 필요한 사항에 대하여 의결을 받지 아니하고 집행하였을 때

5. 제56조(여유자금의 운용), 제57조(결산보고서의 제출·비치 등)(제86조의10 또는 제122조에 따라 준용되는 경우를 포함) 또는 제58조(출자감소의 의결) 제1항(제65조, 제86조의10 및 제122조에 따라 준용되는 경우를 포함)을 위반하였을 때

6. 제70조(청산인의 직무)(제86조의10에 따라 준용되는 경우를 포함), 제72조(청산인의 재산분배 제한)(제86조의10에 따라 준용되는 경우를 포함) 또는 제73조(결산보고서)(제86조의10에 따라 준용되는 경우를 포함)를 위반하였을 때

7. 감독기관 또는 중앙회의 감사를 거부·방해 또는 기피하였을 때

3. 2년 이하의 징역 또는 2천만원 이하의 벌금

다음의 어느 하나에 해당하는 행위를 한 자는 2년 이하의 징역 또는 2천만원 이하의 벌금에 처한다(법132①).

1. 제7조(공직선거 관여 금지) 제2항을 위반한 자
2. 제40조(선거운동의 제한) 제1항(제122조에 따라 준용되는 경우를 포함)을 위반한 사람
2의2. 제40조(선거운동의 제한) 제9항(제122조에 따라 준용되는 경우를 포함)을 위반한 사람
3. 제40조의2(기부행위의 제한)(제122조에 따라 준용되는 경우를 포함)를 위반한 자

제1항에 규정된 죄의 공소시효는 해당 선거일 후 6개월(선거일 후에 행하여진 범죄는 그 행위가 있는 날부터 6개월)이 지남으로써 완성된다(법132④ 본문). 다만, 범인이 도피하였거나 범인이 공범 또는 범죄의 증명에 필요한 참고인을 도피시켰을 때에는 그 기간을 3년으로 한다(법132④ 단서).

4. 1년 이하의 징역 또는 1천만원 이하의 벌금

법 제40조(선거운동의 제한) 제2항 및 제4항부터 제8항까지(제122조에 따라 준용되는 경우를 포함)의 규정을 위반한 자는 1년 이하의 징역 또는 1천만원 이하의 벌금에 처한다(법132②(1)).

제2항에 규정된 죄의 공소시효는 해당 선거일 후 6개월(선거일 후에 행하여진

범죄는 그 행위가 있는 날부터 6개월)이 지남으로써 완성된다(법132④ 본문). 다만, 범인이 도피하였거나 범인이 공범 또는 범죄의 증명에 필요한 참고인을 도피시켰을 때에는 그 기간을 3년으로 한다(법132④ 단서).

5. 500만원 이상 3천만원 이하의 벌금

법 제40조(선거운동의 제한) 제3항(제122조에 따라 준용되는 경우를 포함)을 위반한 자는 500만원 이상 3천만원 이하의 벌금에 처한다(법132③).

제3항에 규정된 죄의 공소시효는 해당 선거일 후 6개월(선거일 후에 행하여진 범죄는 그 행위가 있는 날부터 6개월)이 지남으로써 완성된다(법132④ 본문). 다만, 범인이 도피하였거나 범인이 공범 또는 범죄의 증명에 필요한 참고인을 도피시켰을 때에는 그 기간을 3년으로 한다(법132④ 단서).

공소시효 조항은 지역농협의 임원선거와 관련된 범죄에 대하여 짧은 공소시효를 정함으로써 사건을 조속히 처리하여 선거로 인한 법적 불안정 상태를 신속히 해소하고, 특히 선거에 의하여 선출된 지역농협의 임원들이 안정적으로 업무를 수행할 수 있도록 하기 위한 것이다.[1]

여기서 "해당 선거일"은 그 선거범죄와 직접 관련된 선거의 투표일을 의미하는 것이므로, 그 선거범죄를 당해 선거일 전에 행하여진 것으로 보고 그에 대한 단기 공소시효의 기산일을 당해 선거일로 할 것인지 아니면 그 선거범죄를 당해 선거일 후에 행하여진 것으로 보고 그에 대한 단기 공소시효의 기산일을 행위가 있는 날로 할 것인지의 여부는 그 선거범죄가 범행 전후의 어느 선거와 관련하여 행하여진 것인지에 따라 결정된다.[2]

Ⅱ. 선거범죄로 인한 당선무효 등

1. 당선무효 사유

조합 또는 중앙회의 임원 선거와 관련하여 다음의 어느 하나에 해당하는 경우에는 해당 선거의 당선을 무효로 한다(법133①).

---

1) 헌법재판소 2012. 2. 23.선고 2011헌바154 전원재판부.
2) 대법원 2006. 8. 25. 선고 2006도3026 판결.

1. 당선인이 해당 선거에서 제132조(벌칙)에 해당하는 죄를 저질러 징역형 또는
   100만원 이상의 벌금형을 선고받았을 때
2. 당선인의 직계 존속·비속이나 배우자가 해당 선거에서 제40조(선거운동의
   제한) 제1항이나 제40조의2(기부행위의 제한)를 위반하여 징역형 또는 300
   만원 이상의 벌금형을 선고받았을 때. 다만, 다른 사람의 유도 또는 도발에
   의하여 해당 당선인의 당선을 무효로 되게 하기 위하여 죄를 저질렀을 때에
   는 그러하지 아니하다.

2. 재선거 입후보 제한

다음의 어느 하나에 해당하는 사람은 당선인의 당선무효로 인하여 실시되는
재선거(당선인이 그 기소 후 확정판결 전에 사직하여 실시되는 보궐선거를 포함)의 후
보자가 될 수 없다(법133②).

1. 제1항 제2호 또는 위탁선거법 제70조(위탁선거범죄로 인한 당선무효) 제2
   호에 따라 당선이 무효로 된 사람(그 기소 후 확정판결 전에 사직한 사람을
   포함)
2. 당선되지 아니한 사람(후보자가 되려던 사람을 포함)으로서 제1항 제2호 또
   는 위탁선거법 제70조(위탁선거범죄로 인한 당선무효) 제2호에 따른 직계
   존속·비속이나 배우자의 죄로 당선무효에 해당하는 형이 확정된 사람

Ⅲ. 선거범죄신고자 등의 보호

법 제132조(벌칙)에 규정된 죄(제134조 제4항의 과태료에 해당하는 죄를 포함)의
신고자 등의 보호에 관하여는 공직선거법 제262조의2(선거범죄신고자 등의 보호)
를 준용한다(법135).

Ⅳ. 선거범죄신고자에 대한 포상금 지급

조합은 제132조(벌칙)에 규정된 죄(제134조 제4항의 과태료에 해당하는 죄를 포
함)에 대하여 해당 조합 또는 조합선거관리위원회가 인지하기 전에 그 범죄행위
를 신고한 자에게 정관으로 정하는 바에 따라 포상금을 지급할 수 있다(법136).

Ⅴ. 자수자에 대한 특례

1. 형 또는 과태료의 필요적 감면

법 제40조(선거운동의 제한)(제122조에 따라 준용되는 경우를 포함) 및 제40조의 2(기부행위의 제한)(제122조에 따라 준용되는 경우를 포함)를 위반하여 금전·물품· 향응, 그 밖의 재산상 이익 또는 공사의 직을 제공받거나 받기로 승낙한 사람이 자수하였을 때에는 그 형벌이나 과태료를 감경하거나 면제한다(법137①).

2. 자수 의제 시기

법 제137조 제1항에 규정된 사람이 이 법에 따른 선거관리위원회에 자신의 선거범죄 사실을 신고하여 선거관리위원회가 관계 수사기관에 이를 통보하였을 때에는 선거관리위원회에 신고한 때를 자수한 때로 본다(법137②).

감 사

　여기서는 산림조합중앙회의 회원조합에 대한 「회원조합 감사규정」("감사규정")의 내용을 살펴본다. 이 규정은 회원조합의 건전한 발전을 도모하기 위하여 산림조합법 및 「산림조합중앙회 정관」에서 정한 바에 따라 회원조합의 감사업무에 필요한 사항을 규정함을 목적으로 한다(감사규정1).

제1절 총칙

I. 적용범위

　회원조합에 대한 감사는 법령과 「산림조합중앙회정관」("정관") 및 제규정에서 따로 정한 것 외에는 이 규정에 따른다(감사규정2).

Ⅱ. 감사의 범위

회원조합에 대한 감사 대상업무는 ⅰ) 재산 및 회계, 업무집행에 관한 사항
(제1호), ⅱ) 임직원의 비위와 부정 및 기강에 관한 사항(제2호), ⅲ) 외부 감독기
관 또는 산림조합중앙회 회장("회장")이 요청한 사항(제3호), ⅳ) 사고예방을 위하
여 조합감사위원회 위원장("위원장")이 필요하다고 인정하는 사항(제4호), ⅴ) 자
금세탁방지업무에 관한 사항(제5호), ⅵ) 그 밖에 법령, 정관 및 다른 규정에서
정한 사항(제6호)이다(감사규정3).

Ⅲ. 감사의 구분과 위임

1. 감사의 구분

감사는 정기감사, 수시감사 및 전산상시감사로 구분한다(감사규정4①).

(1) 정기감사

정기감사는 감사기본계획에 따라 매년 정기적으로 실시하는 감사를 말한다
(감사규정4②).

(2) 수시감사

수시감사는 특정 부문에 대하여 비정기적으로 수행하는 감사를 말하며, ⅰ)
대내외로부터 발생한 민원·사고·제보 등에 관한 사항(제1호), ⅱ) 회원조합의 사
고예방 및 기강확립을 위한 현지점검(제2호), ⅲ) 상호금융담당 부서장이 요청한
상각대상채권 심의에 관한 사항(제3호), ⅳ) 감독기관의 장의 감사요구가 있거나
회장이 특히 필요하다고 인정하는 사항(제4호)에 대하여 실시한다(감사규정4④).

(3) 전산상시감사

전산상시감사는 전산상시감사시스템을 이용하여 회원조합에서 발생하는 거
래를 검토·분석하여 사고의 개연성과 제규정 위반 내용 등 이상징후를 분석·식
별하는 방법으로 수행하며, 전산상시감사에 필요한 구체적인 사항은 위원장이

별도로 정하는 바에 따른다(감사규정4⑤).

2. 감사의 위임

위원장은 필요하다고 인정할 때에는 회원조합에 대한 감사업무의 일부를 지역본부장("본부장")에게 위임할 수 있다(감사규정5).

제2절 감사직원

Ⅰ. 감사직원과 감사직원의 자격

1. 감사직원

감사직원이란 조합감사실 직원을 말한다(감사규정5의2①). 그러나 필요한 경우 다른 부서 또는 지역본부의 직원 중에서 협조를 받아 위원장이 지명할 수 있다(감사규정5의2②).

2. 감사직원의 자격

감사직원은 ⅰ) 산림조합중앙회 또는 회원조합에서 5년 이상 근속한 직원(제1호), ⅱ) 회계 또는 감사업무(감사에 필요한 기술부문 포함)에 2년 이상 경험이 있는 직원(제2호), ⅲ) 창의력이 있고 청렴도가 높아 회장이 감사직원으로 적당하다고 인정하는 직원(제3호), ⅳ) 인사규정에 따라 감사직으로 채용된 직원(제4호) 중 어느 하나에 해당하는 직원으로 한다(감사규정6 본문). 다만, 본회 또는 계통기관에서 징계를 받은 날로부터 3년이 경과하지 않은 사람은 감사직원이 될 수 없다(감사규정6 단서).

Ⅱ. 감사직원의 권한과 의무

1. 감사직원의 권한

(1) 권한의 내용

감사직원은 직무를 수행할 때 ⅰ) 각종장부, 증빙서, 물품 및 관계서류의 제출요구(제1호), ⅱ) 관계자의 출석, 답변, 입회 및 확인서, 질문서, 문답서 등 조서작성의 요구(제2호), ⅲ) 창고, 금고, 장부, 물품 등의 봉인(제3호), ⅳ) 회계관계, 사업관계, 예금 및 대출관계의 거래처에 대한 조사와 자료요구(제4호), ⅴ) 형사범죄 혐의사항의 고발, 고소의 건의(제5호), ⅵ) 업무 및 제도개선을 위한 제안 및 건의(제6호), ⅶ) 위법·부당한 행위를 한 임직원에 대한 직권·직무정지 및 변상 요구(제7호), ⅷ) 그 밖에 직무수행에 필요한 사항에 대한 협조 요구(제8호)의 권한을 갖는다(감사규정9①).

(2) 수감조합 임직원의 수감의무

감사직원의 위의 권한행사에 따른 요구가 있을 때에는 수감조합 임직원은 특별한 사유가 없으면 이에 따라야 한다(감사규정9②).

(3) 수감조합 임직원의 요구 불응과 감사직원의 보고

감사직원은 수감조합 임직원이 감사직원의 요구에 불응하거나 감사에 협조하지 않아 감사업무 수행에 중대한 지장을 초래하게 되었을 때에는 위원장 또는 본부장에게 보고하고 그 지시에 따라야 한다(감사규정9③).

2. 감사직원의 의무

감사직원은 직무를 수행 시 ⅰ) 관계 법령과 정관 및 제규정의 준수(제1호), ⅱ) 직무상 알게 된 기밀사항의 누설 및 목적 외 사용금지(제2호), ⅲ) 회원조합의 업무상 창의와 활동기능을 위축 또는 침체시키지 않도록 노력(제3호), ⅳ) 청렴·겸손하고 친절한 감사자세와 언행에 신중을 기하는 등 감사인으로서의 품위유지(제4호)의 사항을 이행해야 한다(감사규정7①).

감사직원은 [별표 1]에서 정하는 감사직원수칙을 철저히 준수해야 한다(감사규정7②).

Ⅲ. 감사직원의 책임

감사직원이 ⅰ) 고의 또는 중대한 과실과 직무태만으로 부정사실을 은폐, 묵인하거나 발견하지 못하였을 때(제1호), ⅱ) 직무수행 중 법령, 정관 및 제규정과 감사직원수칙에 위반되는 행위를 하였을 때(제2호)에는 문책할 수 있다(감사규정8①).

이 경우 해당 감사직원을 문책할 경우 감사반장도 감독 소홀에 대한 책임을 물어 함께 문책한다(감사규정8②).

Ⅳ. 감사직원의 신분보장 등

1. 감사직원의 신분보장

감사직원은 형의선고, 징계처분, 그 밖의 정당한 사유가 아니면 인사 또는 신분상 불리한 처분을 받지 않는다(감사규정10①).

감사직원에게 신분상 처분을 하고자 할 때에는 위원장(본부장 포함)의 의견을 고려해야 한다(감사규정10②).

2. 감사직원에 대한 우대

감사직원에 대해서는 예산의 범위에서 감사활동비를 지급할 수 있다(감사규정11).

제3절 감사 계획 및 실시

Ⅰ. 감사기본계획과 감사명령

1. 감사기본계획

(1) 조합감사위원회의 의결

위원장은 매 회계연도 개시일전까지 다음연도 정기감사기본계획을 수립하여 조합감사위원회의 의결을 거쳐야 한다(감사규정12①).

(2) 필요적 포함사항

감사기본계획에는 감사방향, 중점감사사항, 감사대상조합, 감사의 종류, 감사실시시기 등 감사 실시에 필요한 사항을 포함해야 한다(감사규정12②).

2. 감사명령

회원조합에 대한 감사는 위원장 또는 본부장의 명에 따라 실시한다(감사규정13).

Ⅱ. 감사실시계획

감사담당 부서장은 회원조합에 대한 감사를 실시하고자 할 때에는 ⅰ) 감사종류(제1호), ⅱ) 감사대상조합(제2호), ⅲ) 감사범위(제3호), ⅳ) 감사대상기간(제4호), ⅴ) 감사기준일(제5호), ⅵ) 감사일정(제6호), ⅶ) 감사직원 명단(제7호), ⅷ) 감사착안사항(제8호), ⅸ) 그 밖에 필요한 사항(제9호) 중 필요한 사항이 포함된 감사실시계획을 수립해야 한다(감사규정14).

Ⅲ. 감사기준일과 감사대상기간

1. 감사기준일

감사기준일은 감사착수일 직전 영업일로 함을 원칙으로 한다(감사규정15 본문). 다만, 필요하다고 인정할 때에는 그 기준일을 따로 정할 수 있다(감사규정15 단서).

2. 감사대상기간

(1) 정기감사

정기감사의 감사대상기간은 전번 감사기준일 다음날부터 금번 감사기준일까지로 한다(감사규정16① 본문). 다만, 채권관리업무에 따른 부실채권 및 특수채권이나 사고의 우려 또는 발견된 사고의 조사 등의 경우에는 예외로 한다(감사규정16① 단서).

(2) 수시감사

수시감사의 감사대상기간은 감사의 목적 및 범위에 따라 별도로 정한다(감사규정16②).

(3) 전산상시감사

전산상시감사의 감사대상기간은 별도의 기간을 정하지 않는다(감사규정16③ 본문). 다만, 특별히 주의를 요하는 경우 일정기간을 정하여 실시할 수 있다(감사규정16③ 단서).

Ⅳ. 감사종류 등

1. 감사종류

감사는 현장감사, 서면감사 또는 전산감사에 따라 실시한다(감사규정17①).

(1) 현장감사

현장감사는 수감조합에 대하여 사전 통보없이 임점하여 실시함을 원칙으로 한다(감사규정17② 본문). 다만, 위원장 또는 본부장이 필요하다고 인정할 때에는 감사실시에 앞서 감사일정, 감사범위, 조합의 준비사항 등을 수감조합에 통보할 수 있다(감사규정17② 단서).

(2) 서면감사

서면감사는 임점없이 수감조합으로부터 관련자료를 받아 이를 검토·확인하는 방법으로 실시한다(감사규정17③).

(3) 전산감사

전산감사는 화면검증 또는 서면검증 방법에 따라 실시한다(감사규정17④).

2. 감사반 편성

(1) 감사직원과 지원 직원

감사반은 감사직원으로 편성함을 원칙으로 한다(감사규정18① 본문). 다만, 감사직원만으로 그 목적을 달성할 수 없거나 특별한 업무에 대한 감사가 필요할 때에는 다른 부서 또는 지역본부의 직원을 지원받아 편성할 수 있다(감사규정18① 단서).

(2) 감사반장 지명

감사반원을 2명 이상으로 편성할 때에는 그 중 상위 직급자 또는 선임자를 반장으로 지명한다(감사규정18②).

(3) 감사반장의 업무

감사반장은 감사직원별로 업무를 분장하고 감사업무를 지휘 감독하며, 반원은 분장된 업무를 수행한다(감사규정18③).

(4) 감사반장의 요구사항

감사반장은 본부장 및 수감조합장에게 감사상 필요한 협조와 장비의 지원 및 소속 직원의 차출을 요구할 수 있다(감사규정18④). 이에 따른 요구가 있을 때에는 본부장 및 수감조합장은 정당한 사유없이 이를 거부하지 못한다(감사규정18⑤).

3. 감사착수

(1) 감사통지서 제시

감사반장은 감사착수 시 위원장 또는 본부장이 발행한 감사통지서를 수감조합에 제시해야 한다(감사규정19①).

(2) 감사착수 보고 등

감사반장은 감사착수 시 조합감사실장에게 착수 보고를 해야 하며, 수감조합 직원을 대상으로 감사업무 수행상 요구되는 감사자료의 제출, 감사관련 당부사항 등의 교육을 실시해야 한다(감사규정19②).

(3) 시재검사 및 현물검사 등

감사직원은 감사착수 당일 감사착수 시 확인사항에 따라 시재검사 및 현물검사 등을 실시하되 동 검사 시에는 수감조합의 관련 책임자를 입회토록 해야 하며, 검사결과 이상이 있을 때에는 이를 감사반장에게 보고해야 한다(감사규정19③).

4. 감사방법

(1) 적법성 및 타당성 감사와 중점 감사 사항

감사직원은 감사범위 및 감사자료 등에 따라 업무처리의 적법성 및 타당성 여부를 감사하되, i) 법령과 정관 및 제규정을 위배하여 금융질서를 문란하게 한 사실의 유무(제1호), ii) 현금·유가증권·동산 및 보관품·제증서·재고자산 등의 현물검사(제2호), iii) 각종 계정 잔액대사 및 기록관리 실태(제3호), iv) 채권·채무관리의 적정성(제4호), v) 예산지출사항(제5호), vi) 주요 사업실적 및 경영관리 사항(제6호), vii) 그 밖에 필요한 사항(제7호)에 대하여 중점 감사한다(감사규정20①).

(2) 증인의 출석 요청 등

감사직원은 감사상 필요한 장부, 서류 및 물건의 제시, 조서의 작성, 관계 임직원의 설명 또는 입회를 요구할 수 있으며, 증인의 출석 또는 증언을 요청할 수 있다(감사규정20②).

5. 감사의 진행

감사직원은 수감조합의 일상업무에 지장이 없도록 유의하여 감사를 실시해야 한다(감사규정21①). 감사업무는 근무시간 중에 수행함을 원칙으로 하되 감사업무의 효율적인 수행을 위해서는 근무시간 외라도 이를 행할 수 있다(감사규정21②).

6. 감사일정 등의 변경

감사반장은 감사실시 중에 감사일정 등의 변경이 필요한 경우 그 사실을 조합감사실장에게 보고하고 지시를 받아야 한다(감사규정22①). 이에 따른 감사일정 등의 변경은 조합감사실장이 전결 처리한다(감사규정22②).

Ⅴ. 감사결과 입증자료의 확보 등

1. 감사결과 입증자료의 확보

(1) 입증자료

감사직원은 감사결과 처분을 요하는 사항에 대해서는 다음의 입증자료를 확보한다(감사규정23①).

(가) 문서 및 장표의 사본 등

문서 및 장표의 사본 등은 ⅰ) 사실의 객관적 입증을 위한 자료로서 감사직원의 판단에 따라 필요서류를 받으며, 원본대조자의 소속 및 직위, 성명을 기입 날인하게 한다(가목). ⅱ) 물건이나 상태를 증거의 대상으로 할 때에는 현품채집 또는 사진촬영 등의 방법에 따라 증거를 확보한다(나목). ⅲ) 관계서류의 등본 또는 사본을 증거서류로 받고자 할 때에는 그 출처를 명시하고, 작성자의 소속 및 직위, 성명을 기입 날인하게 한다(다목)(감사규정23①(1)).

(나) 확인서

확인서는 사안에 따라 관련 근거규정과 사실관계를 육하원칙에 따라 기술하고, 업무관련자를 기재하도록 한다(감사규정23①(2)).

(다) 문답서

문답서는 중요한 사안에 관련된 관계자의 책임소재를 규명하고 행위의 동기, 배경 또는 변명을 듣기 위하여 필요한 때에 문답식으로 작성한다(감사규정23①(3)).

(라) 질문서(답변서)

질문서(답변서)는 위법 부당하다고 인정되는 사항 및 업무처리내용에 의문이 있거나 취급 경위가 복잡하고 책임소재가 불분명한 사항에 대하여 변명 또는 설명을 요구할 때에는 질문서를 발부하여 답변서를 받으며, 업무관련자를 명시하도록 한다(감사규정23①(4)).

(2) 입증자료의 수령

입증자료는 답변자가 특정되어 있는 경우를 제외하고는 수감조합장으로부터 받는다(감사규정23② 본문). 다만, 필요한 경우 업무관련자로부터 직접 받을 수 있다(감사규정23② 단서).

2. 긴급보고

감사반장은 감사실시 중에 중대한 위법 또는 부당사항을 발견하였을 때에는 지체없이 위원장 또는 본부장에게 보고하여 그 처리지시를 받아야 한다(감사규정24).

3. 현지조치사항

(1) 경미한 지적사항

감사직원은 감사 중 단순하고 경미한 지적사항에 대해서는 현지에서 시정토록 하거나 주의조치할 수 있다(감사규정25①).

(2) 현지시정사항처리부 기재

앞의 제1항의 처분을 하였을 때에는 현지시정사항처리부에 기재하고, 감사규정 제27조에 따른 감사결과 보고에 포함하여 보고해야 한다(감사규정25②).

4. 감사결과 강평

감사반장은 감사종료 후 감사결과를 종합하여 업무 전반에 대한 업적과 경영관리 및 사무처리상 개선이 필요한 사항에 대하여 강평을 실시해야 한다(감사규정26 본문). 다만, 강평을 통하여 언급할 중요한 사항이 없는 경우에는 이를 생략할 수 있다(감사규정26 단서).

제4절 감사결과 보고 및 처리

Ⅰ. 감사결과의 보고

1. 감사결과보고서 작성과 보고

감사반장은 감사종료 후 귀임하는 즉시 ⅰ) 감사개황(제1호), ⅱ) 일반현황(제2호), ⅲ) 업무개요(제3호), ⅳ) 지적사항(제4호), ⅴ) 현지시정 및 주의사항(제5호), ⅵ) 그 밖에 필요한 사항(제6호)이 포함된 감사결과보고서를 작성하여 위원장 또는 본부장에게 보고해야 한다(감사규정27①).

2. 본부장의 분기별 보고

본부장은 감사결과보고서를 분기마다 위원장에게 보고해야 한다(감사규정27②).

Ⅱ. 지적사항의 구분

감사결과 보고 시 지적사항은 다음과 같이 구분한다(감사규정28).

1. 문책

문책은 ⅰ) 임직원이 법령, 규정, 지시사항 등을 위반하여 신분상 책임을 물

어야 할 사항(가목), ⅱ) 임직원이 고의 또는 과실로 법령, 규정, 지시사항 등을
위반하여 조합에 손해를 끼쳐 변상책임을 물어야 할 사항(나목)이다(감사규정
28(1)).

2. 주의촉구

주의촉구는 제규정 위반·부당취급 등 비위사실에 대한 관련 임직원의 비위
정도가 경미하고 정상을 참작할 필요가 있는 사항이다(감사규정28(2)).

3. 시정

시정은 법령, 규정, 지시사항 등을 위반하여 추징, 회수, 보전, 그 밖의 방법
등으로 시정 또는 원상태로 환원시킬 필요가 있는 사항이다. 다만, 변상사항에
해당되나 기일이 경과되면 원상태로 회복될 소지가 있고 절차 미필 등의 사유로
손실금액이 불확정 상태에 있는 사항에 대해서는 조건이나 기한을 붙여 시정사
항으로 운영할 수 있다(감사규정28(3)).

4. 주의

주의는 법령, 규정 또는 지시사항 등을 위반하였으나 시정 또는 원상태로
환원이 불가능하거나 원상 환원의 실익이 없고 주의 및 반성을 요하는 사항이다
(감사규정28(4)).

5. 업무방법개선

업무방법개선은 경영 및 업무전반의 규정, 제도 또는 업무운영상 불합리하
다고 인정되어 그 개선이 필요한 사항이다(감사규정28(5)).

6. 경영유의

경영유의는 감사결과 취약성이 있는 것으로 나타나 경영자의 주의 또는 경
영상의 제도보완이 필요하다고 인정되는 사항이다(감사규정28(6)).

7. 권고

권고는 감사결과 문제가 있다고 인정되는 사항에 대해서 대안을 제시하여

개선방안을 마련하게 할 필요가 있는 사항이다(감사규정28(7)).

8. 현지조치

현지조치는 앞의 제1호부터 제7호까지의 규정 외의 경미한 사항으로서 현지감사 시 조치가 완료된 사항이다(감사규정28(8)).

Ⅲ. 조합감사위원회 의결

1. 문책사항의 조합감사위원회 부의

위원장은 감사결과 문책사항에 대해서는 조합감사위원회에 부의하여 의결을 받아 처리한다(감사규정29①).

2. 조합감사위원회운영규정

조합감사위원회의 의결을 받아야 하는 사항은 「조합감사위원회운영규정」에서 정하는 바에 따른다(감사규정29②).

Ⅳ. 감사결과 통보 및 조치요구

1. 조치요구사항의 통지와 조치요구

위원장 또는 본부장은 감사결과에 따른 조치요구사항을 해당 조합장과 감사에게 통지하여 필요한 조치를 요구한다(감사규정30①).

2. 관계부서 통보와 조치

위원장은 감사결과 조치요구 시 필요하다고 인정하는 사항에 대해서는 관계부서에 통보하여 필요한 조치를 취하게 할 수 있다(감사규정30②).

Ⅴ. 조치요구사항에 대한 처리보고

조치요구를 받은 회원조합장은 그 처리결과를 특별한 사유가 없는 한 감사결과 통지서 접수일부터 2개월 이내에 정리하여 본부장에게 또는 본부장을 경유하여 위원장에게 보고해야 한다(감사규정31①). 이에 따른 처리결과에 대해서는 다음 정기감사 때 확인해야 한다(감사규정31②).

Ⅵ. 이의신청

1. 이의신청 기간

회원조합 또는 해당 임직원은 감사결과 조치요구사항에 대하여 이의가 있을 때에는 감사결과 조치요구서를 접수한 날 또는 통보받은 날로부터 30일 이내에 위원장 또는 본부장(지역본부에서 감사한 사항)에게 이의신청을 할 수 있다(감사규정32①).

2. 이의신청서 제출

이의신청을 할 때에는 이의신청서를 제출해야 하며, 이의신청의 취지와 그 이유를 명백히 기술하고 증빙서류 등을 붙여야 한다(감사규정32②).

3. 심사와 결과 통보

위원장 또는 본부장은 이의신청서가 접수되었을 때에는 특별한 사유가 없으면 접수한 날부터 30일 이내에 ⅰ) 이의신청이 이유 없다고 인정한 경우 이를 기각하고(제1호), ⅱ) 이의신청 기간의 경과, 그 밖에 이의신청의 요건을 구비하지 못하였다고 판단될 경우에는 위원장 직권으로 각하하며(제2호), ⅲ) 이의신청이 이유 있다고 인정한 경우 원처분요구를 취소 또는 변경(제3호)하는 것으로 심사하여 그 결과를 통보해야 한다(감사규정32③).

4. 재이의신청의 제한

회원조합 또는 해당 임직원은 이의신청하여 처리된 사항에 대해서는 다시 이의신청을 할 수 없다(감사규정32④).

제5절 감사 사후관리

감사결과 조치요구사항에 대한 사후관리는 조합감사실 또는 지역본부의 감사업무 담당부서(과)에서 담당한다(감사규정33①). 감사 사후관리에 필요한 세부사항은 예규로 정한다(감사규정33②).

제6절 감사지적사항심사협의회 등

Ⅰ. 감사지적사항심사협의회

1. 설치

감사결과 조치요구 등의 적정성을 제고하기 위하여 조합감사실 또는 지역본부에 감사지적사항심사협의회("심사협의회")를 둔다(감사규정34).

2. 구성

(1) 구성원과 간사

심사협의회는 의장 1명, 심사원 4명 이상으로 구성하고, 간사 1명을 둔다(감사규정35①).

(2) 의장, 심사원 및 간사

심사협의회의 의장은 조합감사실장(지역본부의 경우 지역본부장)이 되고, 심사원 및 간사는 의장이 지명하는 직원으로 한다(감사규정35② 본문). 다만, 심의안건 징계·변상사유와 관련이 있는 사람 또는 관련자의 민법 제777조에 따른 친족 등 제척사유에 해당하는 사람은 심사원 및 간사로 지명할 수 없다(감사규정35② 단서).

3. 임무

심사협의회 구성원 및 간사의 임무는 다음과 같다(감사규정36).

(1) 의장

의장은 심사협의회 운영을 총괄한다(감사규정36(1)).

(2) 심사원

심사원은 지적내용 및 조치요구 등의 적정 여부에 대한 의견을 제시하고 의결에 참여한다(감사규정36(2)).

(3) 간사

간사는 감사결과 조치요구서를 감사반장의 승인을 받아 심사협의회에 심사안건으로 제출하고, 심사의결된 사항에 대하여 감사지적사항 심사의결서를 작성한다(감사규정36(3)).

4. 소집 및 의결

심사협의회는 의장이 소집하며, 구성원 과반수의 출석과 출석 구성원 과반수의 찬성으로 의결한다(감사규정37).

5. 심의사항

심사협의회는 문책사항 및 주의촉구사항에 대하여 ⅰ) 지적사항의 내용 및 지적구분의 적정성(제1호), ⅱ) 현지실정과 지적의 실효성(제2호), ⅲ) 입증자료의 확보 상태(제3호), ⅳ) 변상감면 협의사항(제4호), ⅴ) 심사협의회 의장이 필요하다고 인정하는 사항(제5호)을 심의한다(감사규정38).

6. 심의결과 처리

(1) 심사의결서 기재 등

심사 의결된 지적사항에 대해서는 그 내용을 심사의결서에 기재하고 참석구성원의 기명날인 또는 서명을 받아 감사결과 보고서에 첨부해야 한다(감사규정39①).

(2) 감사결과보고서 반영

감사반장은 심사의견을 감사결과보고서에 반영해야 한다(감사규정39②).

Ⅱ. 사고 등의 보고

회원조합장은 조합에 사고가 발생하였거나 수사기관에서 수사 또는 조사에 착수하였을 때에는 지체 없이 조합감사위원장에게 보고해야 한다(감사규정40①). 대외 감사기관에서 조합에 대한 감사 또는 조사에 착수하였을 때에도 같다(감사규정40②).

Ⅲ. 표창 추천

감사반장은 감사결과 수범사례가 있을 때에는 수감회원조합 또는 관련 직원에 대하여 회장에게 표창을 추천할 수 있다(감사규정41).

Ⅳ. 다른 규정의 적용

징계·변상에 관한 세부사항은 「징계변상규정 예규」에 따른다(감사규정42).

제
3
장
／

징계변상

여기서는 「회원조합 징계변상 예규」("징계변상 예규")의 내용을 살펴본다.

제1절 총칙

I. 목적과 적용범위

1. 목적

「회원조합 징계변상 예규」("징계변상 예규")는 「회원조합 감사규정」에서 정하는 바에 따라 산림조합중앙회장, 조합감사위원장, 지역본부장과 외부감독·감사기관의 장이 회원조합을 감사하거나 조합장 또는 감사가 자체감사한 결과 임직원에 대한 징계(변상 포함)사유가 발생한 경우 동 징계처리의 절차와 방법 등에 관한 세부사항을 규정하여 합리적이고 공정한 업무처리를 목적으로 한다(징계변상 예규1).

2. 적용범위

회원조합("조합")의 징계변상업무에 관해서는 법령, 정관 및 관련 규정에서 정한 것 외에는 이 예규를 적용한다(징계변상 예규2).

Ⅱ. 사고발생보고와 사고의 구분

1. 사고의 의의

사고란 업무와 관련하여 스스로 또는 타인으로부터 기망, 권유, 청탁 등을 받아 제규정 위반 또는 부당한 행위를 함으로써 조합에 손실을 초래하거나 업무질서를 문란케 한 경우와 조합의 공신력을 훼손하거나, 사회적으로 물의를 일으킨 경우를 말한다(징계변상 예규3(5)).

2. 사고발생보고

(1) 조합장의 징계사유 발생 보고

조합장은 소속임직원에 대하여 「징계변상규정(예)」 제4조에 따른 징계사유가 발생한 때에는 즉시 지역본부장에게 사고발생을 보고(별지 제1호 서식)해야 한다(징계변상 예규4①).

(2) 지역본부장의 징계사유 발생 보고

지역본부장은 조합장의 징계사유 발생 보고가 있는 경우에는 즉시 조합감사위원장에게 보고해야 한다(징계변상 예규4②).

3. 사고의 구분

사고는 ⅰ) 천재지변 또는 불가항력으로 인한 사고(제1호), ⅱ) 책임소재가 불명확한 사고(제2호), ⅲ) 고의에 의한 사고(제3호), ⅳ) 직무태만 또는 과실로 인한 사고(제4호)로 구분한다(징계변상 예규5①).

앞의 제1호 및 제2호의 경우에는 사정에 따라 징계를 면제할 수 있다(징계변상 예규5②).

Ⅲ. 직원에 대한 징계의 구분 및 효과

1. 징계의 구분

직원에 대한 징계는 ⅰ) 중징계: 파면·해임, 정직(제1호), ⅱ) 경징계: 감봉, 견책(제2호)으로 구분한다(징계변상 예규6①).

2. 신분상 제재조치

조합의 직원에 대하여 취할 수 있는 신분상 제재조치는 파면·해임, 정직, 감봉, 견책, 주의촉구로 한다(징계변상 예규6②).

정직은 "정직 1개월", 감봉은 "감봉 1개월"을 부과함을 원칙으로 하고, 책임의 정도에 따라 1개월 단위로 1개월에서 최고 6개월까지 부과할 수 있다(징계변상 예규6③).

3. 징계의 효과

징계의 효과는 다음과 같다(징계변상 예규6④).

(1) 파면·해임

파면·해임은 직원의 신분을 제적한다(징계변상 예규6④(1)).

(2) 정직

정직은 ⅰ) 1개월 이상 6개월 이하의 기간에는 그 직무에 종사하지 못하며 기간만료와 동시에 복직한다(가목). ⅱ) 정직기간에 18개월을 가산한 기간 동안 승진 및 승급을 불허한다(나목). ⅲ) 「보수규정」에서 정하는 바에 따라 정직기간 중 급여를 감액한다(다목)(징계변상 예규6④(2)).

(3) 감봉

감봉은 ⅰ) 감봉기간에 12개월을 가산한 기간 동안 승진 및 승급을 불허한다(가목). ⅱ) 「보수규정」에서 정하는 바에 따라 급여를 감액한다(나목)(징계변상 예규6④(3)).

(4) 견책

견책은 ⅰ) 6개월간 승진 및 승급을 불허한다(가목).[1] ⅱ) 1년 이내 3회 주의촉구를 받거나 동일 업무와 관련하여 1년 이내 2회 이상 주의촉구를 받은 경우 징계부의권자에게 곧바로 견책을 요구할 수 있다(다목)(징계변상 예규6④(4)).

4. 제재조치의 병합 부과

징계사유가 중복되는 경우에는 징계의 효과에서 정한 제재조치를 병합하여 부과할 수 있다(징계변상 예규6⑤).

5. 주의촉구 조치

제규정 위반·부당취급 등 비위사실에 대한 관련 직원의 비위정도가 경미하고 정상을 참작할 필요가 있는 경우 주의촉구 조치하고, 주의촉구 관리명부(별지 제16호 서식)에 기록·관리해야 한다(징계변상 예규6⑥).

6. 징계면직 조치요구와 직무정지

감독기관 또는 산림조합중앙회 회장("중앙회장")으로부터 "징계면직"의 조치요구를 받은 직원은 별도의 절차 없이 조치요구서 접수일부터 징계조치가 최종 확정되는 날까지 직무가 정지된다(징계변상 예규6⑦).

Ⅳ. 임원에 대한 징계의 구분 및 효과

1. 징계의 구분

임원에 대한 징계는 ⅰ) 중징계: 개선, 직무의 정지(제1호), ⅱ) 경징계: 견책(제2호)으로 구분한다(징계변상 예규7①).

2. 신분상 제재조치

조합의 임원에 대하여 취할 수 있는 신분상 제재조치는 개선, 직무의 정지, 견책, 주의촉구로 한다(징계변상 예규7②).

---

1) 나목은 삭제 [2021.12.29.]

3. 징계의 효과

징계의 효과는 다음과 같다(징계변상 예규7③).

(1) 개선

개선의 경우 이사회의 의결을 받아 해당 임원에 대한 사임 또는 해임절차를 이행한 후 임원을 새로 선임한다(징계변상 예규7③(1)).

(2) 직무의 정지

직무의 정지의 경우 ⅰ) 이사회 의결을 받아 직무정지 조치하되, "직무의 정지 3개월"을 부과함을 원칙으로 하고, 책임의 정도에 따라 매 1개월 단위로 1개월에서 최고 6개월까지 부과할 수 있다(가목). ⅱ) 직무정지 기간에는 그 직무에 종사하지 못하며 기간만료와 동시에 복직한다(나목). ⅲ) 직무정지 기간에는 보수를 감액하거나 실비를 지급하지 않는다. 이 경우 상근직 임원의 보수지급은 「보수규정」 제15조 제1항을 준용한다(다목)(징계변상 예규7③(2)).

(3) 견책

견책의 경우 이사회 의결을 받아 견책 처분하되 전과를 반성하고 근신하게 한다(징계변상 예규7③(3)).

4. 주의촉구 조치

제규정 위반·부당취급 등 비위사실에 대한 관련 임원의 비위정도가 경미하고 정상을 참작할 필요가 있는 경우 주의촉구 조치하고, 주의촉구 관리명부(별지 제16호 서식)에 기록·관리해야 한다(징계변상 예규7④).

5. 개선의 조치요구와 직무정지

중앙회장 또는 감독기관으로부터 "개선"의 조치요구를 받은 임원은 조치요구서 접수일부터 징계조치가 최종 확정되는 날까지 직무가 정지되며, 산림조합법 제36조 제3항에 따라 직무정지 기간 동안 직무대행자를 선임해야 한다(징계변상 예규7⑤).

Ⅴ. 감독기관의 주의·경고 등 요구에 대한 조치 등

1. 감독기관의 주의·경고 등 요구에 대한 조치

(1) 주의촉구의 제재 조치

조합장은 임직원이 감독기관으로부터 "주의·경고" 조치를 요구받은 경우 "주의촉구"로 제재 조치한다(징계변상 예규8①).

(2) 견책의 제재 조치

조합장은 임원이 금융감독원으로부터 "문책 경고 및 주의적 경고" 조치를 요구받은 경우에는 "견책"으로 제재 조치한다(징계변상 예규8②).

2. 감독기관 제재조치의 고려

법령·제규정 위반 또는 부당행위 관련 임직원에 대한 징계처분 시 감독기관이 이미 취한 제재 조치가 있는 경우에는 이를 고려하여 제재의 종류를 정하거나 제재를 가중·감면할 수 있다(징계변상 예규8의2).

3. 타기관 조사와의 관계

징계조치해야 할 사고가 감독기관이나 감사원, 검찰 그 밖의 수사기관에서 수사 또는 조사 진행 중이거나 재판 등 법적절차가 진행 중인 때에는 그 종료 후 결과를 고려하여 징계조치할 수 있다(징계변상 예규9).

Ⅵ. 징계시효

1. 징계시효 기간

징계의결의 요구는 "징계사유가 발생한 날"부터 다음의 구분에 따른 "기간이 지난 때"에는 이를 행하지 못한다(징계변상 예규10①). 여기서 "징계사유가 발생한 날"이란 사고발생일(사고의 연속인 경우는 최종 사고일)을 말하며 "기간이 지난 때"란 사고 발각일을 기준으로 소급하여 사고발생일까지의 기간을 말한다(징계변상 예규10②).

(1) 시효 10년의 징계 사유

징계 사유가 ⅰ) 성매매알선 등 행위의 처벌에 관한 법률 제4조에 따른 금지행위(가목), ⅱ) 성폭력범죄의 처벌 등에 관한 특례법 제2조에 따른 성폭력범죄(나목), ⅲ) 아동·청소년의 성보호에 관한 법률 제2조 제2호에 따른 아동·청소년대상 성범죄(다목), ⅳ) 양성평등기본법 제3조 제2호에 따른 성희롱(라목)의 어느 하나에 해당하는 경우는 10년이다(징계변상 예규10①(1)).

(2) 시효 5년의 징계 사유

징계 사유가 횡령, 배임, 금품·향응수수, 채용비리 및 고의 또는 중과실의 업무부당처리 사고에 해당하는 경우는 5년이다(징계변상 예규10①(2)).

(3) 시효 3년의 징계 사유

과실의 정도가 경미하고 고의성이 없는 경우는 3년이다(징계변상 예규10①(3)).

2. 징계시효의 연장

조사 또는 수사(재판 포함) 등으로 인하여 징계시효가 만료되거나, 남은 기간이 1개월 미만인 경우에는 조사 또는 수사 종료일부터 2개월간 연장한다(징계변상 예규10③).

3. 재징계조치

법원 또는 권한 있는 행정관청 등에서 징계처분의 무효 또는 취소의 판결(판정을 포함)을 한 때에는 앞의 제1항에도 불구하고 다시 징계조치할 수 있다(징계변상 예규10④).

Ⅶ. 사고처리관련자의 면직처리

1. 사직원 수리

조합장은 사고관련자가 사직원을 제출하였을 때에는 즉시 지역본부장에게 보고해야 하며, 징계 확정 시까지 그 사직원 수리를 보류해야 한다(징계변상 예규 11① 본문). 다만, 정직(직무정지) 이상 징계처분이 예상되는 임직원을 제외하고는 피해예상액을 예치하거나 채권보전 조치를 한 경우에는 사직원을 수리할 수 있다(징계변상 예규11① 단서).

2. 사직원 제출과 조치

임직원이 사직원을 제출하였을 경우 비위사실에 관련되었다고 인정되는 때에는 민법 제660조에 따른 의원면직의 효력이 발생되기 전에 징계조치 및 사고금보전 등 필요한 조치를 해야 한다(징계변상 예규11②).

Ⅷ. 제척 및 기피 등

1. 제척

(1) 제척사유

징계변상위원회(임원인 경우 이사회 또는 총회, 이하 "위원회"라 한다) 위원장 및 위원 중 징계관련자의 민법 제777조에 따른 친족이나 그 징계사유와 관계있는 사람 등 제척사유에 해당하는 사람은 동 위원회에서 해당 사고와 관련하여 징계 및 변상 심의·의결에 참여하지 못하며, 위원장(의장)이 제척사유에 해당될 경우에는 각 의결기관의 구성원 중 한 명을 임시 위원장(의장)으로 선임한다(징계변상 예규12①).

(2) 위원의 과반수 미달시의 의결 방법

위원장 및 위원이 제척사유로 인하여 징계의결에 참여하지 못함으로써 참석 위원수가 구성원의 과반수에 미달하게 되는 경우에는 「징계변상규정(예)」제16조에도 불구하고 부족 위원에 대하여 위원장이 지역본부직원 또는 해당 조합의 이사 중에서 추가 지정하여 징계의결에 참여하게 할 수 있다(징계변상 예규12②).

(3) 임원에 대한 징계의결

임원에 대한 징계의결 시 이사회 구성원 과반수 이상이 제척사유에 해당될 경우 상급 의결기관(대의원회 등)에서 의결해야 한다(징계변상 예규12⑤).

2. 기피

(1) 기피신청 사유

징계관련자는 위원장 또는 위원 중에서 불공정한 의결을 할 우려가 있다고 인정할 만한 타당한 사유가 있을 때에는 그 사실을 서면으로 소명하고 기피를 신청할 수 있다(징계변상 예규12③).

(2) 기피 여부 결정

기피신청이 있는 때에는 위원회의 의결로 해당 위원장 또는 위원의 기피 여부를 결정해야 한다(징계변상 예규12④ 전단). 이 경우 기피결정을 받은 사람은 그 의결에 참여하지 못한다(징계변상 예규12④ 후단).

제2절 징계기준

Ⅰ. 징계심의대상

중앙회장 또는 조합장은 ⅰ) 산림조합법에 근거한 감사결과 발견된 사고 관련 조합 임직원에 대한 징계(제1호), ⅱ) 법령에 따른 외부 감독·감사기관의 감사 또는 조사결과 발견된 사고 관련 조합 임직원에 대한 징계(제2호), ⅲ) 조합의 임직원이 업무 등과 관련, 법령을 위반하여 수사기관에서 조사결과 중앙회장 또는 조합장에게 관련 임직원의 징계를 요구한 경우 해당 임직원에 대한 징계(제3호) 중 어느 하나에 해당하는 사항에 대하여 징계를 요구한다(징계변상 예규13).

Ⅱ. 징계의결 및 요구 기준

1. 징계 대상자별 징계요구량

위원회에서 징계의결하거나 중앙회장 또는 조합장이 징계요구 시의 징계 대상자별 징계요구량은 별표 "징계양정 세부기준"에 따르며, 비위유형별 하한 징계량 이상으로 부과(요구)한다(징계변상 예규14① 본문). 다만, 극히 경미한 사고로서 동 징계기준별 하한과 다르게 감경된 징계량을 부과(요구)하고자 할 경우에는 구체적 사유를 명기해야 한다(징계변상 예규14① 단서).

2. 하한 징계량 이상의 징계량 부과

위원회 또는 조합 이사회는 중앙회장으로부터 소속 임직원에 대한 징계를 요구받은 경우 하한 징계량 이상으로 징계량을 부과해야 한다(징계변상 예규14② 본문). 다만, 조합장이 재심청구에 따라 중앙회 조합감사위원회("조합감사위원회")의 승인을 받은 경우에는 그렇지 않다(징계변상 예규14② 단서).

3. 조합감사위원회에 대한 승인신청

앞의 제2항 단서에 따라 승인을 신청하는 경우에는 위원회 또는 조합이사회의 의결을 거쳐 객관적인 자료에 따라 징계량의 감경사유를 입증할 수 있는 사유와 근거자료를 첨부한 재심 요청서(별지 제3호 서식)를 지역본부장을 경유하여 조합감사위원회 위원장에게 제출해야 한다(징계변상 예규14③).

4. 위원회 의결 의제

앞의 제2항 단서에 따라 조합감사위원회 승인을 받은 경우에는 위원회 의결을 받은 것으로 본다(징계변상 예규14④).

5. 고발 및 변상판정조치의 병행

징계양정에 있어서는 사안에 따라 고발 및 변상판정조치를 병행하여 심의·의결할 수 있다(징계변상 예규14⑤).

Ⅲ. 적극행정 등에 대한 특별면책

1. 면책사유

위원회는 고의 또는 중과실이 아닌 비위로서 ⅰ) 관련 규정 등이 정하는 바에 따라 정당하게 취급한 업무가 부실화되거나, 관련자가 선량한 관리자로서의 주의의무를 다한 경우(제1호), ⅱ) 각종 사업추진과정에서 실익을 확보하기 위하여 업무처리 절차·방식을 창의적으로 개선하는 등 성실하고 능동적으로 업무를 처리하는 과정에서 발생한 것으로 인정되는 경우(제2호), ⅲ) 조합의 이익이나 피해가 예견되어 이를 방지하기 위하여 정책을 적극적으로 수립·집행하는 과정에서 발생한 것으로서 정책을 수립·집행할 당시의 여건 또는 그 밖의 사회통념에 비추어 적법하게 처리될 것이라고 기대하기가 극히 곤란했던 것으로 인정되는 경우(제3호)에는 면책하거나 징계기준에 정해진 징계량보다 감경 부과할 수 있다(징계변상 예규14의2①).

"고의"란 법령·제규정 위반 또는 부당행위임을 인지하고도 이를 적극적으로 행하거나 은폐함으로써 조합에 손실을 끼치거나 질서를 문란하게 한 경우를 말하고(징계변상 예규3(1)), "중과실"이란 법령·제규정 위반 또는 부당행위로서 이를 방치하거나 선량한 관리자의 주의의무를 현저하게 소홀히 하여 조합에 손실을 끼치거나 질서를 문란하게 한 경우를 말한다(징계변상 예규3(2)). "경과실"이란 법령·제규정 위반 또는 부당행위로서 선량한 관리자의 주의 의무를 소홀히 하여 조합에 손실을 끼치거나 질서를 문란하게 하였으나 그 정도가 미약한 경우를 말한다(징계변상 예규3(3)).

2. 고의 또는 중과실에 해당되지 않는 것으로 추정되는 경우

위원회는 징계 등 대상자가 ⅰ) 징계 등 대상자와 비위 관련 직무 사이에 사적인 이해관계가 없고(제1호), ⅱ) 해당 직무수행 절차상 검토해야 할 사항을 충분히 검토하였으며(제2호), ⅲ) 법령에서 정한 행정절차를 거쳤으며(제3호), ⅳ) 해당 직무를 처리하면서 필요한 보고 절차를 거친 경우(제4호)에는 해당 비위가 고의 또는 중과실에 해당하지 않은 것으로 추정한다(징계변상 예규14의2②).

3. 징계의결의 면제

위원회는 제21조(포상자에 대한 감경원칙) 제1항 단서에 따른 감경 제외대상이 아닌 비위 중 직무와 관련이 없는 사고로 인한 비위로서 사회통념에 비추어 임직원의 품위를 손상하지 아니하였다고 인정되는 경우에는 징계의결 등을 하지 않을 수 있다(징계변상 예규14의2③).

Ⅳ. 징계의 양정과 과실의 정도 측정기준

1. 징계의 양정

(1) 징계양정 세부기준

징계의 양정은 ⅰ) 징계대상자의 사고관련 행위(지시, 결재, 취급 등)의 고의, 중과실, 경과실 해당 여부(제1호), ⅱ) 사고금의 크기, 손실금의 변상 여부(제2호), ⅲ) 사고발생 후 사고 수습 및 손해 경감을 위한 노력 여부(제3호), ⅳ) 사고 발생 요인 중 불가항력적 요소 유무(제4호), ⅴ) 사회적으로 중대한 물의를 일으켜 조합의 명예를 훼손하였거나 산림조합 전체의 공신력을 실추시킨 사실 유무(제5호), ⅵ) 징계대상자의 평소 근무태도, 공적, 뉘우치는 정도 및 과거 징계사실의 유무(제6호), ⅶ) 법령·제규정 위반 또는 부당행위의 동기, 외적요인 등(제7호)의 어느 하나에서 정한 사유를 고려하여 별표 "징계양정 세부기준"에 따라 운용한다(징계변상 예규15①).

(2) 자진 신고와 감경 또는 면제

사고관련자가 사고발생일부터 30일 이내 사고사실을 감사담당부서에 자진 신고한 경우 신고자에 대해서는 사고내용에 따라 징계량을 감경하거나 면제할 수 있다(징계변상 예규15②).

(3) 금품수수자의 반납과 자진 신고

금품수수에 대해서는 금품수수자가 단시일 내에 반납하고 자진 신고한 경우에는 이를 감경 또는 면책할 수 있다(징계변상 예규15③).

(4) 감사담당부서의 인지 전 시정

감사담당부서의 인지 전에 제규정 위반 사실을 스스로 시정 또는 치유하거나 금융분쟁조정과 관련하여 합의권고 또는 조정안을 수락한 경우에는 사고내용에 따라 징계량을 감경하거나 면제할 수 있다(징계변상 예규15④). "감사담당부서"란 산림조합중앙회("중앙회") 조합감사실과 지역본부 운영지원팀을 말한다(징계변상 예규3(4)).

(5) 추종자와 감독자, 행위자의 경우

추종자(맹종취급자)와 감독자에 대해서는 비위행위의 사전인지도 및 관련정도, 빈도를 참작하여 문책하되 범죄사고의 추종자(맹종취급자)는 원칙적으로 행위자에 준하여 문책한다(징계변상 예규15⑤).

"추종자"란 사고행위에 대한 주도적인 역할 없이 단순히 사고행위에 가담한 사람을 말하고(징계변상 예규3(9)), "행위자"란 사고행위를 직접 행한 사람을 말한다. 다만, 자기의 지휘·감독을 받는 사람이 교사 또는 위력을 행사한 경우에는 그 사람을 행위자로 본다(징계변상 예규3(6)). 또한 "교사자"란 타인으로 하여금 사고행위를 하도록 선동하거나 조종하는 사람을 말하고(징계변상 예규3(7)), "방조자"란 사고행위를 알면서 도와주는 사람을 말한다(징계변상 예규3(8)).

(6) 사고관련자의 경우

다음의 어느 하나에 해당하는 사고관련자, 즉 ⅰ) 일일, 수시, 특명감사자 및 감사통합책임자(제1호), ⅱ) 행위자에 대한 감독업무를 소홀히 한 사람(직상, 차상감독자 및 최고감독자)(제2호), ⅲ) 사고보고를 지연하거나 은폐한 사람(제3호)에 대해서는 관련 행위별 책임소재를 규명하여 소정 절차에 따라 지체 없이 징계하되, 사안이 경미한 경우 주의촉구 조치를 할 수 있다(징계변상 예규15⑥).

2. 과실의 정도 측정기준

중과실과 경과실의 구분은 다음의 사항을 고려하여 결정한다(징계변상 예규16). 즉 ⅰ) 사고에 대한 인식결과의 예견 및 사고방지가 용이할수록 과실이 큰 것으로 본다(제1호). ⅱ) 근속연수, 직위, 담당 업무를 고려하여 주의능력이 클수록 과실이 큰 것으로 본다(제2호). ⅲ) 그 밖에 주의의무를 용이하게 기대할 수 있을 때일수록 과실이 큰 것으로 본다(제3호).

Ⅴ. 징계량의 가중, 감경의 순서

징계량의 결정 시 가중 또는 감경할 사유가 경합된 때에는 ⅰ) 병합심의 가중(제1호), ⅱ) 과거 징계사실에 대한 가중(제2호), ⅲ) 과거 표창사실에 대한 감경(제3호), ⅳ) 사고 자진신고자 및 변상자 감경(제4호)의 순서에 따른다(징계변상 예규17①).

이에 따른 가중 및 감경사유가 경합될 경우에는 거듭하여 가중 또는 감경할 수 있다(징계변상 예규17②).

Ⅵ. 병합심의 가중원칙 등

1. 병합심의 가중원칙

징계대상자가 여러 개의 사고와 관련하여 징계회부되었을 때에는 병합·심의함을 원칙으로 하되, ⅰ) 견책 + 견책 = 감봉(임원은 견책 또는 직무의 정지)(제1호), ⅱ) 견책 + 감봉 = 감봉 또는 정직(제2호), ⅲ) 견책 + 중징계 = 정직 또는 파면·해임(임원은 직무의 정지 또는 개선)(제3호), ⅳ) 감봉 + 감봉 = 정직(제4호), ⅴ) 감봉 + 중징계 = 정직 또는 파면·해임(제5호), ⅵ) 정직(임원은 직무의 정지) + 정직(임원은 직무의 정지) = 파면·해임(임원은 개선)(제6호)의 가중방법을 고려하여 그 중 책임이 무거운 비위에 해당하는 징계 이상으로 가중 징계하고 그 사유를 명시해야 한다(징계변상 예규18).

2. 과거 징계사고에 대한 가중원칙

과거 징계를 받았던 사람이 다시 징계 처분될 때에는 다음에 따라 가중 징계할 수 있다(징계변상 예규19). 즉 ⅰ) 견책처분을 받은 임직원이 징계처분일부터 1년 이내에 견책에 해당하는 사유가 발생할 때에는 감봉 3개월(임원은 직무의 정지 1개월)까지, 감봉처분을 받은 임직원이 견책에 해당하는 사유가 발생할 때에는 징계내용에 따라 감봉 6개월(임원은 직무의 정지 3개월)까지 가중할 수 있다(제1

호). ⅱ) 중징계처분을 받은 임직원이 징계처분일부터 1년 이내 중징계에 해당하는 사유가 발생한 때(최초사고 발생일 기준)는 파면·해임(임원은 개선)까지 가중할 수 있다(제2호).

3. 위원회의 의사진행 방해자에 대한 가중원칙

사고관련자가 위원회에 출석하여 동 위원회의 진행을 방해하거나 위원 개인의 인격을 모독하는 행위를 하는 경우에는 가중 징계할 수 있다(징계변상 예규20).

Ⅶ. 포상자에 대한 감경원칙 등

1. 포상자에 대한 감경원칙

(1) 감경대상 공적

징계처분 대상자가 ⅰ) 상훈법에 따라 훈장 또는 포장을 받은 공적(제1호), ⅱ) 「정부 표창 규정」에 따라 청장(차관급 상당 기관장 포함) 이상의 표창을 받은 공적(제2호), ⅲ) 중앙회장의 표창을 받은 공적(제3호), ⅳ) 금융위원회 위원장, 금융감독원장 및 한국은행 총재의 표창을 받은 공적(제4호)의 어느 하나에 해당하는 공적이 있는 경우에는 징계기준에 따라 징계량을 감경할 수 있다(징계변상 예규21① 본문). 다만, 동일한 공적에 따른 징계량의 감경은 한 차례에 한정하며 횡령, 배임, 절도, 업무와 관련한 금품·향응수수, 채용비리, 성범죄, 금융 및 일반사업 관련 불법행위에 해당하는 범죄사고의 경우 행위자 또는 방조교사한 관련자는 감경대상에서 제외한다(징계변상 예규21① 단서).

(2) 제외대상 공적

앞의 감경대상 공적과 관련하여 징계량을 감경할 때 ⅰ) 징계처분 대상자가 징계(표창감경으로 주의촉구된 경우 포함)를 받은 적이 있는 경우 그 징계처분 이전의 공적(제1호), ⅱ) 징계처분 대상자가 조합 및 중앙회 입사 전에 받은 공적(제2호), ⅲ) 징계처분 대상자가 지도, 경제 및 신용 업무 등 조합의 업무와 직접 관련 없이 받은 공적(제3호)은 제외한다(징계변상 예규21②).

2. 변상자 감경원칙

(1) 경과실로 조합에 손실을 초래한 경우

경과실로 조합에 손실을 초래한 경우 관련자가 징계 확정 전에 손실액을 전액 자진변상한 때에는 징계를 면제할 수 있으며, 손실액 중 상당금액을 자진변상한 때에는 징계량을 감경할 수 있다(징계변상 예규22①). "손실액"이란 사고로 인하여 발생하였거나 발생할 것이 확실시되는 조합의 재산상 손실을 말하며, 채권의 경우는 원금과 제비용을 포함한 금액을 말한다(징계변상 예규3(10)).

(2) 중과실로 인한 사고발생의 경우

중과실로 인한 사고발생의 경우 징계처분대상자가 징계확정 전에 사고금 또는 손실액을 전액 변상한 때에는 징계량을 감경할 수 있다(징계변상 예규22② 본문). 다만, 제15조(징계의 양정) 제3항에 따른 경우를 제외한 금품수수, 고질적 비위 또는 고의로 인한 행위일 때에는 그렇지 않다(징계변상 예규22② 단서).

Ⅷ. 감독자에 대한 징계 등

1. 감독자에 대한 징계

(1) 사고발생의 근원을 조성한 감독자

통상의 주의를 게을리하여 사고의 미연방지 또는 조기 발견을 하지 못하였거나 현저한 감독소홀로 사고발생의 근원을 조성한 감독자에 대해서는 견책 이상의 징계를 부과할 수 있다(징계변상 예규23①).

(2) 상급책임자

전결권 행사를 소홀히 하여 취급상 하자, 미비사항 및 사고내용을 발견하지 못한 상급책임자는 취급자와 취급자의 직상감독자(결재자)에 준하여 징계할 수 있다(징계변상 예규23② 본문). 다만, 전결권자가 하위직원에게 특정업무를 위임한 경우에는 위임된 처리가 적정하게 처리되는지를 수시로 확인·감독해야 하며, 이를 소홀히 하여 사고가 발생한 경우에는 감봉 이상의 징계를 할 수 있다(징계변상 예규23② 단서).

(3) 부당한 행위지시 등의 감독자

제규정 위반 또는 부당한 행위지시와 방침결정을 잘못하여 조합에 손해를 끼친 감독자에게는 행위자와 동일한 징계량을 부과할 수 있다(징계변상 예규23③).

(4) 감독자의 책임 감경

감독자가 조합내 특정 직위의 비위사실을 직무보고한 경우와 비위사실을 자체 발견하고 계통보고한 경우에는 감독자의 책임을 감경할 수 있다(징계변상 예규23④).

(5) 직상감독자(결재자)의 행위자에 준한 징계

직상감독자(결재자)가 감독 및 확인을 태만히 하는 등 중대한 과실로 부하직원의 대형사고를 예방하지 못한 경우에는 행위자에 준하여 징계할 수 있다(징계변상 예규23⑤).

2. 교사자 및 방조자·추종자에 대한 징계

(1) 교사자에 대한 징계

교사자에 대해서는 행위자에 준하여 처리한다(징계변상 예규24①).

(2) 방조자·추종자에 대한 징계

행위자의 제규정 위반행위를 인식하고 행위자의 사고발생을 방조 또는 추종한 사람에 대한 징계는 다음과 같다(징계변상 예규24②).

(가) 파면·해임에 해당하는 사고의 방조자·추종자

파면·해임에 해당하는 사고의 방조자·추종자의 경우 ⅰ) 직원: 감봉부터 파면·해임까지(가목), ⅱ) 임원: 직무의 정지 또는 개선(나목)의 징계를 할 수 있다(징계변상 예규24②(1)).

(나) 정직 또는 감봉에 해당하는 사고의 방조자·추종자

정직 또는 감봉에 해당하는 사고의 방조자·추종자의 경우 ⅰ) 직원: 견책 또는 감봉(가목), ⅱ) 임원: 견책 또는 직무의 정지(나목)의 징계를 할 수 있다(징계변상 예규24②(2)).

(다) 견책에 해당하는 사고의 방조자 · 추종자

견책에 해당하는 사고의 방조자 · 추종자의 경우 ⅰ) 직원: 견책(가목), ⅱ) 임원: 견책(나목)의 징계를 할 수 있다(징계변상 예규24②(3)).

3. 관련 취급자에 대한 징계

행위자의 제규정 위반행위를 인식하지 못하였거나 업무취급을 게을리하여 사고의 미연방지 또는 조기발견을 하지 못한 업무취급자와 결재자에 대한 징계는 ⅰ) 정직 이상에 해당하는 사고관련자: 견책 또는 감봉(제1호), ⅱ) 감봉 이하에 해당하는 사고관련자: 견책(제2호)이다(징계변상 예규25).

제3절 징계절차

Ⅰ. 징계부의

1. 징계부의조서 작성

위원장은 사고관련 직원에 대하여 중앙회장 또는 조합장으로부터 징계요구가 있는 때에는 소속직원으로 하여금 징계부의조서(별지 제4호 서식 또는 별지 제5호 서식)를 작성하게 하고 해당 조합 위원회를 소집(별지 제6호 서식)하여 사고관련자들에 대한 징계량을 의결하도록 부의해야 한다(징계변상 예규26①).

2. 조치 결과의 보고

조합장은 조합감사위원장으로부터 사고관련 임원에 대하여 개선, 직무의 정지, 견책 또는 변상의 요구가 있는 경우 법령, 정관 및 규정에서 정하는 바에 따라 필요한 조치를 이행해야 하며 조치요구를 받은 날부터 2개월 이내에 그 결과를 조합감사위원장(지역본부장을 경유한다)에게 보고해야 한다(징계변상 예규26②).

Ⅱ. 소명기회 부여

조합감사위원회에서 징계를 요구하거나, 위원회에서 징계를 의결할 때에는 사전에 책임소재를 통보하고 출석시켜 소명할 기회를 부여해야 한다(별지 제7호 서식)(징계변상 예규27① 본문). 다만, 징계대상자가 진술을 포기하는 경우에는 그렇지 않다(징계변상 예규27① 단서).

이에 따라 징계대상자가 출석할 수 없을 때에는 서면으로 진술하게 할 수 있다(징계변상 예규27②).

Ⅲ. 징계의결서 등

1. 징계 및 변상의결서

위원회의 의결은 징계 및 변상의결서(별지 제8호 서식)로 행하며 징계원인이 된 사실 증거의 판단과 관계규정을 명확하게 적어야 한다(징계변상 예규28①).

2. 의결기록부에 의결내용 기재 · 보관

지역본부의 징계업무 담당자는 해당 조합 위원회 의결기록부(별지 제9호 서식)에 의결내용을 기재하여 보관해야 한다(징계변상 예규28②).

Ⅳ. 이동직원의 징계관할

1. 징계사유 및 징계처분 효과의 소급승계

조합 간 또는 중앙회와 인사교류 전에 발생한 징계사유 및 징계처분의 효과는 교류 후에도 소급하여 승계된다(징계변상 예규29①).

2. 이동직원의 징계기준

이동직원의 징계는 징계사유가 발생한 근무지 위원회에서 징계기준에 따라 의결한다(징계변상 예규29②).

3. 징계발생 사실의 통지

징계대상자가 전보된 후에 징계사유가 발생된 경우 사고발생 근무지의 조합장은 현 소속장에게 징계발생 사실을 통지해야 한다(징계변상 예규29③).

V. 재심

1. 재심청구

(1) 재심청구 사유 및 기간

징계처분을 받은 사람이 그 처분이 과중하거나 절차상 부당하다고 판단될 때에는 처분통지를 받은 날부터 7일 이내에 그 사유와 반증자료를 붙여 위원장에게 재심을 청구(별지 제10호 서식)할 수 있다(징계변상 예규30①).

(2) 재심청구 기간의 예외

징계처분이 중대한 착오에 따라 결정되었을 때에는 청구기간에도 불구하고 재심을 청구할 수 있다(징계변상 예규30②).

2. 재심청구의 각하와 기각

(1) 재심청구의 각하

위원장은 재심청구 서류를 심사한 결과 ⅰ) 재심청구기일이 경과한 경우(제1호), ⅱ) 서류미비 또는 입증자료가 제대로 갖추어지지 않은 경우(제2호), ⅲ) 입증 또는 반증 자료와 청구인의 주장에 대한 사실 조사결과 허위판명 또는 명백하게 타당성이 결여된 경우(제3호), ⅳ) 청구인이 재심부의 이전 서면으로 재심취하 요청을 하는 경우(제4호), ⅴ) 재심청구요건을 갖추지 못한 절차상 하자가 발견된 경우(제6호)에는 직권으로 각하할 수 있다(징계변상 예규31①).

(2) 재심청구의 기각

위원장은 ⅰ) 재심청구내용과 입증자료 등을 검토한 결과 감경할 만한 대상이 되지 못한다고 판단될 때(제1호), ⅱ) 손해액 추가변상 등 원심징계 당시의 상황과 비교, 변동사항 없이 감경을 청구하는 경우(제2호), iii) 법령상 또는 외부감독기관의 명령, 지침상 하한선 이하로의 징계를 허용하지 않는 경우(제3호), iv) 그 밖에 감경처분이 부적정한 때(제4호)에는 위원회의 의결을 거쳐 기각할 수 있다(징계변상 예규31②).

3. 재심의 처리

(1) 위원회 부의 기간

위원장은 재심청구를 받았을 때는 재심청구서 접수일부터 1개월 이내에 위원회에 부의해야 한다(징계변상 예규31의2① 본문). 다만, 각하처리 하는 경우는 제외한다(징계변상 예규31의2① 단서).

(2) 재심청구가 이유 있다고 인정되는 경우

위원회는 재심청구가 이유 있다고 인정될 때에는 원심판정 내용을 변경하여 의결할 수 있으며, 중앙회장의 징계 요구사항에 대해서는 조합감사위원회에 승인요청을 해야 한다(징계변상 예규31의2②).

(3) 재심의한 사안의 경우

재심의한 사안에 대해서는 다시 재심청구를 할 수 없다(징계변상 예규31의2③).

4. 재심처분의 효과

(1) 원심징계처분일 소급

재심에 따른 징계처분의 변경은 원심징계처분일에 소급한다(징계변상 예규32①).

(2) 원심징계처분의 집행의 효력

재심청구는 원심징계처분의 집행에 영향을 미치지 않는다(징계변상 예규32②).

(3) 재심처분 결과 원심징계를 감경할 경우

재심처분 결과 원심징계를 감경할 경우에는 동일한 재심사유에 해당되는 다

른 직원에 대한 징계처분도 감경하는 것이 타당할 경우 감경할 수 있다(징계변상
예규32③).

Ⅵ. 징계의 시행권자 및 시행방법 등

1. 징계의 시행권자 및 시행방법

(1) 징계 및 변상의결서의 통지

위원장은 징계의결이 된 때에는 징계 및 변상의결서(별지 제8호 서식)를 조합
장 또는 사고관련자가 소속되어 있는 소속장에게 통지해야 한다(징계변상 예규33
①).

(2) 징계(변상)의결통지서의 교부 등

사고관련자에 대한 징계의결 통지는 조합장 또는 소속장이 사고 관련자별로
징계(변상)의결통지서(별지 제11호 서식)를 직접 교부하고 접수확인증을 받거나 내
용증명 우편으로 통보해야 한다(징계변상 예규33②).

(3) 징계의 시행

징계의 시행은 조합장 또는 소속장이 하며 재심청구 기간이 지난 날 징계
(변상)처분통지서(별지 제15호 서식)에 직인을 날인하여 사고 관련자별로 통지함으
로써 시행한다(징계변상 예규33③ 본문). 다만, 재심의결 시에는 제34조에 따라 문
서를 접수한 그 다음날까지 시행한다(징계변상 예규33③ 단서).

2. 징계확정일자 및 징계효력 발생일자

(1) 징계확정일자

징계는 위원회 의결을 거쳐 위원장이 문서를 시행한 날짜를 확정일자로 한
다(징계변상 예규34① 본문). 다만, 징계대상자가 제30조에 따라 재심청구를 하여
당초 징계처분에 변경이 있는 경우에는 재심처분 결과를 문서로 시행한 날짜를
확정일자로 한다(징계변상 예규34① 단서).

그러나 조합장이 재심승인 요청을 하여 조합감사위원회가 승인한 경우에는

조합에서 승인통보 문서를 접수한 날짜를 확정일자로 한다(징계변상 예규34②).

(2) 징계효력 발생일자

징계(변상)처분통지서로 통지한 날을 징계효력 발생일로 한다(징계변상 예규 34③).

3. 징계의 시행보고

(1) 징계(변상)처분 시행 결과보고서

조합장은 사고관련자에 대한 징계시행사항을 징계 및 변상의결서 접수일부터 10일 이내에 징계(변상)처분 시행 결과보고서(별지 제12호 서식)에 따라 위원장에게 보고해야 한다(징계변상 예규35①).

(2) 구비서류

위원장은 조합장으로부터 보고받은 징계(변상)처분 시행 결과보고서를 ⅰ) 징계변상위원회 의결서(제1호), ⅱ) 징계변상위원회 부의조서(제2호), ⅲ) 조합감사위원회승인서(하향의결한 경우에 한정함)(제3호)의 서류(사본)를 구비하여 조합감사위원장에게 보고해야 한다(징계변상 예규35②).

4. 징계관련 소송 등 보고

조합장은 중앙회 및 감독기관에서 소속 임직원에 대하여 요구한 징계와 관련된 소송(노동위원회법에 따른 노동위원회에 제기된 구제신청 절차 포함)이 발생한 경우에는 사유발생일부터 10일 이내에 지역본부장을 경유하여 조합감사위원장에게 보고해야 한다(징계변상 예규35의2).

Ⅶ. 인사기록카드 및 대장기재 등

1. 인사기록카드 및 대장기재

조합장은 징계시행 즉시 인사담당직원에게 견책 이상의 징계처분을 받은 임직원에 대한 징계사유 및 징계량을 인사기록카드와 피징계(변상)자 대장(별지 제

13호 서식)에 기록하게 하고 확인해야 한다(징계변상 예규36).

2. 기 퇴직자에 대한 징계기록

(1) 인사기록카드 기재 및 증명 발급시 명시

징계의결 전에 이미 퇴직한 사람에 대한 징계 통지는 하지 않고 "○○사고에 따른 행위자 또는 관련자"임을 인사기록카드에 기재하여 추후 각종 증명 발급 시에는 동 내용을 명시하여 발급한다(징계변상 예규37①).

(2) 다른 조합으로 이동 후 퇴직한 직원의 경우

사고발생조합에서 다른 조합으로 이동 후 퇴직한 직원에 대해서는 퇴직한 조합의 조합장에게 동 사고내용 및 책임소재를 통보하고 앞의 제1항의 내용을 인사기록 카드에 기재·관리할 수 있도록 해야 한다(징계변상 예규37②).

3. 징계대상직원에 대한 주의촉구

(1) 주의촉구 조치

위원회 의결과정에서 징계사유에 해당되나 특별한 사유가 있다고 인정하여 주의촉구로 의결하였을 경우에는 조합장에게 해당 사고관련자에게 주의촉구(별지 제14호 서식)토록 조치한다(징계변상 예규38①).

(2) 위원회에 부의되지 않는 사항의 경우

조합장은 위원회에 부의되지 않는 사항의 경우에도 필요한 경우 문서로서 주의촉구를 조치할 수 있다(징계변상 예규38② 전단). 이 경우 주의촉구일부터 7일 이내에 지역본부장에게 보고해야 한다(징계변상 예규38② 후단).

(3) 직접 주의촉구

조합감사위원장 및 지역본부장은 사고관련 임직원에 대하여 직접 주의촉구 조치할 수 있다(징계변상 예규38③).

제4절 변상판정

Ⅰ. 변상책임의 발생요건

1. 고의 또는 과실 및 재산상 손해

변상책임은 임직원이 업무상 고의 또는 중과실로 인하여 조합에 재산상 손해를 끼쳤을 때에 발생한다(징계변상 예규39① 본문). 다만, 경과실의 경우에도 각종 자산의 피사취·분실·과오불·배상 및 그 밖의 이와 유사한 사유로 재산상 손해를 끼쳤을 때에도 변상책임이 발생한다(징계변상 예규39① 단서).

2. 과실정도의 측정기준

과실정도의 측정기준은 제16조(과실의 정도 측정기준)를 준용한다(징계변상 예규39②).

Ⅱ. 사고금액에 대한 처리기준 및 정리

1. 사고금의 처리기준

사고금은 ⅰ) 천재지변 또는 불가항력으로 인한 사고, 책임소재가 불명확한 사고: 조합의 손실로 처리(제1호), ⅱ) 고의에 의한 사고: 사고관련자가 변상함을 원칙으로 하되, 위원회에서 변상판정할 수 있다(제2호), ⅲ) 직무태만 또는 과실로 인한 사고 및 제1호의 사고에서 본인의 귀책사유가 있는 경우: 위원회에서 변상판정 심의(제3호)와 같이 처리하는 것을 원칙으로 한다(징계변상 예규40①).

2. 사고채권의 정리

사고채권은 ⅰ) 사고관련자에 대한 변상판정(제1호), ⅱ) 퇴직 등으로 인해 변상판정이 불가능할 경우에는 민사소송 등에 따른 별도 구상(제2호), ⅲ) 제1호 및 제2호에 따른 정리가 불가능한 금액은 관련규정에 따라 손실처리(제3호)의 어느 하나에서 정하는 바에 따라 정리해야 한다(징계변상 예규40②).

3. 가지급금 처리와 정리

사고금 중 즉시 정리가 필요한 금액(예금, 시재금 부족 등)은 가지급금으로 처리하고 빠른 시일 내에 앞의 사고채권의 정리에 따라 정리해야 한다(징계변상 예규40③).

Ⅲ. 변상판정의 기본원칙 등

1. 변상판정의 기본원칙

(1) 징계절차에 준한 처리

변상판정은 징계절차에 준하여 처리한다(징계변상 예규41①).

(2) 변상책임의 유무 및 책임 범위

변상판정은 「징계변상규정(예)」 제13조에 따른 변상책임자별로 변상책임의 유무 및 그 책임의 범위를 정해야 한다(징계변상 예규41②).

(3) 변상할 총 책임액과 참작사유

변상책임이 있는 임직원들이 변상할 총 책임액은 해당 손해금으로 하되 ⅰ) 사고의 성격(제1호), ⅱ) 사고의 원인 및 제도상의 문제점(제2호), ⅲ) 행위의 동기(제3호), ⅳ) 행위자의 사고관련도 등(제4호), ⅴ) 정당행위에 대한 기대가능성(제5호), ⅵ) 기관 자체의 과실의 정도(제6호), ⅶ) 그 밖에 정상참작 사항(제7호)을 참작해야 한다(징계변상 예규41③).

2. 변상책임액의 결정

변상책임액은 「징계변상규정(예)」 제13조의 변상책임자별로 다음의 구분에 따라 결정한다(징계변상 예규42).

ⅰ) 사고관련자 본인 또는 제3자 등 특정 이해관계인에게 부당이득을 발생하게 할 목적이거나 부당이득이 발생될 것을 인식한 상태에서의 고의 또는 중과실 사고와 관련된 임직원에 대해서는 손해액 전액 이내로 한다. 다만, 고의에 따

른 사고로서 행위자가 금리차액·시세차액 등 과실의 부당취득을 목적으로 한 경우에는 실제 취득한 이득액까지 변상하게 할 수 있다(제1호).

ⅱ) 각종 자산의 피사취, 분실, 과오불, 배상 및 이와 유사한 사고 등의 관련 임직원에 대해서는 손해액 전액 이내로 한다(제2호).

ⅲ) 앞의 제1호 및 제2호 외의 중과실자에 대해서는 제41조(변상책임의 기본원칙) 제3항(참작사유)을 고려하여 변상책임액을 결정하고 징계처분이 견책에 해당하거나 경미한 과실자에 대해서는 변상판정부의 시점의 개인별 신원보증공제금 이내로 변상판정을 할 수 있다(제3호).

ⅳ) 천재지변 또는 불가항력으로 인한 사고와 책임소재가 불명확한 사고일 경우에는 변상을 요구할 수 없다(제4호).

ⅴ) 사고관련 임직원 상호 간 직급별 변상책임액의 크기는 직책·직무범위 및 책임의 경중을 고려하여 결정하되 상위직위의 의사결정이나 관리책임이 중요한 사안의 경우에는 방침결정자의 변상책임이 더 큰 것으로 한다(제5호).

ⅵ) 취급상 하자, 절차 또는 서류미비, 사후관리 소홀, 그 밖에 실무적인 사항의 변상책임액의 크기는 실무담당직원의 변상책임이 더 큰 것으로 한다(제6호).

3. 변상책임액의 감액

(1) 변상책임액의 감액 및 전액 변상

변상책임액은 중앙회장 이상 표창, 조합 발전에 기여한 공로 및 평소 근무자세 등을 고려하여 전부 또는 일부를 감액할 수 있다(징계변상 예규43① 본문). 다만, 고의(횡령 등 범죄행위 포함)로 인한 사고관련자와 고의성이 있다고 판단되는 사고관련자에 대해서는 손해액 전액을 변상책임액으로 한다(징계변상 예규43① 단서).

(2) 변상책임액의 감액 사유

변상책임자가 ⅰ) 사고피해금의 회수를 위하여 현저한 노력을 하고 상당한 회수실적이 있거나 채권보전한 경우(제1호), ⅱ) 사고내용을 자진신고 또는 보고함으로써 조기에 사고를 수습하거나 피해를 축소하게 한 경우(제2호), ⅲ) 해당사고와 관련하여 징계처분을 받은 경우(제3호), ⅳ) 과실의 정도가 가벼운 경우 또는 근무경력이 일천하여 정확한 업무처리를 기대하기 어려운 것으로 인정되는 경우(제4호), ⅴ) 제도상의 결함, 임직원의 변상능력 등 그 밖의 부득이한 사유가 인정되는 경우(제5호), ⅵ) 승인여신으로서 심사, 실행, 사후관리에 고의 또는 중과실이 없는 경우(제6호)에는 변상책임액의 전부 또는 일부를 감액할 수 있다(징계변상 예규43②).

이에 따라 변상책임액을 산정하고자 할 때에는 「인사규정(예)」 제10조 및 제10조의2에서 정한 금액 이내로 한다(징계변상 예규43③).

4. 변상청구권의 시효

(1) 시효기간

변상의무자에 대한 변상청구권은 사고발각일(사고 및 행위자를 안 날)부터 3년간(다만, 현직에 근무하는 사람은 5년) 이를 행사하지 않거나 사고발생일부터 10년이 지난 때에는 시효로 인하여 소멸한다(징계변상 예규44①).

(2) 시효기간의 연장

조사 또는 수사 등으로 인하여 변상청구권의 시효가 완료되거나 남은 기간이 1개월 미만일 경우에는 조사 또는 수사(재판 포함) 등의 종료일부터 2개월간 연장한다(징계변상 예규44②).

(3) 소멸시효중단 조치

조합은 시효가 완성되기 전에 소멸시효중단 조치를 하여 변상청구권을 보전해야 한다(징계변상 예규44③ 전단). 이 경우 조치를 한 때부터 시효를 기산한다(징계변상 예규44③ 후단).

Ⅳ. 변상판정 부의 등

1. 변상판정 부의

(1) 조합장의 변상판정 요청

조합장은 자체 발각한 사고와 관련하여 사고 관련자들이 조합의 재산상 손해를 초래하게 함으로써 각 관련자들로부터 손해액을 구상할 필요가 있다고 인정되는 경우에는 조합감사위원장에게 변상판정을 요청할 수 있다(징계변상 예규45 ①).

(2) 조합감사위원장의 변상판정부의조서 작성과 부의

조합감사위원장은 관련규정에 따라 감사를 실시한 결과 업무취급자들이 조합에 재산상 손해를 발생하게 한 사실을 적발하였거나 조합장(비상임감사 포함)으로부터 변상판정을 요청받았을 때에는 관련자별 책임소재를 명확히 한 후 변상판정부의조서(별지 제4호 서식)를 작성하여 해당 위원회에 부의하게 해야 한다(징계변상 예규45② 본문). 다만, 피해금액이 5백만원 이하의 금액으로서 사고관련자가 책임을 인정하고 기일을 정하여 변상할 것을 서약서로 제출하는 경우에는 그렇지 않다(징계변상 예규45② 단서).

(3) 준용규정

징계변상 예규 제14조 제2항 및 제3항, 제26조 제1항, 제27조, 제28조 제2항, 제30조부터 제32조까지, 제35조는 변상판정업무 처리에 관하여 이를 준용한다(징계변상 예규45③).

2. 변상판정 의결

위원회에서 변상판정 의결 시에는 변상책임의 유무, 변상책임 있는 사람, 변상책임액 및 이에 대한 이유, 변상기한 등을 징계 및 변상의결서(별지 제8호 서식)에 명확히 기술해야 한다(징계변상 예규46 본문). 다만, 변상기한은 변상판정 대상자별로 변상판정 의결일을 기산일로 하여 1년 이내의 범위에서 월 단위로 정한다(징계변상 예규46 단서).

3. 변상판정의 입증

변상판정을 위원회에 부의할 때에는 위원장은 부의조서 및 관련 첨부서류에 고의나 과실의 유무와 정도를 기술하고 이를 입증할 수 있는 증거를 제시해야 한다(징계변상 예규47).

4. 변상판정의 시행

(1) 준용규정

변상판정의 시행 업무는 제33조 제2항 및 제3항, 제34조 제3항을 준용한다(징계변상 예규48①).

(2) 인사기록카드(징계 기록란) 기재·확인과 말소

조합장은 변상판정 시행 시 사고관련 임직원별 변상판정액을 각 개인의 인사기록카드(징계 기록란)에 기재하고 확인해야 하며 변상이 완료되었을 때에는 동 기록을 말소한다(징계변상 예규48②).

(3) 변상판정 내용 통보와 인사기록카드 기록·관리

변상책임 있는 사람이 현재 다른 조합에 근무할 때에는 그 조합의 조합장에게 변상판정 내용을 통보해야 하며 통보를 받은 조합의 조합장은 인사기록카드에 기록·관리해야 한다(징계변상 예규48③).

5. 변상액 정리

(1) 해당 계정 정리

변상책임 있는 사람이 변상판정금액의 전부 또는 일부를 변상하였을 때에는 소속직원으로 하여금 즉시 해당 계정에 정리하게 해야 한다(징계변상 예규49①).

(2) 현물변상과 금전변상

금전 외의 현물 사고 시는 현물변상을 원칙으로 하되, 현물변상이 불가능한 경우에는 변상시점의 시가에 의한 금전으로 변상하게 한다(징계변상 예규49②).

6. 긴급조치

(1) 채권보전조치

조합장은 변상판정부의 대상 손해금의 채권확보가 우려된다고 인정될 때에는 변상판정절차 개시 전후에 불구하고 신속하게 채권보전조치를 취해야 한다(징계변상 예규50① 본문). 다만, 임원에 대해서는 감사가 채권보전조치를 취해야 한다(징계변상 예규50① 단서).

(2) 민사상의 청구절차 이행

채권보전조치를 취한 경우에는 판정절차에 따르지 않고 손해금의 전부 또는 일부 금액에 대해서는 사고 관련자(신원보증인 포함) 상대로 민사상의 청구절차를 이행할 수 있다(징계변상 예규50②). 이에 따른 민사상 청구절차를 이행하였을 때에는 따로 변상판정을 행하지 않을 수 있다(징계변상 예규50③).

7. 변상기한의 연장 등

조합장은 변상판정액 정리상 필요한 경우에는 이사회의 의결을 받아 변상액의 분할정리 또는 정리기한의 유예, 연장을 허용할 수 있다(징계변상 예규51 본문). 다만, 위원회에서 정한 변상기한 종료일부터 1년을 초과할 수 없다(징계변상 예규51 단서).

V. 변상 불이행 시의 조치 등

1. 변상 불이행 시의 조치

(1) 조합장의 직원에 대한 법적 절차 등 이행

조합장은 소속직원 중 변상책임 있는 사람이 변상기일까지 변상의무를 이행하지 않을 때에는 위원회에 부의, 해직절차를 밟게 해야 하며, 변상액 회수를 위한 채권확보조치, 제소 및 그 밖의 법적 절차를 밟게 해야 한다(징계변상 예규52① 본문). 다만, 정상참작에 따라 그렇지 않을 수 있다(징계변상 예규52① 단서).

(2) 재산조사 및 사전 채권확보조치 등

조합장은 변상책임 있는 직원이 변상기일 만료 전이라도 변상의무를 이행하지 않을 우려가 현저한 것으로 인정될 때에는 해당 직원에 대한 재산조사 및 사전 채권확보조치 등을 하게 해야 한다(징계변상 예규52②).

(3) 감사의 임원에 대한 법적 절차 등 이행

조합의 임원이 변상기일까지 변상책임을 이행하지 않는 경우에는 조합의 감사가 해당 임원에게 기일을 정하여 변상을 독촉한 후 그 기일까지 미정리 시는 변상액 회수를 위한 채권확보조치, 제소 그 밖의 법적 절차를 밟을 수 있다(징계변상 예규52③ 전단). 이 경우에는 지체 없이 이사회에 보고하거나 임시총회를 소집·보고해야 한다(징계변상 예규52③ 후단).

2. 이동직원의 변상관할

사고관련자가 변상판정조치 이전에 다른 조합으로 이동된 경우, 동 사고관련자에 대한 변상이행은 사고발생으로 손해가 발생한 조합의 조합장이 행한다(징계변상 예규53).

3. 변상의무 이행 전 사직서 제출 시의 조치

(1) 퇴직 전 필요한 조치

조합장은 소속직원이 변상판정액에 대한 변상의무를 완료하기 전 사직서를 제출한 때에는 급여 및 퇴직금 담당 직원에게 퇴직 전 필요한 조치를 하게 해야 한다(징계변상 예규54①).

(2) 조합장의 조치와 통보

조합에 근무하는 변상판정 조합의 변상의무자가 사직서를 제출한 때에는 해당 조합장은 필요한 조치를 하고 변상판정조합의 조합장에게 지체 없이 조치 사실을 서면으로 통보해야 한다(징계변상 예규54②).

4. 민사소송과의 관계

징계변상 예규는 민사소송의 청구절차에 영향을 미치지 않는다(징계변상 예규55).

참고문헌

금융감독원(2021), 「금융감독개론」, 금융감독원(2021. 2).

김규호(2016), "신용협동조합 지배구조의 문제점과 개선방안", 한밭대학교 창업경영대학원 석사학위논문(2016. 2).

김정연(2019), "새마을금고의 법적성격과 지배구조", 선진상사법률연구 통권 제87호(2019. 7).

노은우(2011), "어촌계의 재산을 둘러싼 법적 분쟁에 관한 연구", 전북대학교 법무대학원 석사학위논문(2011. 8).

박경환·정래용(2020), "협동조합 과세제도에 관한 연구: 과세특례 규정을 중심으로", 홍익법학 제21권 제2호 (2020. 6).

백주현(2021), "수산업협동조합 및 어업인 관련 조세특례 제도개선에 관한 연구", 건국대학교 행정대학원 석사학위논문(2021. 8).

산림조합 수신업무방법(2023. 2. 15).

산림조합 여신업무방법(2023. 1. 1).

산림조합중앙회(2022), 산림조합 60년.

신협중앙연수원(2021), 「2021 연수교재 신협법」.

이영종(2014), "주식회사 외부감사의 법적지위와 직무수행에 관한 고찰: 기관과 기관담당자의 구별에 기초를 둔 이해를 위한 시론", 증권법연구 제15권 제3호(2014. 12).

정영기·조현우·박연희(2008), "자산규모에 의한 외부감사 대상 기준이 적절한가?", 회계저널 제17권 제3호(2008. 9).

찾아보기

저자소개

이상복

서강대학교 법학전문대학원 교수. 서울고등학교와 연세대학교 경제학과를 졸업하고, 고려대학교에서 법학 석사와 박사학위를 받았다. 사법연수원 28기로 변호사 일을 하기도 했다. 미국 스탠퍼드 로스쿨 방문학자, 숭실대학교 법과대학 교수를 거쳐 서강대학교에 자리 잡았다. 서강대학교 금융법센터장, 서강대학교 법학부 학장 및 법학전문대학원 원장을 역임하고, 재정경제부 금융발전심의회 위원, 기획재정부 국유재산정책 심의위원, 관세청 정부업무 자체평가위원, 한국공항공사 비상임이사, 금융감독원 분쟁조정위원, 한국거래소 시장감시위원회 비상임위원, 한국증권법학회 부회장, 한국법학교수회 부회장, 금융위원회 증권선물위원회 비상임위원으로 활동했다.

저서로는 〈수산업협동조합법〉(2023), 〈농업협동조합법〉(2023), 〈신용협동조합법〉(2023), 〈경제학입문: 돈의 작동원리〉(2023), 〈금융법입문〉(2023), 〈외부감사법〉(2021), 〈상호저축은행법〉(2021), 〈외국환거래법〉(개정판)(2023), 〈금융소비자보호법〉(2021), 〈자본시장법〉(2021), 〈여신전문금융업법〉(2021), 〈금융법강의 1: 금융행정〉(2020), 〈금융법강의 2: 금융상품〉(2020), 〈금융법강의 3: 금융기관〉(2020), 〈금융법강의 4: 금융시장〉(2020), 〈경제민주주의, 책임자본주의〉(2019), 〈기업공시〉(2012), 〈내부자거래〉(2010), 〈헤지펀드와 프라임 브로커: 역서〉(2009), 〈기업범죄와 내부통제〉(2005), 〈증권범죄와 집단소송〉(2004), 〈증권집단소송론〉(2004) 등 법학 관련 저술과 철학에 관심을 갖고 쓴 〈행복을 지키는 法〉(2017), 〈자유·평등·정의〉(2013)가 있다. 연구 논문으로는 '기업의 컴플라이언스와 책임에 관한 미국의 논의와 법적 시사점'(2017), '외국의 공매도규제와 법적시사점'(2009), '기업지배구조와 기관투자자의 역할'(2008) 등이 있다. 문학에도 관심이 많아 장편소설 〈모래무지와 두우쟁이〉(2005), 〈우리는 다시 강에서 만난다〉(2021)와 에세이 〈방황도 힘이 된다〉(2014)를 쓰기도 했다.

산림조합법

초판발행	2023년 6월 15일
지은이	이상복
펴낸이	안종만·안상준
편 집	김선민
기획/마케팅	최동인
표지디자인	벤스토리
제 작	우인도·고철민·조영환
펴낸곳	(주) **박영사**
	서울특별시 금천구 가산디지털2로 53, 210호(가산동, 한라시그마밸리)
	등록 1959. 3. 11. 제300-1959-1호(倫)
전 화	02)733-6771
f a x	02)736-4818
e-mail	pys@pybook.co.kr
homepage	www.pybook.co.kr
ISBN	979-11-303-4489-8 93360

copyright©이상복, 2023, Printed in Korea

정 가   29,000원